"十四五"时期国家重点出版物出版专项规划项目

马克思主义理论研究与当代中国书系

国家出版基金项目

马克思哲学变革的当代阐明

侯惠勤　著

The Contemporary Clarification on Revolution of
Marxist Philosophy

中国人民大学出版社
·北京·

图书在版编目（CIP）数据

马克思哲学变革的当代阐明/侯惠勤著. --北京：
中国人民大学出版社，2022.10
（马克思主义理论研究与当代中国书系）
ISBN 978-7-300-31006-0

Ⅰ. ①马… Ⅱ. ①侯… Ⅲ. ①马克思主义哲学-研究
Ⅳ. ①B0-0

中国版本图书馆 CIP 数据核字（2022）第 168970 号

国家出版基金项目
"十四五"时期国家重点出版物出版专项规划项目
马克思主义理论研究与当代中国书系

马克思哲学变革的当代阐明

侯惠勤　著
Makesi Zhexue Biange de Dangdai Chanming

出版发行	中国人民大学出版社	
社　址	北京中关村大街 31 号	**邮政编码**　100080
电　话	010 - 62511242（总编室）	010 - 62511770（质管部）
	010 - 82501766（邮购部）	010 - 62514148（门市部）
	010 - 62515195（发行公司）	010 - 62515275（盗版举报）
网　址	http://www.crup.com.cn	
经　销	新华书店	
印　刷	天津中印联印务有限公司	
规　格	165 mm×230 mm　16 开本	**版　次**　2022 年 10 月第 1 版
印　张	28 插页 2	**印　次**　2022 年 10 月第 1 次印刷
字　数	415 000	**定　价**　108.00 元

序 马克思的哲学变革与当代道义制高点的争夺

马克思哲学变革是人类思想史上最壮丽的日出。马克思主义新世界观的问世，实现了"哲学"和"心脏（无产阶级）"的有机结合，不但使人类解放第一次具有了现实的社会运动形式，也使工人阶级的解放事业第一次具有了自觉的理论指导。马克思主义新世界观从其诞生起，就既是人类思维创新的最高成就，又是现代无产阶级的阶级意识和革命意识形态。"哲学把无产阶级当做自己的**物质**武器，同样，无产阶级也把哲学当做自己的**精神武器**。"① 马克思主义政党就是实现这一结合的政治组织形式。其后，世界社会主义运动进入了新的发展时期，创造了无比威武雄壮的历史伟业。

去世界观化是当代意识形态斗争的新动向 随着资本主义世界霸权和全球化的推进，资产阶级对于既得利益的固守和垄断近乎痴迷，而对于革命的恐惧和剿灭也日渐疯狂。除了对新生的社会主义国家始终进行软硬两手的围堵，思想上对革命学说的扼杀也更为坚决。哲学上去世界观化、非意识形态化是其集中的表现。本来，资产阶级获取政权靠的就是哲学世界观和意识形态，从而开创了近代以来的"意识形态革命"历史。恩格斯曾指出："正像在18世纪的法国一样，在19世纪的德国，哲学革命也作了政

---

① 马克思，恩格斯. 马克思恩格斯文集：第1卷. 北京：人民出版社，2009：17.

治变革的前导。"① 但是，也正如《共产党宣言》指出的："资产阶级用来推翻封建制度的武器，现在却对准资产阶级自己了。"当革命意识形态成为摧毁资产阶级统治的锐利思想武器时，资产阶级不惜一切代价对其痛下杀手就在所难免了。

他们首先是虚化和扭曲哲学。本来，从古希腊的"爱智慧"到近代的"理性知识"，尽管在对哲学的具体理解上存在着种种差异，但追求真善美却是大的共识。而当代西方主流哲学首先否定了哲学对真的追求，断言其以"不真的存在"为对象，从根本上切断了哲学与现实社会生活的联系。因此，它认为有哲学和主义的政治是危险的。哲学是学术，意味着"并不真的存在"，主义则是不能超越的宿命论。曼彻斯特大学教授伊格莱顿（Terry Eagleton）说："政治一旦成为'哲学的'，则说明你无事可为。因为哲学不反映现实，只是一种学理上的观点。"平心而论，今天西方的唯心论哲学竟然如此"唯心"，即便近代主观经验论者贝克莱在世，也会自愧不如。它的唯一的所谓"事实"依据，就是选民的情绪。据说那种贩卖主义和哲学的政治家，往往得不到选民的青睐，因为选民关注的是政策带来的实惠，而不关心"智力上的光芒"。但是，不需要太多的智慧就能理解，选民的"民意"是"被塑造"的。只关心日常生活的点滴改善，不关心人类的未来，正是资本主义"维持现状"所希望的。马克思主义从来不认为通过现行的西方"投票民主"就能够改变世界。用选民的选票去论证哲学和政治的关系，是一种倒果为因的颠倒论证，足见当今西方学术界的浅薄。

伪造历史是当代西方主流哲学为自己的观点服务的又一惯用伎俩，它对马克思哲学变革前后的历史进行了全面的扭曲。据说，让哲学停止对现实政治发挥作用的努力，开始于德国哲学家康德。他把政治分为哲学的政治和现实的政治。哲学的政治是由思想家唱主角，要发现世界和社会的规律；而现实的政治是由政治家操持的，要以良知去解决大众的具体问题。哲学一旦成为政治家的信条，他的政策不仅会偏离现实，而且会阻止社会

---

① 马克思，恩格斯. 马克思恩格斯文集：第4卷. 北京：人民出版社，2009：267.

进步。这种历史叙事之所以可以被称为伪造，就是因为康德的"良知"就是"哲学"，也是"规律（绝对命令）"，而把"哲学（意识形态）"与"良知"对立起来的则是拿破仑及其反意识形态的幕僚。康德虽然主张社会变革不应诉诸革命而应诉诸改良主义的"道德命令"，体现了德国资产阶级的软弱，但他绝不反对理性的哲学及其现实性。

更大的伪造还在于这股思潮断言，黑格尔和马克思虽然对康德的思想提出了挑战，但却对西方人影响甚微，而康德的改良主义则得到了广泛持久的认同。"后世的西方人感到'没有哲学只有常识'的英国的渐进式革新，才是平稳且值得推崇的。"这是典型的以偏概全。英国式的改良主义虽然一直存在，但既不是近代资产阶级革命、更不是世界社会主义运动的主流。恩格斯在马克思去世五年后做出了这样的一个总判断："这个理论把欧美几乎所有社会主义者都团结在一个统一的战斗队伍中。当这位伟大的思想家逝世的时候，所有文明国家中的社会形势和政治形势以及我们党所取得的成绩，使他可以瞑目，因为他可以深信，他为把两大陆的无产者在同一面旗帜下团结成一支统一的大军所作的努力，定将获得圆满的成功。但是，如果他能够看到，从那以后我们在美洲和欧洲所取得的巨大成绩，那该有多么好啊！"① 尽管近年来有人不断鼓吹所谓的恩格斯"晚年的反思"，声称其放弃了暴力革命而转向合法"议会斗争"的改良主义，但是我们从确凿无疑的史实，以及去思想的精神实质中可以看到，即便恩格斯根据当时资本主义"和平发展"的新情况，提出利用"普选权"开展议会斗争，他也始终坚持"革命权是历史权利"不放弃，坚持彻底推翻资产阶级统治不放弃，坚持消灭私有制的共产主义革命不放弃。把恩格斯思想打扮成康德主义、改良主义的伎俩是十分拙劣的。

至于把第二次世界大战描绘成由主义介入政治带来的最大灾难，把希特勒的纳粹主义和种族主义塑造成"哲学"信仰支配政治行为的典型，更是荒唐至极！法西斯主义这种反人类理性的非理性主义，和以探索世界发展规律的客观真理为基础的哲学世界观毫无共同之处，怎么可以相提并论？反过来，中国共产党领导的伟大的抗日战争，苏联共产党领导的伟大

---

① 马克思，恩格斯. 马克思恩格斯文集：第10卷. 北京：人民出版社，2009：566.

的卫国战争，彪炳史册，都是在马列主义指导下进行并取得胜利的，这难道不是对否定主义介入政治这一观点的最有力的反驳吗？至于后来苏联解体、东欧剧变，究竟是因为坚持了马列主义还是因为放弃了马列主义，经过多年的争论，相信今天大多数人都会认同后者而不是前者。说到底，否定主义介入政治本身也跳不出"主义"，是典型的实用主义和历史虚无主义。

柏林墙倒塌后，西方的政治家们纷纷以"忏悔的世纪"对"冷战"进行反思，进一步清算政治哲学现实化带来的弊端。他们认为如果不是主义之争，欧盟的整合会加快，经济全球化的深度和广度在30多年前就能达到今天的水平；"9·11"惨案也许会避免，巴以关系也不会像现在这样血腥，因为宗教也是政治哲学的重要组成部分。这种彻底否定主义之争的观点，看起来似乎对不同的主义各打五十大板，而实际上是针对马克思主义的一剂偏方，意在彻底消解马克思主义。事情很清楚，资本主义今天已经不需要"主义"。它需要的是维护既得利益，凭借的是自发性，以确保资本的任性逐利。哈耶克早就从词源上考证了"主义"这一术语对现行资本主义制度的政治偏见："我们不妨从两个针锋相对的术语即资本主义和社会主义谈起。这两个术语都被用来指称人类合作秩序，但每一个都带有政治上的偏见，容易使人误入歧途。虽然它们试图对这些制度提出某种见解，但关于这些制度的特征，却使人不得而知。特别是'资本主义'一词（直到1867年，马克思对这个词还一无所知，并且也从来没有使用过），只是在1902年W. 松巴特（W. Sombart）的石破天惊之作《现代资本主义》出版后，才被看做是社会主义的天敌，引起了一场政治大论战。"① 他以为，资本主义的一切厄运都是"主义"一词惹的祸，只要解构了"主义"，社会主义和资本主义的"趋同"以及由资本主义"终结"人类历史就可以畅通无阻了。这些虽然是资产阶级唯心主义政客的幻觉，但也向我们严肃发问：以"主义"讲政治，究竟是必然脱离生活、违反民意的绝路，还是真正深入生活、代表人民的必由之路？去世界观、去主义，为什么成了当代西方意识形态反共反社会主义的基本趋势？

---

① 哈耶克. 不幸的观念. 北京：东方出版社，1991：157.

　　哲学去世界观化的结果必定是西方人性论的"普世化"。我们都知道，马克思哲学绝对不是忽视人的，其对于人的考察，基点是突破"人自身"的界限，从个人历史活动的具体条件及方式上加以把握。其中最为著名的观点就是："人的本质不是单个人所固有的抽象物，在其现实性上，它是一切社会关系的总和。"① 这样，处于现实历史活动中的人，就不可能是孤立的、封闭的个人，而是在具体历史条件下组成生产力、生产关系和各种社会集团的人；作为历史活动主体的人，也不可能是孤立自闭的抽象个人，而是由社会关系组合而成的现实的人类（人民群众）；作为人的活动的历史，也不再是杂乱无章、任凭"思想"摆弄的一盘散沙，而是有着自身规律的客观过程。

　　因此，一旦从现实的人倒退至抽象的人，否定人的社会历史性和客观规律性，就必然以孤立自在的个人为历史主体，以"人自身"的理性或良知为化解社会矛盾的良方。以人性解读历史，从意识形态角度看，可以收到反马克思主义的奇效：一是人性体现了一个时代的统治思想，既符合统治阶级的需要，又表达了具体历史条件下人们的"常识"，不易被挑战；二是人性以人的"自然性""自发性"为基础，让人容易产生顺之者自然，逆之者反自然的认知，从而不自觉地认同资本主义；三是人性纯属个人品质，体现了个体之间的差异，因而诉诸人性可以成功地将社会矛盾转化为人品和道德问题，掩盖问题的本质。可以看出，人性史观是现行资本主义制度自我辩护体系的一块基石。

　　实际上，部分学者总是反复地在资本主义"自然"、社会主义"人为设计"上做文章，以攻击社会主义脱离了人类文明的主流。然而，他们的论述观点不仅在理论上站不住脚，就是在史实上也站不住脚。历史上资产阶级革命不同于传统革命的地方，就在于其通过意识形态凝聚人心，实现了人民的大革命。北美独立战争和法国大革命，使得黑格尔由衷地欢呼，我们终于来到了一个"观念创造现实"的时代。而列宁则明确指出观念就是认识和实践的统一，就是客观真理的实现过程②。就是说，不管资产阶

---

① 马克思，恩格斯. 马克思恩格斯文集：第1卷. 北京：人民出版社，2009：501.
② 列宁. 列宁全集：第55卷. 2版. 北京：人民出版社，1990：170.

级是否自觉意识到，它领导的革命及其后建立的社会制度是由"主义"引导的，都不能为维护既得利益而转向非意识形态化，从而否定历史。

人性史观的根本错误在于，认为人性是"自然存在"的，但实际上人性是"历史形成"的。德国古典哲学的成就之一，就是阐明了人及其理性不是"构成"（固有）的，而是"自我生成"（进化）的。马克思则进一步指出：**"整个所谓世界历史**不外是人通过人的劳动而**诞生**的过程，是自然界对人来说的生成过程，所以关于他通过自身而**诞生**、关于他的**形成过程**，他有直观的、无可辩驳的证明。"① 人性不仅随着人的发展、社会的进步、历史的开创而变化，而且本身便是社会历史进步需要解决的一个重要方面，是现实历史的重要内容。如何看待人性、理性，如何透过人性发现历史规律，恰恰是两种历史观，及其背后的阶级诉求的对立所在。诚如卢卡奇所言："理性自身不能是某种飘浮于社会发展之上的、不偏不倚的中性东西，相反，它总是反映着一个社会情况或一个发展趋势中具体合理的东西（或具体的不合理的东西），使之成为概念，从而促进或抑制该具体的东西。但理性的内容和形式的这种社会规定性，并不含有任何历史相对主义。在这些内容和形式的一切社会历史制约性里，每个社会情况或发展趋势的进步性，都是某种客观的东西，某种不依存于人的意识而有效的东西。至于究竟是把这种向前运动着的东西当作理性或非理性来理解，究竟是把它当成理性而予以肯定或当成非理性而予以否定，这恰恰是哲学里的党性和阶级斗争的一个有决定意义的本质环节。"②

当代西方两大话语体系（主流意识形态的辩护性话语和"生存论"哲学的批判性话语）看起来相当对立，但在当代意识形态的冲突中，它们各自的人性论的出发点一再共同叩问着马克思主义的"底线"：其一，马克思主义哲学归根到底是阶级意识、集体体验方式和话语，还是自我体验、个人独白？其二，马克思主义理论归根到底是行动的指南，还是纯粹的理性批判？如果是前者，那就不需要无休止的"解构"，而是需要社会力量的依托、制度（体制）的支撑和共识的建构。上述两点概括起来，就是马

---

① 马克思，恩格斯. 马克思恩格斯文集：第 1 卷. 北京：人民出版社，2009：196.
② 卢卡奇. 理性的毁灭. 济南：山东人民出版社，1988：3.

克思主义能否非意识形态化？尽管马克思主义也可作为个人的世界观（这与它作为工人阶级的整体世界观并不矛盾，而且意识形态一般地也要内化为个人世界观才能有效地发挥其功能），但前提是个人必须进行世界观改造。作为意识形态，马克思主义决不以个人的偶然"境况"为转移，决不允许个人主义的多元化。

事情很清楚，否定了马克思主义哲学作为工人阶级的世界观、方法论属性，否定其作为行动指南服务于工人阶级解放事业的政治方向，搞非意识形态化，不仅使这一哲学只能作为现代西方哲学的一个流派而存在，更使其批判性丧失了道义制高点而不再具有影响力。所以，能否对马克思主义哲学做去世界观、非意识形态化的解读，决不是可以自由讨论的纯学术问题，它事关能否坚持和发展马克思主义。必须看到，当我们坚持马克思主义的科学世界观，站在历史制高点上看世界时，我们同西方意识形态讲人性问题就不会失利，因为从发展的历史看，西方意识形态人性论的虚伪和丑陋一览无遗。但是，我们一旦摒弃了科学理论的指导，囿于同资本主义社会谈论人性的圈子，则必败无疑。

世界观选择是当代意识形态斗争的"底线"　毫无疑问，西方国家鼓吹去世界观化、非意识形态化，绝不是说它没有世界观和意识形态，思想领域绝没有完全的"真空"。抽象的个人及其固有的属性，就是西方意识形态及其世界观基础。抽象的个人特性之一，就是个人同时具有"公民"和"市民"双重身份，而且"不是身为 citoyen〔公民〕的人，而是身为 bourgeois〔市民社会的成员〕的人，被视为**本来意义上的人，真正的人**"①。非政治性为表、资本主义为里，以非意识形态方式进行意识形态控制，这就是当代西方的精神现象呈现出对立互补态势的根源：其主流意识形态的霸权化取向（"历史的终结"就是其典型话语），和哲学、宗教在"非意识形态化"中的个人化、多元化趋势并存。在看似两极（辩护性话语和批判性话语）对立的格局中，意识形态话语的实用化和哲学话语的非批判化，使得这两种话语的功能达到了空前的互补。换言之，其意识形态话语的单一、绝对、霸道与其哲学话语的异质、多元、宽容，有效地稳定

---

① 马克思，恩格斯. 马克思恩格斯文集：第 1 卷. 北京：人民出版社，2009：43.

了现行社会秩序，并共同构成了对于社会主义意识形态的渗透和颠覆。其所以如此，就在于历史的长河行进至此，当中的尘土、泥沙、堆积物已被冲刷殆尽，各类思想确实在"现身"、凸显其"底线"。因此，中间状态的思潮呈现"合流"态势，意识形态的冲突呈现"底线碰撞"态势。这个"底线"，从世界观上看，就是"个人"观。

个人主义从来就不仅仅是纯哲学理念，而是一贯在西方社会起主导作用的政治哲学。"正如古代国家的**自然基础**是奴隶制一样，**现代国家**的**自然基础**是市民社会以及市民社会中的人，即仅仅通过私人利益和**无意识的**自然必然性这一纽带同别人发生联系的独立的人，即为挣钱而干活的**奴隶**，自己的**利己**需要和别人的**利己**需要的奴隶。"① "无意识的自然必然性"（亦即"自发性"）是典型的非政治化的意识形态的立脚点，是非政治化意识形态用以对抗马克思哲学"历史必然性""自觉自由"的杀手锏，它借此把社会主义的一切都归结为"人为设计"而大加讨伐。例如，哈耶克在追询社会主义何以容易得人心时，特别使用了"中毒的语言"这一概念。他认为，一些语言本身就预设着某种错误的假定，比如"秩序"一词就预设着"人为设计"和"人为控制"的假定，因而人们一旦谈论秩序，就不自觉地接受了社会主义的宣传，而拒斥了非人格的、自发的扩展秩序。此类语言还有"社会""社会性的"等词语，它们可以把不相容的东西拉扯到一起，使价值判断以"描述"的方式表达，因而完全可以起到混淆视听的作用②。这种分析当然不值得去认真反驳，但他以"自然必然"去否定"人为设计"的用心却一再提醒我们，千万不能遗忘甚至有意放弃"自然"这个领域，而完全退缩到"历史"领域。"自然必然"不属于资本主义，恢复马克思主义哲学的辩证唯物主义本色在今天具有特殊的意义。

个人主义的直接政治作用，就是不断培养大批认同资本主义制度的所谓"民主个人主义"分子。中华人民共和国成立之初，当时的美国政府"白皮书"就公开鼓吹，通过招募"民主个人主义"者，以颠覆新生的人民政权。今天的一些所谓"公知"，其实就是"民主个人主义"分子。只

① 马克思，恩格斯. 马克思恩格斯文集：第1卷. 北京：人民出版社，2009：312-313.
② 哈耶克. 不幸的观念. 北京：东方出版社，1991：150-169.

不过与当年相比，他们不是向新中国靠拢，而是更自觉地投靠西方①。当然，今天中国的实力，已经远高于70多年前，"民主个人主义"的政治动员力变得极其有限，但不容忽视的是其思想渗透力仍强。世界观的改造在今天仍然意义重大。

　　必须强调，我们今天要站到历史的制高点，只能通过认识历史发展的客观规律，把握现实发展的历史逻辑才能做到。所以我们不能停留在现实的历史的阶梯上，如果我们止步于现实的历史发展阶梯，西方就会始终高我们一头。我们必须凭借马克思主义的科学世界观上升到比他们更高的历史高度，这样才能拥有精神层面上的主动权。但是，千万不要忘记，人类历史是自然史的一部分，没有自然辩证法就没有历史辩证法，没有自然（物质）本体论就没有历史唯物论，没有辩证唯物主义认识论就没有科学的实践观。如果跟随西方意识形态的步伐，也去世界观、去唯物论、非意识形态化，必将自毁长城。这就是本书由以切入的主题。

---

　　①　"艾奇逊公开地宣称，他们要招收中国的所谓'民主个人主义'分子，组织美国的第五纵队，推翻中国共产党领导的人民政府，因此引起了中国人特别是那些带有自由主义色彩的中国人的注意，大家相约不要上美国人的当，到处警戒美帝国主义在暗地里进行的阴谋活动。"（毛泽东. 毛泽东选集：第4卷. 2版. 北京：人民出版社，1991：1509.）

目　　录

> "对当代的斗争和愿望作出当代的自我阐明（批判的哲学）。"①
>
> ——马克思

导论　辩证唯物论世界观：
马克思哲学变革不应被遗忘的实质

　　研究历史，尤其是马克思哲学变革这样极其重大的历史事件，必须着眼于当时的历史规律和时代潮流，这曾经是学界的共识。那一时期连逻辑实证主义者罗素都认识到："哲学乃是社会生活与政治生活的一个组成部分：它并不是卓越的个人所做出的孤立的思考，而是曾经有各种体系盛行过的各种社会性格的产物与成因。"② 从"社会性格"而不是个人品格进行哲学的考察，是科学研究的前提。毋庸置疑，着眼于"社会性格"的哲学研究，必定着眼于不同世界观、历史观、方法论的比较研究，着眼于对世界做出整体性的真理认知、规律性把握。这样，关于世界存在的本体论问题，关于唯物论和唯心论的两军对垒问题就不仅不能回避，而且必须将其置于哲学讨论的基础性地位。

　　我们着眼于世界观和哲学基本问题，目的在于准确把握马克思主义哲

---

①　马克思，恩格斯. 马克思恩格斯全集：第1卷. 北京：人民出版社，1956：418.
②　罗素. 西方哲学史：上. 北京：商务印书馆，1963：美国版序言.

学，因而必须针对否定或曲解这一哲学的主要错误倾向发力，不能没有现实针对性地泛泛而谈。列宁曾指出："马克思和恩格斯的学说是从费尔巴哈那里产生出来的，是在与庸才们的斗争中发展起来的，自然他们所特别注意的是修盖好唯物主义哲学的上层，也就是说，他们所特别注意的不是唯物主义认识论，而是唯物主义历史观。因此，马克思和恩格斯在他们的著作中特别强调的是**辩证**唯物主义，而不是辩证**唯物主义**，特别坚持的是**历史**唯物主义，而不是历史**唯物主义**。"① 这就是说，在创立自己的学说时，马克思的主要关注点在于唯物主义的拓展运用问题，而不是唯物主义哲学的根基问题（用马克思的话说，"自然界的优先地位"是问题讨论的前提）。因而他特别关注辩证法问题，因为没有辩证法的运用，就没有历史唯物主义的创立。但马克思主义哲学创立后，一些人妄图动摇它的唯物主义根基，捍卫马克思主义哲学的唯物主义性质逐渐成为当时马克思主义进行思想交锋的重点。

可见，选准哲学对手是问题的关键所在。这就注定了我们考察马克思哲学变革无论是否自觉自愿，都绝离不开黑格尔、费尔巴哈这两大哲学伟人。同样，把握马克思哲学变革的当代价值也是如此。必须根据具体的历史条件，明晰并针对挑战或扭曲马克思主义哲学的主要哲学倾向，通过守正创新阐明马克思哲学变革的现实意义。出于这一考虑，本书把主要的思想对手确定为"实践哲学"。这一哲学实际上是自由个人主义的一个变种，但是由于它采取"超越"唯物论唯心论的折中主义立场，徘徊于马克思主义和个人主义之间，因而不易识别、也不易引起警觉。所以，除了在理论上对它进行系统深入的辨析，还需要借助直率的自由个人主义者，来帮助我们进行识别。比如，哈耶克的哲学观点如同他的政治观点一样鲜明，他毫不掩饰地把相信客观（绝对）真理、相信客观规律能够认识、相信人类能够自觉创造历史，视为共产主义、社会主义谬误的根源，直截了当地表明了个人主义哲学的实质和政治诉求。哈耶克寥寥数语的警醒作用可能超过对"实践哲学"许多长篇大论的批判分析。

革命批判性是马克思主义重要的理论品格，对各种重大错误思潮的批

---

① 列宁. 列宁选集：第2卷. 3版. 北京：人民出版社，1995：225.

判、重大历史关口内部的分化以及相应的自我批判，伴随着这一理论形成、丰富和发展的全过程。人们公认，发生在 19 世纪中叶的马克思哲学变革，是人类思想史上最为"壮丽的日出"。以这一新世界观为基础的马克思主义，真正改写了人类历史，开启了崭新的历史纪元。需要明确的是，马克思主义在展现这一巨大思想价值的过程中，并不表现为一路高歌，而是历尽艰难曲折；在形式上则越来越不表现为理论对新实践的直接回应，而是表现为马克思主义内部的思想争论，表现为直面自身的"理论危机"并为化解危机而进行的理论交锋。因此，彻底的批判精神，尤其是强大的自我净化能力，就是马克思主义的重要理论品格。对于"实践哲学"的批判，在很大程度上就是以马克思主义内部争论的形式所表现出来的重大思想舆论斗争。

换言之，当马克思主义顺利发展的时候，"马克思主义在理论上的胜利，逼得它的敌人**装扮成**马克思主义者，历史的辩证法就是如此"①。而在马克思主义面临新情况、新挑战，发展受挫时，以情况变化为借口试图重新"解释"（实际上是歪曲）马克思主义也是惯例。因此，在历史发展的重大关口，马克思主义的创新发展总要通过其内部的"危机"方式开辟道路。应对马克思主义的理论"危机"是把握马克思主义理论创新的切入点，"由于资产阶级的影响遍及马克思主义运动中的各种各样的'同路人'，使马克思主义的理论基础和基本原理受到了来自截然相反的各方面的曲解，因此团结**一切**意识到危机的深重和克服危机的必要性的马克思主义者来共同捍卫马克思主义的理论基础和基本原理，是再重要不过的了"②。可见，考察马克思哲学变革成果的历史发展，不能回避"危机"，不能鄙视"论战"，不能局限于哲学原理自身的探讨，也不能单纯考察哲学概念的历史发展和实际运用，因为这些做法都可能回避"真问题"而自说自话。正确的办法是直面马克思主义在重大历史关口面临的"危机"，反思其中的论争，从中寻找真问题，总结真经验，吸取真教训。对"去唯物论"错误倾向的长期忽略，就是改革开放以来思想舆论斗争最为重大的教训之一。

从现实意义看，清算"实践哲学"对于推进 21 世纪马克思主义哲学的

---

① 列宁. 列宁专题文集：论马克思主义. 北京：人民出版社，2009：63.
② 列宁. 列宁选集：第 2 卷. 3 版. 北京：人民出版社，1995：282.

发展同样意义重大。应该说，20 世纪是在动乱与不安中结束的，留给人们的是"向何处去"的迷惘。英国历史学家霍布斯鲍姆因而对人类未来的第三个千年的前景深表忧虑："我们并不知道自己正往何处去"，我们正处于一个与过去完全不同的社会。"在这样一个世界里，我们不知道，我们的旅程将把我们带向何方；我们甚至不知道，我们的旅程应该把我们带往何处去。"①而 21 世纪之初，美国突然爆发的次贷危机引发了全球金融危机，带来了世界经济发展的长期低迷和各种难以预测的冲突，这似乎印证了人们的担忧。与此同时，加紧对于我国的政治经济打压和思想围堵，则是 21 世纪以来资本主义国家的重要动向，也是其植根于国家核心利益所做的战略选择，不会因党派或总统的更迭而发生根本改变，这也加剧了世界的动荡。因此，21 世纪的马克思主义必须明确回应"人类向何处去"的"时代之问"。

现实的矛盾是，一方面，形势迫切要求我们从大历史观、世界观上进行理论创新。树立大历史观，才能从历史长河、时代大潮、全球风云中分析演变机理、探究历史规律，提出因应的战略策略。能够帮助我们做到这点的，只有被毛泽东称为"望远镜""显微镜"的马克思主义。"要端起历史规律的望远镜"，必须坚持彻底的唯物主义立场，不断深化对历史客观规律的认识。另一方面，作为马克思主义世界观和方法论的辩证唯物主义，在今天却遭遇到了空前的诘难，国内外马克思主义学界在很大程度上都将其归于"陈旧"而摒弃了它。本来，创立新唯物论是马克思哲学变革的实质，但这一实质在今天被严重遮蔽。用马克思的话说，唯物论像 19 世纪后期的黑格尔哲学那样，被当作一条"死狗"扔了，其原因就是当代资本主义的整体性衰落，致使资本主义不仅回避历史规律，而且害怕历史规律。恢复马克思哲学变革的本来面貌，弘扬彻底的唯物主义的战斗精神，是把握时代潮流的要求。

一、马克思哲学变革容易被遗忘的前提：从德国古典哲学继承了什么？

要搞清楚马克思哲学变革的实质，前提是马克思从什么意义上的哲学

---

① 霍布斯鲍姆. 极端的年代：上. 南京：江苏人民出版社，1999：25.

出发思考哲学变革。毫无疑问，黑格尔哲学是马克思哲学变革的出发点。因此，晚年的恩格斯明确提出要由此切入去理解马克思的哲学贡献："我感到越来越有必要把我们同黑格尔哲学的关系，我们怎样从这一哲学出发又怎样同它脱离，作一个简要而又系统的阐述。"① 但是，了解马克思如何从黑格尔哲学出发进行哲学变革，又必须先了解黑格尔对于哲学的理解，而《精神现象学》是"黑格尔哲学的真正诞生地和秘密"②。因此，以《精神现象学》为基本依据来把握黑格尔哲学的精神，应该是恰当的。

　　黑格尔如何给哲学定位？黑格尔认为有两个需要超越的参照系：其一，古希腊关于哲学是"爱智慧"（"爱知识"）的学问。应该说，这一名号历史悠久，传播广泛，不仅在黑格尔时代已被广泛采用，即便在今天，人们依旧青睐这一说法。但是，黑格尔对此十分不以为然，他明确提出要让哲学从这一名号中解脱出来："我为自己设定了一个目标，即通过我的一份努力，使哲学具有科学的形式，——使哲学能够卸下'爱知识'这个名号，成为一种现实的知识。"③ 很显然，黑格尔之所以不屑于"爱智慧"（"爱知识"）这样的泛称，就因为它没有抓住哲学的本质，结果使哲学成为十分随意而空泛的"智者游戏"。他确立了使哲学具有科学特性、能够深入现实生活的知识体系，即确立以真理认识为基础的科学知识方向。

　　其二，康德关于人类不可能超越自身的认识能力去把握认识对象这一"自然的观念"。康德在《纯粹理性批判》的前言中赞扬了洛克提出的"人类理智生理学"，即通过对人类认识能力本身的研究来划定人的认识范围。他们都有这样一个假定：在认识主体和尚待认识的对象之间存在着一个在根本上不可跨越的鸿沟。这就是说，人的认识能力决定其不能科学地认识整个世界。而在黑格尔看来，这种观念的失误在于割裂了认识主体及其认识能力同认识对象之间的"历史"联系，把认识能力变成了孤立不变的工具："按照一个自然的观念，哲学在探究事情本身之前，或者说在现实地去认识真实的存在者之前，必须先弄清楚认识活动本身是怎么一回事，因

----

① 马克思，恩格斯. 马克思恩格斯选集：第4卷. 2版. 北京：人民出版社，1995：212.
② 马克思，恩格斯. 马克思恩格斯文集：第1卷. 北京：人民出版社，2009：201.
③ 黑格尔. 精神现象学. 北京：人民出版社，2013：3.

为认识活动被看作是一种工具或中介，通过它，人们得以把握或者观察绝对者。"① 实际上，认识主体、认识活动和认识对象不断地辩证转化，在历史过程中趋向统一。

康德虽然不像休谟那样，从怀疑论走向了不可知论和多元论，而是对于人类理性仍然持有坚定的信念，但是他限制了科学真理的作用，把它限制在现象和实证领域，而把对世界的整体性把握交给了所谓的"实践（价值）理性"（道德），这实际上取消了哲学世界观上的客观标准，封闭了哲学社会科学的真理发展道路。后来的新康德主义把康德对科学真理的限制夸大为不可知论，走上知识和信仰的二元论，把理性片面划分为价值理性和工具理性，贬低真理性，拉抬价值性，其实证主义科学观和伦理社会主义观的危害都很大。正如恩格斯指出的："这种新康德主义的最后一言就是永远不可知的自在之物，也就是康德哲学中最不值得保存下来的部分。最终的结果就是现今盛行的理论思维的漫不经心和杂乱无章。"② 可见，不以科学真理为基础的理性一元论，最后必定走向不可知论、折中主义和多元论，甚至是非理性主义。

对于黑格尔哲学内在矛盾的解读，我们都熟悉恩格斯对于黑格尔哲学内在矛盾的评价，并习惯于将评价概括为辩证法方法和唯心主义体系的矛盾。让我们先看一看恩格斯的相关论述："要在全部哲学的终点上这样返回到起点，只有**一条**路可走。这就是把历史的终点设想成人类达到对这个绝对观念的认识，并宣布对绝对观念的这种认识已经在黑格尔的哲学中达到了。但是这样一来，黑格尔体系的全部教条内容就被宣布为绝对真理，这同他那消除一切教条东西的辩证方法是矛盾的；这样一来，革命的方面就被过分茂密的保守的方面所窒息。"③ 在恩格斯的叙述中，黑格尔破解自在之物的方式，就是通过"绝对精神"（主体和实体的历史统一），而实现作为人类历史总和的绝对真理。这样，作为绝对真理的哲学体系与只承认"变是不变的"的辩证法之间就发生了不可调和的矛盾。不难发现，黑格

---

① 黑格尔. 精神现象学. 北京：人民出版社，2013：47.
② 马克思，恩格斯. 马克思恩格斯选集：第 4 卷. 2 版. 北京：人民出版社，1995：286.
③ 同②218.

尔犯了双重错误：一方面为人类历史设置了终点，另一方面又为哲学观念设置了终点。但是，黑格尔的错误究竟出在哪里？是因为承认了"绝对真理""绝对主体"吗？反过来，如果不承认绝对真理和绝对主体，又如何论证"自在之物"可以认识呢？可以肯定的是，没有绝对真理，就不可能破解自在之物；没有绝对主体，就不可能认识绝对真理。那么，黑格尔的问题出在哪里呢？

其实，黑格尔的这种"客观唯心主义"哲学在哲学史上几乎是独一无二的。因为作为以人类理性一元论为旨归的客观唯心论，黑格尔哲学可以说是前无古人，后无来者。其他哲学，要么客观不理性，要么理性不客观。黑格尔哲学的独到之处，就在于其以逻辑辩证法展开。辩证法强调从运动变化把握现实存在，从内在矛盾把握运动变化，从普遍联系把握矛盾转化。实际上，这既是世界的真实存在，也是认识世界整体的唯一科学方法。因此，辩证法本质上属于唯物主义的科学思维。由此看来，黑格尔哲学的基本矛盾不是简单的体系和方法的矛盾，而是对辩证法进行"形而上学地改了装"（唯心论解读）与辩证法的科学唯物论本性的冲突。

实际上，黑格尔哲学的突破性贡献，就在于辩证思维的那种不可阻挡的真理性力量，尤其是通过逻辑、辩证法和认识论的统一破解康德的"自在之物"之谜。其中的关键，就是要承认认识的客观实在性，即存在着不以主观设定为转移的现实存在，承认真理性认识首先是客观真理，就是其中所蕴含的唯物主义哲学倾向。列宁曾在对黑格尔《逻辑学》的摘录中做过如下评述："认识……发现在自己面前真实存在着的东西就是不以主观意见（设定）为转移的现存的现实。（这是纯粹的唯物主义！）人的意志、人的实践，本身之所以会妨碍达到自己的目的……就是由于把自己和认识分割开来，由于不承认外部现实是真实存在着的东西（是客观真理）。"① 承认认识对象和认识内容的客观实在性，就必然承认客观真理，这样才能准确把握绝对真理和相对真理的关系，打破现象和本质不可逾越的界限。

有了物质的统一性，才能填平现象和存在的鸿沟，世界才是统一的；

---

① 列宁. 列宁全集：第55卷. 2版. 北京：人民出版社，1990：185.

承认绝对真理，才能打破真理相对论的谬误，世界才是可知的。就是说，只有坚持唯物论的认识论，才能正确地认识世界。所以，黑格尔关于"绝对精神"的观念为马克思主义哲学高度关注，因为它最接近辩证唯物主义。我们必须承认绝对真理及其可知性，"我们的知识向客观的、绝对的真理接近的**界限**是受历史条件制约的，但是这个真理的存在**是无条件的**，我们向这个真理的接近也是无条件的"。"绝对真理是由发展中的相对真理的总和构成的；相对真理是不依赖于人类而存在的客体的相对正确的反映；这些反映愈来愈正确；每一个科学真理尽管有相对性，其中都含有绝对真理的成分。"① 科学真理是相对真理和绝对真理的统一，客观真理就是科学真理的绝对真理方面。

上面的叙述表明，黑格尔哲学的矛盾，与其表述为体系和方法的矛盾，不如概括为唯物辩证法及其唯心论表达的矛盾。由此可见，唯物论转向，是拯救黑格尔哲学和整个德国古典哲学的唯一出路，也是马克思哲学变革的关键一步。遗憾的是，这一关键点恰恰被今天诸多马克思哲学变革的研究者们所忽略。

黑格尔哲学的实质以及黑格尔哲学体系的核心是黑格尔独创的绝对精神。通过这一主体的外化及其扬弃，达到了精神与人、与自然界、与社会的内在统一。可见，历史辩证法是构建这一哲学体系的方法论，自由是完成这一哲学体系的价值依托。"这种办法，用思辨的话来说，就是把**实体**了解为**主体**，了解为**内在的过程**，了解为**绝对的人格**。这种了解方式就是**黑格尔方法的基本特征**。"② 这种集实体、历史、人格于一身的绝对主体，就是绝对精神。

对于黑格尔哲学这一神秘而至高的"绝对精神"，马克思有一个经典解读："在黑格尔的体系中有**三个要素**：**斯宾诺莎的实体，费希特的自我意识**以及前两个要素在**黑格尔**那里的必然充满矛盾的**统一**，即**绝对精神**。第一个要素是形而上学地改了装的、同人**分离**的**自然**。第二个要素是形而上学地改了装的、同自然分离的**精神**。第三个要素是形而上学地改了装的

---

① 列宁. 列宁选集：第2卷. 3版. 北京：人民出版社，1995：96，212.
② 马克思，恩格斯. 马克思恩格斯文集：第1卷. 北京：人民出版社，2009：280.

以上两个要素的**统一，即现实的人**和现实的**人类**。"① 这一解读最亮眼的地方就是把黑格尔哲学的"绝对精神"，解释成被形而上学（亦即唯心主义）遮蔽了的"现实的人"和"现实的人类"，而后者恰恰是马克思哲学变革后，作为新世界观的彻底唯物主义的出发点。这是一个极高且与众不同的评价。马克思在《关于费尔巴哈的提纲》中写道："旧唯物主义的立脚点是市民社会，新唯物主义的立脚点则是人类社会或社会的人类。"他明确指出是否以现实的人类为立足点，是新旧唯物主义的根本区别。他在《德意志意识形态》中明确提出唯物史观"它的前提是人，但不是处在某种虚幻的离群索居和固定不变状态中的人，而是处在现实的、可以通过经验观察到的、在一定条件下进行的发展过程中的人"。"现实的人"是新世界观、历史观的前提。需要指出，"现实的人"可以根据阐发的需要被表述为"现实的个人"或"现实的人类"，但无论对它做何种表述，都不妨碍它根本区别于旧历史观的"抽象的个人"或"单个人"。

看起来，"现实的人"和"抽象的人"都立足于人，但二者是根本对立的范畴。"现实的人"是马克思主义哲学的科学范畴，它作为唯物史观的前提，"不是处在某种虚幻的离群索居和固定不变状态中的人，而是处在现实的、可以通过经验观察到的、在一定条件下进行的发展过程中的人。只要描绘出这个能动的生活过程，历史就不再像那些本身还是抽象的经验主义者所认为的那样，是一些僵死的事实的汇集，也不再像唯心主义者所认为的那样，是想象的主体的想象活动"②。这一前提决定了真正立足于人的科学研究，一要研究历史活动的具体主体，研究人民群众的历史作用；二要研究生产方式及其决定的人的能动生活过程，研究历史活动的客观规律。而"抽象的人"则是资本主义社会"物化的个人"制造出来的幻想，为资产阶级的"永恒"统治制造人性依据。从方法论上说，就是"把统治阶级的思想和统治阶级本身分割开来，使这些思想独立化，如果不顾生产这些思想的条件和它们的生产者而硬说该时代占统治地位的是这些或那些思想，也就是说，如果完全不考虑这些思想的基础——个人和历史环

---

① 马克思，恩格斯. 马克思恩格斯文集：第 1 卷. 北京：人民出版社，2009：341-342.
② 同①525-526.

境，那就可以这样说：例如，在贵族统治时期占统治地位的概念是荣誉、忠诚，等等，而在资产阶级统治时期占统治地位的概念则是自由、平等，等等。一般说来，统治阶级总是自己为自己编造出诸如此类的幻想"①。占统治地位的普遍思想就是所谓的"人性"，资本主义社会的普遍"人性"就是孤立个人所固有的利己本性及其权利本位，自由、人权幻想包裹的是自私自利、自我中心。而在马克思看来，不是人性创造历史，而是历史改变人性。孤立的人及其不变的人性，是唯心史观的内核，是资本主义制度的人性论根据和道义基础，与唯物史观格格不入。

所以，不能笼统地说"人是出发点"，必须追问是"什么人"。人性论是唯物史观和唯心史观分歧和斗争的焦点之一。德国古典哲学的卓越的理论突破，一是确立了普遍联系、辩证发展的一元理性世界观；二是揭示了超越个体自身、追随历史变化发展的社会人性论。由此出发，把对历史活动客观规律的研究，与人民群众的历史主体地位统一起来，就势在必行。依靠德国古典哲学的成果，破除抽象人性论，确立以人民为中心的历史主体观，是马克思哲学变革的又一关键所在，也是今天被抽象人学研究遮蔽了的内容。

青年马克思在1837年转向黑格尔哲学，就是认同了黑格尔对于哲学的定位，排除一切空泛的理想主义，寻求可以成为现实科学体系的思想立足点。"我从理想主义，——顺便提一提，我曾拿它同康德和费希特的理想主义比较，并从其中吸取营养，——转而向现实本身去寻求思想。如果说神先前是超脱尘世的，那么现在它们已经成为尘世的中心。"② 理性既不是漂浮在天空上的彩云，也不是深藏在心灵的火花，而是可以成为实际知识的科学体系。黑格尔关于哲学的定位主要有两点：一是时代精神的精华；二是整体性把握世界的知识体系（最高的理性世界观）。这是马克思哲学变革的重要理论前提。

第一，时代精神的精华。"时代"是黑格尔研究问题的重要依托，是精神发展不同形态的总体，例如自我意识、社会意识、绝对知识等。黑格

---

① 马克思，恩格斯. 马克思恩格斯文集：第1卷. 北京：人民出版社，2009：552.
② 马克思，恩格斯. 马克思恩格斯全集：第40卷. 北京：人民出版社，1982：15.

尔把人类自觉创造历史的时代称为一个真正"用头脑思考"的时代，即观念创造历史的时代。他用"时代精神"表征历史规律，而通过"历史伟人"间接论证了人类认识历史规律的可能性。他在《历史哲学》中写道："我们应当把世界历史人物——一个时代的英雄——认做是这个时代眼光犀利的人物；他们的行动、他们的言词都是这个时代最卓越的行动、言词。"① 我们在他的《法哲学原理》中还可以读到："谁道出了他那个时代的意志，把它告诉他那个时代并使之实现，他就是那个时代的伟大人物。他所做的是时代的内心东西和本质，他使时代现实化。"② 这个认识是深刻的。人类创造历史的最大自觉，就是通过把握时代精神，实现时代意志的追求，而这离不开历史的伟人。

黑格尔认定哲学是"时代精神的精华"。一方面，"每个人都是他那时代的产儿。哲学也是这样，它是被把握在思想中的它的时代"③。另一方面，哲学又以自己的方式，即通过集聚思想的精髓，通过与世界的相互作用，在实现自身的同时引领时代，推动时代前进。马克思曾经这样详尽地解读了黑格尔对于哲学的这一重要的定位，从而确立了哲学"改变世界"的方向。"哲学家的成长并不像雨后的春笋，他们是自己的时代、自己的人民的产物，人民最精致、最珍贵和看不见的精髓都集中在哲学思想里。那种曾用工人的双手建筑起铁路的精神，现在在哲学家的头脑中树立哲学体系。哲学不是世界之外的遐想，就如同人脑虽然不在胃里，但也不在人体之外一样。自然，哲学首先是通过人脑和世界相联系，然后才用双脚站在地上；但这时人类的其他许多活动领域早已双脚立地，并用双手攀摘大地的果实，它们甚至想也不想：究竟是'头脑'属于这个世界，还是这个世界是头脑的世界。""因为任何真正的哲学都是自己时代精神的精华，所以必然会出现这样的时代：那时哲学不仅从内部即就其内容来说，而且从外部即就其表现来说，都要和自己时代的现实世界接触并相互作用。那时，哲学对于其他的一定体系来说，不再是一定的体系，而正在变成世界

---

① 黑格尔. 历史哲学. 上海：上海书店出版社，2001：30.
② 黑格尔. 法哲学原理. 北京：商务印书馆，1961：334.
③ 同②12.

的一般哲学，即变成当代世界的哲学。"① 这个叙述是对马克思博士论文相关观点的直接阐发，是关于哲学的性质和功能的总体判断。它不追求哲学体系的完美，而强调哲学的实践功能和现实性。

黑格尔关于哲学的这一定位在马克思哲学变革中得到了充分的体现。马克思主义哲学始终认为，"一切划时代的体系的真正的内容都是由于产生这些体系的那个时期的需要而形成起来的"②，因此把解读时代、把握时代、引领时代作为自己的历史使命。当然，马克思主义哲学对于"时代"的理解根本区别于黑格尔哲学，它不是精神形态的总体，而是社会存在的表现形式，即以"过去的整个发展为基础的，是以阶级关系的历史形式及其政治的、道德的、哲学的以及其他的后果为基础的"客观存在。解释"时代"这一客观存在的本质及其趋势，就是哲学作为"时代精神的精华"所必须承担的责任。

第二，整体性把握世界的知识体系（最高的理性世界观）。在《精神现象学》中，黑格尔"把不同的精神形态作为一条道路上的诸多停靠站点包揽在自身之内"，通过"精神的自我意识"揭示世界的统一性及自由的实质。当"处于转变过程中的知识"扬弃了"他者"的全部外在性，实现了"实体即主体"的自我复归，也就达到了对"他者的非依赖性"的自由。黑格尔把这一转变过程的"精神形态"大致划分为：作为个体精神的意识、自我意识和理性；作为伦理实体的家庭、社会和国家；以及作为绝对精神的艺术、天启宗教和哲学。其中，哲学是唯一"绝对知识"，是最后完成了的"绝对精神"。

在阐述哲学世界观之前，黑格尔还阐述了道德世界观、艺术世界观和天启宗教世界观，但它们都是没有完成自我意识的精神。道德世界观"立足于道德的自在且自为的存在与自然的自在且自为的存在之间的关联。这个关联又有两方面的基础：一方面，自然界与道德目的及道德行为之间彼此完全漠不相关，各自独立；另一方面，义务的独一无二的本

---

① 马克思，恩格斯. 马克思恩格斯全集：第1卷. 北京：人民出版社，1956：120-121.
② 马克思，恩格斯. 马克思恩格斯全集：第3卷. 北京：人民出版社，1960：544.

质性，还有自然界的完全的非独立性和非本质性，成为意识的对象"①。这就是说，道德世界观还处于道德与自然界的外在关联中，精神并没有消除自然界的外在性。因此，道德世界观的对象还不是世界的总体，它只是精神发展的环节。从根本上说，伦理实体还不是自我意识主体，"自我意识尚未摆脱它的静止的伦常习俗和坚定信任，尚未返回到自身内；其次，自我意识是由众多权利和义务形成的一个组织结构，同时又分化为众多阶层以及这些阶层的特殊行动，这些特殊行动聚焦在一起产生作用，形成一个整体"②。实际上，道德的自在自为还只是个体性的状态，并不是整体性的自在自为。伴随着形式上的整体性，个体的良知与恶、伪善混杂使得伦理实体趋向法权状态，主体湮没在对象中，精神的自我意识并没有完成。

艺术世界观克服了道德世界观在意识对象上的分裂，是精神实现自我意识的一大形态。但从根本上说，这一世界观仍然是矛盾的。一方面，绝对艺术的出现，使得"精神不再仅仅从它的概念那里分娩出自己，而是把它的概念本身当作一个形态，使得概念和创造出来的艺术品都认识到彼此是同一个东西"③。这是精神首次通过概念达到了自我意识。但另一方面，"艺术宗教隶属于伦理精神，正如我们之前看到的，伦理精神已经在法权状态中没落了，也就是说，已经在'严格意义上的自主体或抽象的个人是绝对本质'这一命题中没落了"④。以抽象的个人为绝对主体的自我意识，并不是真正的精神的自我意识。然而无论如何，艺术是精神的自我意识历程的高级回归，它使精神从实体形式过渡到了主体形式。

精神的自我意识在天启宗教世界观那里得到了进一步的发展，它已经认识到了精神的概念的形成过程。"那个得到了绝对本质的启示的宗教意识直观到了这个概念，并且扬弃了它的自主体与它所直观到的东西之间的区分。在现在这种情况下，宗教意识既是主体也是实体，正因为而且只有

---

① 黑格尔. 精神现象学. 北京：人民出版社，2013：370.
② 同①432-433.
③ 同①433.
④ 同①461.

当它是这个运动，我们才可以说它本身作为精神存在着。"① 从内容上看，天启宗教已经是精神的自我意识的实现。但是，天启宗教这一宗教的高级形式，只是在内容上实现了精神的自我意识，而它的形式还是直观的"表象活动"。"表象活动的内容是绝对精神。只不过这个单纯的形式还得被扬弃，或者更确切地说，因为这个形式隶属于严格意义上的意识，所以它的真理必须已经体现在意识的各种形态分化之中。"② 也就是说，表象活动的形式不能表现精神的自我意识历程的各种形态转化，还未达到内容和形式的统一。

哲学世界观是严格意义上的绝对知识，在它那里，意识已按着一个秩序把它的各个形态呈现在自我意识面前，两者达到了内在的一致。虽然"意识和自我意识之间的和解在那两个方面（宗教精神和严格意义上的意识）都已经实现了。这两种情况之间的差别在于，前者是自在存在形式下的和解，后者是自为存在形式下的和解"③。宗教之所以作为自在的和解形式，是因为真理在那里已经具有自在的确定性，但尚未与自身的确定性达成一致。但是，作为本身即本质的具有真理自身确定性的概念，在宗教里已转变为实在性要素，转变为与意识相对立的客观性形式。意识从中挖掘出精神，"精神就作为科学存在着"。

可见，精神自在地是一个运动过程，是这样一个转变过程：自在体转变为自为实体、实体转变为主体、意识的对象转变为自我意识的对象（亦即转变为一个同时已经遭到扬弃的对象，或者说转变为概念）。至此，"精神已经赢得概念，赢得它的生命的以太，于是在其中舒展开实存和运动，成为科学。精神运动的各个环节在科学里面不再呈现为一些特定的意识形态，而是——由于精神的差别已经返回到自主体之内——呈现为一些特定的概念，以及这些概念之有机的、以自身为根据的运动"④，黑格尔以概念辩证法为基础建构的哲学世界观，就是他认定的最高科学知识体系，是对

① 黑格尔. 精神现象学. 北京：人民出版社，2013：484.
② 同①489.
③ 同①492.
④ 同①501.

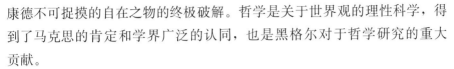

康德不可捉摸的自在之物的终极破解。哲学是关于世界观的理性科学，得到了马克思的肯定和学界广泛的认同，也是黑格尔对于哲学研究的重大贡献。

关于哲学的定位是马克思哲学变革的重要前提，它决定了马克思哲学变革的方向，决定了马克思对德国古典哲学及以往哲学的批判立场，更决定了马克思哲学变革的成果及其意义。哲学作为时代精神的精华，表明哲学研究不能脱离广阔的社会历史现实，不能成为个人的"独白"，也不能仅作为单个人的"自我意识"，而必须为时代发声，为人民呐喊，为天地立心；哲学作为世界观的科学知识，表明哲学研究不能空泛地谈论"善"（包括"美"），哪怕是笼罩着"实践"的光环，而必须把"真"置于核心地位，以客观真理为尺度，不断深入研究历史规律、社会发展规律、人的自由全面发展规律。总之，从黑格尔关于哲学的定位出发，马克思确立了哲学的作为科学世界观和方法论的本质属性，揭示时代主题、为无产阶级和人类解放提供思想武器的阶级属性，以及推动近代以来人类文明向脱离动物界方向飞跃的社会功能。当然，马克思主义哲学将哲学界定为时代精神和世界观，与黑格尔有根本区别，然而不能因此否定黑格尔对于哲学的基本定位。下面我们就来具体探讨，马克思究竟是如何从黑格尔出发进行伟大的哲学变革的。

二、对黑格尔辩证法的唯物主义颠倒：什么是马克思哲学变革的实质？

对黑格尔辩证法的唯物主义颠倒，看似简单明了，实质如同再造。费尔巴哈曾通过确立感性对象、主宾置换等方式批判黑格尔哲学，但都无法拯救出其中的辩证法，而只能将其弃置一旁。"像对民族的精神发展有过如此巨大影响的黑格尔哲学这样的伟大创作，是不能用干脆置之不理的办法来消除的。必须从它的本来意义上'扬弃'它，就是说，要批判地消灭它的形式，但是要救出通过这个形式获得的新内容。"① 对黑格尔辩证法的唯物主义颠倒，是马克思哲学变革的点睛之笔。

---

① 马克思，恩格斯. 马克思恩格斯选集：第4卷. 2版. 北京：人民出版社，1995：223.

1. 马克思的意识形态批判与哲学变革

黑格尔在《精神现象学》中明确表明，他谈的"精神形态的转变"就是"意识形态的转变"。如果说异化及其扬弃是黑格尔哲学概念辩证法的内在环节，那么意识形态则是这一哲学概念辩证法的外在标志。意识形态不仅是精神的形态转变的界碑，而且是精神的自我意识实现的存在方式。换言之，可以将黑格尔哲学归结为意识形态学。因此马克思采取"德意志意识形态批判"这样的方式来完成其哲学变革，就是顺理成章的。问题在于，马克思的哲学变革对于黑格尔哲学总体上是一种扬弃，传统的理解是批判其唯心论，改造其辩证法，那么作为黑格尔哲学唯心论和辩证法的综合体的意识形态，马克思是如何扬弃的呢？

有一种理解值得商榷，即认为马克思把意识形态等同于唯心主义哲学，因此德意志意识形态批判就是德国唯心主义哲学批判，其方向就是非意识形态化。这种理解忽视了黑格尔意识形态概念的"历史转变"意义，把它当作孤立的"虚假意识"或非科学的思想体系来看待，如此就会在批判中舍弃其中的历史内容和辩证法思想。如果把意识形态理解为黑格尔哲学甚至整个德国古典哲学的表现形态，就不能把它简单地丢在一旁，而必须对它进行具体分析。

从客观意义上看，一方面，马克思的意识形态批判为我们提供了观察其哲学变革思想轨迹的参照系。黑格尔哲学曾经是马克思的哲学信仰，所以马克思与恩格斯批判德意志意识形态也就是在清算自己过去的信仰。以意识形态转变为参考，我们可以探明马克思是如何"喜欢"上黑格尔哲学，而又如何怀疑并告别这一哲学的。另一方面，以黑格尔为代表的德国古典哲学是最接近马克思主义哲学的哲学流派，或者说黑格尔的理性主义一元世界观是最接近辩证唯物主义一元世界观的，所以通过这种批判可以清晰透彻地说明马克思主义哲学的理论来源和其哲学变革的实质。

从主观意图上看，马克思的意识形态批判之旨趣，就是借此从德国史进入世界史，从幻象中获得真相。因为近代德国在经济和社会发展上落后于英法这些当时的发达国家，缺乏从世界历史的高度对历史的观察。马克思实现这一目标的唯一可能的前提是，近代德国能作为同时代先进民族的思想同行者而存在，也就是说，德国可以凭借其哲学思想而成为先进民族的同时代人。这一论断的根据在于：第一，一般地说，精神现象一旦产生，就会具有与社会经济发展不同步的相对独立性。"因此，经济上落后的国家在哲学上仍然能够演奏第一小提琴：18世纪的法国对英国来说是如此（法国人是以英国哲学为依据的），后来的德国对英法两国来说也是如此。"① 第二，特殊地说，资本主义基本矛盾的国际化，使得经济相对落后的国家也可能爆发经济发达国家才有的社会矛盾。这就是说，"不一定非要等到这种矛盾在某一国家发展到极端尖锐的地步，才导致这个国家内发生冲突。由广泛的国际交往所引起的同工业比较发达的国家的竞争，就足以使工业比较不发达的国家内产生类似的矛盾（例如，英国工业的竞争使德国潜在的无产阶级显露出来了）"②。当时的德国可以充分感受资本主义的矛盾，并通过哲学思想去把握。第三，上述两点表明，当时经济发展还相对落后的德国，完全可能成为发达资本主义国家的精神上的同行者，成为研究现代社会矛盾的典型观测点。而德国古典哲学是资本主义上升时期的优秀成果，其对于资本主义的深刻把握无疑处于时代前列。对德意志意识形态的批判，使马克思可以站在历史发展的思想制高点去推进理论创新。

从精神实质上看，第一，一般地说，统一性问题是哲学世界观的根本问题，也是世界观意义上真理性认识的前提。正因为如此，整个德国古典哲学的变革实际上就是要克服因康德的"物自体"而造成的世界观裂痕，其最大成果就是发展了一元理性的概念辩证法，通过矛盾的对立统一，实现辩证法、认识论和逻辑的统一，从抽象上升到具体，历史和逻辑相一致，从哲学观念上破解了"自在之物"之谜。也就是说，只有通过辩证法的普遍联系和对立统一，才可能再现历史的真实和社会存在的真实，才能真实地认识和把握世界整体。第二，特殊地说，资本主义发展造成的最大悖论，就是在促成人的解放的同时造成了人的物化，在促成人的独立的同

---

① 马克思，恩格斯. 马克思恩格斯选集：第4卷. 2版. 北京：人民出版社，1995：704.
② 马克思，恩格斯. 马克思恩格斯选集：第1卷. 2版. 北京：人民出版社，1995：115-116.

时造成了人的孤立。"原子化""碎片化"成为现存社会的基础。正如马克思指出的："尽管竞争把各个人汇集在一起，它却使各个人，不仅使资产者，而且更使无产者彼此孤立起来。"① 这种孤立的个人只能感受这个颠倒的现存社会，而无法改变现存社会去开拓未来；只能直观以致屈从于现实，或在道德愤慨和幻想中超越现实，而无法真正面对现实去改造世界。第三，上述两点表明，认识资本主义社会的真实存在，靠经验式的感性还原、即回归感性个人行不通；靠思辨式的批判，即诉诸抽象的精神自由也行不通。唯一的可能是通过世界观的整体变革之路，从黑格尔辩证法的唯物主义颠倒入手，形成崭新的哲学世界观。在科学认识世界整体的同时，发现现实的人类历史活动的主体，从而真正地改变世界。

2. 自在自然与马克思的唯物论实践观

研究马克思的唯物论转向，核心问题是马克思是否承认"自在自然"。如果承认，这与旧唯物论以及康德的"自在之物"有何区别？有些人正是从这一疑问出发，断然否定马克思与恩格斯承认外部自然的自在存在。例如，有人提出："马克思主义自然观，不过是实践唯物主义或历史唯物主义世界观的一个专门领域，不能把它混同于马克思主义的一般世界观；相反，只有在实践唯物主义或历史唯物主义视野中，才能准确把握恩格斯自然观的性质，尤其是它对自然科学的依赖性。在恩格斯的语境中，自然科学面对的并不是'自在的'自然界，而是'现实的'自然界。'自在自然'是一个假概念。"② 其实，把"自在自然"看成一个假概念，是不合理的。大家都知道，黑格尔把自然界纳入绝对精神的发展环节，并最终扬弃了自然界的"他在性"。可以肯定的是，他从根本上是不承认自然界的自在存在的。即便如此，他也特别强调自然界是精神形态转变历程的必经阶段，自然界的"自在存在"不仅具有必然性，而且是概念自我发展的具有质的规定性的一种形态。"在这个过程中，意识观察到的都是物，但在我们看来，这些物其实就是它自己。尽管如此，意识的运动最终将会表明，意识

---

① 马克思，恩格斯. 马克思恩格斯选集：第 1 卷. 2 版. 北京：人民出版社，1995：116.
② 马拥军. 恩格斯自然观的实践唯物主义性质及其当代意义. 理论探讨，2020（4）.

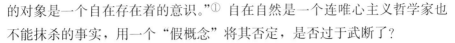

的对象是一个自在存在着的意识。"① 自在自然是一个连唯心主义哲学家也不能抹杀的事实，用一个"假概念"将其否定，是否过于武断了？

黑格尔最终否定自然界的自在性，是他从唯心主义的立场解决康德"自在之物"的必然选择，这也恰恰是马克思的新唯物主义同他的根本区别。从唯物主义立场破解"自在之物"之谜，就必须以承认自然界的自在性为前提。正如列宁所说："物理世界是不依赖于人类和人类经验而存在的；在不可能有人类经验的任何'社会性'和任何'组织'的时候，物理世界就已经存在了，等等。"② 只有在承认自在自然的前提下，探讨"自在之物"是如何转变为"为我之物"的，才能终结康德那"不可捉摸的自在之物"。下面，我们不妨简单地比较一下马克思和黑格尔的相关思想。

从根本上说，黑格尔和马克思能够破解康德的"自在之物"之谜，依靠的都是辩证法。辩证法通过矛盾及其转化，通过真理性、规律性消解了现象、存在和本质的鸿沟，通过矛盾双方自在自为的转化确立了主体和对象的同质性。因此，用真理规范实践，用"绝对主体"界定认识边界，是破解"自在之物"之谜的关键。它通过辩证一元论的内在转化，论证了自在之物的存在及其可知。真理的唯一性、主体的唯一性，打破了康德以"善"为本的实践多元主观意向性及其不可知的隐患，自在之物就转换成为我之物。可见，把"自在之物"问题转化为关于对象的科学认识问题，这是马克思哲学与黑格尔哲学的共同之处。但是，马克思认为对象（自然界、社会、人自身）具有不依赖于精神的客观实在性，而黑格尔认为物是"自我意识"的外化，是非独立于精神的"物相"；马克思认为自在之物之所以可知，就因为主客体同时具有客观实在性，以现实的人类（人民）为认识主体，可以不断地把自在之物转化为为我之物，无限地接近绝对真理，而黑格尔把自在之物的可知性奠立在精神同一性之上，通过绝对精神返回自身以消解自在之物。就辩证法而言，马克思从不讳言自己"是这位大思想家的学生"，但是他也反复强调，在黑格尔那里，"辩证法是倒立着

---

① 黑格尔. 精神现象学. 北京：人民出版社，2013：155.
② 列宁. 列宁专题文集：论辩证唯物主义和历史唯物主义. 北京：人民出版社，2009：30.

的。为了发现神秘外壳中的合理内核，必须把它倒过来"①。这种唯物主义的颠倒，不仅拯救了辩证法，也拯救了实践范畴。

唯心主义的"实践哲学"只承认现象学意义的人类实践，即实践只能证明人的需要和人的经验，而不能证明自在之物和客观真理。这种实践观支撑着历史多元论、历史相对论和历史选择论，而不可能成为科学信仰的基础。信奉此种实践哲学的人，必定是同时坚持信仰和知识的二元论者。而保留了宗教信仰神秘性的信仰主义，包括所谓的伦理社会主义，不可能成为引领工人阶级解放的思想武器。只有辩证唯物主义实践观才承认"人类的实践不仅具有（休谟主义和康德主义所谓的）现象的意义而且还具有客观实在的意义"②，并通过实践的物质制约性（即"受动性"）及其规律，证明"自在之物"及客观真理不仅存在，而且可知。

正如"经验""感觉"一样，"实践"也同样具有"认识论的中间环节"的意义。从"实践"出发，既可以走向马克思的彻底的唯物主义，也可以走向唯心主义的"实践哲学"。一个鼓吹"实践"的观点，如何判断它的最终走向呢？一个简单的办法就是看其是否承认"实践"的中间性质。正如否认"经验"的中间性质的"经验一元论"，必定是主观唯心主义一元论一样，否认"实践"的中间性质的"实践本体论"，也必然是主观唯心主义一元论。否认实践是向自在自然开放并证明其存在的实际行动，而把外部世界限制在实践的范围内，无论如何打着马克思的旗号，都是丢弃唯物论而转向唯心论的十足变节。但是，"实践是检验真理的唯一标准"这个政治活动的真理，往往被人们不假思索地无条件接受，以致发生了将其运用到哲学本体论上的这样重大谬误，并且不被觉察。"这种体系虽然荒谬之至，可是最难驳倒，说起来真是人类智慧的耻辱、哲学的耻辱。"③ 这是，列宁引用狄德罗批判唯心主义否认"物质"客观性的观点，不知能否唤醒一些"实践哲学"的痴迷者？

因此，恩格斯、列宁一再强调，所谓自在之物，或者是自在自然，就

---

① 马克思，恩格斯. 马克思恩格斯选集：第2卷. 2版. 北京：人民出版社，1995：112.
② 列宁. 列宁选集：第2卷. 3版. 北京：人民出版社，1995：81.
③ 同②30.

是自然界不依赖于意识的客观实在性，即物质性。对客观自然界的正确认识，就是客观真理。因此，马克思主义哲学决不否定自在之物，而是在承认"外部自然界的优先地位"的前提下，依靠唯物辩证法，打通自在之物和为我之物的对立，融通本体论与认识论。消除自然界的外在性，不是像唯心主义那样将其内化为"实践"，而是遵循唯物主义原则让实践向"自在自然"开放。换言之，唯心主义把实践对象以外的自然都视为"虚无"，而唯物辩证法则把实践对象视为已经"转化为"自为自然的自在自然。这样，是否承认自在自然，致使唯物论的实践与唯心论的实践出现了根本的对立：唯心论的实践把对象视为主体的外化，否认主体之外的对象存在；辩证唯物论的实践把对象视为不断进入视野的外在自然，主体及其实践活动始终向外部自然开放，在相互作用中无限发展。说到底，不是实践拯救了唯物论，而是唯物论拯救了实践。不以唯物论为基础的实践，在马克思的哲学中没有位置。这个根本的关系不能颠倒。

还需要指出，尽管历史唯物主义是恩格斯概括的马克思的"两大发现"之一，具有划时代的首创性，但唯物史观毕竟不是马克思哲学世界观的整体性概括，而只是辩证唯物主义世界观的特殊运用。正如列宁指出的："马克思加深和发展了哲学唯物主义，而且把它贯彻到底，把它对自然界的认识推广到对**人类社会**的认识。马克思的**历史唯物主义**是科学思想中的最大成果。过去在历史观和政治观方面占支配地位的那种混乱和随意性，被一种极其完整严密的科学理论所代替。"要知道，马克思的唯物史观建立在对于"自然的历史"认知上。虽然历史活动是追求着自己目的的人的活动，但这一活动的基础却是人们不能自由选择的客观存在，蕴含于其中的活动目的也具有客观必然性。"正如人的认识反映不依赖于它而存在的自然界即发展着的物质那样，人的**社会认识**（即哲学、宗教、政治等等的不同观点和学说）反映社会的**经济制度**。"① 把历史唯物主义提升为马克思主义哲学的整体世界观，并以此否定和取代辩证唯物主义，就走向了把马克思主义哲学向唯心论"实践哲学"作范式转换的邪路，犯下了没有任何妥协空间的颠覆性错误。

---

① 列宁. 列宁选集：第2卷. 3版. 北京：人民出版社，1995：311.

　　毫无疑问，马克思在创立新唯物主义世界观的过程中，在批判形形色色的唯心主义的同时，也批判了形而上的旧唯物主义，包括费尔巴哈的唯物主义。但是，这是两种不同的批判："恩格斯是为了**辩证**唯物主义，而不是为了那陷入主观主义的相对主义而屏弃旧的形而上学唯物主义的。"①马克思与恩格斯批判旧唯物主义，是因为它不彻底、不全面，他们是在坚持世界的物质本原、物质决定意识的反映论的基础上，把唯物论全面贯彻到底的。而马克思与恩格斯批判各种唯心主义，包括黑格尔哲学，是从根本上离开这一哲学的基地展开的，是对根本立足点和哲学主体的再造。这是两种不同性质的批判，正如毛泽东强调的，要分清具有敌对性质的是非和一般的是非。批判唯心论，这是立场上的是非；批判旧唯物论，则是认识上的是非，两种不可混淆，更不可倒过来。

　　至于把马克思主义的自然观视为实践唯物主义或历史唯物主义世界观的一个专门领域，并否认恩格斯的自然观是世界观，则更是无稽之谈。恩格斯的《自然辩证法》堪称黑格尔《精神现象学》的唯物主义颠倒版，虽尚未最终完成，但辩证唯物主义世界观却已经成形。简要地说，恩格斯的自然辩证法包括自然本体、运动形式、发展规律以及可知性等，打破了自然界不同质的存在类别之间的僵硬界限，确立了整体上有规律运动变化的新自然观，从而奠定了唯物主义一元论世界观的基础。

　　应该说，恩格斯在一定意义上赞同黑格尔的观点，那就是"对象（实体）即主体（本体）"。马克思早在《神圣家族》中，就赞扬过"唯物主义是**大不列颠本土的产儿**"，因为它提出了"**物质是否不能思维?**"这一哲学根本问题②。恩格斯在《自然辩证法》中明确指出："对象是运动着的物质。"因此，运动着的物质也是自然史的主体，包括太阳系的历史、地球的历史等，确立了自然界的本体地位。接着，恩格斯论证了"运动"是物质的存在方式，"运动着的物体的性质是从运动的形式得出来的"。而从简单到复杂、从低级向高级的运动形式转化就是自然界的发展规律。在此基础上，恩格斯根据当时的科学水平，将自然界的运动形式划分为机械的、

①　列宁. 列宁选集: 第2卷. 3版. 北京: 人民出版社, 1995: 213.
②　马克思, 恩格斯. 马克思恩格斯文集: 第1卷. 北京: 人民出版社, 2009: 330-331.

物理的、化学的、生物的和人类社会的五种基本形式。自然科学和社会科学就是对于这些运动形式的反映。"正如一个运动形式是从另一个运动形式中发展出来一样，这些形式的反映，即各种不同的科学，也必然是一个从另一个中产生出来。"①

由此可见，认为恩格斯的自然观"依赖于"自然科学是极其荒谬的。辩证唯物主义世界观当然不能脱离自然科学的发展，但对于自然界进行整体上的把握，却是自然科学无论如何也做不到的，只能依靠唯物辩证法。正因为如此，自然科学的自发唯物主义如果不上升到辩证唯物主义世界观，就很可能在一些新的科学发现面前迷失方向，陷入唯心主义甚至神秘主义的泥淖。当时一些自然科学家因缺乏唯物辩证法的哲学世界观而转向反科学的神灵信仰，这正是恩格斯在《自然辩证法》中着力批判分析的一个现象。辩证唯物主义世界观不能代替具体的科学研究，但具体的自然科学也代替不了科学的自然观，因而自然科学研究者需要学点唯物辩证法。试图用自然科学取消唯物辩证法自然观的世界观地位，是无知且有害的。

人类社会的运动形式虽然和自然界其他运动形式有重大的差异，但毕竟从根本上说还属于物质运动的形式，尽管是一种特殊形态。人类史是自然史的一部分，这是无可否认的事实。正如马克思指出的："历史本身是**自然史**的一个**现实**部分，即自然界生成为人这一过程的一个**现实**部分。"②因此，恩格斯在"劳动在从猿到人的转变中的作用"片段中，在详尽分析人类社会是如何以劳动的规律取代生物界的进化规律的同时，特别强调了自然界的本体论意义，以及自然规律与历史规律的一致性。"我们决不像征服者统治异族人那样支配自然界，决不像站在自然界之外的人似的去支配自然界——相反，我们连同我们的肉、血和头脑都是属于自然界和存在于自然界之中的；我们对自然界的整个支配作用，就在于我们比其他一切生物强，能够认识和正确运用自然规律。"历史活动越深入，人类就越是"认识到自身和自然界的一体性，那种关于精神和物质、人类和自然、灵

---

① 马克思，恩格斯. 马克思恩格斯文集：第9卷. 北京：人民出版社，2009：505.
② 马克思，恩格斯. 马克思恩格斯文集：第1卷. 北京：人民出版社，2009：194.

魂和肉体之间的对立的荒谬的、反自然的观点，也就越不可能成立了"①。需要指出，恩格斯强调的是我们"属于自然界"，而不是相反。我们实在无法想象，"自在自然"为什么是个假概念？

　　总之，恩格斯依据当时最新的科学研究成果，彻底打破了长期以来认为只有空间变化、没有时间发展，无机界、有机界、生物界之间存在着不可逾越的固定界限的旧自然观；通过确立自然界的每一种物质存在都是源自内在矛盾的一种运动形式，各种一定形式之间存在着相互转化、循环发展的关系，确立了破除有机界与无机界、生物界与非生物界、自然界与人类社会间鸿沟的新自然观，从而解决了"物质是如何自我运动"以及世界的物质性统一这一唯物主义哲学世界观的根本问题。"新的自然观就其基本点来说已经完备：一切僵硬的东西溶解了，一切固定的东西消散了，一切被当做永恒存在的特殊的东西变成了转瞬即逝的东西，整个自然界被证明是在永恒的流动和循环中运动着。"② 这种自然观难道还不是世界观吗？自然界是整体，而我们是其中的部分。大自然观就是世界观，这难道还不明晰吗？一些人所谓的"实践唯物主义"有多大的胃口，能够把这整个自然界吞入自己的肚子，使之成为其中的"一个专门领域"？

　　3. 批判的武器和武器的批判

　　在作为马克思哲学变革成果的新唯物论中，容易被遮蔽的除了"自在自然"，还有就是"现实的人类"这一历史主体。实际上，主体和对象的同质性已经表明，误读对象必定同时误读主体。唯心论哲学在把对象精神化的同时，其哲学主体无论是大写的自我意识，还是个别的自我意识，无论是绝对精神，还是经验感觉，都没有例外的是精神主体。而旧唯物主义在把对象视为静止不变的自然物的同时，其哲学主体也必然是静止不变的感性人。唯心论的实践哲学在否定"无限的自在自然"的同时，必然否定作为物质形态的、在运动变化无限发展的现实人类主体。不同的是，旧唯物论从经验主体出发，在认识论上还能坚持对象的客观性和反映论，但这一主体一进入历史领域，就和唯心论一样陷入了唯心史观。因此，在承认

---

① 马克思，恩格斯. 马克思恩格斯文集：第9卷. 北京：人民出版社，2009：560.
② 同①418.

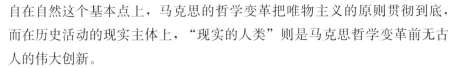

自在自然这个基本点上，马克思的哲学变革把唯物主义的原则贯彻到底，而在历史活动的现实主体上，"现实的人类"则是马克思哲学变革前无古人的伟大创新。

大家都熟知马克思的一句名言："哲学家们只是用不同的方式**解释**世界，问题在于**改变**世界。"这个论断表明，在马克思看来，不仅旧唯物主义不懂实践，唯心主义也不懂实践。马克思所说的实践，是唯物主义的革命实践，而不是唯心主义的"实践哲学"以"善"为追求的主体性实践。马克思在这里不是用所谓"实践哲学"去否定"认识论哲学"，而是用科学的唯物论超越此前的旧哲学。因为这些哲学都没有正确提出认识和改造世界的时代之问，更没有找到现实地改造世界的道路。究其原因，就是因为它们都没有解决人的历史活动的客观对象问题和把握这一客观对象规律的现实主体问题。历史活动的客观规律性及其人民主体论，是马克思唯物史观这个伟大发现的两大亮点。

不懂唯物辩证法，就不能揭示历史的客观必然性，也不能揭示历史活动的现实主体。在马克思以前，只有黑格尔把整个自然的、历史的和精神的世界描写为一个过程，并"企图揭示这种运动和发展的内在联系"；也是他第一次以"绝对精神"这一主体，接近了"现实的人类"这一历史活动的真实主体，当然这仍是"形而上学地改了装的"。为什么科学界定历史活动的主体这么难？从根本上说，发现规律的现代科学活动都不能仅靠观察、直观和实验，还需要科学的思维方式，更要靠有效率的科学团队。而历史活动的复杂性在于，它面对的不是自然科学所面对的自然现象，获得的不是所谓价值无涉的"客观知识"，而是如何从看似充满主观性的意志性活动、利害关系和人际联系中科学地抽象出"社会物质"，并以此为基础揭示历史活动的客观规律，以及认识和实践这一规律的历史活动的现实主体。从主体的历史活动中揭示其客观性基础，比黑格尔从对象和实体中发现主体的自我意识要困难得多。前者立足于变动的客观现实，面向不断发展的外部世界，任何思想观点都要接受实践、时代和科技的发展的检验，不能有丝毫的马虎和侥幸；而唯心主义体系则可以不用真正面对外部世界而闭门造车，黑格尔自我设定站在"历史的终点"回溯历史，借助辩证法，通过一系列的"三段论"构造了一个看似严密的概念体系，虽然实际上漏洞频频，却也能自成一说。

马克思把黑格尔"形而上学地改了装的绝对精神"进行唯物主义的再颠倒，确立"现实的人类"这一历史主体，有两个关键环节：其一，确证不依赖于主体的"感性客体"的存在；其二，确证"感性客体"与"感性主体"的同源性。研究不同于"思想客体"的"感性客体"，是费尔巴哈提出的问题，但他未能破题。在费尔巴哈看来，要驳倒黑格尔的思辨哲学，就必须确认存在着不依赖于精神主体的"感性客体"，并以此作为唯物主义认识论的基石。他正确地发现了，黑格尔通过精神外化产生的客体只是具有物的外观的"思想客体"，而并非客观自在的"实体"。以这类"物"为基础，颠覆不了思辨哲学。但是，他的方法是试图"清洗"认识的主观性，以诉诸"单纯的直观"，从而发现没有受到任何主观性"污染"的纯粹客体。他的这种静止的直线式思维方法导致一个正确的判断无果而终。马克思深刻指出："费尔巴哈想要研究跟思想客体确实不同的感性客体，但是他没有把人的活动本身理解为**对象性的**［gegenständliche］活动。"[①] 就是说，他把人的活动都视为精神性活动，没有看到作为物质主体的真正"对象性活动"，不懂得"革命的""实践批判的"活动的意义。这样，他就陷入了双重错误：把主体"主观化"的同时也把客体"抽象化"了。作为历史活动主体的人，不仅是精神活动的主体，也是物质活动的主体；不仅有认识活动的成果，也有物质活动的成果。主体所面对的客观自然并非一成不变，它不仅自身在变化，而且在人的历史活动中不断改变，不存在纯粹的"原生态"自然。

马克思通过"感性活动"把"感性客体"和"感性主体"连接在了一起。所谓的"感性客体"，就是作为能动物质主体的现实人类，通过对象性活动所创造出来的物质文明成果。这种对象性活动是有规律的、持续不断的，就是"生活的生产和再生产"。这样，以唯物论的实践活动为基础，真实的历史过程就是在生产力和生产关系、经济基础和上层建筑矛盾运动中展开的社会形态更替。真正的历史主体必定是对象和主体、实体和关

---

① 马克思，恩格斯. 马克思恩格斯文集：第1卷. 北京：人民出版社，2009：499.

系、过程和阶段的统一体。所谓"现实的人"，就是能够体现"社会关系总和"的人，即从事"生活的生产"的人，包括物质生产生活资料的生产、人自身的生产、上述生产过程中的社会关系的生产、人的需要的生产以及精神生产。

作为历史活动的真实主体的"现实的人类"，就是人民。对于人民，我们可以说是既熟悉又陌生。说熟悉，是因为我们经常使用它；说陌生，是因为我们往往说不清楚它。其中主要是如何说清楚个人和人民的关系。学界长期争论的"以人为本"，究竟是以人民为本还是以个人为本，或者两者没有区别？马克思讲的"现实的人类"不也是"现实的个人"吗？但是，我们要搞清楚这个问题，关键并不在于人类和个人的关系，因为人类和个人是相通的，因而根本在于"现实的人"和"抽象的人"的区别。

马克思对于"抽象的人"的批判，最初针对的是费尔巴哈，因为费尔巴哈以"感性的人"去批判宗教"神人"和思辨哲学的"思辨人"，有着重大的影响力。但马克思后来逐步发现，费尔巴哈的"感性人"依然是"抽象的人"，它和"宗教人""思辨人"一样，都是脱离具体历史变化的、作为思想形象被塑造出来的"原人"；区别仅在于它以"性爱"取代了"宗教人"的虔诚、"思辨人"的自我意识而已。马克思的"现实的人"正是在超越费尔巴哈"抽象的人"的过程中形成的："费尔巴哈没有走的一步，必定会有人走的。对抽象的人的崇拜，即费尔巴哈的新宗教的核心，必定会由关于现实的人及其历史发展的科学来代替。这个超出费尔巴哈而进一步发展费尔巴哈观点的工作，是由马克思于 1845 年在《神圣家族》中开始的。"[①] 需要指出的是，超越了费尔巴哈"抽象的人"，也就超越了全部旧哲学的人学基础，包括亚里士多德的"政治人"、亚当·斯密的"经济人"和康德的"道德人"，其原因就在于费尔巴哈试图离开唯心主义哲学的基地，在唯物主义的新起点上去发现"现实的人"，尽管他没有完成这一步。

马克思对作为唯物史观前提的"现实的个人"的界定是："他们的活动和他们的物质生活条件，包括他们已有的和由他们自己的活动创造出来

---

① 马克思，恩格斯. 马克思恩格斯文集：第 4 卷. 北京：人民出版社，2009：295.

的物质生活条件。"认识"现实的个人",首先需要科学的方法论。它不能通过生理学的解剖等自然科学方法实现,也不能通过抽象人性论达成,唯一的方法就是唯物辩证法和历史辩证法。这种方法论提出,个人什么样,是由其表现和创造生活的生产方式决定的。所以,认识现实的个人,就不能局限于"人自身",而要考察他如何获得生存所必需的物质生活资料,包括在这一过程中如何与别人形成合作关系,如何利用已有的物质手段去不断改善生存的物质条件。"这种生产方式不应当只从它是个人肉体存在的再生产这方面加以考察。它在更大程度上是这些个人的一定的活动方式,是他们表现自己生活的一定方式、他们的一定的**生活方式**。个人怎样表现自己的生活,他们自己就是怎样。因此,他们是什么样的,这同他们的生产是一致的——既和他们生产**什么**一致,又和他们**怎样**生产一致。因而,个人是什么样的,这取决于他们进行生产的物质条件。"① 正因为如此,"现实的个人"就不是"孤立的个人",更不是"人自身",而是处在具体的生产力和生产关系矛盾运动中的社会的人;现实的历史活动的主体,就不是"单个人",而是"人民群众",是代表了社会基本矛盾运动方向的历史创造者。

现在可以清楚地看到,马克思所说的"现实的个人",就是组成真实历史活动主体的人,也就是人民群众,或"现实的人类"。自原始社会解体以来,人民群众就是以代表先进生产力和生产关系的先进阶级为核心、以劳动群众为基础、具体历史条件下的进步人类。人民群众通常由先进阶级及其政党领导,而与攫取社会特殊利益的腐朽统治阶级相对立。正如列宁指出的:"谁都知道,群众是划分为阶级的;只有把不按照生产的社会结构中的地位区分的大多数同在生产的社会结构中占有特殊地位的集团对立时,才可以把群众和阶级对立起来;在通常情况下,在多数场合,至少在现代的文明国家内,阶级是由政党来领导的;政党通常是由最有威信、最有影响、最有经验、被选出担任最重要职务而称为领袖的人们所组成的比较稳定的集团来主持的。这都是起码的常识。"②

---

① 马克思,恩格斯. 马克思恩格斯选集:第1卷. 2版. 北京:人民出版社,1995:67-68.
② 列宁. 列宁选集:第4卷. 3版. 北京:人民出版社,1995:151.

　　以阶级为主要形态的人民这一历史主体具有两个特点：一是与生产力和生产关系矛盾运动的规律相一致，因而具有方向性、进步性，是当之无愧的历史创造者；二是构成的有机性和历史变动性。由于先进阶级是群众的领导力量，劳动人民是群众的稳定基础，人民因而是有机的历史主体。又由于历史先进生产关系的代表通常是新兴的剥削阶级，随着其代表的生产关系由适应生产力发展到阻碍生产力，该阶级也就从群众的领导者逐步站到了群众的对立面，因此人民又是历史地变动的主体，不仅其内涵和外延在随时变化，而且还会随着进步阶级的更替而发生重大的质变。到了资本主义社会，阶级状况发生了一个重大变化，即"我们的时代，资产阶级时代，却有一个特点：它使阶级对立简单化了。整个社会日益分裂为两大敌对的阵营，分裂为两大相互直接对立的阶级：资产阶级和无产阶级"①。随着资产阶级成为统治阶级，其特殊的阶级利益逐步成为与社会进步相对立的腐朽存在，它也从革命的领导阶级逐渐蜕化为革命的对象，与之对立的现代无产阶级登上了历史舞台，成了现代社会人民群众的核心力量。

　　工人阶级及其政党成为现代社会人民主体的领导力量，使人民群众创造历史进入了一个新的历史阶段。人民主体因此而具有了以往没有的一些重要特点：

　　一是以自觉性为基础的先进性。以往历史上的进步阶级，只是自发地发挥先进作用，只有现代无产阶级努力接受先进的科学理论指导，在认识和掌握历史发展客观规律的基础上，自觉地创造历史。恩格斯指出，正是马克思"第一次使现代无产阶级意识到自身的地位和需要，意识到自身解放的条件"②。工人阶级没有本阶级的狭隘利益，它的历史使命和解放条件就是"消灭阶级"，推动人类社会进入共产主义社会。这使得工人阶级不仅成为第一个具有阶级意识的劳动者阶级，而且成为第一个掌握了科学理论的自觉领导阶级。

　　二是主体的领导力量和基干力量的有机统一。在以往历史的人民主体中，代表新生产关系的领导者与作为生产力首要因素的劳动者基本上是分

①　马克思，恩格斯. 马克思恩格斯选集：第1卷. 2版. 北京：人民出版社，1995：273.
②　马克思，恩格斯. 马克思恩格斯选集：第3卷. 2版. 北京：人民出版社，1995：777.

离的。只有工人阶级作为社会化大生产和社会化生产关系相一致的代表，实现了人民主体内的领导者和劳动者的统一。这种统一，极大地增强了人民群众的历史主动性和创造性，预示了人的解放的光明前景。这就是马克思所预言的："历史活动是群众的活动，随着历史活动的深入，必将是群众队伍的扩大。"① 人类历史不会长期驻足于阶级社会，不会永远存在着阶级的划分，以及由于少数人剥削多数人所造成的社会两极分化和人的异化。但是，只有经由无产阶级专政，才能过渡到无阶级社会。坚持工人阶级领导并以人民为中心，就是坚持无产阶级专政。

三是主体的对象性活动和自我意识的高度统一。只有作为世界历史性存在的事物，才能具有世界历史意义。马克思对现代无产阶级世界历史使命的论证，从一开始就确立了这样的原则：只要认识了自己，就认识了世界；只要实现了自身，就实现了改造世界。他指出："无产阶级宣告**迄今为止的世界制度的解体**，只不过是揭示**自己本身的存在的秘密**，因为它就是这个世界制度的**实际解体**。无产阶级要求**否定私有财产**，只不过是把社会已经提升为**无产阶级**的原则的东西，把未经无产阶级的协助就已作为社会的否定结果而体现在**它身上**的东西提升为**社会的原则**。"② 这个原则之所以重要，就因为它不仅是对资本主义自我否定的具体阐发，对资本主义灭亡规律的深刻揭示，而且是对于认识历史规律的客观前提的确立。

马克思讲："批判的武器当然不能代替武器的批判，物质力量只能用物质力量来摧毁；但是理论一经掌握群众，也会变成物质力量。理论只要说服人 [ad hominem]，就能掌握群众；而理论只要彻底，就能说服人 [ad hominem]。所谓彻底，就是抓住事物的根本。而人的根本就是人本身。"③ 他不仅说明了理论只有被群众掌握才能发挥改变世界的作用，同样说明了群众只有掌握了理论才能发挥历史主体的作用。马克思的人民主体论，充分证明了坚持共产党领导和马克思主义指导的重要性。简言之，主义决定政党的命运，而政党决定了阶级解放和革命事业的命运。主义决定

---

① 马克思，恩格斯. 马克思恩格斯文集：第1卷. 北京：人民出版社，2009：287.
② 同①17.
③ 同①11.

了工人阶级政党是否先进，是否能够站在时代的前列；主义也决定了工人阶级政党能否纯洁，并形成全心全意为人民服务的宗旨，从而获得人民的拥护和支持；主义更决定了工人阶级政党能否"冲破思想牢笼"，在腐朽的旧社会获得道义制高点，理直气壮地领导人民创造自己的活动。因此，列宁始终强调先进理论对于共产党的决定性意义，提出"没有革命的理论，就没有革命的运动"，"只有以先进理论为指南的党，才能实现先进战士的作用"，必须向工人阶级和广大群众"灌输"马克思主义。中国共产党在此基础上开创了坚持"思想建党、理论强党"的优秀传统，把思想领导权视为党的"第一位领导权"①，以理论创新带动所有其他创新，将思想上政治上的路线正确与否作为决定成败得失的关键，自觉坚持马克思主义的指导地位。

三、消解马克思哲学变革唯物主义实质的教训：一个历史的反思

马克思的哲学科学解决了从整体上把握世界及其发展规律这一根本问题，这是资产阶级所坚决不愿承认的。完全可以想象，它必然要动用一切手段颠覆这一科学世界观。对于马克思主义者而言，科学地掌握这一世界观并成功地将其转化为实践的行动指南，也是十分艰难复杂的课题，极易在遭受挫折时怀疑这一科学世界观。于是，必须捍卫辩证唯物主义就成为马克思主义发展史的一个重要教训。

1. 唯物论成为西方现代哲学从德国古典哲学大倒退的"靶心"

资产阶级在掌权并日益成为既得利益者以后，在哲学社会科学上的滑坡集中表现在对于德国古典哲学的摒弃，其实质是对研究客观规律的理论完全丧失兴趣。它不仅大力攻击、歪曲和丑化唯物主义，甚至连向唯物主义接近的黑格尔辩证法也被它当作"死狗"一样扔在一边。马克思为此还特意公开承认自己是黑格尔"这位大思想家的学生"，并在《资本论》的某些叙述中故意"卖弄"黑格尔的表述方式②。对于世界整体性的科学把

---

① 毛泽东的原话是："掌握思想领导是掌握一切领导的第一位。"（毛泽东文集：第2卷. 北京：人民出版社，1993：435.）

② 马克思，恩格斯. 马克思恩格斯选集：第2卷. 2版. 北京：人民出版社，1995：112.

握、对于历史发展规律的不断深入探讨、对于人类实现自由和解放可能性的不懈追问，是理论兴趣的立足点。没有广阔的胸怀、远大的追求和科学探索的勇气，是不可能保持理论兴趣的。因此，恩格斯做出了一个重大的预判："德国人的理论兴趣，只是在工人阶级中还没有衰退，继续存在着。在这里，它是根除不了的。在这里，对职位、牟利，对上司的恩典，没有任何考虑。相反，科学越是毫无顾忌和大公无私，它就越符合工人的利益和愿望。在劳动发展史中找到了理解全部社会史的锁钥的新派别，一开始就主要是面向工人阶级的，并且从工人阶级那里得到了同情，这种同情，它在官方科学那里是既没有寻找也没有期望过的。德国的工人运动是德国古典哲学的继承者。"① 后来的历史事实充分证明，德国古典哲学以及马克思哲学变革的伟大成果，只有在真正高举人类解放大旗的世界社会主义运动中才能发扬光大，而在日益腐朽的资本主义世界则必然遭遇扭曲和封杀。继承马克思哲学变革伟大成果的道路十分曲折。

交锋主要集中在对于世界整体性规律性的科学把握是否可能上，亦即辩证唯物主义世界观和方法论能否成立上。19 世纪末以来，西方哲学的主流是从康德右转，转向了彻底消解唯物论因素的主观唯心主义。这一转向集中体现在哲学世界观上，它把康德关于"我能知道什么"的发问，解读为终结了本体论哲学，开创了所谓"认识论哲学"的传统；它还借康德之口，把对于世界做整体性把握的理念歪曲为"人类自然本能的幻想"，从根本上取消了"自在之物"。但是，我们必须指出，把认识论和本体论割裂开来、对立起来，这是从康德向右转。要害是否定康德"自在之物"的唯物主义倾向、倒向完全的主观唯心主义的新康德主义传统。这一传统后来被马克斯·韦伯的价值哲学、伯恩施坦的伦理社会主义、西方马克思主义、尼采及后形而上学哲学、海德格尔的实践哲学等所承传，成为当代西方的主流哲学形态，但这并不代表对康德哲学的真正承传。

现代西方主流哲学借着现代化的议题，把消解世界观视为"现代性"启蒙的必然结果。"现代性"是西方现代化过程进行思想启蒙的依据。在马克斯·韦伯看来，"现代性"是一个"工具理性"驱逐"价值理性"并

---

① 马克思，恩格斯. 马克思恩格斯选集：第 4 卷. 2 版. 北京：人民出版社，1995：258.

逐渐取得主导地位的过程，与此相对应的是，社会生活和社会制度逐步
"理性化"。它把人的生活分裂为两个截然不同的领域，即"事实领域"和
"价值领域"，分别遵循不同的游戏规则。事实领域由工具理性支配，拒斥
价值信念，排除私人性，严守价值中立，只接受"契约精神"，受法律和
社会性规范约束，人在这一领域中是不掺杂任何私人情感的"职业人"。
而价值领域则是完全不受任何外力支配的私人领域，其核心是信仰生活。

　　韦伯进一步提出，"现代性"的实质就是所谓的"世界的祛魅"，而
"祛魅"是现代社会的根本特点和必然趋势。它在很大程度上塑造了现代
社会的基本面貌，支配着现代人的生存品性和生存处境。这是对传统社会
价值秩序的根本颠覆。传统社会"包含着'世界'作为一个'宇宙秩序'
的重要的宗教构想，要求这个宇宙必须是一个在某种程度上安排得'有意
义的'整体，它的各种现象要用这个要求来衡量和评价"[①]。因此，在传统
社会中，世界上的每一事物都可以在"伟大的存在之链"中发现其内在目
的和理由。事物的存在与其存在的"目的"和"价值"不可分割，它的本
质与目的决定了其存在。"世界的理性化"摧毁了这一"目的论式的世界
秩序"，把存在和价值还原为具体事务。卡尔·波普尔后来的"反本质主
义"、反"宏大叙事"、反"历史决定论"，与马克斯·韦伯的"祛魅"如
出一辙，刻画出了西方现代哲学敌视规律研究的反科学的思想堕落轨迹。

　　不难发现，以"现代性"进行"新启蒙"的现代西方思潮，与资本主
义兴起之初的"启蒙运动"是有区别的。尽管从实质看，它们高举的"人
的解放"旗帜都具有抽象的人的特点，但是原"启蒙运动"的人，兼有个
人和人类的意蕴。这一运动是从"人"出发的人道主义，不一定走向个人
主义。这在德国古典哲学中表现得尤为明显，无论是黑格尔还是费尔巴哈
都不是个人主义者。而卢梭的"公意"具有"人类普遍意志"的含义，从
政治意义上承认了个人和人类意志上的一致。与此不同，所谓"现代性"
的"新启蒙"则公开地、毫不掩饰地把"单个人"作为人的唯一真实存
在，把个人主义作为唯一的价值主导。世界的碎片化，价值的多元化、相
对化和个人至上，世界整体、人民、本质的虚名化，都清楚地表明，在现

---

　　① 韦伯. 经济与社会：上. 北京：商务印书馆，1997：508.

代西方哲学中，世界观和自我意识，个人为本还是人民为本，个人利益和人类利益，已经没有任何可供模糊和妥协的空间，必须进行"二选一"的抉择！否定唯物论、客观规律、客观真理的去世界观，和否定高于个人利益并具有固有价值的人民利益紧密联系，坚持什么样的世界观直接关乎哲学最高的党性原则。

从根本上看这是两种不同的哲学出发点。波普尔也承认从个人或集体出发，是两种出发点在方法论上的对立。他提出，"在方法上，马克思与我是不同的：因为马克思是一方法学上的集体论者。他相信是'经济关系的系统'造成恶果，而在这一系统中的种种制度，又可反过来用'生产的方式'来做解释，但是那些制度不可用个人之关系与行为来分析。与马克思的看法相反，我认为种种制度与传统，必须藉由个人来分析；这也就是说藉由个人在某些情境中的活动关系，及其行为的意想不到的结果来解释"①。简单地说，在他看来，方法学上的个体论把制度和社会关系视为个人关系和活动的结果，而方法学上的集体论则用共同活动方式去解释制度及个人行为。

波普尔的"陷阱"就在于，任何制度和社会关系的形成当然离不开个人的活动，以及个人之间的联系表现，而马克思也从来没有说过可以不经由"个人"自行形成什么社会关系和社会制度。就此而言，波普尔似乎滴水不漏。但是，我们还是要坦率地说，波普尔的观点太表象化了，与马克思的观点根本不在一个层次上。"由个人在某些情境中的活动关系，及其行为的意想不到的结果来解释"是极其空泛的描述，等于什么也没有说。"某些情境"是什么，结果为什么"意想不到"？马克思的唯物史观不就恰恰从理论的透彻性上阐明了这些问题吗？个人的活动及其动机层出不穷，为什么结果却大不一样，证明的确存在着"历史的必然性"。人的行为总是有明确的意向和目的，为什么行为的结果却往往让人"意想不到"，这就是马克思所精辟论述的：尽管社会"是人们交互活动的产物"，但"人们能否自由选择某一社会形式呢？决不能。在人们的生产力发展的一定状况下，就会有一定的交换［commerce］和消费形式。在生产、交换和消费

---

① 波普尔. 开放社会及其敌人. 台北：桂冠图书股份有限公司，1986：753.

发展的一定阶段上，就会有相应的社会制度、相应的家庭、等级或阶级组织，一句话，就会有相应的市民社会。有一定的市民社会，就会有不过是市民社会的正式表现的相应的政治国家"①。因此，不是个人有意无意的活动决定了社会形式，而是具体的社会关系总和决定了个人的生存方式和活动意向。遵循这种从孤立的个人出发的方法论，能获得具有科学价值的认识吗？

波普尔大概自己也觉察到在方法论上诘难马克思缺乏说服力，于是又企图在价值观上"收编"马克思，将其描绘成个人主义者。他写道："在柏拉图和黑格尔国家先于个人之理论的影响下，马克思发展了'个人的意识是由社会条件决定'的理论。然而，基本上，马克思是一位个人主义者，他的主要兴趣是帮助遭受苦难的个人。基于此一原因，在马克思本人的著作中，集体主义实未扮演一重要的角色。"② 波普尔这个观点很荒诞，因为马克思在创立了自己的学说以后，就始终认为自己是"共产主义者"，并从理论上彻底批判了西方自由个人主义及其衍生的民主、自由、人权、平等、公正等政治价值，从而证明马克思与个人主义毫无共通之处。但是，这个观点不是波普尔个人的灵机一动，而是当代西方意识形态的蓄意"订制"。它清楚地知道，如果能够把马克思成功纳入西方主流价值观的行列，那么就能最有效地消解马克思主义，甚至可以做到"不战而胜"。

"自由个性"是西方意识形态进行价值观混淆的切入点。从表面上看，马克思和西方个人主义都突出对"个性"的追求。在西方个人主义的语汇中，"人的解放"就是解放个人、个性，就是实现自由。或者说，个人、个性就等于自由。而马克思也把"自由个性"视为人类社会的最高价值追求，这点我们可以从他的两个著名论断中看出。其一，《共产党宣言》断言："代替那存在着阶级和阶级对立的资产阶级旧社会的，将是这样一个联合体，在那里，每个人的自由发展是一切人的自由发展的条件。"③ 其二，《政治经济学批判（1857—1858年手稿）》指出："人的依赖关系（起

---

① 马克思，恩格斯. 马克思恩格斯选集：第4卷. 2版. 北京：人民出版社，1995：532.
② 波普尔. 开放社会及其敌人. 台北：桂冠图书股份有限公司，1986：731.
③ 马克思，恩格斯. 马克思恩格斯文集：第2卷. 北京：人民出版社，2009：53.

初完全是自然发生的），是最初的社会形式，在这种形式下，人的生产能力只是在狭小的范围内和孤立的地点上发展着。以**物的依赖性**为基础的人的独立性，是第二大形式，在这种形式下，才形成普遍的社会物质变换、全面的关系、多方面的需要以及全面的能力的体系。建立在个人全面发展和他们共同的、社会的生产能力成为从属于他们的社会财富这一基础上的自由个性，是第三个阶段。"[①] 每个人的自由发展、自由个性无疑是马克思为之奋斗的共产主义社会的最高价值追求。但是，这绝不意味着马克思主义和个人主义有任何价值模糊的空间，更不意味着可以借此指认马克思是个人主义者。在个人的价值根据和价值尺度、自由个性的价值内涵和实现方式等诸多重要方面，马克思与个人主义存在着根本的对立。

首先，关于个人的价值根据和价值尺度问题。在自由个人主义看来，承认自由个性必须承认个人是真正的价值拥有者、是价值尺度的确立者，从而必然承认价值目标的多样性和价值标准的相对性，即价值多元论。从个体论出发，"不假设什么集体的存在"；"我们的理性…… 来自某些具体的个人，虽然可能是来自一大堆迥异的个人，来自与他们在理智上所作的沟通"[②]。所谓的价值共识，不过是个人价值尺度协调、沟通后的"重叠价值"，其基础还是个人拥有的价值。"由于价值尺度只能存在于个人头脑中，因此只能有局部的价值尺度——即人们相互之间不可避免的不同的并且常常互相矛盾的那些尺度。"[③] 而从集体论出发，"'社会'就是一切，个人则微不足道；或者说个人所具有的价值是来自集体，集体才是真正拥有价值者"。承认集体是真正的价值拥有者，则必然承认某个凌驾于一切个人价值之上的单一目标，即价值一元论。在自由个人主义者看来，这种最高的"社会整体目标"实际上是一种虚构。哈耶克提出，一个民族的福利，"不能适当地表示为一个单一的目标，而只能表示为各种等级的一系列目标，一种每个人的每种需要都在其中占一定地位的、全面的价值尺度""我们不仅没有这种无所不包的价值的尺度，而且任何人都没有那种

① 马克思，恩格斯. 马克思恩格斯文集：第 8 卷. 北京：人民出版社，2009：52.
② 波普尔. 开放社会及其敌人. 台北：桂冠图书股份有限公司，1986：978.
③ 哈耶克. 通向奴役的道路. 北京：商务印书馆，1962：57-59.

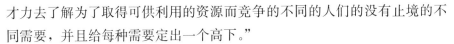

才力去了解为了取得可供利用的资源而竞争的不同的人们的没有止境的不同需要，并且给每种需要定出一个高下。"

在马克思主义看来，个人主义关于双方对立的把握还是比较准确的，只是问题还停留在感性描述层面，并没有从理论思维层面把问题说清楚。根本原因在于，它的历史主体始终是孤立的个人。在它看来，所谓的社会和社会关系，不过是没有任何实质内容的个人活动"空间"；所谓的社会整体价值，不过是个人利益和价值诉求的叠加，只能化约为个人的价值目标。从这种彼此隔绝的、自我封闭的"单个人"出发，实在无法想象对历史的发展规律和社会的整体价值目标进行科学的把握。因此，我们这里需要深入探讨的是，个人价值是如何形成并为人所拥有的，个人价值尺度为什么不是终极价值尺度。

实际上，个人价值是怎么来的，涉及一个古老的争论，即什么是人性？"性恶""性善""野兽天使混合""不恶不善"等不一而足、莫衷一是。但是所有这些人性论都是在自我封闭的"人自身"寻找人性，因而其人性都是人所固有的、不变的，因而也是抽象的。德国古典哲学的突出贡献之一，就是把人性从孤立、封闭的人自身引向社会和历史变化。黑格尔自不待说，我们从他的《精神现象学》已经清楚地看到，自我意识的真正主体是超越个人的"绝对精神"（即被神秘化了的"现实人类"），因此人和人的理性都不是个人固有的，而是历史地生成的。费尔巴哈虽然为了坚持"感性"第一的原则，强调从"个人"出发，但他同时强调这是一个开放的、包含着超出"人自身"范围内容的"类存在"。他指出："孤立的、个别的人，不管是作为道德实体或作为思维实体，都未具备人的本质。人的本质只是包含在团体之中，包含在人与人的统一之中，但是这个统一只是建立在'自我'和'你'的区别的实在性上面。"[1] "因此，如果我要确认作为个体的你，那我就不可以把自己的认识仅仅限于一个你，而是应当进一步扩大到你的妻子。要确认一个个体，就必然至少也得确认两个个体。"[2] 可见，在德国古典哲学中，个人的价值并非个人所固有，因而个人

①　费尔巴哈. 费尔巴哈哲学著作选集：上. 北京：商务印书馆，1984：185.
②　费尔巴哈. 费尔巴哈哲学著作选集：下. 北京：商务印书馆，1984：427.

的价值尺度不能单纯以自我为标准，而必须融入一个更高的价值目标。这不是对个性的否定，而是打破自私自利的个性的升华。

马克思在这一基础上提出人的"劳动生成论"。他指出："**整个所谓世界历史**不外是人通过人的劳动而诞生的过程，是自然界对人来说的生成过程，所以关于他通过自身而**诞生**、关于他的**形成过程**，他有直观的、无可辩驳的证明。因为人和自然界的**实在性**，即人对人来说作为自然界的存在以及自然界对人来说作为人的存在，已经成为实际的、可以通过感觉直观的，所以关于某种**异己的**存在物、关于凌驾于自然界和人之上的存在物的问题，即包含着对自然界的和人的非实在性的承认的问题，实际上已经成为不可能的了。"① 在人通过人的劳动而诞生的过程中，人在改造自然的同时也在改造自己，人在不断创造和改善生存条件的同时也在不断改变自己的价值观念。体现历史发展客观规律的社会大目标，并非凌驾于个人价值目标之上并排斥个人价值目标，而是大多数个人价值目标的自我提高。所以，不存在一成不变的人性和单一的个人价值目标，也不存在个人的价值目标和所谓单一的社会目标的冲突。说到底，个人主义把价值和价值尺度归结为人自身，是个人自我中心和自私自利的思想根源，是没有前途的价值追求。

其次，关于自由个性的价值内涵和实现方式问题。在"自由个性"价值内涵的规定上，西方个人主义以资本主义社会的"物化个人"为蓝本，将其描述为个人至上、自我中心、精神自由、人格独立、合理利己等。坚持这种"自由个性"，就是坚持资本主义"永恒"，坚持资本主义的所谓"自由民主"制度。所以，关于"自由个性"的争论，归根到底是关于共产主义超越和取代资本主义的历史必然性之争。第一，马克思在充分肯定资本主义的历史合理性的同时，也把体现了资本主义社会"物的依赖关系"的物化个人，视为"自由个性"实现的必要过渡。在马克思看来，资本主义物化社会导致人的普遍物化的同时，也为致力于实现"自由个性"的人所需要的个人关系和个人能力的普遍性、全面性创造了历史基础。他指出："全面发展的个人——他们的社会关系作为他们自己的共同的关系，

---

① 马克思，恩格斯. 马克思恩格斯文集：第1卷. 北京：人民出版社，2009：196-197.

也是服从于他们自己的共同的控制的——不是自然的产物，而是历史的产物。要使**这种**个性成为可能，能力的发展就要达到一定的程度和全面性，这正是以建立在交换价值基础上的生产为前提的，这种生产才在产生出个人同自己和同别人的普遍异化的同时，也产生出个人关系和个人能力的普遍性和全面性。"也就是说，"自由个性"必须以人的全面发展为基础。只有经过资本主义的商品化市场化生产，才能形成普遍的社会交往和全面的生产能力，才能为个人全面发展的关系和能力的普遍性奠定基础。

第二，"物化的个人"体现了个人和社会关系的分裂与独立，不是"自由个性"的实现。尽管资本主义奠定了个人关系和能力的普遍性基础，但这些关系和能力在资本主义条件下并不表现为个人的关系和能力。相反，它们作为一种异己的力量和个人相对立。正如马克思所说："活动的社会性，正如产品的社会形式以及个人对生产的参与，在这里表现为对于个人是异己的东西，表现为物的东西；不是表现为个人互相间的关系，而是表现为他们从属于这样一些关系，这些关系是不以个人为转移而存在的，并且是从毫不相干的个人互相冲突中产生出来的。活动和产品的普遍交换已成为每一单个人的生存条件，这种普遍交换，他们的互相联系，表现为对他们本身来说是异己的、无关的东西，表现为一种物。"① 还必须指出，"物化"有两种情况：一是人的"自然规定性"的物化，即"对象化"；二是人的"社会规定性"的物化，即"异化"。资本主义"物化个人"的物化，就是人的社会规定性上的异化。"任何生产都是个人的物化。但是，在货币（交换价值）上，个人的物化不是个人在其自然规定性上的物化，而是个人在一种社会规定（关系）上的物化，同时这种规定对个人来说又是外在的。"② 这种与社会关系相割裂的"原子式"个人，是自我封闭和孤立的人，根本谈不上全面发展，又何来"自由个性"呢！

第三，把"自由个性"等同于"精神自由"是个人主义意识形态的幻觉。资本主义物化关系表现为"商品拜物教"的统治，这种统治在促使人们金钱崇拜的同时，也是人们把摆脱一切依附的"精神自由"当作"自由

---

① 马克思，恩格斯. 马克思恩格斯全集：第 46 卷：上册. 北京：人民出版社，1979：103.
② 同①176.

个性"的最高表现。实际上，不仅金钱拜物教构成资本主义的观念统治，那些幻想摆脱一切"依附"的"精神自由"也是资本主义观念统治的精神支柱，因为这种"自由"无非是把物化关系永恒化的"抽象的个人"的幻觉。"关系当然只能表现在观念中，因此哲学家们认为新时代的特征就是新时代受观念统治，从而把推翻这种观念统治同创造自由个性看成一回事。从意识形态角度来看更容易犯这种错误，因为上述关系的统治（上述物的依赖关系，不用说，又会转变为一定的，只不过除掉一切错觉的人的依赖关系）在个人本身的意识中表现为观念的统治，而关于这种观念的永恒性即上述物的依赖关系的永恒性的信念，统治阶级自然会千方百计地来加强、扶植和灌输。"① 在马克思看来，自由个人主义的所谓"精神自由"建立在两个错误前提之上：其一，把资本主义的"物的依赖关系"社会视为永恒不变的"自然"社会，是人类永远生存于其中的社会；其二，"自由"只能是个人精神上的，是突破对金钱等物的依附，保持独立人格。所以，个人主义的"自由个性"较之马克思主义，少了两个基本点——社会解放和人的全面发展。"自由个性"下的两军对垒不容混淆。

哲学思想的斗争落脚到两条道路、两种社会制度之争。哲学世界观的斗争从来不是抽象的论辩和"智者"游戏，而是政治斗争的先导和铺垫。抽象人性论和"自由个性"不仅是资本主义制度的价值观基础，而且是其绞杀敌对意识形态的拿手好戏。首先，它毫不掩饰地把个人主义的本体论、价值观称为"自由个性的基石"，而把批判抵制个人主义的马克思主义称为"极权主义"。它的全部论证无非试图证明，只有以个人为最高价值目标，才能确保人不被"奴役"和拥有自由。按照它的荒谬逻辑，马克思主义设立了高于个人的共产主义目标，必然会成为少数人操纵价值诉求、剥夺个人自由的"极权主义"。哈耶克提出，之所以称共产主义者为"极权主义者，这个新词的真正意义上的极权主义者"，就是因为他们"希望组织整个社会和所有资源，以求达到一个单一的目标，而不承认那种个人目标高于一切的自主的活动领域"②。他们称信奉这种最高单一价值的观

---

① 马克思，恩格斯. 马克思恩格斯文集：第 8 卷. 北京：人民出版社，2009：59.
② 哈耶克. 通向奴役的道路. 北京：商务印书馆，1962：57.

点为冒牌的或权威主义的理性主义，它必然承认完全正确、自身不接受批判的权威和价值目标；它必然剥夺许多个人价值的实现并要求他们服从权威；它也必然把人分成发现或判定这种单一价值目标的权威，和被动接受这种强加于自身的价值目标的普通人。这就从强调"社会整体目标"而走上了"奴役的道路"。他的结论是：因此，所谓"社会整体目标"，不过是一部分人借此把自己的价值观念强加于其他人的手段，它必然导致"极权主义"的统治。

我们已经分析过自由个人主义观点的谬误，这里有必要再做出一些概括。个人主义似乎也承认人的理性不是固定不变的，而是不断进化的，只是这种进化只能靠个人自发进行，不能进行引导，否则就是用"构成理性"剥夺个人自由。但是，必须细究的是，理性进化的依据是什么呢？个人自发进行的理性进化是如何实现的？在马克思看来，人类理性的进化是有方向的，这就是通过劳动不断地摆脱动物性，实现人和自然、人和人的和谐发展。因此，从自发到自觉，从改造外部世界到自我改造，就是人类发展（包括理性进化）的必由之路。不管以何种方式，这本质上属于人的自我教育、自我提高，不存在一个凌驾于人类之上的权力中心。相反，一味诉诸人的自发性、诉诸个人自我中心，就真的能够避免被奴役、被支配吗？理论和现实都一再证明，以个人自我为中心的社会，必定是两极分化的社会，必定是少数人奴役大多数人的社会，必定是少数人享有随心所欲的自由，而大多数人只享有出卖劳动力、为最低限度的生存奔波的"自由"。哈耶克之流的谬论曾经蛊惑过人们一阵子，但在今天已经没有什么市场了。

其次，它毫不掩饰地把坚持私有制称为"自由个性的保证"，而把以"消灭私有制"为目标的共产主义革命诬蔑为"消灭个性"。西方意识形态最重要的一个神话，就是把"自由个性"和私有制以及财富混同起来，从而把否定私有制推向否定个性和财富的谬误。长期以来，把马克思主义对私有制的否定，曲解为反对个人拥有财富、甚至是反对富裕本身；把马克思主义对金钱的批判，曲解为否定金钱的历史作用和价值，就是这一神话的突出表现。这样，它就把马克思主义置于两难境地：或者步浪漫主义后尘，在否定私有制的同时否定财富以至物质生活本身的改善；或者走保守主义老路，认同现实的物质生产生活方式。其实，马克思否定私有制，绝不是因为它造就了个人财产、使人富裕，而是它造就了两极分化、使大多数人贫困；马克思批判金钱，绝不是因为它作为一般等价物的历史作用，也不是因为它作为社会财富标志的历史地位，而是因为它在资本主义条件下转换为资本，成为攫取剩余价值、导致工人阶级贫困化的剥削力量，以及其作为商品拜物教偶像，导致了人的异化。并且，马克思与恩格斯从一开始就申明："共产主义并不剥夺任何人占有社会产品的权力，它只剥夺利用这种占有去奴役他人劳动的权力。"① "在资产阶级社会里，资本具有独立性和个性，而活动着的个人却没有独立性和个性。"② 因此，"代替那存在着阶级和阶级对立的资产阶级旧社会的，将是这样一个联合体，在那里，每个人的自由发展是一切人的自由发展的条件"③。从方法论上看，对私有制和大工业、个性和现实生活条件、财富享有权和奴役支配权等进行一系列的"剥离"，是马克思主义走出金钱异化和私有制困境的奥秘所在。

现在看来，马克思对资本主义进行批判的精髓，在于防止金钱和财富转化为对他人的奴役权，打破少数人对财富的垄断，消解雇佣劳动的社会结构，为人的自由全面发展提供社会保障。和哲学家们的幻想不同，马克思从来不认为可以撇开财富的增长而实现个性自由发展，关键在于财富如何获得以及如何被使用。从这个意义上说，马克思主义所开辟的非资本主义的现代化之路，其实也是非资本主义的致富之路，即共同富裕的道路。这里有必要说明，把马克思主义关于工人阶级的世界历史使命的思想，歪曲为"越穷越革命"，"无产阶级掌权是个悖论"等，着眼于个人财产上的"一无所有"，是毫无根据的。借此而宣扬无产阶级一旦掌权，生活得到改善，就会失去先进性，则更是无稽之谈。马克思是从先进生产力和生产关系的代表方面确立工人阶级的历史使命的，"无产"首先指被剥夺了任何生产资料，只能靠"自由"出卖劳动力为生的现代劳动者，而不是传统意

---

① 马克思，恩格斯. 马克思恩格斯选集：第1卷. 2版. 北京：人民出版社，1995：288.
② 同①287.
③ 同①294.

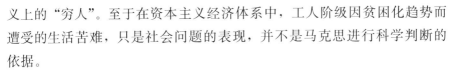

义上的"穷人"。至于在资本主义经济体系中，工人阶级因贫困化趋势而遭受的生活苦难，只是社会问题的表现，并不是马克思进行科学判断的依据。

再次，它还毫不掩饰地把个人的绝对独立，视为"自由个性的实现"，而把超越个人狭隘利益和眼界的崇高信仰诬蔑为"依附性人格"。资本主义物化社会造成的根本性颠倒，就是"死劳动"和"活劳动"的颠倒。资本作为物（货币）的力量、资本家作为物的人格化，成为社会劳动的主导方面；而工人作为活劳动的提供者却成为"受雇用"的被动方面。"在今天的德语中，也是把资本家即用来雇用劳动的那种**物**的人格化，称为**劳动给予者**［Arbeitsgeber］，而把提供劳动的实际工人称为**劳动受取者**［**Arbeitsnehmer**］。'在资产阶级社会里，资本具有独立性和个性，而活动着的个人却没有独立性和个性。'"① 这种颠倒使资本主义的维护者产生了双重幻觉：其一，"物的人格化"（例如作为资本人格化的资本家及其依附者）是不可改变的"永远的个人"；其二，"物的人格化"就是摆脱一切人身依附的独立人格，是绝对"精神自由"的个人。也就是说，由于资本处于社会的统治中心，而一切社会关系都被变成了物与物的物化关系，这就致使作为资本人格化的资本家及其依附力量，以为自己可以摆脱一切社会关系而独立存在，可以依托资本的无限扩张而实现"精神自由"。这就是一直被某些知识分子所津津乐道的"独立的人格，自由的精神"的社会起源。它其实最多具有历史的合理性，并没有多么崇高。

其实，资本主义社会关系的物化个人，恰恰表明"自由个性"的丧失。这种物化个人貌似独立，实际上为商品交换关系所封闭，是极其狭隘而又可怜可悲的，却偏偏"自我感觉良好"。它把自己视为万事万物的尺度，视为世界上唯一实存的主体，视为可以不依赖于任何历史条件而只以自身为转移的中心，视为可以天马行空、傲视天下的翘楚。这说明，物化的个人完全丧失了人的社会关系的普遍交往能力，丧失了正确认识自己与世界的科学认知能力，更丧失了自我超越和无限发展的前景，与"自由个

---

① 马克思，恩格斯. 马克思恩格斯文集：第 8 卷. 北京：人民出版社，2009：488 注（139）.

性"相差甚远。

"现代性"启蒙试图塑造的所谓"现代人格",就是以自我为中心的抽象个人,就是奉行自由主义和精致利己主义的"独立人格"。它所谓的能够破除一切依附和控制,是一种十足的自欺欺人的幻觉。即便离群索居,也还要匍匐天地间;即便以自我为中心,也还要以他人为参照。每个人都生活在自然界中,天地、空气、阳光和水是须臾无法离开的生存条件;每个人都生活在社会中,具体的社会关系决定了我们的生命价值和追求。鲁迅在《论"第三种人"》中指出:"生在有阶级的社会里而要做超阶级的作家,生在战斗的时代而要离开战斗而独立,生在现在而要做给与将来的作品,这样的人,实在也是一个心造的幻影,在现实世界上是没有的。要做这样的人,恰如用自己的手拔着头发,要离开地球一样,他离不开。"因此,鲁迅认为真正的人格独立不是不依附,而是要忠诚于我们的祖国和人民;真正的精神自由,不是反权威,而是信仰崇高,敢爱敢恨,"横眉冷对千夫指,俯首甘为孺子牛"。

历史表明,西方现代哲学的蜕变,与其丢弃德国古典哲学的思想精髓密切相关。从表面上看,西方现代哲学似乎是消解旧"形而上"本体论,不讨论"物自体"这类的玄学问题,让哲学更加"接人气",回归所谓"生活界"。实际上,它丢弃的是德国古典哲学之魂——"革命辩证法"。后者认为新陈代谢是宇宙的普遍规律,它只承认事物的历史合理性,不承认永恒不变的事物;它还要求人们透过现象看本质,要从看似简单重复的日常生活中,发现由量的积累到质变的历史性飞跃。这就从思维方式上宣告了资本主义的"死刑"。所以,指控"物自体"问题是抽象的,辩证法是"先验的理性",规律性研究是僭越理性的"宏大叙事",承认客观规律是"历史决定论",等等,都是在为资本主义不可超越这一狂想扫清思想障碍。拒斥唯物辩证法,去世界观化,就是当代西方哲学借现代化议题,大肆宣传"世界的祛魅"的实质。以一纸"蒙昧"就十分霸道地宣判对资本主义进行彻底批判的辩证唯物主义世界观和方法论"死刑",以一个"现代化新启蒙"就肆无忌惮地张扬主观唯心主义哲学,现代西方哲学的阶级属性是何等的鲜明,我们还能含糊其辞地加以应对吗?

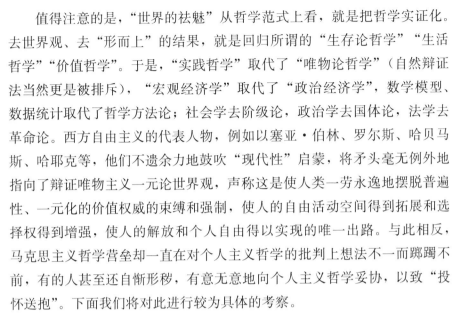

值得注意的是，"世界的祛魅"从哲学范式上看，就是把哲学实证化。去世界观、去"形而上"的结果，就是回归所谓的"生存论哲学""生活哲学""价值哲学"。于是，"实践哲学"取代了"唯物论哲学"（自然辩证法当然更是被排斥），"宏观经济学"取代了"政治经济学"，数学模型、数据统计取代了哲学方法论；社会学去阶级论，政治学去国体论，法学去革命论。西方自由主义的代表人物，例如以塞亚·伯林、罗尔斯、哈贝马斯、哈耶克等，他们不遗余力地鼓吹"现代性"启蒙，将矛头毫无例外地指向了辩证唯物主义一元论世界观，声称这是使人类一劳永逸地摆脱普遍性、一元化的价值权威的束缚和强制，使人的自由活动空间得到拓展和选择权得到增强，使人的解放和个人自由得以实现的唯一出路。与此相反，马克思主义哲学营垒却一直在对个人主义哲学的批判上想法不一而踟蹰不前，有的人甚至还自惭形秽，有意无意地向个人主义哲学妥协，以致"投怀送抱"。下面我们将对此进行较为具体的考察。

2. 马克思主义内部对第二国际"正统派"批判的偏失

第一次世界大战的爆发以及这一时期欧洲各国工人革命的不同结果，宣告了以考茨基为代表的第二国际"正统派"的破产。简单地说，以列宁为代表的布尔什维克科学地把握了时代的变化及其机遇挑战，积蓄了引领历史发展的社会力量，变帝国主义世界大战为国内无产阶级革命，成功地组织了十月社会主义革命，创立了人类历史上第一个社会主义国家。十月革命极大地激发了欧亚诸多国家的民族解放运动和无产阶级革命运动，开创了人类历史的新纪元。相反，在第二国际"正统派"思想支配下的西欧工人运动却在资本主义危机高涨中逐渐陷入了低潮，在资本主义革命危机出现时"沉默"了。这一重大的历史现象理所当然地成为马克思主义者关注的话题。

把马克思主义哲学实证化是第二国际失误的世界观原因。列宁在十月革命前就对以考茨基、普列汉诺夫为代表的第二国际进行了理论上的剖析，写出了《第二国际的破产》《帝国主义论》等诸多著作。在列宁看来，第二国际的瘫痪并不是由于"交战国社会党之间的国际联系的中断，国际代表会议和社会党国际局会议的无法召开"等外在因素的结果，而是因为第二国际"正统派"对社会主义信念的背叛，导致国际工人运动的分裂。"对于觉悟的工人来说，社会主义是一种庄严的信念，而不是便于掩饰各种小市民调和派和民族主义反对派意图的东西。觉悟的工人认为，国际的破产就是大多数正式社会民主党令人触目惊心地背叛了自己的信念。"① 马克思主义的社会主义信念就是《共产党宣言》里的庄严口号："全世界无产者联合起来"，就是"资产阶级的灭亡和无产阶级的胜利是同样不可避免的"。这一信念表明，资产阶级和无产阶级的矛盾不可调和，资本主义社会的矛盾对抗必然导致无产阶级专政，全世界工人阶级及其所代表的人类解放事业，高于任何党派集团利益。无论以何种理由，打着何种旗号，对帝国主义抱有幻想，制造各国工人阶级之间的对立以致对抗，都是对马克思主义的背叛。第二国际的"正统派"正是在"超帝国主义"的理论幻觉下，在"保卫祖国"的虚伪口号下，通过狭隘民族主义等站到了各国资产阶级的立场，成为国际资本主义的帮凶。

进一步看，第二国际的"正统派"之所以背叛了无产阶级国际主义，与他们在哲学世界观上的缺陷密不可分。概括地说，他们没有真正理解马克思与恩格斯所完成的哲学变革的世界观意义，不懂得马克思主义哲学和旧哲学的真正区别，从而在不同程度上把新哲学世界观实证化了。为了和旧哲学划清界限，避免把哲学凌驾于科学之上，他们都毫无例外地把马克思主义哲学归结为历史唯物主义，并且往往把它直接等同于具体的"经验科学"方法；为了和黑格尔划清界限，避免把辩证法变成先验的普遍公式，他们都毫无例外地限制了辩证法的适用范围，从而实际上否定了辩证法的客观普遍性。例如，梅林在自己的著作中几乎从来不使用"辩证唯物主义"这一术语，认为辩证法只适用于社会历史领域。他断言："我们可以直截了当地说，他们（指马克思与恩格斯——本书作者注）在自然科学领域中也是机械唯物主义者，正像在社会科学领域中他们是历史唯物主义者一样。"② 普列汉诺夫也只重视将辩证法运用于社会历史领域，而忽视了

① 列宁. 列宁选集：第 2 卷. 3 版. 北京：人民出版社，1995：454.
② 纳尔斯基，波格丹诺夫，约夫楚克. 十九世纪的马克思主义哲学：下册. 北京：中国社会科学出版社，1984：257.

作为认识论的辩证法；甚至这方面造诣最深的拉布里奥拉也把辩证法仅理解为思维的表达方式，而不是世界的存在方式和发展的一般规律。考茨基最为典型，他断言马克思主义不是一种哲学，而是类似于达尔文进化论的"经验科学"；不是"超越经验界限"意义上的"形而上学的唯物主义"，而是立足于经验的"一种唯物主义的方法"。这就是他们把马克思主义教条化的认识论根源。

实际上，当他们把马克思主义哲学混同于实证科学的时候，也就从根本上抹杀了这一哲学的革命的、批判的本性。毫无疑问，马克思主义和任何科学在本质上是一致的，因而能够相互促进。但是，这是以它们之间的区别为前提的。和实证科学不同，马克思主义哲学并不局限于对现存事物（现象或事实）做描述性的解释，并不追求公式化的简明、精确和严密，而是要"改造"世界，即以揭示事物的未来趋势为先导，通过包括对现实进行"批判"、做出评价性分析在内的革命阶级的实践，"超越"现实，开创未来。因此，马克思主义哲学和旧哲学的区别，并不在于它取消了哲学对现实的批判和预测功能，取消了超越经验和现象的所谓"形而上学"问题，而是力图把这种批判奠立在科学的基础上。它借以无情地批判现存的一切的价值尺度，来自对于未来的科学预见，来自对于现实生活领域中各种矛盾间复杂联系的全面把握；它用以彻底否定一切思辨构造和先验公式的思想武器，不是任何形式的宿命论及其变种（经济唯物主义、唯科学主义、庸俗进化论等等），而是活生生的革命辩证法。

第二国际马克思主义者的理论悲剧正是由此而萌发。当他们把马克思主义哲学混同于实证科学的时候，他们也就这样或那样地忽视了对历史趋势的科学预测，从而丧失了借以对于旧世界进行无情批判的卓有成效的价值尺度；这样或那样地忽视了革命阶级及其政党的主观能动作用，从而丧失了赖以对现存社会关系进行革命改造的现实力量；这样或那样地把社会矛盾及其理论概括简单化、公式化，从而丧失了赖以推动理论发展的内在活力和自觉意识。因此，尽管他们都对当时流行一时的庸俗进化论、经济唯物主义、实证主义等进行过必要的批判和抵制，然而远不彻底。事实上，他们本身就过于机械地理解了关于经济的决定作用、历史规律的客观自然本性等原理，或多或少地存在着经济唯物主义的倾向。他们思想和政治上的一些严重错误就是这样产生的：普列汉诺夫之所以过高地评价费尔巴哈，就是因为他不懂得认识过程中主体的能动作用；梅林之所以一直抬高拉萨尔，就是因为他在哲学家的阶级立场和哲学观点之间直接画等号；拉布里奥拉之所以支持意大利政府的殖民扩张政策（1900 年），就是因为他把发展资本主义经济看作落后国家发生进步的社会运动的先决条件；考茨基和普列汉诺夫之所以否定十月革命，就是因为他们认为俄国的经济发展，还远未成熟到可以进行社会主义革命①；等等。不难得出这样的结论：他们之所以对时代的转变并不敏感，之所以在历史的转折中普遍落伍，症结在于其具有实证化倾向的哲学世界观。

考茨基等把马克思主义视为"自然科学般精确的科学体系"，把马克思主义的科学性局限在自然科学、实证科学的层面，因而无法把握历史的现象与本质、量变与质变、渐进与飞跃的界限，无法解决马克思主义的科学性、阶级性与革命性的统一，无法协调历史发展的客观规律和无产阶级理论自觉的一致，更无法应对伯恩施坦借口历史条件变化"修正"马克思主义基本理论所带来的挑战。具体地说，他们所持的并不是辩证唯物主义世界观，而是经济唯物主义，具有宿命论色彩的历史主义。他们的理论就必然因迷恋实证科学而沉溺于屈从现存状态，失去了把握现实变化发展的革命功能。他们只看到巴黎公社革命以后尤其是 19 世纪末西欧资本主义趋于稳定、相对"和平"发展的表象，只看到无产阶级及其政党利用西方民主制度、开展合法斗争的必要性，而根本没有开展无产阶级革命、实现无产阶级专政的思想准备。在他们的心目中，通过暴力革命和无产阶级专政实现共产主义是无限遥远的未来。考茨基曾明确地表示："关于无产阶级专政问题，我们可以十分放心地留待将来去解决。"②

实际上，当资本主义发展到一个新阶段，即垄断资本主义阶段，这意味着资本主义全球化已经不仅仅是一个"趋势"，而成了"世界体系"。资

---

① 考茨基和普列汉诺夫都表述过这样的观点："由于俄国经济的落后，俄国革命只能是资产阶级的革命。"参阅布赖奥维奇. 卡尔·考茨基及其观点的演变. 北京：东方出版社，1986：73.

② 列宁. 列宁专题文集：论马克思主义. 北京：人民出版社，2009：277.

本主义作为"世界体系"，表明其主要矛盾已经从无产阶级与资产阶级的单一矛盾，扩张为包含此一矛盾在内的双重矛盾，即增加了帝国主义宗主国和殖民地、半殖民地国家的矛盾，这表明资本主义国家争夺殖民地和势力范围已经不仅仅是经济利益，而是关系国家生死存亡的核心利益；表明世界的发展将严重失衡，资本主义的世界统治链条将出现薄弱点和焦点；表明发达国家的国内阶级矛盾可能有所缓解，资产阶级可能在工人阶级中豢养充当其爪牙的"工人贵族"。总之，世界正处在空前的分裂和对抗当中，革命的危机和形势正在出现。与此同时，工人阶级也正面临着自身的内部分裂，面临能否成功领导革命的严峻考验。"这些客观变化的总和就叫作革命形势。这种形势在1905年的俄国，在西欧各个革命时代都曾有过；但是，这种形势在上一世纪60年代的德国，在1859—1861年和1879—1880年的俄国也曾有过，当时却没有发生革命。为什么呢？因为不是任何革命形势都会产生革命，只有在上述客观变化再加上主观变化的形势下才会产生革命，即必须再加上革命**阶级**能够发动足以摧毁（或打垮）旧政府的**强大的**革命群众行动，因为这种旧政府，如果不去'推'它，即使在危机时代也决不会'倒'的。"① 正是为了适应这一时代发展的需要，列宁式的战斗的共产党登上了领导工人阶级解放运动的历史舞台，成为革命运动成功的关键。历史证明，革命不是革命者"制造"的，而是通过"革命形势"表现出来的客观需要；但是，革命要实现，仅有客观需要还不够，还要有革命主观力量的发动。这是辩证唯物主义世界观和方法论的力量所在。

唯物论和辩证法相互割裂是"西方马克思主义"对第二国际"正统派"批判的偏失。必须看到，以考茨基为代表的第二国际"正统派"的破产，就世界观而言，并不是由于强调唯物论和马克思主义的科学性，而是因为不懂辩证的唯物论，因此不能脱离唯物论简单地批评他们不懂辩证法。马克思主义阵营内部在对第二国际"正统派"的批判中，同时出现了否定唯物论、空谈辩证法的偏向，导致马克思主义发展的另一危险，这就是后来被称为"西方马克思主义"的倾向。要知道，离开唯物论去谈辩证

---

① 列宁. 列宁选集：第2卷. 3版. 北京：人民出版社，1995：461.

法，就是回到黑格尔，而且是疏离了唯物论而庸俗化了的黑格尔。恩格斯曾反复强调："马克思和我，可以说是把自觉的辩证法从德国唯心主义哲学中拯救出来并用于唯物主义的自然观和历史观的唯一的人。"① 辩证法之所以要拯救唯物论，是因为不以唯物论为基础的辩证法就是唯心论的"智力"小把戏，最后必然回归极端个人主义（例如青年黑格尔派的麦克斯·施蒂纳），用它指导无产阶级解放就是缘木求鱼。

20 世纪 20 年代初，西欧的马克思主义者在反思本地区工人运动的失败中，相继把批判的矛头指向了第二国际的"正统派"。他们从一个正确的前提出发，即反对实证化的僵化马克思主义，从理论和实践的统一上恢复马克思主义的生机活力。但是，他们所倡导的理论和实践的统一，实际上是唯心论的"理论中心主义"。与列宁倡导的相同原则大相径庭，因而未能成为坚持和发展马克思主义的思想原则，反而窒息了马克思主义的生机活力。具体地说，他们所指称的理论，并不是对于客观规律的科学认识，而是集中体现主体历史创造性的自觉自我意识，大体相当于黑格尔的"绝对精神"；他们所指认的实践，并不是真正具有创造活力的历史物质运动的源泉，而是具有消极被动外观的历史惰性（习惯势力），亦即黑格尔式的封闭"实体"；他们所说的两者统一，也就不是双向互动的矛盾运动，而是历史活动"主体性"的显现。这种理论和实践的统一，就是把历史活动理解为通过主客体矛盾运动的实践活动，消除实践对象的外在性，促使"有机的历史主体"形成的过程。这一理论原则的哲学基础实际上是黑格尔的"逻辑学"，即唯心辩证法。概括地说，就是"把**实体**了解为**主体**，了解为**内在的**过程，了解为**绝对的人格**。这种了解方式就是**黑格尔方法的基本特征**"②。毫无疑问，世界观决定了方法论。由于是在去唯物论的前提下谈论理论和实践相统一，出现重大的理论偏差就在所难免。

他们在实践观上的失误之一，就是否定实践活动的物质属性，否定实践对象的客观实在性，在把实践活动主观化的同时将实践的革命批判本性和直接现实性品格加以割裂。"西方马克思主义"从无产阶级革命首先在

---

① 马克思，恩格斯. 马克思恩格斯选集：第 3 卷. 2 版. 北京：人民出版社，1995：349.
② 马克思，恩格斯. 马克思恩格斯文集：第 1 卷. 北京：人民出版社，2009：280.

当时较为落后的俄国爆发，而没有在西方兴起这一历史新情况中，看到了经济决定论和庸俗社会进化论的破产。他们在对作为其思想根源的实证主义的清算中，虽然有正确的方面，如对"事实崇拜"的批判，揭示看似静止的事实背后的革命变动性，但是也有失误，最大的失误在于把个体经验的"客观性"视为资产阶级的思想原则，视为工人阶级消极的根本原因。在他们看来，马克思所讲的"客观性"就是总体性、普遍性，而非个人经验所能直接把握的。

实际上，马克思主义认为"经验"是唯物论和唯心论交锋的焦点之一。唯物论的经验论认为经验是对事物客观实在性的直接反映，是科学抽象和理论思维的基础。卢卡奇等人由于排除了个人经验的客观性和历史总体性的有机联系，他们的实践活动包括其强调的"阶级实践"就不含有直接现实性的品格，而具有浓重的黑格尔式的"主体外化"意味。例如，科尔什明确提出理论本身也是一种实践；卢卡奇、葛兰西等人则把革命实践归结为"阶级意识"的产物等。他们的后继者们更是由此出发，进一步把具有直接现实性的生产力、科技等客观力量都视为保守的、甚至反动的力量。这就不能不使他们的"革命实践"日益脱离现实的社会发展而陷入空想。

因此，尽管他们把主客体辩证法作为其理论的支点，然而这是一架倾斜的天平：由于根本否定客体具有不依赖于主体的独立性，因而主体始终居于支配地位，而客体则始终居于消极的、从属的地位。这样，主客体之间就不存在一种真正的相互作用，实践的本性也就因此而被扭曲。无产阶级在改造客观世界的同时也改造着主观世界，这一正确命题被代之以"主观性"决定着无产阶级实践的命运；理论和实践相统一中的"主观和客观相符合"的内容被舍弃，取而代之的是主客观统一于阶级的自我意识。总之，客观性、直接现实性是唯物主义实践最至要的品格，淡化了这一规定，就打开了经由"实践"而通向唯心主义的道路。事实上，葛兰西的"实践哲学"表明，"西方马克思主义"正是在以"实践"去唯物论的过程中同西方现代哲学逐渐合流的。

他们在实践观上的失误之二，就是极力排斥实践的功利性基础，突出自觉的革命实践活动的意义，因而在把实践活动理想化的同时将实践的基础性作用和超越性作用加以割裂。如果说，费尔巴哈只看到实践的功利性、自发性方面而对其加以鄙视的话，那么"西方马克思主义"则将此仅作为实践的"假象"而加以忽略，它只关注能够实现历史飞跃的实践活动。其实，自发的功利性实践活动是人类历史的本原性活动，它证明了实践目的和实践对象的客观实在性，也证明了实践对象对于实践主体的外在性和客观制约性。这正是唯物论实践观的根据。卢卡奇等人否弃了自发的功利性实践活动，只立足于"无产阶级革命实践"，确切地说只立足于西欧发达资本主义条件下的工人革命，这种以偏概全使得其实践概念脱离了唯物论的根基。本来，"无产阶级革命实践"只是人类社会实践诸多形式中的高级形式和漫长历史进程中的飞跃时期，然而却被他们作为唯一值得重视的实践而加以孤立的考察。这种使具体历史时空条件下的实践形式同人类全部实践活动相脱离的片面性，必然导致了诸如革命实践与生产实践、西欧革命与西欧以外革命、历史继承与创新等联系的割裂，从而对实践本性的误解也在所难免。概括地说，他们必定夸大了实践的自觉性、变革性和创新性方面，而忽略其自发性、连续性、重复性方面，简言之，夸大了实践的"理论因素"。正是从这种"实践观"出发，他们把实践的变动性片面地归结为质变和飞跃，把实践的多样性实际上归结为各自封闭的唯一性，把理论对于实践的指导作用夸大为主导作用，等等。

因此，当他们强调理论对于实践的依赖时，同样的错误也就会发生在对理论的解释中。为了彰显理论面对各种封闭的实践形式的普遍适用，他们必定要割裂理论自身继承与创新、体系与方法的辩证关系，其突出表现就是否认马克思主义作为科学思想体系的连贯性，而仅把方法与创新视为其本质。在针对教条主义者以马克思主义"正统"自居时，卢卡奇提出了一个著名的论点："正统的马克思主义指的只是方法。"他由此而断言，只要坚持唯物辩证法，即便抛弃了马克思主义的全部命题，却仍不失为"正统的马克思主义"[1]。他们的共同信条是："没有原始的、'纯粹的'马克思主义，只有不断被创造的马克思主义。"[2] 这种抽象的继承、片面的创新，

---

① 卢卡奇. 历史和阶级意识. 重庆：重庆出版社，1989：2.

② 陈学明. "西方马克思主义"论. 沈阳：辽宁教育出版社，1991：56.

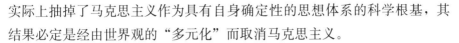

实际上抽掉了马克思主义作为具有自身确定性的思想体系的科学根基，其结果必定是经由世界观的"多元化"而取消马克思主义。

　　他们在实践观上的失误之三，是实践主体自身的割裂，具体说来，他们从马克思的以雇佣劳动者为基础的整体工人阶级观上倒退了。本来，在马克思进行新世界观探索时，"能思的人"和"受苦的人"的统一问题就一直困扰着他，因为仅仅作为"受苦的人"是不可能获得自我解放的。马克思后来从现代无产阶级身上找到了两者统一的根据。无产阶级作为大工业的产物，使得资产阶级不得不将"教育的因素"交予它，从而使其成为唯一可能具有阶级意识的劳动者阶级。所以，"无产阶级能够而且必须自己解放自己"。但是，在"西方马克思主义"看来，工人阶级的经济地位恰恰是使其认同于资本主义的原因，因而其阶级意识的培养只能由处于这一经济地位之外的职业革命家完成。这样，工人群众和少数革命家（即所谓"有机知识分子"）的关系就变成了"日常意识"与"自我意识"的关系。因此，尽管他们也强调知识分子和群众相结合而形成"有机的历史集团"，然而其主导方面却无疑是"知识分子"。这种以具有批判眼光的知识分子为主体的"革命实践"，必定日益脱离工人群众，脱离现实的无产阶级实践。由此可见，"西方马克思主义"最终蜕变成一种"文化批判"思潮，从社会舞台退回校园和书斋，实在是顺理成章的。

　　总之，"西方马克思主义"由于否定实践的客观本性而必定走向理论的自我中心论。他们解决理论和实践相统一的方式，从根本上说是将实践纳入理论发展的轨道，是理论"吞噬"实践。毫无疑问，这种理论和实践相统一与马克思主义是南辕北辙的。这说明，"实践"甚至"理论和实践相统一"都是"中介"类型的命题，它的性质归属、正确与否均取决于更高层次的世界观。唯物论基础上的实践，才是检验真理的标准；唯物论基础上的理论和实践相统一，才是科学真理发展的道路。而唯心论基础上的实践，以及逻辑辩证法，都是不结果的花朵，其无论多么绚丽，也是没有生命活力的画皮。

　　我们今天之所以要特别反思这一现象，是因为今天尽管仍然存在把作为马克思哲学变革成果的新唯物主义进行实证化解读的情况，这是去辩证唯物主义世界观和方法论、把马克思主义非意识形态化的重要表现，但是把马克思的新唯物主义通过"实践哲学"去世界观、去唯物论的现象更为突出。最有力的证明就是，尽管也有试图用数学公式把马克思主义哲学某些范畴模型化的努力，但还没有真正形成马克思主义哲学就是实证科学的舆论。"实践哲学"则不一样，从将其与辩证唯物主义和历史唯物主义相平列，到鼓吹马克思主义哲学的"实践范式"转向，都可以轻而易举地找到许多相关文章。如果暂时撇开理论分析来看，之所以如此，是因为"实践哲学"打着"回归生活界""个人独立、个性自由"的旗号，在市场经济的背景下容易令人产生亲近感，比冰冷的实证科学化有吸引力。正因为如此，它对于马克思主义哲学的颠倒性就更强。这也就是我们需要在理论上更侧重对它进行批判抵制的原因。

3. 对"苏联模式"反思的误区：从"思想自由化"到清算辩证唯物主义一元论世界观

苏联是世界上第一个社会主义国家，"苏联模式"也便成为第一个社会主义的制度模式。世界社会主义运动中长期存在的问题是，各国共产主义政党的理论、道路、运动往往和制度建设脱钩，国家治理现代化问题没有解决好。尽管在马克思主义的指导下，十月革命取得了成功，然而怎样建设社会主义、怎样治理社会主义国家的问题并没有得到成功解决。"实际上，怎样治理社会主义社会这样全新的社会，在以往的世界社会主义中没有解决得很好。马克思、恩格斯没有遇到全面治理一个社会主义国家的实践，他们关于未来社会的原理很多是预测性的；列宁在俄国十月革命后不久就过世了，没来得及深入探索这个问题；苏联在这个问题上进行了探索，取得了一些实践经验，但也犯下了严重错误，没有解决这个问题。"①这个问题不解决，坚持共产党的领导就始终无法落到实处，社会主义取代资本主义就始终还是理论上的，而不是真正现实的。

制度的定型完善难在哪里？说到底，这是革命和建设、夺取政权和国家治理的区别。尽管两者有不可分割的联系，不能将其割裂，但两者的区别也不容忽视。革命和夺取政权可以通过理想信念去激发群众斗志来实

---

① 习近平. 习近平谈治国理政：第1卷. 北京：外文出版社，2018：91.

现，而建设和国家治理则除坚持理想信念外，还必须有稳定的同时又兼顾各方利益、能够调动各方积极性的制度支撑。一般地说，将这种能够持续调动各方积极性的差别化利益机制制度化之所以困难，就在于形成利益差别方面的公平正义共识十分艰难；特殊地说，社会主义首先在一些经济社会不发达的国家实行，发展生产力的压力巨大，向普通劳动者倾斜的利益导向和激发特殊人才的利益机制如何平衡，是一个需要不断认识、艰难探索的过程。世界社会主义的历史表明，尽管十月革命实现了社会主义从运动变成国家制度的伟大转折，但并没有完全实现这一转折。

社会主义国家的制度建设要处理好坚持共产党领导和民主法治的关系，坚持公有制为主体和市场经济的关系，坚持马克思主义在意识形态的指导地位和学术自由、文化多元的关系，关键在于，是否能够始终坚持马克思主义指导地位并真正使之制度化。苏共二十大以后，全盘否定斯大林的恶果首先从所谓的"思想解冻"开始显现出来，思想自由化引领了政治自由化。20世纪60年代后逐渐蔓延的"非意识形态化"思潮，认定靠共产主义理想建国的社会主义国家解决不了国家制度和国家治理问题，其"巅峰"之作就是弗朗西斯·福山所谓的"历史的终结"。福山断言现代国家制度的构建将在西方所谓的自由民主制度前止步，后者不可超越，人类别无选择。西方主流意识形态还不厌其烦地声称，马克思主义只是披着"科学"外衣的意识形态，因为建立在严格决定论基础上的历史必然性，并不是能够经受检验的科学预见，而只是一种历史预言，"它并不教导建立社会主义制度的方法与途径"①。这种挑战共产主义理想科学性的言论甚嚣尘上。倘若认同这种观点，社会主义国家将自乱阵脚，而资本主义则"不战而胜"。

取消马克思主义指导地位的喧嚣，汇集成了世界范围内否定辩证唯物主义的滔滔浊浪，使之一下子就成了"僵化""陈旧""玄学"的代名词。摒弃辩证唯物主义被西方意识形态视为清算马克思主义精神遗产的"致命一击"，包括社会主义国家在内的哲学界都深受其影响。与此同时，在实践本体论助推下，个人主义哲学则大行其道，泛滥的个人主义世界观、人

---

① 波普尔. 开放社会及其敌人. 台北：桂冠图书股份有限公司，1986：724.

生观、价值观在潜移默化地颠覆社会主义制度。我们必须重视布热津斯基在苏联解体、东欧剧变前夕做出的一个判断："共产主义失败的根本原因是在哲学思想方面。马列主义的政策归根到底源于对历史的根本错误的判断和对人性的严重误解。"① 丢弃辩证唯物主义世界观和方法论，社会主义制度的全面失守就为时不远了。更令人不安的是，苏联解体后相当一部分共产党人进行反思，不仅没有意识到在坚持辩证唯物主义世界观方面产生动摇的危害，反而匪夷所思地归咎于马克思主义哲学。

西方"马克思学"在这一围剿中扮演了不光彩的角色。西方"马克思学"（Marxologie/Marxology）是标榜对马克思的思想与概念进行超越整治的重新研究的思潮，由于其倡导的客观、纯学术、反权威态度迎合了当下一些人厌恶政治和猎奇的心态，因而拥有一定的市场。据某些媒体报道，西方"马克思学"是继"西方马克思主义"后，中国对国外马克思主义进行研究的又一热点。尽管西方"马克思学"流派、观点众多，且没有共同的理论基础和研究范式，因而难以从整体上对其加以评判，但是仅仅从其标榜价值中立、以非意识形态的观点解读马克思（这也是我们判断其学派归属的依据），就不难发现其西方主流意识形态的属性。因此，我们对于西方"马克思学"的批判，针对的是一种对待马克思及其著作的立场及方法，而不是有着严格思想界定的流派。正是这个"马克思学"，对于消解辩证唯物主义和历史唯物主义起到了极端右翼所起不到的巨大破坏作用。

卡尔·波普尔对"唯物辩证法"和"历史辩证法"有两项指控：（1）本质主义，即把概念（共性）实体化的唯实主义。"本质主义不但相信共相（即普遍对象）的存在，还强调它们对科学的重要性。它指出，单个的对象有许多偶有属性，但科学对这些属性并无兴趣。""科学必须剥开这些偶然的东西而深入到事物的本质。而任何事物的本质又总是某种带有普遍性的东西。"② 这样，本质主义就必然是违反事物本性的，它硬要从变化的具体事物中找出某个不变的本质，并用这个本质去规范具体事物。建立在这

---

① 布热津斯基. 大失败. 北京：军事科学出版社，1989：285.
② 波普尔. 历史决定论的贫困. 北京：华夏出版社，1987：21-22，22.

个基础上的社会主义，就必然是一种集体主义的极权，用规律（以及相应制度）否定人，以共性（社会性）否定个性。（2）历史决定论，也就是根据历史预言未来的历史决定论。波普尔提出："马克思自诩要将社会主义自情绪的、道德的和幻想的背景中解救出来。他认为社会主义的发展是从乌托邦阶段到科学的阶段；它是建立在分析因果的科学方法和科学预测上。"[①] 但是，马克思并未建立这样一种科学预测，相反，他的预测方法是以严格决定论为基础的，其前提是一个错误的信条："科学之能够预测未来，乃是假定未来是先被决定的；换句话说，假定未来是存在于过去，是被缩影于过去之中的。马克思所相信的有关自然的和历史发展的'铁律'，明白显示出是受拉布勒斯学派（Laplacean）和法国唯物论者思想的影响。"[②] 因此，这种历史决定论本质上是一种历史循环论和目的论，是一种历史预言而不是科学预测。而建立在这一基础上的社会主义观念，除了令某些人能够冒充先知而攫取某些特权外，不可能有任何的创造活力。

在波普尔看来，他和黑格尔学派（胡塞尔、马克斯·韦伯、汤因比等）以及存在主义者（海德格尔等）的主要分歧是，促成社会向更自由更健康的方向发展的动力是理性（自由辩论、合理设计）还是非理性（激情、欲望和意念）。他主张前者，而黑格尔学派以及存在主义者则选择后者。然而，值得注意的是，波普尔认为黑格尔式的"理性主义""过分理智化"，应当等同于"非理性"。应该说，从根本哲学观点看，他们的差异还是明显的，体现出了价值理性和科技理性两种哲学取向的对立。但是，涉及马克思的历史辩证法及其社会主义观念这一特定问题时，他们之间的差异却很小。波普尔虽然被称为"批判理性主义"者，否定无所不在的绝对理性，却并不否定先验的伦理观念，反而把这种永远存在于彼岸世界而仅通过人的"善良意志"才能表现出来的伦理原则看作人的理性根据；他虽然崇尚合理性的计划和社会工程学，却并不否定整个社会发展的自发性、偶然性，反而把这些因素视为社会保持永久活力的不可或缺之物。因此，波普尔等人主张的"社会主义"都是一种伦理的、改良的社会主义；

---

① ② 波普尔. 开放社会及其敌人. 台北：桂冠图书股份有限公司，1986：702.

他们视为"批判理性"的东西，也都是一种来自个人理性的超越现实的精神力量。区别只在于，"新康德主义者"更注重以完善个性为理想的道义力量，而波普尔则更注重现实个人理性中的科学活动和技术力量，从而导致了对马克思"异化辩证法"的不同评价。然而，他们的共同之处则在于：否定自在自然的存在，对按照历史唯物主义去理解的社会规律和社会主义的历史必然性均持绝对否定态度。这表明，坚持马克思主义在意识形态领域的指导地位的关键在于坚持辩证唯物主义世界观。

从根本上说，坚持马克思主义在意识形态领域的指导地位，是共产党执政规律的要求，也符合现代国家执政党治国理政的通则。从马克思主义的观点看，任何统治阶级，都必须同时掌控社会的物质生产和精神生产，否则将会政权不保。之所以如此，就是因为物质生产不仅是物质生产生活资料的生产和再生产，为执政提供物质支持和硬实力基础，而且是生产关系和物质交往活动的生产和再生产，因而是现行社会经济关系和统治关系的维系过程，是执政的社会基础的打造过程。而精神生产不仅是社会精神文化活动的生产和再生产，为执政提供文化支持和软实力基础，而且是社会价值共识和思想道德规范的生产和再生产，因而是思想统治关系的维系过程，是执政的道义基础的构建过程。

这就是说，统治关系是全面的，必须贯彻到一切社会领域，思想领域也不能例外。统治阶级必须"作为思想的生产者进行统治，他们调节着自己时代的思想的生产和分配"，因而"统治阶级的思想在每一时代都是占统治地位的思想"①。调节思想的生产和分配，就必须掌握媒体、学校、教堂、社会组织等意识形态阵地及其相关从业人员，在根本统治关系上形成共识，并将形成的共识作为"普遍观念"加以确立。不难发现，尽管形式上有差别，但从实质上看，掌握社会的精神生产过程，建立强大的主流意识形态，让统治阶级的思想为社会所有人所认同，是现代社会执政党都必须遵循的执政规律。

对于社会主义国家的执政党而言，掌握精神生产的特殊性在于"掌握

---

① 马克思，恩格斯. 马克思恩格斯选集：第1卷. 2版. 北京：人民出版社，1995：99，98.

思想领导是掌握一切领导的第一位"①。由于现代无产阶级的解放事业不仅是解放自身，而且是消灭阶级、解放全人类的高度自觉自为，又由于工人阶级领导的社会革命是在资本主义雇佣劳动制条件下发动的，工人阶级在现存的物质生产资料的生产活动中毫无发言权。事实证明，立足资本主义社会，仅凭"受苦受难"去控诉资本主义是无法撼动其社会根基的，单纯的道德批判甚至无法在道义上真正超越对手。要获得无产阶级革命的道义力量和坚定信念，只能站在面向未来的历史制高点上，才能摧毁资产阶级统治的道德高地，"让思想冲破牢笼"，充分激发人民群众的历史创造性。而要站到超越资本主义的历史制高点，唯一的可能是依靠马克思主义科学理论。因此，坚持思想建党、理论强党不仅是中国共产党的成功之道，也是所有试图指导革命的马克思主义政党应当普遍遵循的建党原则。

从历史经验看，苏联解体、东欧剧变的根本原因在于取消了共产党的领导，而否定马克思主义世界观的科学性、消解马克思主义在意识形态的指导作用则是取消共产党领导的思想前提。苏联解体前夕最为猖狂的反共言论集中在对马克思主义哲学世界观的攻击，而哲学阵地失守则为主流意识形态的崩溃打开了方便之门。1988 年苏共中央一月全会释放出以下信息："我国有关社会主义社会的理论观念停留在 30—40 年代的水平上，现在已经相当陈旧了。……这一评价也适用于辩证唯物主义和历史唯物主义。"② 以"陈旧"为名清算以马克思主义哲学为指导的世界观、历史观，其结果就是历史虚无主义泛滥，就是彰显所谓个人自由的"人性解放"大行其道。个人主义哲学是西方所谓民主自由价值观的依托，接受个人主义哲学，必然会认同西方自由民主的政治价值观。此门一开，坚持共产党在国家政治体系中的领导核心地位便再无可能。接下来顺理成章的是，1991 年 12 月 25 日，苏联解体。历史的教训是，坚持马克思主义在意识形态领域的指导地位，是坚持共产党领导的思想基础。

无论对于一个学说的创立，还是对于个人的进步来说，"世界观的转变是一个根本的转变"。马克思主义的创立，不是以别的什么为标志，而

---

① 中共中央文献研究室. 毛泽东文集：第 2 卷. 北京：人民出版社，1993：435.
② 哲学的新思维：苏联"哲学与生活"会议材料选登. 哲学译丛，1988（4）.

是以新世界观的问世为标志。列宁在谈《共产党宣言》这部标志着马克思主义问世的著作时指出："这部著作以天才的透彻而鲜明的语言描述了新的世界观，即把社会生活领域也包括在内的彻底的唯物主义、作为最全面最深刻的发展学说的辩证法、以及关于阶级斗争和共产主义新社会创造者无产阶级肩负的世界历史性的革命使命的理论。"① 因此，紧紧抓住哲学世界观这一关键，才能真正领悟马克思实现的伟大哲学变革的思想成果和精神实质。

---

① 列宁. 列宁选集：第 2 卷. 3 版. 北京：人民出版社，1995：416.

第一章　马克思哲学变革的宝贵
精神遗产

　　马克思留给我们的最宝贵的精神财富，就是以他的名字命名的理论：马克思主义。我们中国人深切地感受到马克思主义和中国已经结成了命运攸关的共同体，马克思主义深刻地改变了中国，使中国从近代以来饱受压迫的状况下，逐步地实现了站起来、富起来、强起来的伟大历史性的变化。马克思主义在中国的成功也极大激发了马克思主义的理论活力和思想创新。因此，这是一个真正的命运共同体。我们学习马克思主义理论，不仅要学好当代中国马克思主义，而且要学好由马克思创立的、以马克思名字命名的马克思主义，两者不可分割。马克思主义和当代马克思主义是一个宏大题目，我们只能从某一个理论视角切入。我们将从马克思留给我们的宝贵精神财富中最主要的理论遗产出发，来探讨今天我们应如何继承和发展马克思哲学变革的伟大成果。

第一节　新世界观是马克思思想精髓的核心

　　马克思哲学变革的成果十分丰硕，但核心是新世界观。一个彻底的唯物主义世界观、一把破解时代之谜的钥匙和一支实践伟大思想的现实社会力量，是这一世界观不可分割的基本思想，也是马克思精神遗产的精髓。

一、科学认识和改造世界的世界观：彻底的唯物主义

把马克思哲学变革的成果归结为彻底的唯物主义，表明了马克思主义哲学同旧唯物主义的联系和区别。从联系上看，唯物主义都承认外部世界的客观实在性，都承认和追求客观真理；从区别上看，旧唯物主义不懂辩证法，解决不了自然本体和人的自由关系问题，解决不了历史规律性和人的能动性关系问题。我们既不能忽略马克思主义哲学与旧唯物主义的区别，也不能将旧唯物主义混同于甚至压低于唯心主义。毕竟，唯物主义都站在物质本体论的基石上。

1. 彻底的唯物主义的基本内涵

把唯物主义作为全部存在和运动变化本源的一元本体，把唯物主义贯彻到所有领域，这两条概括起来就是彻底的唯物主义，即辩证唯物主义和历史唯物主义。有必要就今天容易模糊的若干问题做出探讨：第一，历史的客观真实性（物质）问题。正如人类社会和自然界既有同质性又有各自的特殊性一样，社会物质和自然物质虽然都具有客观实在性，即不依赖于人的意识，不依赖于任何哲学，独立于人的思想，但社会物质有自然物质所不具有的特殊性。"社会物质"是有生命的人参与其中的，客观自在的自然界只是作为人类历史活动的前提。因此，前者更多地表现为"关系"而不是"实体"形式，而且是有目的地形成的"关系"。尽管如此，"社会物质"表明基础性的历史活动并不是意识活动，而是必须接受客观自然界制约的物质性活动。人的历史活动，客观制约性是第一位的，主观能动性是第二位的，两者不能颠倒。与唯心史观不同，我们不认为人的历史活动只有选择性，更不是随心所欲的选择。选择是有条件的，基础就是不能自由选择的生产关系一定要适应生产力的客观规律。1846 年 12 月 28 日，马克思在给安年科夫的一封信中讲道："人们不能自由选择**自己的生产力**——这是他们的全部历史的基础"，"人们能否自由选择某一社会形式呢？决不能"[①]。两个"不能自由选择"，就是马克思唯物史观的立足点，其他观点都是从这里衍生出来的。

---

① 马克思，恩格斯. 马克思恩格斯选集：第 4 卷. 2 版. 北京：人民出版社，1995：532.

第二，反映历史的真理、规律是客观的。马克思强调：正因为人类历史是客观自然的，唯物论要追求的历史规律和社会真理也就必然是客观的。把规律和真理奠立在客观实在的基础上，形成两个概念：客观规律、客观真理，打破了主观真理论、先验逻辑论。马克思在《德意志意识形态》中强调：宗教没有历史，哲学没有历史，就是说宗教、哲学是对客观规律的反映和表现，没有独立的宗教史和哲学史，只有不断反映客观规律的宗教史和哲学史。马克思强调真理的本质属性是客观，不能把价值真理和客观真理相提并论。客观真理是本质属性，价值真理是派生出来的。真理不是利益博弈的产物，更不是成王败寇。实用主义真理观为什么错？归根到底在于，真理不都是有用的，而有用的不一定是真理。事物的客观价值不源自主体需要，不能把与主体需要相联系的价值尺度作为衡量真伪的最终尺度。价值真理不能与客观真理平起平坐，否则就是实用主义，就从根本上扭曲了真理的本性。

2. 彻底的唯物主义的"两个针对性"

新唯物主义是我们追求真理、认识世界、改造世界的强大思想武器，它在这一过程中自然要帮助人们从错误的认识方式中走出来。因此，它首先针对形形色色的唯心主义。唯心主义的花样很多：从认识层面看，无论是心理层面、感觉层面，还是逻辑思维和形象思维层面，都有种类繁多的唯心论。从表现方式看，既有赤裸裸的、粗陋的、神秘而明显反科学的唯心主义，也有十分精致、精巧，披着科学外衣，甚至具有一些真理性成分的唯心主义，更有一些试图超越唯物论、唯心论的唯心论哲学变种。但是无论如何，人们只要从唯心论出发，便无法真正获得科学的认识。

当下最重要的唯心论哲学变种便是生存论哲学。这种生存论哲学号称要超越马克思哲学，但它颠倒生活与生产的关系，认为生活是第一源泉，生产是派生的，要回归生活界。它看似很"唯物"，很接"地气"，马克思与恩格斯不是也说过历史活动首先要解决"吃穿用"吗？但是，问题在于吃穿用是怎么创造历史的？如果穿不是特指衣服，那么可以说动物都要吃穿用，但它们为什么没有历史呢？《德意志意识形态》指出：人类的历史奠定在"生活的生产和再生产"的基础上，生产是基础。辨别一个时代不是看人们吃什么、穿什么、用什么，而是看他们如何获得这些物质生活资料，也就是如何把"吃穿用"生产出来。"人们生产自己的生活资料，同时间接地生产着自己的物质生活本身。"① 这便是马克思主义唯物史观最本质的特征，通过生产力、生产方式来辨别时代，寻求时代的规律。

其次，它针对庸俗的折中主义。折中主义的最大特征在于，没有内在联系地罗列事物的方方面面，貌似全面，实则不讲重点，不分主次，让人不得要领。学习辩证唯物论世界观之所以要反对折中主义，不仅是因为它打着"一方面""又一方面"的"辩证"旗号，更是因为它不是没有倾向，而是蓄意掩盖自己的意图。因此，折中主义是形式主义、官僚主义的思想根源，是无原则的调和主义的行为准则，也是歪曲、篡改马克思主义哲学的惯用手法。奉行折中主义，不能获得从书本到实践的任何真理性认识。值得警惕的是，今天不难发现打着"创新"旗号，实际贩卖折中主义伪劣品的例子，动辄用"多维度""多视域"，但仅限于此。其结果是不仅混淆而且完全颠倒了主宾、因果、表里等关系，例如把马克思主义哲学解释为辩证唯物主义、历史唯物主义、实践唯物主义三个平列的概括，似乎很时尚，然而究其实质，就是折中主义的提法。

辩证唯物主义是本质，马克思主义世界观可用一句话概括，那就是辩证唯物主义。恩格斯、列宁都反复指出：马克思的唯物论是彻底的唯物论，将唯物论的原则贯彻到人类的历史、人类的社会；马克思的唯物论还包含着全面深刻且没有片面性的发展学说，即辩证法。彻底的唯物论、彻底的辩证法是马克思主义哲学的最本质的方面。历史唯物主义是辩证唯物主义在人类社会的创造性运用。这里首先涉及社会历史的物质性方面，即生产力与生产关系。生产力反映人与自然的关系，这种关系首先是一种物质变换关系。再者，人利用自身自然与外部自然进行物质交换，将社会物质与自然物质打通，这便将彻底的唯物主义运用到社会生活。

如果单论人类社会，在一定意义上，辩证唯物主义可以与历史唯物主义平列，这是可以允许的；但否定辩证唯物主义，孤立地讲历史唯物主义，把马克思主义哲学片面地概括成历史唯物主义是错误的，因为人类历

---

① 马克思，恩格斯. 马克思恩格斯文集：第1卷. 北京：人民出版社，2009：519.

史毕竟只是客观自然历史的一部分。讲历史唯物主义需以辩证唯物主义为基础。如果只讲实践唯物主义，不讲辩证唯物主义、历史唯物主义则更是偏离了马克思主义。马克思、恩格斯从未将其哲学概括为实践唯物主义。他们只在《德意志意识形态》中说过："对**实践的**唯物主义者即**共产主义者**来说，全部问题都在于使现存世界革命化，实际地反对并改变现存的事物。"① 实践唯物主义是马克思对实际地改造世界的一个提法，马克思将其表述为共产主义者的历史使命。这一提法很重要，但决不等同于对马克思哲学思想的科学表述。如果试图用这一提法取代辩证唯物主义和历史唯物主义，那就是走到唯心论的实践哲学的邪路上了。

3. 科学世界观的现实意义

学习科学世界观就要善于科学地认识和把握世界：世界是客观存在的，任何时候都不要"想当然"，要"反映"客观实际，必须沉下去，付出艰苦努力；实际是变化发展的，要学会在多样性变动中把握实际，在不断学习中跟踪实际；客观实际是统一的，有规律的，要坚持多样性的统一，紧紧抓住事物的本质，探索历史的规律。不能忽视"多"，但不能停留在"多"，这样才能抓住实质。无论是认识实际，还是学习反映了客观实际的创新理论，都需要科学世界观。例如，我们领悟学习习近平新时代中国特色社会主义思想，经常讲的是"多"，比如增强"四个意识"（政治意识、大局意识、核心意识、看齐意识），坚定"四个自信"（道路自信、理论自信、制度自信、文化自信），做到"两个维护"（坚决维护习近平总书记党中央的核心、全党的核心地位，坚决维护党中央权威和集中统一领导）的政治站位，建设中国特色社会主义"五位一体"整体布局，"四个全面"战略布局等，要领悟透彻，就必须找到其内在联系及本质。例如，习近平指出：我们中国共产党新的历史使命是实现中华民族伟大复兴这一伟大梦想对此要进行伟大斗争、建设伟大工程、推进伟大事业、实现伟大梦想，其中起决定作用的是党的建设这一伟大工程。这就指出了新时代中国共产党人完成其历史使命的本质所在。又如，他在庆祝中国共产党成立100周年大会上的讲话中指出："中国共产党为什么能，中国特色社会主义

---

① 马克思，恩格斯. 马克思恩格斯选集：第1卷. 3版. 北京：人民出版社，2012：155.

为什么好，归根到底是因为马克思主义行!"这就揭示了思想理论上的先进性决定党及其领导的伟大事业的前途命运这一共产党执政规律、社会主义建设规律。

4. 彻底的唯物主义的理论意义

在今天，彻底的唯物主义世界观首先可以帮助我们科学把握马克思的实践观。唯物论的实践观才是马克思的实践观，离开了唯物论的实践观就是唯心主义的实践观，与马克思主义格格不入。关键在于什么是"实践"。在马克思之前，对于实践活动的各种理解虽有差别，但都是唯心论的"主体外化"。其中，黑格尔将其视为"绝对精神"的发展环节；费尔巴哈将其视为人的卑劣欲望的实现，典型形式就是"卑污的犹太人的经商活动"；影响最大的是康德的理解，即"向善的道德意志活动"，实践理性是人类理性的最高表现。可见，以实践为导向，以实践为基础的"实践哲学"不是马克思的创造。与马克思同时代的切什考夫斯基提出了"行动哲学"，其实就是实践哲学；康德哲学在一定意义上也可以说是实践哲学，属于"主体性哲学"范畴。因此，只有唯物论的实践观才是马克思主义的实践观。

马克思哲学变革的艰难探索就在于将唯心主义的实践转化为唯物主义的实践。我们认定费尔巴哈哲学在马克思哲学变革中所起的"中间环节"作用，就包括他对马克思实践观转变的重要影响。费尔巴哈虽然总体上不懂辩证法，但对马克思转向唯物论实践观仍然起了桥梁作用。马克思在1845 年《关于费尔巴哈的提纲》中主要是指出费尔巴哈的不足，但这是以肯定他的成就为前提的。例如，马克思指出："费尔巴哈想要研究跟思想客体确实不同的感性客体，但是他没有把人的活动本身理解为**对象性的**[*gegenständliche*]活动。"人们在读这个论断时，往往只看到下半句，而完全忽略了上半句。费尔巴哈把人面对的客体区分为"思想客体"和"感性客体"，而所谓的"感性客体"，就是不依赖于主体外化而形成的客体。这就打破了"主体外化"实践观的主体万能，打破了主体对于客体的完全支配，确实是费尔巴哈的卓越贡献，尽管还未达到"感性主体"的高度，但他毕竟迈出了超越唯心主义的重要一步。他将人视作感性存在，虽然没有同时将人视作感性活动，这是他的不足，但确实对马克思唯物论实践观的形成发挥了重大的作用。承认不依赖于主体而存在的客观对象，这是唯物论实践观的前提。卢卡奇承认，他的《历史与阶级意识》的失误在于没有看到对象性的劳动，即与自然界进行物质变换的劳动。仅是外化的劳动是不够的，关键在于对象性劳动，对象性劳动不仅创造一个对象（主体外化），而且还受对象的支配（对象作用于主体）。马克思在《1844年经济哲学手稿》中，就初步形成了唯物论的劳动观，即劳动不仅是主动的，同时还是"受动"的、被决定的，受客观物质条件的制约。这就打破了黑格尔的唯心主义劳动观。

唯物论对马克思的实践观具有四大意义：第一，唯物论决定马克思的实践观是客观的、开放的实践观。承认客观独立的自然界，其结论必然视实践活动为客观的、开放的。唯心主义的实践观之所以是封闭的，在于其外部世界由主体设定。而在唯物论的实践观里，客观对象大于主体认识。因此，不能笼统地、简单地以主客体关系取代主客观关系。若以主客体关系取代主客观关系，必然回到唯心论的主体性哲学。因为在纯主客体关系中，只能是主体设定客体，主体决定客体。黑格尔哲学体系虽然以"绝对精神"这一开放的主体为依托，但终究还是封闭的，就因为它不承认客观存在的客体，由主体设定的客体最终还是主体的规定；而如果没有外在的自然界，开放的主体就只能是一个观念的设定，没有实际意义。唯物论的实践观不同，强调实践首要从客观实际出发，主观不能取代客观。世界第一就是客观规律第一、尊重实际第一，反对主观主义。

第二，唯物论决定了马克思的实践观是建立在反映论认识论基础上的实践观。既然实践活动是对不依赖人的主观意志而存在的客观世界的改造，那么实践就离不开认识，而认识活动的本质就是反映。认识从根本上说是对独立于人的主观之外的客观事物的反映，即对客观自然界的认识，对未知事物的认识。因此，实践对象和客观存在实际上是统一的。今天西方哲学的趋势是吹捧生存论哲学而贬低认识论哲学，这在学理上是没有根据的。在辩证唯物主义哲学范围内，认识论与唯物论相统一。正如列宁指出的："唯物主义的逻辑、辩证法和认识论［不必要三个词：它们是同一个东西〕都应用于一门科学。"①从唯物论的观点看，实践是自在之物转化为为我之物的过程。要克服自然界的独立自在，需通过物质实践活动，将自在之物转化为为我之物。这个转化永远不会完结，是无限的过程，这便是开放的、不断发展的人类历史。正如毛泽东指出的："人类的历史，就是一个不断地从必然王国向自由王国发展的历史。这个历史永远不会完结。"②

第三，唯物论决定了马克思的实践观是人民群众的实践观。唯物论的实践观着眼于客观的物质活动，只有千百万人民群众的历史活动才具有这样的性质。因此，唯物论的实践观的主体是人民群众，不是个人。能够使成千上万的人民行动起来，能够使整个阶级、整个民族兴旺起来的动机不是主观动机，而是客观动机。这个客观目的是历史发展具有客观必然性的表现。只有解放和发展生产力、推翻腐朽社会制度的革命动机才能成为激发全体人民行动的动机。解放、发展、保护生产力，改革一切阻碍生产力发展的社会痼疾是人们创造历史的行动轨迹。因此，唯物论的实践不是不研究活动动机，而是把这种研究建立在科学的基础上。唯心主义把实践归结为个人的意志性活动，除了抽象的人性论，实际上拿不出任何有科学意义的成果。

第四，唯物论的实践观确立了实践的客观标准。判断实践的客观标准不是个人的成功、一时的成功，而是是否顺应了历史潮流，符合客观规律。各种利益引导了各种实践，只有得到历史承认的利益才能作为社会形态在历史中实现。历史的总趋势是人民利益的不断实现，因此实践成败得失的标准不在于特殊的利益、主观的利益、过时的利益、个人的利益，而在于人民的利益。马克思的历史唯物论确立了人民利益的标准，与生产力的标准是历史地一致的。只有在客观的社会实践这一界定下，实践才能成为检验真理的标准。

二、破解时代之谜的钥匙：阐发时代精神，引领时代潮流

"时代是思想之母"，"实践是理论之源"，马克思所处的时代是研究马

---

① 列宁. 列宁全集：第55卷. 2版. 北京：人民出版社，1990：290.
② 中共中央文献研究室. 毛泽东文集：第8卷. 北京：人民出版社，1999：325.

克思主义理论形成的客观根据。为什么那个时代产生了马克思主义？马克思主义就在于回答了时代之问，阐发了时代精神，引领了时代潮流，此为马克思思想影响力之所在。马克思所处时代的特点是什么？如果简要地加以概括，那就是"两大革命交替，两大思潮交融"。

两大革命交替是指，一方面，资产阶级革命还在延续，1848年《共产党宣言》问世不久，最后一场席卷全欧洲的资产阶级民主革命爆发；但是另一方面，以消灭私有制为目的的无产阶级革命也开始登上历史舞台。两大革命交替，造就了波澜壮阔的历史变革场景。两大思潮交融是指，表达上升时期资产阶级追求之思想成就的古典思潮，包括英国古典经济学、法国古典政治学和历史学、德国古典哲学等，与表达早期不成熟状态的工人利益的空想社会主义思潮交汇融通。两大思潮的交融汇集在共同的时代之问上，归结到人的解放这一时代课题上，深入到探索历史发展客观规律这一本质的指向上。资产阶级启蒙思想打出的旗号就是人的解放和人的自由，要把人从被压迫奴役状态中解放出来。它用科学主义反对宗教迷信，用人道主义反对封建专制。空想社会主义则把人的解放进一步同消除社会不平等联系起来。但是，这两种社会思潮都未能真正解答资本主义发展所出现的严重悖论，比如："财富的积累和贫困的积累同步"，"人在获得自由的同时又不断地被套上枷锁"。消除人的异化、实现人的自由全面发展和消灭私有制、实现共同富裕成为真正的时代之问和时代课题。马克思破解这一时代之谜主要解决了以下问题：

第一，解放的现实内容是什么？解放的客观标准是什么？启蒙思想家和空想社会主义者都将解放看作争取自由、平等、民主、人权的思想解放，将其归结为用"批判的武器"就可以实现的解放。这样，尽管他们发表了许多宏论，也进行了许多探索，包括人的自由和解放，都因局限在思想意识的范围内而没有实在的进步成果。因为"这种改变意识的要求，就是要求用另一种方式来解释存在的东西，也就是说，借助于另外的解释来承认它"[①]。

毋庸赘述，这一历史性任务的完成归功于马克思。马克思破除了把人

---

①　马克思，恩格斯. 马克思恩格斯选集：第1卷. 2版. 北京：人民出版社，1995：66.

类的进步观念和唯心主义捆绑在一起的思想桎梏，创立了以"把社会生活领域也包括在内的彻底的唯物主义、作为最全面最深刻的发展学说的辩证法"为特征的新世界观。马克思"在劳动发展史中找到了理解全部社会史的锁钥"，把人类历史奠基在每一时代的经济生产及其必然形成的社会结构之上，认为推动社会前进的"一切历史冲突都根源于生产力和交往形式之间的矛盾"。这样，马克思就奠立了人类历史的客观物质属性，阐明"人们之间一开始就有一种物质的联系。这种联系是由需要和生产方式决定的，它和人本身有同样长久的历史；这种联系不断采取新的形式，因而就表现为'历史'"①。马克思也因而奠定了历史进步的客观尺度，这就是生产力的发展、社会形态的更替和人的自主活动方式的更新的具体统一。历史的进步不再只是观念上的变化，而是世界的真实改变；人的自由不再是意识的想象，而是在消灭了阶级和阶级对立的联合体中的"每个人的自由发展"。

马克思指出：哲学家们只是用不同的方式解释世界，而问题在于改变世界。马克思意在说明许多哲学家不是不想改变世界，他们提出的哲学也产生过重大的社会影响，其中有些人还有强烈的行动意识，只是由于他们不知道人的真实存在是什么，人的真实历史是什么，真实世界是什么，需要改变的是什么，因而并没有真正承担起改变世界的历史使命。此外，他们找不到改变世界的力量，改造现实世界的路径。这便是以往哲学家的两大缺陷：没有认识人的真实存在，没有找到改造世界的现实力量。相反，马克思确定了人的存在是以生产方式为基础的存在，指明了历史进步的客观标准，这就是生产力的发展、社会形态的变更、人的自主活动方式的更新这三者的历史统一。

第二，如何发现新的社会力量，即马克思是如何发现改变世界、创造新社会形态的力量——现代无产阶级的？把握时代的困难在于发现堪当大任的新社会力量。在历史交替的大变动时代，发现新生事物并不容易。最为明显的是随着资本主义的兴起，无产阶级的贫困问题及其引发的社会变革的讨论，虽然已经引起了普遍的关注，却未能跳出资产阶级社会私有制

---

① 马克思，恩格斯. 马克思恩格斯文集：第1卷. 北京：人民出版社，2009：533.

的狭隘眼界。现代无产阶级充其量只被认为是"受苦的人"和"可怜的人"而不是创造新世界的人，空想共产主义则被视为偏激乃至危险的宗派情绪。马克思最先看到了无产阶级革命取代资产阶级革命、共产主义运动取代启蒙运动的历史趋势。他解决这一难题取决于两点：一是通过科学世界观站在超越资本主义的历史发展制高点上，突破资本主义社会的狭隘世俗眼界，着眼于从历史发展的客观地位上定位工人阶级。"问题不在于某个无产者或者甚至整个无产阶级暂时**提出**什么样的目标，问题在于**无产阶级究竟是什么，无产阶级由于其身为无产阶级**而不得不在历史上有什么作为。"① 正是现代无产阶级的客观地位决定着，它必须解放一切现存的社会领域才能最终解放自己，因而这一解放必然是现代阶级社会的彻底解体。消灭阶级是工人阶级解放的唯一出路和必然担当，这就决定了它的先进性和领导地位。二是从历史活动的重大事件、重大历史变革中考察工人阶级的表现，做出客观的评价。马克思不仅从近代以来欧洲的三大工人运动的历史考察中发现了现代无产阶级，不仅从亲身组织的国际工人运动中完成了同工人阶级的结合，更从巴黎公社的伟大革命中看到了工人阶级的历史主动性和创造性，从而确立了通过无产阶级专政过渡到无阶级社会的思想。他由衷地感叹："这些巴黎人，具有何等的灵活性，何等的历史主动性，何等的自我牺牲精神！"恩格斯将其概括为："请看巴黎公社。这就是无产阶级专政。"②

现代无产阶级可以持久地代表现实的人民的利益，引领人类走向一个新的社会，何以如此？其一，现代无产阶级是社会化大生产的产物，是社会化生产力的代表，是现代社会财富的创造者，而不是一般的穷人，更不是古代（奴隶社会）毫无独立性的无产者。正如考茨基曾指出的：古代的无产者靠社会养活，而现代的无产者养活了社会。其二，现代无产阶级是新的社会生产关系，即社会化生产关系的唯一代表。资产阶级虽然同样是社会化生产力的代表，但在生产关系上代表的则是私有制。与其他阶级不同，现代无产阶级同生产资料没有直接的结合。无产者在未被雇用之前，

---

① 马克思，恩格斯. 马克思恩格斯文集：第 1 卷. 北京：人民出版社，2009：262.

② 马克思，恩格斯. 马克思恩格斯选集：第 3 卷. 2 版. 北京：人民出版社，1995：14.

其与生产资料没有直接的联系。因此，工人的解放不能通过个人直接占有生产资料的私有化方式，而需以一种新的方式，即联合起来的个人共同占有生产资料，这便是社会主义公有制。其三，现代无产阶级是唯一有文化的劳动者阶级。《共产党宣言》指出：为了现代化生产的需要，资产阶级被迫把教育手段给了无产阶级。通过接受教育，有文化，无产阶级才可能形成阶级意识，从自在走向自觉，才能成为革命的领导阶级。其四，现代无产阶级是被资本主义社会大生产严格训练过的、高度组织化的、有机的社会力量。在《神圣家族》中，马克思曾指出："无产阶级并不是白白地经受那种严酷的但能使人百炼成钢的**劳动**训练的。"资本主义社会化大生产通过极其野蛮的方式，推行严格的生产纪律、严密的生产流程、相互配合的明确劳动分工，工人群体在受苦受难的同时，也摆脱了农民式的自由散漫，成为具有高度组织性、纪律性的社会化力量。

第三，如何否定旧事物，即确定其内在否定的原则，自己否定自己？任何事物或兴旺发达，或腐朽衰亡，其根据都在自身。马克思运用科学世界观预判资本主义的灭亡和共产主义的实现，正是依据了事物内在否定的辩证法规律。其一，将旧事物放在历史发展过程中，考察其如何从新事物变为旧事物，看到蕴含其中的历史必然性。内在否定即从历史必然性上加以否定。必须承认，资本主义的出现不是"人类理性迷误"的偶然现象，而是因为"资产阶级在它的不到一百年的阶级统治中所创造的生产力，比过去一切世代创造的全部生产力还要多，还要大"。而资本主义之所以要被社会主义、共产主义取代，是因为随着社会化生产力的不断发展私有制越来越成为桎梏，"资产阶级用来推翻封建制度的武器，现在却对准资产阶级自己了"①。其二，将混杂其中的新事物与旧事物加以切割。否定资本主义，需将其与大工业进行切割。如果不把大工业从资本主义体系中切割出来，其结果要么在肯定大工业的同时肯定了资本主义，要么在否定大工业的同时否定了现代文明，两者都不可能超越资本主义。难点就在于如何切割。工业的两重性、劳动的两重性是考察马克思切割此二者过程的一个线索。1845 年，马克思在《评弗里德里希·李斯特的著作〈政治经济学的

---

① 马克思，恩格斯. 马克思恩格斯文集：第 2 卷. 北京：人民出版社，2009：36，37.

国民体系〉》中把大工业的两重属性揭示出来，一方面，大工业是人类掌握的一种新的社会化的生产力量；另一方面，大工业是资本主义盈利的方式，为资本服务。可以通过发展作为社会化生产力的工业消灭资本主义的工业，通过社会化的劳动消灭雇佣劳动。

内在否定还在于如何打掉旧事物的道德制高点。一是通过占领历史制高点打掉其道德制高点。要站在共产主义，即超越资本主义的历史高度，破解资本主义的历史合理性，有效打倒西方的道德制高点。二是通过占领历史制高点分析其道德制高点的内在矛盾，即口号的虚伪性、形式主义，与现实的冲突，并接过其口号，进一步发挥，在揭露其矛盾的同时，完全彻底地加以发挥，将其推向真实。正如恩格斯指出的："资产者的平等（消灭阶级**特权**）完全不同于无产者的平等（消灭阶级本身）。"① 将资产阶级平等推向消灭阶级，就为实现真正的平等开辟了道路。

三、实践伟大理论和伟大思想的队伍：现代无产阶级及其政党

工人阶级承担着由其历史地位所决定的世界历史使命，这确立了它的领导地位。但这不等于说工人阶级自然就能成为人民的政治核心，以它为代表的人民自然就是作为一个统一整体的有机历史主体。要把客观可能变成现实，工人阶级就必须向自为阶级跃升。工人阶级成为自为阶级有两个要件：一是确立先进的指导思想，以形成自觉的阶级意识而自立；二是形成组织，以统一整个阶级的意志而行动。这两点合起来表明，组织先进的政党是工人阶级成为自为阶级的必由之路。确立先进的指导思想实际上就是一个接受、坚持和发展马克思主义的问题，是一个科学地对待马克思主义的问题。世界社会主义运动的历史表明，这一根本问题的关键在于能否把马克思主义与本国实际相结合，把坚持和发展马克思主义统一起来。形成组织实际上是一个从组织原则上解决个人与组织、下级与上级、少数与多数、部分与整体的关系问题，其关键在于正确制定民主与集中相统一的组织原则，以最大限度凝聚共识，统一意志。

《共产党宣言》指出："共产党人同其他无产阶级政党不同的地方只

---

① 马克思，恩格斯. 马克思恩格斯文集：第9卷. 北京：人民出版社，2009：355.

是：一方面，在无产者不同的民族的斗争中，共产党人强调和坚持整个无产阶级共同的不分民族的利益；另一方面，在无产阶级和资产阶级的斗争所经历的各个发展阶段上，共产党人始终代表整个运动的利益。"① 这表明共产党具有两大品质：一是先进性，始终站在运动的前列；二是纯洁性，没有本党的私利。最根本的是共产党代表了工人阶级这一引领人类进入无阶级社会的先进阶级的利益，因而是能有效整合人类现实利益的政党。现在有一种倾向，把人民和阶级、政党、领袖脱钩，孤立地讲人民创造历史，人民至高无上。实际上，在对人民的理解和规定上，马克思主义和西方自由个人主义完全不同。

第一，马克思主义把以先进阶级为核心的人民视为历史的创造者，而西方将人民看作个人的集合体，实际上是个人创造历史。个人主义的人民是一个抽象名词，是唯名论意义上的，不是实体，更不是有机的历史主体。换言之，人民可以还原为个人，人民利益可以化约为个人利益。而马克思主义视域中的人民不是个人的集合体，而是以先进阶级为核心、劳动群众为基础、一切顺应历史发展的集团和个人为外延的有机整体。只有从生产力和生产关系矛盾运动的规律上，从阶级关系和阶级斗争上才能理解人民主体。它包含具体历史条件下的大多数个人，但不能归结为个人；人民利益包含具体历史条件下大多数的个人利益，但不能化约为个人利益。人民历史主体的确立，通过无产阶级的解放运动实现真正的人类解放，是马克思思想具有强大生命力的实践基础。应该说，唯物史观和唯心史观在人民问题上的这种对立，是两种历史观的根本对立。唯心史观是个人史观，唯物史观是人民史观。

唯心史观讲个人本体，这种认定与人们的经验似乎吻合，因为人的存在首先是有生命的个体。但是，生物学意义上的个体并非历史活动的主体，只有在不断解决与自然的矛盾中，通过社会化过程才能形成历史活动的主体。进一步说，个人主体也不符合历史事实，因为迄今为止，个人都从属于社团或阶级，没有个人历史主体的空间。历史还证明，以个人为本位的事业都是少数人的事业，以个人为本位的社会都是少数人统治

① 马克思，恩格斯. 马克思恩格斯文集：第2卷. 北京：人民出版社，2009：44.

多数人的社会，只有以人民为中心的伟大社会革命才是真正的人类解放事业。

第二，工人阶级的先进性和领导权要通过共产党实现。工人阶级的自觉利益的表达必须通过共产党，工人阶级领导的现实途径就是坚持党的领导，这是人民当家做主的现实形式。中国共产党与西方政党不同，她不仅是执政党，同时还是最重要的社会组织。从形式来看，中国共产党是精英的，实质上是大众的。因此，党的建设尤为重要。关于工人阶级政党建设，马克思主义提供了两条宝贵的理论支撑：其一，改造客观世界的同时改造主观世界，在马克思看来，"革命之所以必需，不仅是因为没有任何其他的办法能够推翻**统治**阶级，而且还因为**推翻**统治阶级的那个阶级，只有在革命中才能抛掉自己身上的一切陈旧的肮脏东西，才能成为社会的新基础"①。在改造客观世界的同时改造主观世界，因此成为工人阶级及其政党的基本遵循。中国共产党自我改造、自我革命的力量远高于儒家。儒家讲修身养性，讲齐家治国平天下，但其道德修养、思想改造是从道德教条出发；中国共产党的自我改造、自我革命源于自身所承担的伟大而艰巨的事业、所担负的人民的重托。时代是出卷人，中国共产党是答卷人，人民是阅卷人，这种最严厉的检验逼迫中国共产党必须不断自我革新，必须全面从严治党，必须让全面从严治党永远在路上。其二，理论联系实际，坚持和发展马克思主义。真正的马克思主义信仰者具有对待马克思主义的科学态度，即坚信马克思主义的基本原理是正确的，没有过时；坚信马克思主义要随着实践、时代、科学的发展而发展。这种科学态度，是马克思主义政党保持纯洁性、先进性的理论源泉，确保了它在风云变幻、道路曲折的革命实践中永立时代的潮头。

第三，人民的历史主体地位包含了历史伟人的作用。从历史唯物主义观点看，一般地说，任何历史伟人都不是自我的代表，而是无论其自觉与否，都是具体时代和社会需要的代表。正如普列汉诺夫指出的，"一个伟大人物之所以伟大，并不因为他的个人特点使各个伟大历史事变具有其个别的外貌，而是因为他自己所具备的特性使他自己最能致力于当时在一般

---

①　马克思，恩格斯. 马克思恩格斯选集：第 1 卷. 2 版. 北京：人民出版社，1995：91.

和特殊原因影响下所发生的伟大社会需要"①。特殊地说，以往的历史伟人只是不自觉地充当了时代的代言人，而且往往以救世主自居，君临天下；而工人阶级伟大领袖则自觉与阶级、人民、民族融为一体，成为忠诚的人民公仆和忠实的人民代言人，两者不可同日而语。实际上，阶级、人民、政党和领袖共同构成了自觉创造历史的人民主体。其中，党的领导是人民主体自觉创造历史的灵魂，她代表了最大多数人的根本利益，但又不迁就多数人一时的自发情绪；她体现了历史前进的方向和趋势，但又不是高高在上、强加于群众的神旨、圣旨。只有通过民主集中制，使人民、阶级、政党和领袖的有机统一，从理论设计变成现实运作，人民群众作为一个有机的历史主体才得以形成，党和人民共同创造的历史活动才得以实现。只有从这一历史定位出发，才能真正打破自由个人主义制造的，关于个人自由与维护权威不可调和的虚假命题。

第二节　恩格斯：马克思哲学守正创新第一人

以马克思的名字命名的理论和哲学世界观，是迄今人类思想史上最伟大的创造和最辉煌的日出。恩格斯作为马克思的最亲密战友，也是这一理论创造的当之无愧的缔造者。虽然恩格斯曾郑重说明，不要把他的名字与马克思平列加进这一理论，因为这不是谦虚，而是事实。"我不能否认，我和马克思共同工作40年，在这以前和这个期间，我在一定程度上独立地参加了这一理论的创立，特别是对这一理论的阐发。但是，绝大部分基本指导思想（特别是在经济和历史领域内），尤其是对这些指导思想的最后的明确的表述，都是属于马克思的。我所提供的，马克思没有我也能够做到，至多有几个专门的领域除外。至于马克思所做到的，我却做不到。马克思比我们大家都站得高些，看得远些，观察得多些和快些。马克思是天才，我们至多是能手。没有马克思，我们的理论远不会

---

① 普列汉诺夫. 普列汉诺夫哲学著作选集：第2卷. 北京：生活·读书·新知三联书店，1961：373.

是现在这个样子。所以，这个理论用他的名字命名是理所当然的。"① 但是，这并不妨碍恩格斯对马克思主义理论做出独特的开创性贡献这一事实，更不应成为制造马克思与恩格斯二人"对立"的借口。有必要阐明恩格斯不仅是马克思实现伟大哲学变革的重要合作者，而且是马克思生前及其逝世后的十二年，对这一新哲学世界观坚持和发展的当之无愧的第一人。重要的是，他开创了马克思主义哲学创新发展的正确方向，即守正创新。

鉴于西方意识形态在苏联解体、东欧剧变以来制造了"恩格斯反对马克思"的诸多神话，尤其是制造恩格斯的自然辩证法和马克思的唯物史观的对立，有必要重申列宁对马克思与恩格斯关系评价的基本原则：其一，他们共同创立并始终坚持辩证唯物主义一元论世界观——用物质运动规律揭示自然和社会全部现象的客观基础。"他们面向实际生活之后看到，不能用精神的发展来解释自然界的发展，恰恰相反，要从自然界，从物质中找到对精神的解释……与黑格尔和其他黑格尔主义者相反，马克思和恩格斯是唯物主义者。他们用唯物主义观点观察世界和人类，看出一切自然现象都有物质原因作基础，同样，人类社会的发展也是受物质力量即生产力的发展所制约的。"② 其二，他们共同投身工人阶级解放事业并始终是坚定的工人阶级革命导师——科学阐明工人阶级的阶级要求和历史使命。"他们教会了工人阶级自我认识和自我意识，用科学代替了幻想。"③ 其三，他们始终是配合默契、分工合理的伟大战友——在共同理论创新的合作中，马克思侧重理论攻关，恩格斯侧重理论武装。"马克思致力于分析资本主义经济的复杂现象。恩格斯则在笔调明快、往往是论战性的著作中，根据马克思的唯物主义历史观和经济理论，阐明最一般的科学问题，以及过去和现在的各种现象。"④ 下面，我们将循着上述评价原则，考察恩格斯对于马克思哲学的守正创新。

---

① 马克思，恩格斯. 马克思恩格斯选集：第4卷. 2版. 北京：人民出版社，1995：242 注 1.
② 列宁. 列宁专题文集：论马克思主义. 北京：人民出版社，2009：54.
③ 同②53.
④ 同②57.

一、打通认识论和本体论，破解"自在之物"之谜：对马克思创立的哲学世界观进行科学的概括，奠基自然辩证法，确立物质本体

按照现在的流行观点，西方哲学经历了本体论哲学、认识论哲学和生存论哲学的所谓三次重大"转向"，而其中起开拓性作用的哲学家就是康德。据说康德不仅终结了传统形而上本体论哲学，直接推动了近代哲学的认识论转向，而且开创了以人的自由意志（实践理性）为本体的主体性哲学，为当代生存论哲学转向奠定了基础。也就是说，康德关于"我能知道什么"的发问，终结了本体论哲学，开创了认识论哲学的传统。但是，我们必须指出，把认识论和本体论割裂开来、对立起来，这是从康德向右转。要害是否定其"自在之物"的唯物主义倾向、倒向完全的主观唯心主义的新康德主义传统。这一传统后来被马克斯·韦伯的价值哲学、伯恩施坦的伦理社会主义、西方马克思主义及海德格尔的实践哲学、尼采及后形而上学哲学等所承传，成为当代西方的主流哲学形态，但这并不代表对康德哲学的真正承传。

这种从康德哲学向右转的思潮，丢弃了康德哲学的精华，放大了康德哲学的缺陷，实质上是哲学思想史上的倒退。第一，康德虽然没能论证"自在之物"，但也没有否定"自在之物"，而其提出自然界的自我运动和辩证发展的假说，则为自然辩证法开辟了道路。"自在之物"是世界物质统一性的基石，唯心主义必欲除之而后快。康德不仅没有回避"自在之物"的存在问题，而且对自然界的自我运动和辩证发展问题提出了科学假说。对此，恩格斯给予高度的评价，认为在对自然界的认识上"黑格尔远远落后康德"，原因就在于康德把天体的形成和毁灭的根基都归结于自然界自身的运动。"康德的星云说已经宣布了太阳系的起源，而他关于潮汐延缓地球自转的发现也已经宣布了太阳系的毁灭。"因此，可以从康德出发提出自然辩证法的时代之问。"对我来说，事情不在于把辩证法规律硬塞进自然界，而在于从自然界中找出这些规律并从自然界出发加以阐发。"① 这对于许多打着康德旗号的人来说是个莫大的讽刺，也是他们所极

---

① 马克思，恩格斯. 马克思恩格斯文集：第 9 卷. 北京：人民出版社，2009：15.

其不愿意承认的，即康德自然哲学是恩格斯自然辩证法的理论来源之一。

第二，康德既然没有否定"自在之物"，当然也就没有否定世界的统一性和理性的普遍性。他虽然受到休谟怀疑论的启发，但并没有陷入怀疑论，没有丧失对于人类理性的信念。休谟从怀疑主义立场对传统理性主义的僵硬思想的批判，唤醒了康德，但没有动摇康德对理性的坚定信念。只是促使他通过限定理论理性的无限使用，肯定实践理性的运用，进而创立新的哲学原则说明科学知识的普遍必然性，重新确立理性的权威。康德自己就"坦率地承认，就是休谟的提示在多年以前首先打破了我教条主义的迷梦，并且在我对思辨哲学的研究上给我指出来一个完全不同的方向。我根本不赞成他的结论"①。不赞同休谟的结论，就是不接受他用观念的异质性和丰富性否定理性的普遍性，向非理性主义打开大门。德国古典哲学的辩证法传统就是把异质性内化在存在中，即对立统一，使存在由"既有"成为"过程"，理性从"构成"变为"历史进化"。康德没有丢掉这一传统。而把康德蓄意打扮成让人类从"宇宙整体"的"先验理性"中解放出来，否定人类理性能够把握完整世界的"后形而上学"形象，把碎片化、多元论和相对性当作世界的终极存在，并没有真正的依据。

对于理性的辩证思考使康德得出了对理性的独特解释：理性内在地具有理论理性、实践理性和审美理性这三个不同的方面。理性作为人的高级认识能力，它的职能和领域并不限于认知，理性不仅为认知立法，而且为道德、审美立法。理性活动的领域有三分天下：一为感性世界，一为理性世界，一为情感世界。知识、情感、意志都包括在理性自身之中，但各自所属的对象领域不同，它们分别是科学知识的对象、道德信仰的对象以及审美情感的对象。知识的对象和信仰的对象并非与人的理性外在地对立，而是内在地统一于理性，分别被理性的不同方面内在化了。因此，理性不只是一种认知能力，也是一种意志能力和情感能力。但理性无论作为认知能力、意志能力还是情感能力，都是自主的，它以先天的真、善、美等内在方式支配着人们的思维和行动。可以看到，一方面康德不仅仅是扩大了理性的范围，更重要的是对理性的把握实现了从静态的、既有的、知识化

---

① 康德. 未来形而上学导论. 北京：商务印书馆，1982：9.

的表达，转向了动态的、生成的、生活化的表达，从构成理性转向了辩证理性。知、情、意不仅构成了理性的不同领域，而且构成了理性内在的异质性规定，从而构成了矛盾。但是另一方面，康德并没有真正解决辩证理性的统一性问题，科学知识和道德信仰分别属于此岸和彼岸世界，理论理性和实践理性存在着不可逾越的鸿沟，实际上割裂了认识论和实践，使得康德的"自在之物"变得不可捉摸，也为制造所谓理论哲学和实践哲学的对立，否定"自在之物"和一元论世界观的企图预留了空间。

所以，问题不在于区分理论理性和实践理性，更不在于"限制知识，为信仰留下地盘"，而在于把科学的唯物主义原则贯彻到底，以客观真理的透彻性统一真、善、美。这就必须把唯物论提升到辩证法这一"最完备最深刻最无片面性的关于发展的学说"的高度，形成辩证唯物主义。恩格斯在这方面的独特贡献有：

第一，打破自然界不同质的存在类别之间的僵硬界限，确立了整体上有规律运动变化的新自然观，从而奠定了唯物主义一元论世界观的基础。恩格斯依据当时最新的科学研究成果，彻底打破了长期以来认为只有空间变化、没有时间发展，无机界、有机界、生物界之间存在着不可逾越的固定界限的旧自然观。通过确立自然界的每一种物质存在都是源自内在矛盾的一种运动形式，各种一定形式之间存在着相互转化、循环发展的关系，确立了破除有机界与无机界、生物界与非生物界、自然界与人类社会间鸿沟的新自然观，从而解决了"物质是如何自我运动"以及世界的物质性统一这一唯物主义哲学世界观的根本问题。"新的自然观就其基本点来说已经完备：一切僵硬的东西溶解了，一切固定的东西消散了，一切被当做永恒存在的特殊的东西变成了转瞬即逝的东西，整个自然界被证明是在永恒的流动和循环中运动着。"①

新自然观的形成，打破了现象和本体外在对立的无穷怪圈，奠定了"自在之物"可知性的根据。旧自然观所追求的"终极存在"，是作为万事万物本源的实体，这是永远无法企及的深藏于现象背后的本体。这正是认为"自在之物"不可知的理由。但是，新自然观通过"相互作用"的矛盾

---

① 马克思，恩格斯. 马克思恩格斯文集：第9卷. 北京：人民出版社，2009：418.

运动，消除了现象和本体的界限，确立了认识"物自体"的科学方式。"自然科学证实了黑格尔曾经说过的话（在什么地方？）：相互作用是事物的真正的终极原因。我们不能比对这种相互作用的认识追溯得更远了，因为在这之后没有什么要认识的东西了。我们认识了物质的运动形式（由于自然科学存在的时间并不长，我们在这方面的认识的确还有很多缺陷），也就认识了物质本身，因而我们的认识就完备了。"① 辩证唯物论的新自然观的确立，奠定了马克思新唯物主义的客观基础。

第二，坚持唯物主义认识论的反映论，解决认识（思维）规律和自然规律的同一性问题，跨越认识论和本体论的鸿沟。康德之所以强调"自在之物"是个悬而未决的问题，就在于他把认识论局限在主观思维范围之内，在主观认识与物质本体间划出了一道鸿沟。正如黑格尔指出的，"近代唯心主义〈即康德和费希特〉不允许自己把认识看做关于自在之物的知识"②，但由于黑格尔承认的"自在之物"不过是精神本体的异化，所以并没有真正提出和解决思维和存在的同一性问题。

恩格斯从唯物主义哲学立场出发，提出了思维和存在、思维规律和自然规律的关系问题，对黑格尔的"思维存在同一"进行了唯物主义的颠倒。恩格斯引述最新自然科学成果反复论证，科学的真理性认识与其所认识的对象（即"物"）之间只具有形式上的区别，而不具有本质上的区别。因此，现象和本体、认识规律和自然规律之间不存在不可逾越的鸿沟。列宁充分肯定了恩格斯下述思想的贡献："在《路德维希·费尔巴哈》里，我们同样可以读到：'外部世界和人类思维的运动的一般规律在本质上是同一的，但是在表现上是不同的，这是因为人的头脑可以自觉地应用这些规律，而在自然界中这些规律是不自觉地、以外部必然性的形式、在无穷无尽的表面的偶然性中为自己开辟道路的，而且到现在为止在人类历史上多半也是如此。'"③ 可见，理性自由既不是既有的，也不是自我封闭的演进，而是对客观规律的认识和利用。从必然王国到自由王国，由自在之物

① 马克思，恩格斯. 马克思恩格斯选集：第4卷. 2版. 北京：人民出版社，1995：328.
② 恩格斯注明："参看《全书》第1部第252页。"即黑格尔《哲学全书纲要》第1部（即《小逻辑》）第124节说明和附释。
③ 列宁. 列宁选集：第2卷. 3版. 北京：人民出版社，1995：118.

转化为为我之物，这就是认识论、本体论相统一的方式。

第三，把实践引进认识论，破解"自在之物"之谜：实践的"唯物主义转向"和"自在之物向为我之物转化"。要破解"自在之物"之谜，必须在自发运动变化的自然界和自觉的精神逻辑间建立联系的纽带，实践当仁不让。但是，实践在近代唯心主义的形式中不能当此大任，因为它只是主体的意志性活动，不能通向"自在之物"。要突破主观意志论的实践，确立客观物质活动的实践观，实践必须完成"唯物主义转向"。这就是说，实践不是主体的单纯"外化"活动，客体不是主体单纯的自我实现，从根本上说，实践是在对外部自然界的科学认识基础上展开的物质相互作用的活动。恩格斯对实践进行唯物主义定位的关键一招就是将其从本体论转向认识论，使其从主体性范畴变为连接主体和外部世界的中介。这种实践观的前提是世界的物质统一性和辩证统一的能动反映论，因而能够跨越康德的认识论和本体论鸿沟。恩格斯把实践定格在实验和工业这类唯心主义实践观从未关注过的活动上，奠定了辩证唯物主义认识论的客观依据。"对这些以及其他一切哲学上的怪论的最令人信服的驳斥是实践，即实验和工业。既然我们自己能够制造出某一自然过程，按照它的条件把它生产出来，并使它为我们的目的服务，从而证明我们对这一过程的理解是正确的，那么康德的不可捉摸的'自在之物'就完结了。"①

恩格斯从唯物主义反映论方面揭示实践的科学内涵具有重大理论意义。这表明，实践范畴不能成为本体论，它总是以一定的世界观、认识论为前提的。把实践和认识论割裂的哲学必定试图淡化以致否定唯物论和唯心论的对立，以实践为本体的哲学必定是唯心主义哲学。如果说，恩格斯针对当时康德承认"自在之物"但认为其不可知，关注的重点是推倒"不可知论"，因而突出实践的认识论功能的话，那么列宁则针对 20 世纪初"去唯物论"的主要倾向，关注实践对于论证物质本体论的作用，突出强调实践是"自在之物"转化为"为我之物"的活动，辩证法的认识对象是"自在之物本身"。"千百万个类似在煤焦油中发现茜素那样简单的例子，千百万次从科学技术史中以及从所有人和每个人的日常生活中得来的观

---

① 马克思，恩格斯. 马克思恩格斯文集：第 4 卷. 北京：人民出版社，2009：279.

察，都在向人表明'自在之物'转化为'为我之物'。"① "考察的**客观性**（不是实例，不是枝节之论，而是自在之物本身）。"②

对实践进行辩证唯物主义认识论的科学定位，破解康德的"自在之物"之谜，打破哲学认识论和本体论的僵硬对立，确立以自然辩证法为特征的新自然观，奠定辩证唯物主义一元论世界观的根基，是恩格斯对于马克思主义哲学的重大贡献，也是他对于马克思哲学变革成果的丰富和发展。这一重大贡献使得逻辑、辩证法和认识论在唯物主义基础上的统一成为现实。列宁所指出的马克思在《资本论》中留下的大写逻辑的研究课题，恩格斯进行了成功的破题。"虽说马克思没有遗留下'**逻辑**'（大写字母的），但他遗留下《资本论》的**逻辑**，应当充分地利用这种逻辑来解决这一问题。在《资本论》中，唯物主义的逻辑、辩证法和认识论［不必要三个词：它们是同一个东西］都应用于一门科学，这种唯物主义从黑格尔那里吸取了全部有价值的东西并发展了这些有价值的东西。"③

二、打通思想史的古今，提出"哲学的基本问题"：对哲学思想史进行科学总结，为正确认识哲学史和开展哲学斗争提供科学依据

哲学史、思想史从来是众说纷纭、见仁见智，原因就在于没有统一的世界观、历史观和方法论。恩格斯正是在奠立了辩证唯物主义一元论世界观的基础上，首次概括提炼出了哲学的基本问题。他指出，"全部哲学，特别是近代哲学的重大的基本问题，是思维和存在的关系问题"④。思维对存在、精神对自然的关系问题之所以是哲学的重大基本问题，就在于这是全部哲学都无法真正回避的首要问题，对这个问题的回答决定了其他所有哲学问题的答案；全部哲学家依对这一问题的回答分成了两大阵营，即唯物主义和唯心主义。虽然哲学的复杂性使得上述标准有时不是那么准确，例如对怀疑论、多元论的判别。恩格斯甚至为此提出了哲学基本问题的第

① 列宁. 列宁专题文集：论辩证唯物主义和历史唯物主义. 北京：人民出版社，2009：24.
② 列宁. 列宁选集：第2卷. 3版. 北京：人民出版社，1995：411.
③ 列宁. 列宁全集：第55卷. 2版. 北京：人民出版社，1990：290.
④ 马克思，恩格斯. 马克思恩格斯选集：第4卷. 2版. 北京：人民出版社，1995：223.

二方面，即思想能否认识世界、亦即思维和存在的同一性问题。绝大多数哲学家（包括唯物主义和唯心主义一元论）给出了肯定的答案，但折中主义、怀疑论、二元论等则陷入了不可知论。需要说明的是，尽管有些二元论哲学家在哲学的发展上起过很重要的作用，但他们毕竟不能作为独立的哲学派别。从他们出发，总有一个向左（唯物主义一元论）或向右（唯心主义一元论）的转向问题，总体上不影响唯物论和唯心论的两军对垒。用多元哲学掩盖和否定唯物论和唯心论的划分，客观上起到了干扰科学认识世界的负面作用；而近年来出现的试图以其他标准（例如区分"实践哲学"和"理论哲学"）取代唯物论和唯心论的划分标准，则更是有百害而无一利。

哲学基本问题包括三个相互联系的层面：世界的物质统一性，物质世界的可知性和尊重客观实际、遵循客观规律、一切从实际出发。从世界的本原上说，不存在多元论，要么统一于物质世界，要么统一于精神世界；如果世界归根到底是物质世界，那么它从根本上就是可知的，不存在神秘的"灵异世界"；如果世界归根到底是独立于精神的客观物质世界，那么认识客观世界、遵循客观规律、探索客观真理就是人类在世界上生存和发展的第一要义，也是人类历史活动能动性的最高表现。可见，哲学基本问题不仅是我们考察哲学史和辨析哲学思潮的基本坐标，也是我们把握马克思主义哲学的基本遵循。

什么是唯物主义哲学？马克思主义哲学为什么归属于这一哲学阵营？必须指出，唯物主义哲学决不是讲究物质享受的物欲主义或享乐主义。作为人类思想史上最重要的哲学派别，不管这些哲学家主观上是否自觉意识到，只要承认外部自然界的优先地位，承认和追求客观真理，坚持探寻世界的真实存在、历史的真实面貌、事实的客观真相，就属于唯物主义哲学阵营。正因为如此，与自然科学和人类知识走向相一致、与社会生活和人类历史趋势相一致、与人的发展和人类文明进步相一致，是马克思主义哲学的基本属性，也是唯物主义哲学的基本追求。

正因为如此，以哲学基本问题划分哲学史上的两大阵营，不仅为我们厘清了纷繁复杂的人类思想史，而且为我们提供了辨别哲学家和哲学流派思想成就的最高衡量标准。常常有人提出，唯心主义哲学家也有许多思想成就，不能简单地认为唯物主义哲学就高于唯心主义哲学。此话不假，但唯心主义哲学的最高思想成就，恰恰不是因为否定和批驳唯物主义哲学，发展唯心论观点，而是向唯物主义靠拢，包含着唯物主义内容的思想观点。马克思与恩格斯高度评价德国古典哲学，尤其是以黑格尔为代表的古典辩证法，就因为它展现的不是概念逻辑自我演进的玄妙或词语游戏的魅力，而是唯物主义真理的力量。

恩格斯以哲学基本问题为出发点，对以黑格尔为代表的德国古典哲学成就做了全面的科学评价。第一，德国古典哲学取得历史性突破，原因在于直面自然科学和工业迅猛进步，表现在于不断加进唯物主义的内容。从世界观和方法论上突破欧洲中世纪以来占主导地位的"神创论"，贯彻自然界自己运动的唯物辩证思维，是康德创立"星云说"的原因。这一成果不仅动摇了"神创论"，也动摇了自然界没有运动变化历史的唯心主义观点。"康德关于所有现在的天体都从旋转的星云团产生的学说，是从哥白尼以来天文学取得的最大进步。认为自然界在时间上没有任何历史的那种观念，第一次被动摇了。"[①] 自然界也被承认是历史发展的过程了，这是个了不起的思想飞跃。

黑格尔的表现更为突出。他以唯心主义的颠倒方式，提出了世界的辩证统一和人类历史的发展规律问题，贡献了许多具有历史唯物主义萌芽的思想观点。对此，恩格斯做了以下的概括："唯心主义体系也越来越加进了唯物主义的内容，力图用泛神论来调和精神和物质的对立；因此，归根到底，黑格尔的体系只是一种就方法和内容来说唯心主义地倒置过来的唯物主义。"[②] 恩格斯在这里澄清了笼罩在德国古典哲学上的各种迷误，阐明了对其进行正确解读的思想原则。

第二，德国古典哲学的生命力，就在于提出并不断探索世界发展的普遍联系和客观规律，体现了推进人类进步的理论勇气。把事实上升为规律，是科学的任务。作为人类最高思维形式的哲学，最高追求就是揭示世界的普遍联系和变化发展规律。同样需要艰苦攀登，但哲学探索规律还需要有克服一己私利的勇气。德国古典哲学之所以能够对历史规律做出可贵

---

① 马克思，恩格斯. 马克思恩格斯文集：第9卷. 北京：人民出版社，2009：61.
② 马克思，恩格斯. 马克思恩格斯文集：第4卷. 北京：人民出版社，2009：280.

的探索，就在于它们认同历史的进步性，并为之而奋斗。恩格斯正是从这一高度评价了黑格尔的贡献："黑格尔第一次——这是他的伟大功绩——把整个自然的、历史的和精神的世界描写为一个过程，即把它描写为处在不断的运动、变化、转变和发展中，并企图揭示这种运动和发展的内在联系"，"而思维的任务现在就是要透过一切迷乱现象探索这一过程的逐步发展的阶段，并且透过一切表面的偶然性揭示这一过程的内在规律性"①。可以说，这是人类思想史上第一个以唯心主义颠倒方式呈现的完整世界观，也是马克思主义世界观诞生的重要理论来源。

传统的哲学观念除了认为自然界无历史外，再就是人类历史无规律。德国古典哲学的重大贡献就在于提出了人类社会发展的历史规律及其可知性问题。正如恩格斯指出的，尽管黑格尔并没有解决这个问题，但他的划时代贡献是提出了这个问题。他用"时代精神"表征历史规律，而通过"历史伟人"间接论证了人类认识历史规律的可能性。他在《历史哲学》中写道："我们应当把世界历史人物——一个时代的英雄——认做是这个时代眼光犀利的人物；他们的行动、他们的言词都是这个时代最卓越的行动、言词。"② 他在《法哲学原理》中写道："谁道出了他那个时代的意志，把它告诉他那个时代并使之实现，他就是那个时代的伟大人物。他所做的是时代的内心东西和本质，他使时代现实化。"③ 这个认识是深刻的。人类创造历史的最大自觉，就是通过把握时代精神，实现时代意志的追求，而这离不开历史的伟人。但是，由于他的唯心主义思想体系的束缚，使得其追求的历史规律和进步趋势，包括人的自由和解放，都局限在思想意识的范围内，没有实在的发展成果。而对于时代精神、历史伟人的天才论断，也因缺乏科学的界定，仍然驻足于历史偶然性的谜团。

第三，对于历史客观规律做出了许多天才的猜测，为唯物史观的形成提供了丰富的思想资源。黑格尔以辩证思维的透彻性，通过对世界作为"过程集合体"矛盾运动的把握，挣脱了历史偶然性的摆布，确立了历史

---

① 马克思，恩格斯. 马克思恩格斯文集：第9卷. 北京：人民出版社，2009：26，27.
② 黑格尔. 历史哲学. 上海：上海书店出版社，2001：30.
③ 黑格尔. 法哲学原理. 北京：商务印书馆，1961：334.

必然性思想，奠定了历史规律的基础。"一个伟大的基本思想，即认为世界不是既成**事物**的集合体，而是**过程**的集合体，其中各个似乎稳定的事物同它们在我们头脑中的思想映象即概念一样都处在生成和灭亡的不断变化中，在这种变化中，尽管有种种表面的偶然性，尽管有种种暂时的倒退，前进的发展终究会实现——这个伟大的基本思想，特别是从黑格尔以来，已经成了一般人的意识，以致它在这种一般形式中未必会遭到反对了。"①

黑格尔还突破了西方社会的个人主义传统，猜测到认识世界历史规律的主体不能是孤立的个人，必定是现实的人类，因而创立了"绝对精神"这样艰涩的唯心主义话语以求超越哲学史上"实体"和"自我意识"的传统对立。马克思与恩格斯在《神圣家族》中对黑格尔做出了这样的解读："**在黑格尔的体系中有三个要素：斯宾诺莎的实体，费希特的自我意识**以及前两个要素在黑格尔那里的必然充满矛盾的**统一，即绝对精神**。第一个要素是形而上学地改了装的、同人**分离**的**自然**。第二个要素是形而上学地改了装的、同自然分离的精神。第三个要素是形而上学地改了装的以上两个要素的**统一，即现实的人**和现实的**人类**。"② 向"现实的人类"这一历史主体靠拢，就是向历史唯物主义的出发点靠拢。

以往的思想家总是借口人的历史活动总是有目的的活动，因而必然是主观活动。黑格尔对唯物史观的又一重大贡献是提出了人类历史活动动机的客观性问题。他提出，人因自己的工具而具有支配外部自然界的力量，然而就自己的目的来说，他却服从自然界。列宁对此的评价是："**历史唯物主义，是在黑格尔那里处在萌芽状态的天才思想——种子——的一种应用和发展**。"列宁将这一思想进行了准确的表述："事实上，人的目的是客观世界所产生的，是以它为前提的，——认定它是现存的、实有的。"③ 人类历史活动的动机绝非主观性天下，而是建立在客观目的上的主观能动性，可以科学地加以考察，这就清除了唯心史观的又一避难所。

今天，否定恩格斯关于哲学基本问题论断的倾向十分突出。有的根本

①　马克思，恩格斯. 马克思恩格斯文集：第4卷. 北京：人民出版社，2009：298-299.
②　马克思，恩格斯. 马克思恩格斯文集：第1卷. 北京：人民出版社，2009：341-342.
③　列宁. 列宁全集：第55卷. 2版. 北京：人民出版社，1990：160，159.

否定哲学基本问题的存在，认为一百个哲学家就有一百个"哲学基本问题"。但最为常见的说辞是把恩格斯概括出的哲学基本问题归结为传统哲学的基本问题，而不是现代哲学（以及马克思哲学）的基本问题，并以此制造马克思和恩格斯的所谓"对立"。"马克思生成和创造了一种全新的话语框架，这种全新的话语框架，是以'实践哲学'为本性、以关注现代社会人的现实生存状态及其自由解放为价值取向、以批判和改变与人的自由和全面发展不相容的'旧世界'并推动创造一个未来的新社会为旨趣的。它表明，马克思哲学所关注的基本问题与包括近代哲学在内的传统哲学所关注的基本问题相比，呈现出重大的变化。"① 这就以一种尖锐的方式迫使我们面对：为什么要把坚持辩证唯物主义世界观和方法论同现代社会的人类解放对立起来？所谓的"实践哲学"能够超越唯物论和唯心论的划分吗？改造旧世界、创建新世界要不要以"科学认识世界"为前提？社会主义是靠科学理论引领革命实践，还是靠自由一类的价值引领革命实践？用模糊的方式把马克思哲学纳入"实践哲学"，否定哲学的基本问题，除了制造混乱还有什么？

科学的一元论世界观决定了党的指导思想的一元论。坚持辩证唯物主义世界观和方法论，才有坚持工人阶级及其政党领导地位的理论底气，才有坚持实事求是思想路线的世界观根据。正如邓小平指出的："搞社会主义一定要遵循马克思主义的辩证唯物主义和历史唯物主义，也就是毛泽东同志概括的实事求是，或者说一切从实际出发。"② 辩证唯物主义和实事求是的同一性表明，以所谓"实践"的名义打着实事求是的旗号拒斥辩证唯物主义，是假实事求是，是根本违背实事求是的唯心主义劣质品。

三、打通德国古典哲学和马克思哲学，科学阐明马克思哲学变革的实质和意义：从德国古典哲学右转使现代西方哲学走入绝境，马克思主义是德国古典哲学的合理继承者

哲学史表明，对理性的反思，总是沿着两个相反的方向展开：一个是

---

① 贺来. 重新反思"哲学基本问题". 北京大学学报（哲学社会科学版），2014，51（1）.
② 邓小平. 邓小平文选：第3卷. 北京：人民出版社，1993：118.

消解唯物论，将理性限制在个人自身，否定彻底认识世界的可能性，通过怀疑论、多元论、相对论而最终陷入神秘主义、历史乃至文化虚无主义。它体现了西方主流意识形态的思想轨迹，表现了资产阶级世界观与其制度一样趋向日暮途穷。另一个是恩格斯指明的出路，即把理性主义引导到唯物辩证法方向，合理解决感性与理性、自由与必然、存在与本质等矛盾关系，为人类认识、解释和改变世界提供一个整体性世界观和方法论。沿后一方向展开就是从德国古典哲学开始，至马克思哲学变革基本实现的过程。这是德国古典哲学终成正果的唯一出路。

当我们沿着 18 世纪以来人文主义的传统，按着卢梭—康德（耶可比）—费希特—黑格尔—费尔巴哈—马克思的顺序考察意识形态的学说的发展时，我们看到，德国古典哲学是法国革命的哲学版，在思想上直接与启蒙思想相联系，其要解决的正是 18 世纪遗留的历史课题。"18 世纪没有解决巨大的对立，即实体和主体、自然和精神、必然性和自由的对立，这种对立是历史一开始就予以关注的，它的发展寓于历史之中；但是，18 世纪使对立的双方完全截然相反并充分发展，从而使消灭这种对立成为必不可免的事。"[1]

这一历史性课题在黑格尔那里以"头足倒立"的方式解决了。他之所以能够如此，完全依靠了辩证法。"这种辩证哲学推翻了一切关于最终的绝对真理和与之相应的绝对的人类状态的观念。在它面前，不存在任何最终的东西、绝对的东西、神圣的东西；它指出所有一切事物的暂时性；在它面前，除了生成和灭亡的不断过程、无止境地由低级上升到高级的不断过程，什么都不存在。"[2] 看似僵硬的外在对立，经过一系列的矛盾转化都成为事物发展的内在环节。绝对的界限消失了，历史过程及其规律成为哲学唯一需要关注的对象。

但是黑格尔的辩证法实质上是违背辩证法本性的唯心主义，"在黑格尔的辩证法中，正像在他的体系的所有其他分支中一样，一切真实的联系都是颠倒着的"，需要清洗、拯救。马克思为此而提出，"必须把它倒过

---

① 马克思，恩格斯. 马克思恩格斯选集：第 1 卷. 2 版. 北京：人民出版社，1995：19.
② 马克思，恩格斯. 马克思恩格斯文集：第 4 卷. 北京：人民出版社，2009：270.

来，以便发现神秘外壳中的合理内核"①。事实上正如恩格斯所说，"马克思和我，可以说是把自觉的辩证法从德国唯心主义哲学中拯救出来并用于唯物主义的自然观和历史观的唯一的人"②。在马克思看来，辩证法本来是把握世界的终极存在及其历史变化趋势的唯一科学方法，所以必须对黑格尔辩证法进行唯物主义的"再颠倒"。由于黑格尔辩证法的实质是借助历史辩证法用观念再造现实，而观念本身所具有的自明性、目的预设和自我封闭，决定了要把其"倒过来"，就不是如同费尔巴哈所想象的那样，简单地运用经验主义的"主宾原则"更换主体便能奏效。这一历程是极其艰难曲折的，展示了马克思所实现的伟大哲学变革的基本轨迹。

恩格斯对这一复杂思想历程做了至今无人能够超越的科学阐发，其基本思想可以概括如下：

第一，对黑格尔辩证法的唯物主义颠倒，本质上是意识形态批判。恩格斯指出："在黑格尔那里，只是概念的自己运动的翻版，而这种概念的自己运动是从来就有的（不知在什么地方），但无论如何是不依任何能思维的人脑为转移的。这种意识形态上的颠倒是应该消除的。"③ 消除意识形态的颠倒需要借助意识形态批判，马克思与恩格斯合写的、标志马克思哲学变革完成的著作名为《德意志意识形态》，绝非偶然。

"马克思的意识形态批判"包括三个相互联系又内在统一的完整命题：其一，"马克思的意识形态批判"是新世界观创立的必由之路，因为资本主义在其发展过程中造成的最大悖论，就是在促成人的解放的同时造成了人的物化，在促成人的独立的同时造成了人的孤立，"原子化""碎片化"成为现存社会的基础。因此，认识资本主义社会的真实，靠旧唯物主义经验式的感性还原，即回归感性个人行不通，而只能通过世界观的整体变革之路，从对黑格尔辩证法的唯物主义颠倒入手。其二，"马克思的意识形态批判"包含德意志意识形态批判（狭义批判）、现代（资产阶级国家）意识形态批判（广义批判）和商品拜物教批判（引申批判）三个相互联

① 马克思，恩格斯. 马克思恩格斯选集：第4卷. 2版. 北京：人民出版社，1995：289.
② 马克思，恩格斯. 马克思恩格斯选集：第3卷. 2版. 北京：人民出版社，1995：349.
③ 马克思，恩格斯. 马克思恩格斯文集：第4卷. 北京：人民出版社，2009：298.

系、又相互区别的环节。这表明这种批判没有局限于当时德国的历史发展，而是达到了现代社会的世界历史高度。其三，"马克思的意识形态批判"产生了以唯物辩证法、历史辩证法为标志的新型世界观，实现了认识论、逻辑和辩证法的统一，以及自我意识、阶级意识和人类意识的统一。它不但根本区别于自我封闭的传统"体系"哲学，也根本区别于西方现当代形形色色的"个体"哲学。

第二，对黑格尔辩证法的唯物主义颠倒，费尔巴哈是不可或缺的"中间环节"。恩格斯对于费尔巴哈的作用有个具有高度概括性的判断，即"他在好些方面是黑格尔哲学和我们的观点之间的中间环节"①。正如列宁指出的那样："马克思和恩格斯的学说是从费尔巴哈那里产生出来的，是在与庸才们的斗争中发展起来的。"新唯物主义是马克思哲学变革的实质。列宁指出："从1844—1845年马克思的观点形成时起，他就是一个唯物主义者，首先是路·费尔巴哈的信奉者，就是到后来他还认为，费尔巴哈的弱点仅仅在于他的唯物主义不够彻底和全面。马克思认为费尔巴哈的'划时代的'世界历史作用，就在于他坚决同黑格尔的唯心主义决裂，宣扬了唯物主义。"费尔巴哈表明，实现唯物主义转向，是德国古典哲学的唯一出路。

马克思与恩格斯认为费尔巴哈对唯物主义哲学的贡献主要在以下三点：其一，在新的思想高度上恢复了唯物主义和自然界的权威。费尔巴哈克服了近代以来唯物主义忽视人的倾向，把人和自然、人和人的统一作为世界本体。这样，"它直截了当地使唯物主义重新登上王座，这就一下子消除了这个矛盾。自然界是不依赖任何哲学而存在的；它是我们人类（本身就是自然界的产物）赖以生长的基础；在自然界和人以外不存在任何东西，我们的宗教幻想所创造出来的那些最高存在物只是我们自己的本质的虚幻反映"②。其二，用感性存在的人超越了唯心主义的"观念人"。费尔巴哈充分论证了人不仅是思维主体，而且还是认识对象，从而确立了人作为"感性对象"的客观存在。"诚然，费尔巴哈与'纯粹的'唯物主义者

---

① 马克思，恩格斯. 马克思恩格斯选集：第4卷. 北京：人民出版社，1995：211-212.
② 马克思，恩格斯. 马克思恩格斯选集：第4卷. 北京：人民出版社，1995：222.

相比有很大的优点：他承认人也是'感性对象'。"他的缺点是还没有把人作为"感性对象"和"感性活动"统一起来。"他把人只看做是'感性对象'，而不是'感性活动'，因为他在这里也仍然停留在理论领域，没有从人们现有的社会联系，从那些使人们成为现在这种样子的周围生活条件来观察人们。"① 其三，走出了整体上超越黑格尔哲学的坚实一步。费尔巴哈破除了黑格尔"绝对精神"上的神秘光环，将其还原为唯物主义视野中的现实的人。"只有**费尔巴哈**才是从**黑格尔**的观点出发而结束和批判了**黑格尔的哲学**。费尔巴哈把形而上学的**绝对精神**归结为'**以自然为基础的现实的人**'，从而完成了**对宗教的批判**。同时也巧妙地拟定了**对黑格尔的思辨**以及**一切形而上学的批判的基本要点**。"②

可见，马克思与恩格斯以批判费尔巴哈的方式完成自己的哲学变革，不是出于费尔巴哈哲学的谬误，而是体现了他的思想的"中间环节"作用。"我们这些意见正是针对**费尔巴哈**的，因为只有他才多少向前迈进了一步，只有他的著作才可以认真地加以研究。"③

第三，马克思哲学是从黑格尔哲学解体中产生的唯一结出果实的思想派别。它对黑格尔的辩证法概念进行了唯物主义的颠倒，形成了唯物辩证法这一科学的世界观和方法论；通过对思维规律和自然规律进行区分，确定自然规律是"正本"，思维规律是"副本"，是对客观规律的反映；通过把唯物主义原则贯彻到历史领域，不仅看到自然规律和历史规律的区别，还看到两者的一致性，这就是费尔巴哈及此前的哲学家们都没有看到的"自然的历史"和"历史的自然"。这个彻底的、完备的唯物主义的根本点就在于唯物论和辩证法的有机结合，从而成为科学的世界观和方法论。"我们重新唯物地把我们头脑中的概念看作现实事物的反映，而不是把现实事物看作绝对概念的某一阶段的反映。这样，辩证法就归结为关于外部世界和人类思维的运动的一般规律的科学，这两个系列的规律在本质上是同一的，但是在表现上是不同的。"

---

① 马克思，恩格斯. 马克思恩格斯文集：第 1 卷. 北京：人民出版社，2009：530.
② 马克思，恩格斯. 马克思恩格斯全集：第 2 卷. 北京：人民出版社，1957：177.
③ 马克思，恩格斯. 马克思恩格斯选集：第 1 卷. 2 版. 北京：人民出版社，1995：63 注 2.

新唯物主义为革命阶级，即现代无产阶级指明了斗争的方向，这就是以科学理论代替道德幻想。统治阶级总是利用统治思想进行统治，如何冲破这个思想牢笼，是革命成败的关键。没有科学世界观的指引，就只能寄希望于先知先觉地出现一类偶然性。有了唯物辩证法，就懂得了"在表面上是偶然性在起作用的地方，这种偶然性始终是受内部的隐蔽着的规律支配的，而问题只是在于发现这些规律"①。依靠科学理论的指导，正确认识事物发展的客观规律，就能够改变世界。正是在承认客观规律、认识客观规律和利用客观规律的基础上，恩格斯指出掌握政权后的德国资产阶级已经抛弃了德国古典哲学，"德国的工人运动是德国古典哲学的继承者"。

否定恩格斯的哲学贡献，将恩格斯与马克思相对立的倾向集中到一点，就是否定辩证唯物主义一元论世界观和方法论。其中最具有迷惑性的就是马克思与恩格斯从未使用过"辩证唯物主义"这一"术语"："对马克思主义哲学史的深入考察却使我们得知，马克思主义哲学创始人马克思一生都未提出和使用辩证唯物主义这一术语；恩格斯提出了唯物主义辩证法这一术语，但从未提出和使用过辩证唯物主义这一术语。"很显然，对于如何阐发马克思哲学变革的精神实质，把握这一哲学的科学内涵如此重大的问题，玩弄"术语"是极不严肃的。况且即便讲"术语"，"唯物辩证法"和"辩证唯物主义"有根本区别吗？如果从精神实质上看：第一，马克思和恩格斯在《德意志意识形态》中批评费尔巴哈不懂得"历史的自然"（即变化发展、自我运动的客观自然界）和"自然的历史"（即物质生产方式的矛盾运动），这不就是辩证唯物主义和历史唯物主义吗？第二，恩格斯在《自然辩证法》中论述"自然辩证法"是一个完整的世界观，包括了自然界和人类社会的全部矛盾运动。其中最为著名的是"劳动在从猿到人的转变中的作用"，把人类历史作为自然界矛盾运动的新阶段和新形式，自然辩证法不就是辩证唯物主义吗？第三，列宁在批判俄国一些假马克思主义者否定辩证唯物主义时，曾向他们尖锐提问："是否承认马克思主义的哲学是辩证唯物主义？"并称恩格斯有无数关于马克思主义哲学是

① 马克思，恩格斯. 马克思恩格斯文集：第4卷. 北京：人民出版社，2009：302.

辩证唯物主义的言论。对于列宁的这个论断，否定马克思哲学是辩证唯物主义的人该如何回答呢，他们能推翻列宁的这个论断吗？

毋庸置疑，马克思和恩格斯当时面临的主要挑战是把唯物主义贯彻到人类历史领域。要从充满主观性、目的性和不断变化发展的历史场景中奠定不以人的主观意志为转移的客观基础，揭示出历史发展的客观规律，必须高度重视辩证法，向历史观倾斜。这也许就是恩格斯突出强调"唯物辩证法"的原因。正如列宁指出的："马克思和恩格斯的学说是从费尔巴哈那里产生出来的，是在与庸才们的斗争中发展起来的，自然他们所特别注意的是修盖好唯物主义哲学的上层，也就是说，他们所特别注意的不是唯物主义认识论，而是唯物主义历史观。因此，马克思和恩格斯在他们的著作中特别强调的是**辩证**唯物主义，而不是辩证**唯物主义**，特别坚持的是**历史**唯物主义，而不是历史**唯物主义**。"[①] 但是这不应该成为我们否定辩证唯物主义的理由。在当今世界主观主义哲学横行的时候，我们更要倍加珍视马克思和恩格斯的这份宝贵哲学遗产。

第三节　马克思主义哲学的共产主义内核

对于一个哲学体系来说，"内核"是指决定其思维特征的基本依据。正是从这个意义上，我们指认唯物主义是费尔巴哈哲学的基本内核，而辩证法是黑格尔哲学的合理内核。为什么要提出马克思主义哲学的共产主义底蕴问题？首先是针对一段时间以来的试图以非意识形态化的方式"创新"马克思主义哲学的倾向。不难看出，这种"创新"将把马克思主义哲学引向"普世哲学"并最终消解在当代西方哲学的诸多流派中。从近年来关于马克思主义哲学的当代形态、研究范式的转换、价值哲学以及中西马哲学的关系等讨论中，都可以看到这一倾向。纠正这一偏向，不仅决定了马克思主义哲学学科的健康发展，而且关系到科学看待作为国家意识形态理论基础的马克思主义。邓小平在谈到马克思主义的根本特征时指出：

---

① 列宁. 列宁全集：第 18 卷. 2 版. 北京：人民出版社，1988：345.

"马克思主义的另一个名词就是共产主义。我们多年奋斗就是为了共产主义，我们的信念理想就是要搞共产主义。"① 从学理上说，讨论马克思主义哲学的共产主义底蕴，关系到对于马克思主义哲学几乎所有重大原理、概念和范畴的正确把握，可能是我们今天推进马克思主义哲学所首先要加以关注的。

一、马克思主义哲学两个标志性成果的"重叠现象"

学界公认，《德意志意识形态》是马克思主义哲学基本形成的标志，而《共产党宣言》则是马克思主义哲学公开问世的标志。值得注意的是，两个具有标志性意义的著作都以"共产主义"为基调，出现了哲学与共产主义的"重叠现象"，这并非偶然。苏联学者巴加图利亚曾指出，作为马克思主义哲学形成标志的《德意志意识形态》有许多"第一次"，其中之一就是马克思和恩格斯在这里已经承认自己是共产主义者了，而在《神圣家族》中，他们还自命为"现实人道主义者"。《共产党宣言》更是以"不屑于隐瞒自己观点"的鲜明立场，把自己的全部学说定位在"共产主义"这一基点上。因此，列宁特别指出："我们应该象马克思和恩格斯那样称自己为**共产党**。我们应该重复说，我们是马克思主义者，我们是以《共产党宣言》为依据的。"② 此一"重叠"说明，从哲学世界观上看，共产主义、辩证唯物主义和历史唯物主义是侧重点各异的同一序列概念：它们分别从客观世界的革命本性（辩证唯物主义）、人类社会的革命本性（历史唯物主义）和当代世界的革命本性（共产主义）上表达了马克思主义哲学作为"改变世界"哲学的实质。三者之间不可分割的内在联系，为我们研究马克思主义哲学世界观提供了基本依据。

首先，这一联系使得马克思的新唯物主义同旧唯物主义以及所有传统哲学划清了界限。在被恩格斯称为"包含着新世界观天才萌芽的第一个文件"的《关于费尔巴哈的提纲》中，马克思有这样的论断："旧唯物主义

---

① 邓小平. 邓小平文选：第3卷. 北京：人民出版社，1993：137.
② 列宁. 列宁全集：第29卷. 2版. 北京：人民出版社，1985：178.

的立脚点是市民社会，新唯物主义的立脚点则是人类社会或社会的人类。"① 这里深刻揭露了包括旧唯物主义在内的传统哲学只能"解释"而不能"改变"世界的原因，即它们不能超越"市民社会"，即现存的资产阶级社会，各种"解释世界"的哲学归根到底就是换一种方式承认现存的社会形态。而在新唯物主义看来，资产阶级社会是人类社会自划分出阶级以来的历史发展的最后阶段，是一个把阶级压迫和剥削推向极致的社会形态，是应该而且必然会被消灭阶级、消灭剥削的共产主义超越的社会形态。新唯物主义就是以超越资产阶级社会，实现共产主义、解放全人类作为自己的目标，而由于无产阶级是超越资产阶级社会、实现共产主义、解放全人类的历史主体，因而这一哲学以代表无产阶级利益、为无产阶级争取解放作为自己的价值取向。反过来，现代无产阶级只有借助新唯物主义这一利器，才形成了表达自己客观历史使命的阶级意识，形成了本阶级自觉的世界观并用以指导改造世界。马克思主义哲学的形成和马克思成为共产主义者两者具有同时性，揭示了无产阶级和新唯物主义之间不可分割的联系，从而表明一切企图超越阶级立场的解读，都是对于新唯物主义的误解。

其次，这一联系使得马克思的新唯物主义同形形色色的实践哲学划清了界限。马克思在第一次提出"实践的唯物主义"的《德意志意识形态》中对于这一概念有着明确的界定，他指出："对**实践的唯物主义者**即**共产主义者**来说，全部问题都在于使现存世界革命化，实际地反对并改变现存的事物。"② 需要注意的是，马克思在这里用了"共产主义者"，而没有用"实践的唯物主义者"。很清楚，实践的唯物主义和共产主义不是同一个层面的概念，"实践的唯物主义"只是共产主义的一个属性，不能作为马克思主义整体世界观。作为共产主义属性的"革命实践"，不是形形色色的实践哲学，因为要使现存世界革命化，不能靠宗教式的幻想和幻想的力量，甚至也不能仅靠道德激情及其所引发的群众热情，而必须靠科学的理论和为真理而奋斗的精神去引发人民的持久历史活动。同样，共产主义的革命实践也不是仅关注当下个人生存状况的生存论哲学、存在主义哲学，

① 马克思，恩格斯. 马克思恩格斯文集：第1卷. 北京：人民出版社，2009：502.
② 同①527.

因为要正确地认识和解决个体生存的现存状况和问题，必须立足于超越现存的历史高度，从未来汲取实践的力量。这样，个人生存问题的解决，就不是一种生命的感悟，而是改造世界的解放活动，是革命阶级的行为。马克思因此断言：无产阶级代表的"社会革命不能从过去，而只能从未来汲取自己的诗情"①。唯物论实践观的形成和科学共产主义观的形成在青年马克思那里具有同步性，揭示了马克思主义哲学世界观和科学社会主义观的内在一致性，从而表明离开工人阶级的解放实践这一基点，都是对于马克思主义实践观的误读。

马克思主义哲学和共产主义的这种内在联系，在一定意义上也就是马克思主义哲学的阶级性和实践性的统一。强调这一联系，也就是强调要坚持从马克思主义哲学阶级性和实践性的统一上去推进这一理论，而不是对此加以割裂。近年来很强劲的对于马克思主义阶级斗争理论的否定，在哲学上的表现就是否定马克思主义哲学的阶级性、努力"洗刷"其共产主义印记。如果说1983年马克思逝世一百周年时，围绕着马克思的《1844年经济学哲学手稿》争论的焦点是"马克思主义是否可以同时也是人道主义"的话，那么近年来，有一种复活人本主义的现象，其幌子是"马克思主义的人本主义"，或者叫"马克思主义世界观指导下的人本主义"。他们力图推倒1983年关于人道主义和异化问题大讨论中关于区分人道主义两个层面（即历史观层面和伦理道德层面）的结论，提出这种区分"在逻辑上说是自相矛盾的，在理论上是不周密的，是讲不通的"②。否认这种区分，就是要把人道主义作为历史观，把人性论作为历史叙事的基本框架。这不仅使得客观地、科学地认识历史成为泡影，而且使得超越一定时代的统治思想成为不可能（因为人性往往是统治思想的表达方式，而对于人性变化的把握及再解释则是超越统治思想的前提），从根本上取消了"改变世界"的理论依据。

共产主义作为马克思主义哲学的底蕴表明，这一哲学本质上是工人阶级世界观，是通过工人阶级的解放实现人类解放的行动指南。只有在这一

---

① 马克思，恩格斯. 马克思恩格斯选集：第1卷. 2版. 北京：人民出版社，1995：587.
② 薛德震.《关于人道主义和异化问题》一文商榷. 炎黄春秋，2007（11）.

过程中，哲学才能走出书斋和精神贵族的狭小圈子，成为广大人民创造生气蓬勃的新生活的实践力量，从而实现哲学向人民的回归。这一以唯物辩证法、历史辩证法为标志的新型世界观，实现了认识论、逻辑和辩证法的统一，以及自我意识、阶级意识和人类意识的统一，是认识世界和改造世界相统一的哲学，从而实现了哲学向现实生活的真正回归。它不但根本区别于自我封闭的传统"体系"哲学，也根本区别于西方现当代形形色色的实践哲学。

共产主义作为马克思主义哲学的底蕴决定着，马克思主义哲学真正占据了历史制高点和道德制高点，因此能够超越以往哲学只是"解释世界"的局限，成为能够"改变世界"的新哲学；马克思主义哲学的实践概念不仅是突破了人的感性存在的感性活动，而且还是以工人阶级实践为基础的人类解放活动，因而本质上是"革命的""实践批判的"活动；马克思主义哲学的人类性、人道性是工人阶级阶级性的拓展，不是抽象人性引领和创造历史，而是人民群众创造历史、先进阶级引领历史，在改造客观世界的同时改造主观世界，在推动社会进步的同时促进人性的改善和升华，最终实现每一个人的自由全面发展。

二、把共产主义的底蕴从马克思主义哲学中清除会导致什么？

必须明确，马克思之所以能够超越资产阶级时代的统治思想，就在于破除抽象人性论的藩篱。通过"抽象的人性去解释社会现象，本身就是资产阶级的思想统治方式，因为资产阶级社会是真正的抽象化社会。'抽象性'在真正意义上构成了资本主义社会的本质。就经济过程而言，资本主义市场经济使得劳动抽象化，'劳动一般'正是这种状况的写照。与此相应的，就是人的抽象化以及思维方式的抽象化，而抽象观念的统治则是社会的自我认同方式"①。对时代问题以及解决问题的条件的具体化导致了马克思主义哲学的伟大变革。因此，无论如何定义马克思主义哲学，都不能抹杀这一哲学的以下性质：它把对于时代精神的阐释建立在对于客观世界和历史的科学认识之上；把对于人的关注和对饱受现实苦难的人的解救奠

---

① 侯惠勤. 马克思主义方法论四大基本命题辨析. 哲学研究，2010（10）.

立在科学批判资本主义并依托无产阶级革命实现人民群众自己解放自己之上；把哲学的实践品格归结于以"生活的生产"活动的内在矛盾为源泉的现实的人及其发展的历史过程之上。这样，共产主义在马克思主义哲学中的位置就是再明确不过的了。共产主义是时代之谜的答案和时代精神的集中体现，共产主义不仅是超越资本主义的不可改变的必然趋势，而且是推动当代人类实践活动最强大的动力；不把共产主义作为"应然"的哲学原则，而是作为资本主义自我否定和改造现存世界的实际运动，是马克思主义科学实践观形成的关节点，因而也是马克思主义哲学完成从抽象的人向现实的人转变的关键性环节、新唯物主义世界观形成的重要基石，还是马克思主义哲学实践性品格的根据。概括地说，共产主义是马克思主义哲学的真理性、阶级性、革命性、实践性和开放性的综合体现，是使其摆脱抽象性而具体化的基础。

毫无疑问，把共产主义基因从马克思主义哲学中清除，就会使这一哲学向抽象性思辨哲学倒退，从根本上阉割和颠覆这一哲学：它就必然从工人阶级及人民大众认识世界、改造世界的思想武器和行动指南蜕变为有闲阶级的"思想把玩品"和"文化鉴赏品"；从以真理为追求、人民利益为根本的科学世界观和方法论蜕变为"个人独白"和流行思想的附庸（也就是当代西方强势文化的附庸）；从有着严格无情的实践检验客观标准的思想逻辑蜕变为见仁见智、莫衷一是的主观意向。如果把这种蜕变视为"马克思主义哲学的现代化"，那么它将在这一所谓的"现代转型"中丧失自己的根基，最终混杂在当代西方诸多流派中而被消解。

这里的关键点是如何把握作为历史唯物主义出发点的"现实的个人"。我们知道，马克思主义创始人的"现实的个人"是科学抽象的产物，它所否定的"抽象的个人"不仅包括形形色色的思辨哲学中的"人"，也包括形形色色的实证哲学中的"人"。从今天的情况看，对未来的迷惘和对现存的屈从使得反本质主义的思潮泛滥，带有实证倾向的"抽象的个人"更具迷惑性和影响力。而把共产主义基因从马克思主义哲学中清除，则直接导致了将马克思主义哲学的出发点——"现实的个人"等同于生存论哲学的"此在"，从而消解了批判和超越资本主义的人学根据。下述观点在今天具有一定的代表性："与马克思思想具有连贯性的海德格尔，在人学现象学的基础上继承了马克思对人的本质的理解。海德格尔用'此在'代替'人的本质'。在言及'此在'的本质时，他指出，'此在的本质在于他的存在'。从一定意义上讲，这些概念类似于马克思的'现实的个人'。"① 这种混淆马克思和海德格尔的误读，在于不了解马克思哲学变革的实质，是把马克思主义哲学抽象化的结果。马克思曾反复强调，现实不是"现存"，现实的本质是革命变动，而"现存"则是排斥历史变化的凝固了的现状。以这种凝固不变的现状为出发点，貌似"实际"，实则幻想。

作为唯物史观出发点的"现实的个人"，是马克思哲学变革的重大成果，是超越"抽象的个人"的结果。它既从根本上推倒了各类只存在于哲学家幻想中的"思辨的个人"，也从根本上推倒了如只存在于历史某一时段却被凝固为永恒化的"经济人"这般的设定，上述两者都是"抽象的个人"。因此，"现实的个人"不是"自然人"，他的生存条件连同他的本性（或"自然"）都是其实践的结果，因而他是历史的；然而"现实的个人"又不等同于"现存的个人"（即"此在"），或者说，"现存的个人"只是"现实的个人"的某个阶段性形态的抽象，并不是具体的历史的人的存在。"现实的人"总是不断被历史超越的，而"抽象的个人"则是一切历史活动的绝对前提，是不可能被历史超越的。"现实的个人"也不是没有个体性的共性人，而总是有着非常具体的社会关系类型和自主活动类型作为其表现形式。同样，"现实的个人"不是"孤立的个人"，不是"唯一者"，而是必然要与他人形成各种联系，总是属于一定社会形态的个人。因此，在马克思看来，抽象的、"孤立的个人"不过是资本主义社会形态的观念性产物。

把"现实的个人"混同于"现存的个人"，其根源在于迷失了历史的方向，否定了使"现存革命化"的根据。当海德格尔着力消解传统形而上学而指认"此在的本质在于他的存在"时，他实际上消解了对于现存的一切进行革命批判和改造的依据。类似海德格尔这样的话，费尔巴哈早就说过，理所当然地也被马克思所批判否定。马克思和恩格斯指出："我们举

---

① 艾四林，刘伟. 马克思对形而上学的扬弃及其实现的人的本质的革命. 高校理论战线，2013（2）.

出《未来哲学》中的一个地方作为例子说明既承认存在的东西同时又不了解存在的东西——这也还是费尔巴哈和我们的对手的共同之点。费尔巴哈在那里阐述道：某物或某人的存在同时也就是某物或某人的本质；一个动物或一个人的一定生存条件、生活方式和活动，就是使这个动物或这个人的'本质'感到满意的东西。任何例外在这里都被肯定地看作是不幸的偶然事件，是不能改变的反常现象。这样说来，如果千百万无产者根本不满意他们的生活条件，如果他们的'存在'同他们的'本质'完全不符合，那么，根据上述论点，这是不可避免的不幸，应当平心静气地忍受这种不幸。可是，这千百万无产者或共产主义者所想的完全不一样，而且这一点他们将在适当时候，在实践中，即通过革命使自己的'存在'同自己的'本质'协调一致的时候予以证明。"[①] 显然，马克思虽然不赞成先定于或游离于存在的人的本质，但并没有把人的现存和其本质加以等同。存在不是凝固和僵死的，而是存在着内在矛盾的运动，而当矛盾处在激烈对抗并形成革命的客观条件时，千百万受压迫者感受到的就是自己的存在与本质间的分裂，即"异化"。这时马克思主义者不是要求人们去消极地"认命"（即承认"你的存在就是你的本质"），而是通过对"现存"的革命改造去协调存在和本质的分裂，掌握和改变自己的命运。因此，马克思和恩格斯毫不留情地将费尔巴哈"存在即本质"的观点斥责为"对现存事物的绝妙的赞扬"[②]。

　　把现实的人限于"此在"，会使我们在一系列重大价值上发生误判。由于剔除了对于社会的革命变革的探索，清除了实践的历史指向，于是哲学社会科学研究在什么是学问、如何辨别学术水平的高低等问题上就必然出现偏差。马克思主义哲学作为真理性的思想体系，毫无疑问具有知识性，但是这一知识不是无价值偏好的客观知识，而是以无产阶级的立场为基础，以实现人民和民族的利益为追求，因而能否回答、解决重大现实问题就成为判断其水平高低的根本尺度。"如果你能应用马克思列宁主义的观点，说明一个两个实际问题，那就要受到称赞，就算有了几分成绩。被

---

① 马克思，恩格斯. 马克思恩格斯选集：第1卷. 2版. 北京：人民出版社，1995：97.
② 马克思，恩格斯. 马克思恩格斯全集：第42卷. 北京：人民出版社，1979：362.

你说明的东西越多，越普遍，越深刻，你的成绩就越大。"① 抛弃马克思主义哲学的知识性这一根本性质，马克思主义研究就会走入死胡同。时下，那种鄙视对于中国现实问题的关注、热衷于在西方话语圈子讨生活的倾向，表现在马克思主义研究上，就是不以中国问题为中心、不以解决实际问题为导向、不以推进马克思主义理论创新和理论武装为主线，而是力图把"西方马克思主义"乃至西方哲学的问题和话语，或者纯文本解读，作为马克思主义研究和学科建设的"范式"。所谓只有西化式的研究才有"学术性"，而关注和解决现实问题的研究只是"意识形态"，就是这一倾向自以为有力的支撑。实际上，当一些人陶醉于从西方搬来的一些词句，甚至将广大群众乃至学界都看不懂的东西作为学术来炫耀时，我们不禁想起了毛泽东对这类人的一个评价，"仅仅把箭拿在手里搓来搓去，连声赞曰：'好箭！好箭！'却老是不愿意放出去。这样的人就是古董鉴赏家，几乎和革命不发生关系"②。能否中的，不仅检验箭手的水平，也检验着箭的质量。现在有些被视为"好箭"的东西，实际上不过是陈词滥调的翻版。马克思主义研究当然要加强学术性，但不能制造意识形态和知识的对立，不能试图通过淡化意识形态达到。对于马克思主义理论学科，所谓学术性，就是要把决定了广大群众思想和行动的问题找准，把道理说透，起到辨别是非、释疑解惑、统一思想、凝聚力量的功效，从理论上阐明问题，而不是脱离实际、故弄玄虚，甚至混淆是非、散布谬误。

概括起来，马克思通过对于传统形而上学的批判，在告别思辨哲学传统的同时，并没有否定历史发展的逻辑、切断历史进步之路、屈从于现存的事物而泯灭自身革命的、实践批判的本性，没有向折中主义、相对主义、实证主义和形形色色的"解释世界的哲学"倒退，这里的关键就在于辩证唯物主义、历史唯物主义和共产主义远大理想实现了有机的统一。由此也不难看出，把马克思主义哲学引向生存论哲学方向，用海德格尔的"此在"阐释马克思的"现实的个人"是个多么严重的误读。

---

① 毛泽东. 毛泽东选集：第 3 卷. 2 版. 北京：人民出版社，1991：815.
② 同①820.

三、从马克思主义哲学和共产主义的统一上推进哲学创新

从马克思主义哲学史上说，阐明马克思主义哲学和共产主义的关系，可以更为深入地推进关于马克思主义哲学变革和形成的研究，从而更准确地把握马克思主义哲学的精神实质。比如，马克思开始持共产主义立场和他开始自称共产主义者之间有个时间差。按列宁的说法，从1843年底马克思发表在《莱茵报》上的"这些文章可以看出马克思开始从唯心主义转向唯物主义，从革命民主主义转向共产主义"①，但是此时马克思并没有自认为是共产主义者，在这种客观判断和主观认同之间的时间差背后是什么？从中可以找到马克思对于早期共产主义各种流派的思考和取舍的线索，发现马克思共产主义观的精髓。又如，哲学观点和共产主义观在马克思哲学形成中的关系问题，二者存在着相互促进的共生关系。从青年马克思的思想转变看，大体上有一个规律：当他直接介入实际斗争时，阶级立场、政治观点的转变起着引领作用；而当其退居书房研究问题时，实际知识的积累和运用则引领着世界观的转变。从时间段上看，1843年4月前，马克思处在"善良的'前进'愿望大大超过实际知识"②的状况，其政治观点的急剧转变，推动着其哲学主题及其论证方式的转变；而此后的历史研究、经济学研究又成为推动其哲学观点、政治观点转变的主要力量。这种状况告诉我们，不要片面地把青年马克思思想演进中的某一因素夸大为一个阶段的特征，例如所谓的"哲学共产主义"阶段或"实证人道主义"阶段，而必须从"相互作用"的内在矛盾上具体分析。

更为重要的是，阐明马克思主义哲学和共产主义的内在关系是马克思主义哲学创新的现实需要。毫无疑问，马克思主义哲学要随着实践的发展而不断创新，在时代发生大转变时甚至要改变自己的形态。但是，近年来，套用西方哲学从近代以来的"认识论哲学"到现当代的"生存论哲学"的转向，主张当代马克思主义哲学研究要有一个"生存论转向"的提法风气很盛，上述把马克思"现实的个人"解读为海德格尔的"此在"就

---

① 列宁. 列宁全集：第26卷. 2版. 北京：人民出版社，1990：83.
② 马克思，恩格斯. 马克思恩格斯选集：第2卷. 2版. 北京：人民出版社，1995：32.

是一例，需要高度警惕。而在力促这一转向中，其高调地提出了打破"主客体二分"的对立思维模式问题，值得认真思考。

我们暂且不去讨论西方哲学的"生存论转向"是否成立的问题，单就阶级意识而言，两者就不可简单类比。一个不争的事实是，资产阶级曾经在历史上起过非常革命的作用，而今天它已经成为既得利益的守护者了。西方哲学的转向是否与此相关，似乎可以研究。而马克思主义哲学则始终是工人阶级的世界观，共产主义革命在今天还远未完成，因而马克思主义哲学的科学基础始终是"'革命的'、'实践批判的'活动"①，不存在根本的转型或转向问题。

从马克思主义哲学史看，费尔巴哈的错误并非在于坚持唯物主义认识路线，运用"主宾原则"进行主客二分，而在于没有完成历史实践领域的主客二分，根子在于不懂得实践的辩证法。"费尔巴哈想要研究跟思想客体确实不同的感性客体：但是他没有把人的活动本身理解为**对象性的**［gegenständliche］活动。因此，他在《基督教的本质》中仅仅把理论的活动看作是真正人的活动，而对于实践则只是从它的卑污的犹太人的表现形式去理解和确定。因此，他不了解'革命的'、'实践批判的'活动的意义。"②"思想客体"和"感性客体"的区分，就是实践领域的"主客二分"，两者虽然都是主体"对象化"的结果，但"思想客体"依主体的主观意志为转移，而"感性客体"则不以主体的主观意志为转移。费尔巴哈将两者加以区分，是他高于"纯粹的"唯物主义者的地方。他的错误仅在于试图从人的活动以外去寻找"感性客体"，从而陷入了把主体主观化、客体抽象化的片面性。他不了解作为人类历史活动基础的感性活动（"革命的""实践批判的"活动）不仅是客观的，而且是历史进步的源泉。

可见，主客体的区分不仅是认识的前提，也是实践的前提。如果不是主观唯心主义的认识，不是唯意志论的实践，主客体的界限是不可能被抹去的。主客体的相互作用不仅表现在实践的过程，也表现在认识的过程

---

①② 马克思，恩格斯. 马克思恩格斯选集：第1卷. 2版. 北京：人民出版社，1995：54.

（马克思主义所强调的认识论、辩证法和逻辑相一致就是经典的表述），因此不能用主客体的相互作用抹杀两者的本质区别。即便是既作为主体又作为客体的人，在具体的历史条件和矛盾关系中，其主客体界限也是分明的。正是基于这种区分，才有唯物主义哲学和唯心主义哲学之分，以及辩证唯物主义、历史唯物主义和旧唯物主义之分。而这一区分，在今天的哲学研究中依然是基本问题。

必须强调，断定生存论哲学高于认识论哲学是个误判，实践哲学、生存论哲学其实取代不了认识论哲学。一般地说，没有认识论支撑的哲学并不是真正面向未来的哲学。因为任何面向未来的哲学，其论题并不都是实践的，更不是现成的，其论证更不都是能够直接依托实践检验或生存体验的，就是说不能得到充分的经验证明的，因而通过科学认识而揭示的理论逻辑就必不可少。特殊地说，对于开创性的实践而言，正确的认识是实践成功的前提，"没有革命的理论，就不会有革命的运动"①。因此，生存论哲学充其量只是关于现代化过程中个人生存困境的一种言说，可以产生一定的舒压和慰藉功效，但说不上为当代众生指点迷津，更谈不上为人类文明开创未来。

今天，坚持和发展中国特色社会主义需要生气勃勃的理论支撑，马克思主义哲学的创新不能偏离这一主题。坚定共产主义理想是我们今天面临的严峻挑战，而马克思主义哲学则对于回应这一挑战具有不可替代的作用。不难看出，坚定共产主义理想在今天需要解决三大难题：一是共产主义的实现是一个相当漫长的历史过程，在缺乏足够的经验依据的前提下，如何确立共产主义的科学根据？二是现实状况总体上依然是"西强东弱"、世界社会主义依然处于低潮，我们如何确立必胜信心？三是如何看待鸦片战争以来的中国历史，证明社会主义是中国历史发展的必然、中国人民的历史选择？解决这三大难题，当然要从我国近现代以来的历史经验和基本实践中进行总结，汲取力量，但同样重要的是从马克思主义的理论逻辑中开阔眼界，汲取力量。正如习近平同志所指出，解决共产主义理想信念问题，关键在树立马克思主义世界观、确立历史唯物主义观点。多年来西方

---

① 列宁. 列宁选集：第1卷. 3版. 北京：人民出版社，1995：311.

意识形态反对所谓"宏大叙事"、力推所谓"细小叙事"的非意识形态化渗透,对于马克思主义世界观、历史观危害极大。这反过来也就说明,如果真的用生存论哲学取代了认识论哲学、用"此在"取代了"现实的个人",就从根本上取消了马克思主义理论的指导作用,也实实在在地挖空了培育理想信念的基础。

第二章　新世界观与马克思主义的理论品格

马克思主义的卓越理论品格，已经在其诞生的一百七十多年历史，尤其在中国共产党领导的波澜壮阔的中华民族伟大复兴的历史实践中，得到了充分的、毋庸置疑的证明。"它的科学性和真理性在中国得到了充分检验，它的人民性和实践性在中国得到了充分贯彻，它的开放性和时代性在中国得到了充分彰显！"① 但是，这些理论品格和马克思哲学变革的内在联系，却并非那么清晰。而如果对此若明若暗，就可能在把握马克思主义的理论品格上出现偏差，从而不利于坚持和发展马克思主义。

第一节　新世界观与马克思主义的科学性

坚持马克思主义在意识形态上的指导地位，坚持在马克思主义指导下构建中国特色哲学社会科学，关键是从理论上说清楚马克思主义的科学性。马克思主义是科学，但其与自然科学、实证科学又不完全相同。必须正确定位两种科学及其相互关系，阐明马克思主义的科学理论对于自然科学、实证科学的世界观方法论意义，以及对于哲学社会科学的奠基性作

---

① 习近平. 在纪念马克思诞辰 200 周年大会上的讲话. 北京：人民出版社，2018：14.

用。坚决反对制造科学和意识形态的鸿沟，反对哲学社会科学的非意识形态化，在马克思主义指导下切实推进中国特色哲学社会科学的构建。

一、哲学社会科学要打破知识和价值的二元对立

马克思主义是科学，似乎不是什么问题，然而我们不难发现，在如何看待马克思主义这一问题上的悖论之一，恰恰就是对马克思主义是不是科学所做出的两种截然相反的判断。真正的马克思主义者都把科学性视为马克思主义的本质属性，以区别于形形色色的非马克思主义学说。我们以"科学世界观"指称马克思主义哲学，以"科学理论"指称马克思主义思想体系，以"科学社会主义"指称马克思主义的社会主义。正如习近平指出的："在人类思想史上，就科学性、真理性、影响力、传播面而言，没有一种思想理论能达到马克思主义的高度，也没有一种学说能像马克思主义那样对世界产生了如此巨大的影响。这体现了马克思主义的巨大真理威力和强大生命力，表明马克思主义对人类认识世界、改造世界、推动社会进步仍然具有不可替代的作用。"[1] 毛泽东也反复强调："共产党不靠吓人吃饭，而是靠马克思列宁主义的真理吃饭，靠实事求是吃饭，靠科学吃饭。"[2]

与此同时，西方主流意识形态则不厌其烦地声称，马克思主义只是披着"科学"外衣的意识形态，因为建立在严格决定论基础上的历史必然性，并不是能够经受检验的科学预见，而只是一种历史预言，"它并不教导建立社会主义制度的方法与途径"[3]。可以看出，它否定马克思主义作为科学的所谓"依据"，就是马克思主义不具有"可证伪性"。但是，它所谓的"可证伪性"只限于自然科学方法，因而只是实证科学的一个标准，并不能涵盖全部科学。正如经典力学不等于全部力学科学一样，自然科学的科学性也不能穷尽科学性。只要具有确定的客观研究对象并形成可以进行客观检验的系统知识，都属于科学范畴。这一客观研究对象不限于局部

---

① 习近平. 习近平谈治国理政：第 2 卷. 北京：外文出版社，2017：65.
② 毛泽东. 毛泽东选集：第 3 卷. 2 版. 北京：人民出版社，1991：835-836.
③ 波普尔. 开放社会及其敌人. 台北：桂冠图书股份有限公司，1986：724.

的、相对静止的和具体的事物，也不限于纯客观的事物，而是包括整体的、普遍的、变化发展的事物，也包括人的历史活动及其产物；关于研究对象的知识检验不限于实验室及对相关数据的精确测算，还包括社会实践等方面的宏观检验。可见，凭借一己对于科学的偏狭理解而否定马克思主义是科学，本身就不科学。

马克思主义的科学性已经得到历史的检验，不容置疑。但是，作为科学的马克思主义和共产主义，又有别于自然科学、实证科学。我们丝毫不想贬低自然科学、实证科学的价值，但它们解决不了科学信仰问题却是事实。我们更不赞同知识和信仰的二元论，把科学限于实证知识，而把信仰留给神秘主义。实际上，把科学局限在实证科学的范围内，正是西方意识形态无力解决知识和信仰统一性的结果。自康德始，现象和"物自体"、科学和伦理的二元论就逐步成为了西方的主流意识。科学解决生存条件，信仰解决生存意义，似乎是天经地义。正因为如此，科学必须"价值无涉"，必须去意识形态，马克思主义是意识形态而不是科学也似乎成为不证自明的教条。因此，确立马克思主义是科学，就是要确立打破知识和信仰的二元对立的科学信仰的科学价值；就是要强调马克思主义作为整体性把握世界的科学思想体系不仅不可替代，而且对于推进具体科学发展具有指导意义；就是要努力建构以马克思主义为指导的中国特色哲学社会科学，就是要与哲学社会科学的"非意识形态化"倾向进行不懈的斗争。

哲学社会科学是关于人类社会、人类历史和人自身发展的科学，它和自然科学有联系，但也有区别。就联系而言，无论是自然科学，还是哲学社会科学，它们都具有客观研究对象，都以客观真理为追求，因而都必须遵循科学研究的规律、规则和规范，都是老老实实的学问，来不得半点的虚假。就区别而言，自然科学的成果是客观知识，可以为利益和价值取向极不相同的人们所用，而哲学社会科学则因不同的立场选择和价值导向，尽管其成果也具有客观的检验标准和使用价值，却不可能为所有人所认同。

哲学社会科学和自然科学的这种区别，根源于自然界和人类社会的区别。自然界是"自在之物"，其运动规律是自发地发挥作用的，是一种客观"必然",它不以人的意志为转移。也就是说,不管你承认与否,它都在那里发挥着作用。尽管人类可以通过社会实践将"自在之物"转化为"为我之物",但是人类必须遵循客观自然律,否则必将受到惩罚。社会领域却是人类目的性无处不在的场所,即便承认有客观规律,其作用方式也离不开有目的的人的活动。而人的目的则总是和人们的利益及价值诉求密不可分,使得意识具有社会活动的内在性,社会存在具有特殊的主体性。人们因此而习惯于把社会运动及其规律归结为思维的产物。这样,以社会现象为研究对象的哲学社会科学如何成为科学,便成为长期困扰学界的难事。列宁突出强调恩格斯的下述思想:"在《路德维希·费尔巴哈》里,我们同样可以读到:'外部世界和人类思维的运动的一般规律在本质上是同一的,但是在表现上是不同的,这是因为人的头脑可以自觉地应用这些规律,而在自然界中这些规律是不自觉地、以外部必然性的形式、在无穷无尽的表面的偶然性中为自己开辟道路的,而且到现在为止在人类历史上多半也是如此。'"① 马克思把思维规律还原为客观的社会历史规律,成功实现了对黑格尔辩证法的唯物主义颠倒,为社会历史领域的研究成为科学奠定了基础。

马克思主义和西方资产阶级传统的学术发展走的是完全不同的两条路:知识和信仰的二元论,把科学限于实证知识,而把信仰留给神秘主义,是西方哲学社会科学的基本态势。西方哲学社会科学简单照搬自然科学的标准,标榜价值中立、非意识形态化,走的是实证化的道路。这样,现象与本体、科学与伦理、应然与实然、价值与真理等,在其学术体系中就存在着固有的割裂。这表现在具体的学科中,就会出现两种相反的趋势:一是知识的抽象化,不断追求自然科学般的精确,数学模型化、可重复性、可证伪性成为判断科学性的必要条件;二是人性的抽象化,以不容置疑的基于人性的价值预设,作为各学科基本原理的前提。例如所谓"经济人""道德人""无赖假设"等,抽象人性成为非批判的独断论前提。这两条加起来,表明今天的西方哲学社会科学总体上是为现存的社会制度和现有的利益格局服务的,实际上是十分落后的辩护意识。这就表明,"去

---

① 列宁. 列宁选集: 第2卷. 3版. 北京: 人民出版社, 1995: 118.

意识形态化"的西方哲学社会科学并非超越了意识形态，而是以抽象人性论的方式将其作为学科、学术话语体系的基础。

总体上看，进入帝国主义时代以后，西方哲学的主流不仅更加武断地否定唯物论哲学，而且完全蜕变为黑格尔所谓的"坏的唯心主义"即主观唯心主义，个人主义也迅速从张扬个性滑向自我中心和自私自利。因此，在这一时期逐步建立并体系化的西方哲学社会科学，由于否定客观规律和客观真理，制造现象和本质的对立，因而表现出明显的科学与价值的二元论倾向。社会科学各学科大体上都是从抽象的人性假设出发，同时以实证主义的方式建立起学科体系，即在经验、局部、孤立基础上的模型化、数据化和概念体系，而根本排斥本质、规律和整体性。正因为如此，发展中国特色社会主义哲学社会科学，就不能照搬西方的学科体系和学术话语，而必须超越抽象人性论和实证主义的眼界，在批判吸收其合理因素的基础上，打破科学和价值的二元对立，通过自主创新，建设自己的学科、学术和话语体系。而这正是以习近平同志为核心的党中央赋予我国哲学社会科学界的重任。

马克思主义讲哲学社会科学的科学性，不局限于实证科学的科学性。就研究对象而言，哲学社会科学不仅要研究局部的、经验的事物，即"细小叙事"，还要研究事物的总体，首先是世界的整体性存在，不断深入探讨世界的客观存在及其变化发展的规律，即"宏大叙事"。就研究方法而言，不是价值中立，而是要解决研究的立场、价值取向如何符合科学的要求。这就决定了马克思主义的哲学社会科学研究必然奠立在以下三大理论成果的基础上：其一，人类历史活动的动机绝非主观性的天下，而是建立在客观目的上的主观能动性，可以科学地加以考察。实际上，黑格尔已经对此有初步的认识，他提出：人因自己的工具而具有支配外部自然界的力量，然而就自己的目的来说，他却服从自然界。列宁对此的评价是："**历史唯物主义，是在黑格尔那里处在萌芽状态的天才思想——种子——的一种应用和发展。**"列宁对这一思想进行了准确的表述："事实上，人的目的是客观世界所产生的，是以它为前提的，——认定它是现存的、实有的。"①

---

① 列宁. 列宁全集：第 55 卷. 2 版. 北京：人民出版社，1990：160，159.

从更开阔的历史视野看，人类历史活动动机的客观性不仅表现在生产的目的上，还表现在激发历史重大事件产生的行动动机上。在唯物史观看来，孤立地研究个别人的动机是没有结果的，只能是见仁见智。但是，真正在历史活动中发挥作用的，"与其说是个别人物，即使是非常杰出的人物的动机，不如说是使广大群众、使整个整个的民族，并且在每一民族中间又是使整个整个阶级行动起来的动机；而且也不是短暂的爆发和转瞬即逝的火光，而是持久的、引起重大历史变迁的行动"①。这种动机具有普遍而持续的特点，尽管还保持着主观目的的形式，却已经不是精神的自我表达，而具有了一定的客观必然性，表现为人心所向、大势所趋。而对于这种动机的研究，使我们有可能发现并揭示其背后的历史客观规律。

其二，人类历史活动绝非只能听从偶然性摆布的迷宫，而是存在着客观规律，可以为人科学地认识和掌握。马克思通过"社会经济形态""生产力和生产关系的矛盾运动"等科学范畴，深刻揭示了人类社会的发展规律。他科学地解决了从哲学到人文社会科学的各类概念、范畴，归根到底是社会运动和历史发展客观规律的反映，因而历史是"正本"，是原型、原本、根本，而文本范畴则只是"副本"，是对历史的阐发和反映。正如列宁指出的："人们自己创造自己的历史，但人们即群众的动机是由什么决定的，各种矛盾的思想或意向间的冲突是由什么引起的，一切人类社会中所有这些冲突的总和是怎样的，构成人们全部历史活动基础的、客观的物质生活的生产条件是怎样的，这些条件的发展规律是怎样的，——马克思对这一切都注意到了，并且指出了科学地研究历史这一极其复杂、充满矛盾而又是有规律的统一过程的途径。"② 这是我们今天构建中国特色哲学社会科学需要的根本遵循。不要炫耀微观领域的"细小叙事"，尽管它也是需要做的学问，但切不可以"酸葡萄"的心态去嘲弄人类历史发展的规律研究，这种"宏大叙事"才是真正的"大学问"。

其三，哲学社会科学的研究方法不能局限于实证方法，而必须依靠唯物辩证法及以其为基础的各种方法的综合运用。唯物辩证法把康德设定的

---

① 马克思，恩格斯. 马克思恩格斯文集：第4卷. 北京：人民出版社，2009：304.

② 列宁. 列宁选集：第2卷. 3版. 北京：人民出版社，1995：425.

人类理性不可逾越的界限——"自在之物"作为研究前提，这就是"考察的**客观性**（不是实例，不是枝节之论，而是自在之物本身）"①。消除现象与本质、自在之物和为我之物的鸿沟，只能把事物作为矛盾的存在，打破事物的僵硬界限。这就要从变化发展和普遍联系上把握事实；从不断变化的现实及其趋势出发把握实际，反对把事实作为可以随意抽取的零碎事例和材料的堆积。列宁强调，"如果从事实的**整体**上、从它们的**联系**中去掌握事实，那么，事实不仅是'顽强的东西'，而且是绝对确凿的证据。如果不是从整体上、不是从联系中去掌握事实，如果事实是零碎的和随意挑出来的，那么它们就只能是一种儿戏，或者连儿戏也不如"②。这就告诉我们，离开了普遍规律的"细节真实"，并没有达到真理性的认识，没有真正的科学价值，哲学社会科学的研究不能止步于此。

二、奠定科学信仰的理论基础

马克思主义的科学性，因此获得了双重普遍意义：其一，它为科学信仰提供了理论支持，不仅成为包括自然科学在内的所有科学研究的世界观和方法论，而且成为所有追求科学信仰者的必修"真经"。其二，它为哲学社会科学的发展奠定了基础，即在科学实现现象与本体、信仰与知识、价值与真理等相对概念之间的有机统一基础上，通过揭示社会历史发展的客观规律，建构与之相应的知识体系。

就第一个普遍意义而言，首先要解决一个疑问，即包括自然科学研究在内的科学研究，为什么需要科学的马克思主义指导？马克思主义科学世界观不是凌驾于科学之上的"科学的科学"，但却是包括自然科学在内的科学研究必须倡导的世界观和方法论。首先，马克思主义的科学性表现了破除迷信、捍卫真理的科学革命精神。科学家们一般都具有追求真理、献身科学的抱负，而且是"绝大多数现代自然科学家自发地主张的唯物主义认识论的拥护者"，然而无可否认，仅靠这种"自然科学的唯物主义"倾向还是不能有效地防范倒向反科学的迷信和神学的危险。恩格斯在《自然

---

① 列宁. 列宁选集：第2卷. 3版. 北京：人民出版社，1995：411.
② 列宁. 列宁全集：第28卷. 2版. 北京：人民出版社，1990：364.

辩证法》一书中列举了大量著名自然科学家晚年堕入造神术和迷信的事例。例如英国经验主义科学的鼻祖弗兰西斯·培根后来的兴趣就转移到了"使人返老还童，改形换貌，易身变体，创造新种，腾云驾雾，呼风唤雨"。"同样，伊萨克·牛顿在晚年也颇热中于注释《约翰启示录》。"此外，华莱士等一大批 19 世纪著名的自然科学家倒向神学甚至于巫术①。

问题在于恩格斯所列举的现象不是某个时段的个例，而是在科学史上时有发生的重复性事件。20 世纪初的"物理学革命"打破了人们习惯地从"实体"方面认同物质的传统观念，致使一大批自然科学家从自发的唯物主义经由唯心主义倒向神学，成为列宁所说的伟大的科学家、"渺小的哲学家"。这一幕于今天似乎又在重演。试图用最新科学证明存在着"灵魂"，存在着"生命轮回"，存在着非物质的"幽灵空间"等，成为西方一些科学家热衷的事情，而与这些荒谬行为相联系的僧侣哲学、信仰主义则成了时尚的哲学。至于一些有违科学道德的所谓"科学实验"，更是屡屡发生。这充分证明，要把追求真理的科学精神贯彻到底，必须解决科学的信仰问题，勇于改造世界观。和我国老一辈科学家自觉学习马克思主义哲学相去甚远，今天一些人存在着自认为固守自然科学立场，"为科学而科学"就足够了，因而忽视甚至拒绝学习辩证唯物主义世界观和方法论的倾向。这是马克思主义的指导作用在一些实证科学领域弱化的原因。这些人忽视了一个根本性问题，即把宗教现象进行世俗还原，有直观的唯物主义就能做到（例如费尔巴哈），但是，要揭示出宗教的社会历史根源，防止把自然科学和社会历史出现的新情况引向神秘主义，仅靠直观的唯物主义是不够的。正如马克思指出的："事实上，通过分析找出宗教幻象的世俗核心，比反过来从当时的现实生活关系中引出它的天国形式要容易得多。后面这种方法是唯一的唯物主义的方法，因而也是唯一科学的方法。那种排除历史过程的、抽象的自然科学的唯物主义的缺点，每当它的代表越出自己的专业范围时，就在他们的抽象的和意识形态的观念中显露出来。"②可以说，自发的唯物主义与自发的宗教情绪不存在转化的困难，而只有彻

---

① 马克思，恩格斯. 马克思恩格斯选集：第 4 卷. 2 版. 北京：人民出版社，1995：291.
② 马克思，恩格斯. 马克思恩格斯文集：第 5 卷. 北京：人民出版社，2009：429 注释.

底的唯物主义才能把科学精神贯彻到底。

其次，马克思主义的科学性表现了公平公正的科学开放精神。马克思主义理论表明，科学的信仰不能自发地产生。一个人无论何种出身，何种社会地位，何种职业和收入，何种知识背景，要树立科学的信仰，都毫无例外地需要学原著、悟原理、见行动，走理论联系实际、在改造客观世界的同时改造主观世界的道路。这就是马克思主义体现出的科学面前、真理面前人人平等。科学不承认特权，不认可不劳而获。和宗教的"选民说"不同，马克思主义认为没有天生的革命者。无产阶级的世界历史使命是在资本主义自我否定和解体中"被赋予"的，而它能否自觉地担负起这一使命，还需要自身的努力奋斗，包括努力学习和掌握马克思主义，使自己成为自为阶级。

再次，马克思主义的科学性表现了真理不可抗拒的科学进取精神。从根本上说，除了无所作为、甘于平庸者，自觉地用科学世界观武装自己，对于担负历史使命和人民嘱托者而言具有不可抗拒的强制性。原因在于，现实的人在世界观上不可能处于真空状态，不是自觉地用科学世界观武装自己，就是受自发性支配，实际上是被陈旧的传统和浅薄的时尚绑架，必然难堪大任。因此，所有力图生命出彩的中国特色社会主义建设者及其接班人，如果不努力学习马克思主义，不认真改造世界观，就难免有辱使命。正如恩格斯指出的："自然研究家尽管可以采取他们所愿意采取的态度，他们还是得受哲学的支配。问题只在于：他们是愿意受某种蹩脚的时髦哲学的支配，还是愿意受某种以认识思维的历史及其成就为基础的理论思维形式的支配。"① 顺应世界变革发展的大势，使得科学成为人类进步的动力，也使得不断摆脱自发性的支配成为科学精神的精华。

就第二个普遍意义而言，必须看到，离开了马克思主义就不可能有真正合格的哲学社会科学。这就是说，在马克思伟大的思想变革之前，世界上没有真正意义上的社会科学；而在马克思伟大思想变革影响下，现代意义上的哲学社会科学取得了许多突破。但是，世界社会主义的曲折历程，使得在马克思主义指导下构建新型哲学社会科学的任务并没有完成；而今

---

① 马克思，恩格斯. 马克思恩格斯选集：第 4 卷. 2 版. 北京：人民出版社，1995：308.

天处在全面衰落中的西方资本主义，彻底丧失了探索历史规律的勇气，因而其哲学社会科学总体上是没有历史过程、没有世界未来的学问，其微观的、局部的某些进展掩盖不了其整体上的不科学。因此，如果我们不能在马克思主义指导下，加快构建中国特色哲学社会科学，我们的哲学社会科学阵地就有可能丢失。

探索社会历史领域的客观规律、追求客观真理不仅与自然科学的探索一样，需要艰苦的攀登和百折不挠的意志，还在于必须摆脱狭隘利益眼界的束缚，真正敢于面对新陈代谢的历史趋势，敢于按照历史规律否定陈腐过时的既得利益，努力开创和不断扩大广大人民的利益。如果说，探索自然科学真理，仅凭兴趣也可能做到的话，那么，一以贯之地探索历史规律则必须作为崇高的信仰才可能做到。本来，把人类历史理解为一个有规律的发展过程，是资产阶级上升时期以黑格尔为代表的德国古典哲学的重要成就，它体现了毫无顾忌地探索和追求真理的科学精神。但是，资产阶级在成为统治阶级以后，为维护其特殊的阶级利益，便否定了"在研究单个事实之间的重大联系方面的决定性进步，即把这些联系概括为规律"①。可见，敢于无所顾忌地探索社会历史领域的客观规律，只有先进的社会力量才可能做到。因此，研究哲学社会科学，立场问题特别突出。

马克思思想形成中最大的困惑，就是如何摆脱市民社会的狭隘利益、发现现实的普遍利益的代表。他刚涉入利益问题时，从摩塞尔地区农民和官僚当局的抗争中发现"这个因素应该是**政治的**因素，而不是官方的因素，这样，它才不会以官僚的前提为出发点；这个因素应该是**市民的**因素，但是同时它不直接和私人利益以及有关私人利益的需求纠缠在一起。这个具有**公民的头脑**和**市民的胸怀**的补充因素就是**自由报刊**"。但是，自由报刊毕竟太脆弱了，根本无法对市民社会进行革命改造。马克思的决定性发现是在《〈黑格尔法哲学批判〉导言》中完成的。从一般意义上说，"在市民社会，任何一个阶级要能够扮演这个角色，就必须在自身和群众中激起瞬间的狂热。在这瞬间，这个阶级与整个社会亲如兄弟，汇合起来，与整个社会混为一体并且被看作和被认为是社会的**总代表**；在这瞬

---

① 马克思，恩格斯. 马克思恩格斯选集：第 4 卷. 2 版. 北京：人民出版社，1995：258.

间，这个阶级的要求和权利真正成了社会本身的权利和要求，它真正是社会的头脑和社会的心脏"①。就是说，先进阶级的利益和广大人民利益的吻合，才是真正的社会普遍利益。但是，短暂的吻合并不能实现人类的解放，也还不是阶级利益和现实人类利益的真正统一。出路"在于形成一个被戴上**彻底的锁链**的阶级，一个并非市民社会阶级的市民社会阶级，形成一个表明一切等级解体的等级，形成一个由于自己遭受普遍苦难而具有普遍性质的领域"。"形成这样一个领域，它表明人的**完全丧失**，并因而只有通过**人的完全回复**才能回复自己本身。社会解体的这个结果，就是**无产阶级这个特殊等级**。"②"并非市民社会阶级的市民社会阶级"深刻揭示了现代无产阶级的本质。它是阶级社会解体的必然产物，而消灭阶级也就成为它的唯一阶级要求。现代无产阶级的阶级利益因而与现代社会的发展趋势完全一致，也因此"科学越是毫无顾忌和大公无私，它就越符合工人的利益和愿望"③。阶级性和科学性的统一，是马克思主义的科学品格；坚持工人阶级立场，是建构马克思主义指导下的中国特色哲学社会科学的必要前提。

　　研究社会历史的客观规律，必须打破现象与本体、知识与信仰的对立，必须科学解决信仰崇高性和现实性的统一，亦即入世和脱俗问题。这里的悖论在于，信仰要成为知识的对象，必须世俗化；然而世俗化的信仰，又可能因其功利化而失去信仰的价值。马克斯·韦伯所关注的作为"资本主义精神的新教伦理"的蜕变就是例证。新兴的资产阶级要推动生产力发展，需要有强大的赚钱动力，亦即需要务实管用的信仰，因而必然要改革传统的宗教信仰。但是，即便赚钱不是为了个人的直接挥霍，然而毕竟"至善""自我救赎"就是尽可能地多赚钱，已经如此"入世"的宗教伦理企盼长期保住其"超验""神圣"光环，显然就纯属幻想。它注定要被世俗的"神"（金钱）所代替。当宗教的最后一层面纱被撩开后，一个物欲横流的世界便赤裸裸地显现了。事实正是如此。为了赚更多的钱，

---

　　①　马克思，恩格斯. 马克思恩格斯选集：第1卷. 2版. 北京：人民出版社，1995：12-13.

　　②　同①14-15.

　　③　马克思，恩格斯. 马克思恩格斯选集：第4卷. 2版. 北京：人民出版社，1995：258.

分期付款、信用消费等超前消费方式产生了，刻苦禁欲的生活方式不可抗拒地被追求享乐的生活方式所取代，与此相应，"讲究实惠的享乐主义代替了作为社会现实和中产阶级生活方式的新教伦理观，心理学的幸福说代替了清教精神"①。于是，"意识形态的终结""历史的终结"就成为西方主流意识形态的主旋律，从此也就正式从科学研究上告别了客观规律。

在马克思主义看来，科学（包括自然科学）本质上是历史的科学，是以客观规律为基础的知识体系，而客观规律就是历史的客观必然性。恩格斯指出："每一个时代的理论思维，从而我们时代的理论思维，都是一种历史的产物，它在不同的时代具有完全不同的形式，同时具有完全不同的内容。因此，关于思维的科学，也和其他各门科学一样，是一种历史的科学，是关于人的思维的历史发展的科学。"② 当代西方的哲学社会科学排斥客观规律，注定了它从根本上是非历史、非科学的。其中的民主、自由、法治、人权、民意等核心概念都是静止的、孤立的、既有的，没有生成过程，更没有未来的发展，因而从根本上说是抽象的。把对客观规律的研究作为学科的根基，并注入鲜活的历史发展内容，是构建中国特色哲学社会科学的基本方向。

三、以马克思主义为指导构建中国特色哲学社会科学

必须看到，构建中国特色哲学社会科学任重道远。从目前的态势看，马克思主义的指导作用在高校大体上还停留在思政课、校园文化、政治学习和党团组织活动上，远未深入到最经常、最根本的学科建设和大多数的课堂教学中。更令人忧虑的是，把学术与意识形态对立起来的倾向大肆侵入了马克思主义的研究，"非意识形态化"的马克思主义研究不仅有所抬头，而且还自诩为"学术的""正宗的"马克思主义研究，力图主导高校马克思主义研究的学术方向这些必须加以制止。

以马克思主义经典著作的研读为例。毫无疑问，必须毫不动摇地学好马克思主义经典著作，把它作为"看家本领"。因为马克思主义经典著作

① 贝尔. 资本主义文化矛盾. 北京：生活·读书·新知三联书店，1989：122.
② 马克思，恩格斯. 马克思恩格斯选集：第4卷. 2版. 北京：人民出版社，1995：284.

是马克思主义经典作家思想的基本载体，是辨别真假马克思主义的重要依据。学习马克思主义"真经"，离不开经典文本研究。恩格斯的告诫是："根据原著来研究这个理论，而不要根据第二手的材料来进行研究——这的确要容易得多。"然而，我们又必须旗帜鲜明地反对非意识形态化的所谓"纯文本"研究，理由如下：第一，经典原著不是解读马克思主义的唯一依据。马克思主义的基本原理不仅存在于经典文本中，还存在于马克思所献身的事业中，存在于千百万人民群众的社会主义实践中。马克思主义的鲜活内容和磅礴力量，必然"溢出"文本，不可能仅通过"纯文本"解读就获得。第二，原著之争不在于原著本身，而在于立场、观点、方法。马克思主义的重大理论争论，从来不是因为发现了新文本，或者出现了重大的翻译错误，而是基于对经典作家的整体性判断（人道主义、自由个人主义或无产阶级国际主义一类，以及是否存在"两个马克思"或"三个马克思"，"两个恩格斯"，"恩格斯反对马克思"，"列宁、恩格斯反对马克思"等）而突出思想观点之争。可见，文本只是引子，实质是对立的立场、观点、方法。第三，马克思主义经典文本的研读，不能搞所谓的"微言大义"，而必须领悟基本原理；不能拘泥只言片语，而必须注重精神实质。搞脱离实际的所谓"纯文本"研究，本身就背离了马克思主义。

如果说，黑格尔以逻辑内化历史是泛逻辑主义、并最终被"溢出"逻辑之外的历史所击破的话，那么以文本取代历史也必将被"溢出"文本之外的历史所击破。区分"历史"（现实）和文本（理解）正是马克思主义文本研究的基本原则。马克思认为，历史是"正本"，是原型、原本、根本，而文本则只是"副本"，是对历史的阐发和反映。因此，研究文本必须研究文本所产生的历史背景，通过对马克思创造活动和思想历程的原生态的再现，才能克服和解决马克思主义文本解读中的问题与争论，并进行创造性的阐发。正如恩格斯所言："必须重新研究全部历史，必须详细研究各种社会形态存在的条件，然后设法从这些条件中找出相应的政治、私法、美学、哲学、宗教等等的观点。……这个领域无限广阔，谁肯认真地工作，谁就能做出许多成绩，就能超群出众。"[①] 解读马克思主义文本要求

---

① 马克思，恩格斯. 马克思恩格斯选集：第 4 卷. 2 版. 北京：人民出版社，1995：692.

把马克思主义文本放在特定的时代背景和历史环境中，在揭示时代精神的过程中把握马克思主义文本，马克思主义思想就有了立体感。如果离开了历史语境，哪怕是最大限度地多维透视文本，其实也还是在一个十分狭小的空间解读，不仅不能保证解读的可靠性，也无法真正超越那种孤立的、僵死的文本解读方式。毫无疑问，文本解释要注重文化背景，尤其是特定的语境，但不能以此取代时代背景和历史环境。后者不仅包括意指文化环境和语言环境的语境，更重要的是还包括由生产方式所决定的历史趋势、由经济基础所决定的社会利益格局，以及由社会交往所决定的生存方式等在内的大环境。"在历史上出现的一切社会关系和国家关系，一切宗教制度和法律制度，一切理论观点，只有理解了每一个与之相应的时代的物质生活条件，并且从这些物质条件中被引申出来的时候，才能理解。"① 从历史大环境回到语言小环境，这不是文本解读的真正深化，而实际上是一种倒退。尤其当人们有意为之时，情况就更为严重。

必须特别强调，把非意识形态化作为包括马克思主义理论研究在内的科学研究的"学术正统"，已经达到比较严重的程度。我们随意翻阅包括马克思主义理论学科在内的诸学科的博士、硕士论文，就可以发现，在论文写作的方法论特色的自我介绍上，我们历来强调的马克思主义方法论，含"历史和逻辑相一致""理论联系实际""具体问题具体分析""革命的批判的分析"等，已经大体上销声匿迹，更别提"阶级分析""自然辩证法""唯物辩证法"了，取而代之的是"大数据""实证分析""文献阅读法""田野调查""口述历史"等中性化、实证化方法。我们赞同与时俱进，但首先要体现马克思主义基本原理和方法论的创新，而不是将其拒斥；吸收的应该是确有建树的学术新成果，而不是"文献阅读法"一类故作中立的学术泡沫。

还要指出，这里完全不涉及百家争鸣问题，不能用所谓"多种范式""多视角"的平等讨论去调和争论。在立场和世界观上不能脚踏两只船，在根本"范式"上不允许多元共存，而必须坚持一元论，坚决与可能导致颠覆性错误的倾向进行不懈的斗争。要区分哲学社会科学研究中的两种

---

① 马克思，恩格斯. 马克思恩格斯选集：第2卷. 2版. 北京：人民出版社，1995：38.

"多视角"：一种是有利于推进真理性认识的讨论和提问，以立场、观点、方法的共识为前提；另一种是持对立的立场和世界观，把"多视角"作为颠覆马克思主义指导地位的手段。这第二种"多视角"显然不是百家争鸣可以解决的，而必须诉诸正确开展的舆论斗争。

哲学社会科学研究中的非意识形态化倾向，根本在于研究者的出发点是"以人民为中心"还是个人主义立场。这决定了不同的研究导向：第一，是否透过现象看本质，是否以客观真理和客观规律为追求。以人民为中心的研究导向，必然要研究事物的本质，探索历史发展的客观规律，推动社会的变革发展；而个人主义的研究导向，由于把个人理性视为人类理智的极限，否认认识客观规律的可能性，则必然停留在现象，止步于日常生活，热衷于"细小叙事"，在方法论上就迷恋经验论和实证主义。第二，是否以人民的需要和实践为根据提出问题和研究问题。以人民为中心的研究导向，必然关心人民的需要，深入人民的实践；提出真问题，提炼真思想，提高真学问，把社会效益和学术追求统一起来。而个人主义的研究导向，必然把人民的需要和社会效益视为空洞的"宏大叙事"，视为非学术的意识形态而加以鄙视以致拒斥，游离于党领导的中国特色社会主义伟大事业之外；必然只把个人的需要看作是真实的需求，把自利性视为最根本的人性，个人利益的博弈是其全部学术的根基；因而必然从不变的人性假设出发，其研究不仅视野狭小，而且必定夹杂着大量混淆是非的伪问题、无病呻吟的伪风雅和自娱自乐、自说自话的伪学问。第三，是否把立德树人、培育时代新人作为最高价值追求。以人民为中心的研究导向立足于人的全面发展需要，批判错误思潮、引领社会风尚、提升精神境界、促进人的自觉自由，是其内在要求；而个人主义的研究导向，则崇拜自发性，鼓吹自发自由，必定导致否弃理想信念，自我中心、物欲主义，而对西方亦步亦趋的奴性文化和否定党的领导和先进思想指导的民粹主义，就是这种研究所培育出的两个怪胎。

随着我国制度完善的步伐加快，以及将我国的制度优势转化为国家治理效能的需要日益紧迫，我国哲学社会科学的责任也自然加大。从坚持和完善党的领导制度，到与之配套的其他重大制度，都需要理论的支撑；

"四个自信"间的互动，尤其是理论自信和制度自信间的互动将更加紧密。更好地发挥马克思主义的真理力量和科学作用，是新时代的要求，对此，马克思主义理论工作者责无旁贷。

第二节　新世界观与马克思主义的整体性

关于马克思主义整体性的讨论，经历了一些时日，已经初步形成了以下共识：它关系到对于马克思主义的完整准确把握，关系到对于马克思主义基本原理的坚持和发展，很有必要。但这一讨论中最为关键的问题，即马克思主义的整体性如何概括，则仍然见仁见智，莫衷一是。说到底，列宁概括的马克思主义的三个组成部分的研究者们，似乎都想把整体性置于自己的学问基础上。客观地看，把马克思主义整体性归结为哲学、政治经济学或科学社会主义都有一定的道理。比如，归结为哲学是因为马克思主义哲学是其全部理论的世界观依据；归结为政治经济学是因为揭示资本主义的奥秘和超越资本主义的根据只能依靠政治经济学；归结为科学社会主义是因为马克思主义的主题是"以工人阶级解放为政治形式的人类解放"，且常常被表述为科学社会主义或共产主义。但是，从现在的讨论思路看，无论归结为哪一个学科支点，都有难以克服的软肋：哲学作为远离社会经济基础的最为抽象的意识形态形式，能够整体性地表现马克思主义的理论特质吗？政治经济学如果失去科学世界观的引领就会成为庸俗经济学，而且必然向实证的经济学倾斜，从而丢失了灵魂；科学社会主义如果不突出马克思的唯物史观和剩余价值学说"两大发现"，还能成为"科学"吗？正如恩格斯指出的，以往的社会主义学说与唯物主义并不相容，而科学社会主义则是唯物史观和剩余价值学说的产物①。由此看来，关于马克思主义整体性的讨论现在还未能真正达到把"三个组成部分"融为一体的高度。出路何在？

---

① 马克思，恩格斯. 马克思恩格斯选集：第3卷. 2版. 北京：人民出版社，1995：739-740.

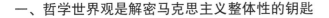

一、哲学世界观是解密马克思主义整体性的钥匙

我想我们似乎应当改变一下讨论的思路。原先讨论的前提是马克思主义有"三个组成部分",因而整体性就是这三个组成部分的统一。根据是恩格斯在《反杜林论》、列宁在《马克思主义的三个来源和三个组成部分》中都把马克思主义学说概括为哲学、政治经济学和科学社会主义三个部分,因而讨论的关注点就在这三个部分的统一上。但是,恩格斯、列宁做出如此概括在很大程度上是为了便于马克思主义的通俗化宣传,并不是对于马克思主义的整体性解读。实际上,他们都强调马克思主义是一个完备的思想体系,必须对于马克思主义有一个整体性的理解。从哲学世界观上把握马克思主义的整体性,是我们不难从经典作家著述中发现的思想脉络。

马克思在《资本论》第一卷出版不久,就制定了写作"辩证法"的计划。他在致约瑟夫·狄慈根的信中写道:"……一旦我卸下经济负担,我就要写《辩证法》。辩证法的真正规律在黑格尔那里已经有了,当然是具有神秘的形式。必须去除这种形式……"① 这个计划虽然未能实现,但正如列宁指出的:"虽说马克思没有遗留下'**逻辑**'(大写字母的),但他遗留下《资本论》的**逻辑**,应当充分地利用这种逻辑来解决这一问题。"② 在列宁看来,《资本论》决不是一般意义上的经济学著作,而是经济学形式的唯物辩证法,本质上是新世界观。

列宁最为明确地把马克思主义归结为一种新世界观。他在谈论《共产党宣言》这部标志着马克思主义问世的著作时指出:"这部著作以天才的透彻而鲜明的语言描述了新的世界观,即把社会生活领域也包括在内的彻底的唯物主义、作为最全面最深刻的发展学说的辩证法、以及关于阶级斗争和共产主义新社会创造者无产阶级肩负的世界历史性的革命使命的理论。"③ 我们所熟知的列宁关于马克思主义是"一整块钢","它完备而严

---

① 马克思,恩格斯. 马克思恩格斯文集:第 10 卷. 北京:人民出版社,2009:288.
② 列宁. 列宁全集:第 55 卷. 2 版. 北京:人民出版社,1990:290.
③ 列宁. 列宁选集:第 2 卷. 3 版. 北京:人民出版社,1995:416.

密"的论断，实际上都是他从哲学世界观角度做出的概括。"马克思学说具有无限力量，就是因为它正确。它完备而严密，它给人们提供了决不同任何迷信、任何反动势力、任何为资产阶级压迫所作的辩护相妥协的完整的世界观。"① "在这个由一整块钢铸成的马克思主义哲学中，决不可去掉任何一个基本前提、任何一个重要部分，不然就会离开客观真理，就会落入资产阶级反动谬论的怀抱。"② 毫无疑义，列宁认为马克思主义的科学性、整体性、完备性，皆源自其哲学世界观。

毛泽东完全继承了列宁对于马克思主义的整体性分析，他反复强调："马克思主义有几门学问：马克思主义的哲学，马克思主义的经济学，马克思主义的社会主义——阶级斗争学说，但基础的东西是马克思主义哲学。这个东西没有学通，我们就没有共同的语言，没有共同的方法，扯了许多皮，还扯不清楚。有了辩证唯物论的思想，就省得许多事，也少犯许多错误。"③ 毛泽东始终高度重视哲学世界观在马克思主义思想体系中的基础作用，并将其作为党的政治建设、思想建设和作风建设的灵魂。我们党始终坚持的思想建党、理论强党的建党原则，其前提就是世界观优先。

需要指出的是，我们这里引证的经典作家关于马克思主义本质上是新型哲学世界观的论断，强调应该从这一角度探讨马克思主义的整体性时所持的哲学世界观立场，与时下许多人对哲学的狭义认知并不相同。不能把马克思主义哲学混同于各种传统的、时下流行"时髦"的哲学。马克思主义哲学世界观不是一般的人类精神现象，更不是五花八门的玄学或自我意识的展现，而是人类历史活动的主动性和创造性的科学阐发，是世界观和方法论的统一，是理论和实际相统一的思想路线的科学依据。邓小平曾做出一个很值得玩味的论断，他指出："列宁之所以是一个真正的伟大的马克思主义者，就在于他不是从书本里，而是从实际、逻辑、哲学思想、共产主义理想上找到革命道路，在一个落后的国家干成了十月社会主义革命。"④ 需要注意的是，邓小平的这一论断与我们关于哲学和共产主义理想

---

① 列宁. 列宁选集：第2卷. 3版. 北京：人民出版社，1995：309.
② 同①221.
③ 中共中央文献研究室. 毛泽东文集：第6卷. 北京：人民出版社，1999：396.
④ 邓小平. 邓小平文选：第3卷. 北京：人民出版社，1993：292.

的"常识"很不相同，他把共产主义理想以及马克思主义哲学思想放在与"实际"相同一的序列中，而与还没有成为现实的"书本"相区别。这表明，在他看来，科学世界观、体现历史规律的逻辑和科学的理想信念，不是高悬于实际之上的意识，也不是单纯的思想观念，而是不断推动现实发展的促进力量，是"革命实际"的有机构成。因此，他认为哲学世界观与党的思想路线和行动纲领之间不存在鸿沟，因而也不存在马克思主义哲学和科学社会主义的严格界限。"马克思、恩格斯创立了辩证唯物主义和历史唯物主义的思想路线，毛泽东同志用中国语言概括为'实事求是'四个大字。"① "搞社会主义一定要遵循马克思主义的辩证唯物主义和历史唯物主义，也就是毛泽东同志概括的实事求是，或者说一切从实际出发。"② 邓小平在这里以明白无误的叙述，消除了世界观和思想路线、行动指南，哲学和革命实践的隔阂，为完整准确把握马克思主义提供了新的思路。

可见，回归马克思主义经典作家关于哲学世界观的认知，是解决马克思主义整体性问题的前提。应当看到，这些年来由于受西方哲学思潮的误导，把马克思主义哲学去世界观化的倾向十分严重。现代西方哲学从一个错误的哲学判断出发，即断言以康德为代表的近代"认识论哲学"，颠覆了传统哲学的"形而上学"，宣告整体性把握世界是"人类自然本能的幻想"。此后推动所谓的"后形而上转向"，使哲学转向主观唯心主义的"个人主义哲学"，多元、相对、去中心、现象化、碎片化，成为西方哲学的主流。这样，不仅西方主流哲学拒斥了世界观，而且深受这一转向影响的"西方马克思主义"也经由"实践转向"抛弃了一元论世界观。与马克思哲学变革的初衷相悖，秉承当代西方哲学"转向"的"实践哲学"，日益远离了工人阶级及其政党所负的使命，自满自足于校园、书斋和对个人心灵的抚慰。以这样的哲学站位，要解决马克思主义的整体性问题，无异于缘木求鱼。因此，要以马克思主义哲学世界观为核心解密马克思主义的整体性，首先要恢复马克思主义哲学的新世界观本性。

---

① 邓小平. 邓小平文选：第 2 卷. 2 版. 北京：人民出版社，1994：278.
② 邓小平. 邓小平文选：第 3 卷. 北京：人民出版社，1993：118.

二、马克思主义的整体性源自世界的物质统一性

马克思主义始终强调，时代是思想之母，实践是理论之源。之所以能够整体性地把握马克思主义，归根到底在于它依托了世界的物质统一性，依托了"世界历史"这一显示人类历史统一性的必然趋势；之所以需要从整体性上把握马克思主义，根本原因在于只有整体性的世界观才能认识、把握整体性的世界和人类历史，这是马克思主义真理性、科学性的本源。换言之，"碎片化"的世界不可能有一元化的世界观，不可能有统一的历史规律，也不可能有一元化的马克思主义。所以，世界观是首要问题，"去世界观"就是要在回避世界观问题中，从根本上颠覆我们坚持和发展马克思主义的理论根据。

对于世界的整体性把握，必须解决三大难题：一是自然界、人类社会和精神现象的世界统一性；二是过去、现在和未来的历史统一性；三是现象、本质和本体的存在统一性。在马克思的伟大哲学变革之前，唯心论在这一领域占据了统治地位。哲学虽然也在不断进步，但直到 19 世纪初，在三大难题面前还是一筹莫展。正如恩格斯指出的："18 世纪没有解决巨大的对立，即实体和主体、自然和精神、必然性和自由的对立，这种对立是历史从一开始就具有的，而且这种对立的发展贯穿于整个历史之中。"① 黑格尔作为德国古典哲学集大成者虽然有所突破，可能达到了唯心主义哲学的最高点，但毕竟没有真正破解这三大难题。历史表明，解决这三大难题，除了辩证唯物主义世界观，别无他途。这也从根本上证明，离开科学世界观去探讨马克思主义整体性的努力，注定要失败。

关于自然界、人类社会和精神现象的世界统一性问题。毫无疑问，自然界、人类社会和精神现象是不同领域的事物。自然界的自发自在、人类社会的自主自为、精神现象的自我自觉，都是显而易见的界域上的异质性。因此，世界的统一性并非简单地把三大领域同质化，而是要深入揭示三者在异质性分布下的同源性，即同一本源及其相互转化、有机统一的可能性。

---

① 马克思，恩格斯. 马克思恩格斯文集：第 1 卷. 北京：人民出版社，2009：89.

　　唯心主义哲学家总是以精神为本源说明世界的统一性，但由于其思想根本颠倒了世界的真实存在，故而无论多么精致，也必然漏洞百出并最终破产。黑格尔可以说是以精神本源阐释世界统一性的绝对高手。他通过唯心论的辩证逻辑，"第一次把自然界、社会和思维的发展的一个一般规律在其普遍适用的形式上表述出来，这毕竟是一项具有世界历史意义的勋业"①。黑格尔的高明之处在于把握住了事物"自己运动"这一本质，他以"绝对精神"这一把现实人类思辨化的概念主体的自我运动，构建了一个包括自然界、人类社会和精神现象的大一统概念辩证法体系。思辨的叙述方式包裹着丰富的现实世界运动变化的内容，尽管是本末倒置、头足倒立，然而"假作真时真亦假"，其影响力不言而喻。"黑格尔常常在**思辨的**叙述中作出把握住**事物本身的**、**现实的**叙述。这种在思辨的阐述**之中**所作的现实的阐述会诱使读者把思辨的阐述看成是现实的，而把现实的阐述看成是思辨的。""这种办法，用思辨的话来说，就是把**实体**了解为**主体**，了解为**内在的过程**，了解为**绝对的人格**。这种了解方式就是**黑格尔**方法的基本特征。"② 可以说，黑格尔的世界统一性逻辑，仅在思想的基地上是无法根本打破的，青年黑格尔派虽然也抓住了它的一些破绽，但总体上还在黑格尔的逻辑框架内踏步。只有费尔巴哈由于"直截了当地使唯物主义重新登上王座"而至少向前走了一步，虽然他未能完成超越，但也预示了只有唯物主义才是解决这一问题的真正出路。

　　说到底，客观逻辑决定了主观逻辑，如果将其颠倒，就不可能真正做到逻辑严密。唯心论的世界观立场，决定了黑格尔哲学不可能是真正严密的逻辑学。唯心主义概念辩证法把现象归结为某种概念本质是容易的，但是要将丰富多样的现实事物合理地纳入概念自我发展的"内在环节"就勉为其难了。说梨、苹果、扁桃、葡萄都属于"水果"没错，因为它们都有水果的共同属性。但要说明上述水果都是"水果"的自我发展"设定的"环节就困难了。环节之间如何衔接？怎样从一个环节"必然"转化为另一个环节？如果再出现新的水果品种，又该如何排序？再有想象力的哲学家

---

① 马克思，恩格斯. 马克思恩格斯选集：第 4 卷. 2 版. 北京：人民出版社，1995：316.
② 马克思，恩格斯. 马克思恩格斯文集：第 1 卷. 北京：人民出版社，2009：280.

也不可能自圆其说。简单的自然现象尚且如此，更别说无比复杂的世界体系了。自然、历史、人的活动总是要"溢出"黑格尔的逻辑体系，其唯心主义辩证法体系被不断变化的实际撕裂在所难免。

另外，传统唯物主义也解决不了世界的物质统一性问题：第一，它解决不了人类社会历史的唯物论基础问题，因此历史领域始终是唯心主义的一统天下；第二，它解决不了用唯物论反映论阐明人类思想认识成果，尤其是普遍范畴和绝对真理问题，因而往往被怀疑论、折中主义钻空子；第三，它解决不了唯物论和人的精神能动性关系，尤其是崇高的理想信念和献身精神的唯物论根据问题，因而往往被物欲主义、享乐主义等污名化。说到底，传统唯物主义由于不懂得辩证法，因而在作为其哲学大厦基础的物质概念上，具有直观性、消极性和静止性，而单一的原子化实体物质概念，无法解决世界的物质统一性问题。

以唯物论和辩证法有机结合而形成的新唯物主义，即辩证唯物主义则成功地解决了上述难题：第一，把对立统一规律即矛盾作为事物"自己运动"的客观源泉，不但解决了物质的能动性难题，从而奠定了统一三大领域的物质基础和内在根据，而且解决了世界不同质事物的统一性问题，以内在的矛盾方式避免了外在的碎片化；第二，把物质的存在形态从单一的、静止的实体形式扩大到普遍联系、运动变化的关系形态，探明了社会历史领域的物质存在方式，即生产力与生产关系、经济基础与上层建筑的矛盾运动，创立了彻底的唯物主义；第三，把自然界、人类社会和精神现象作为物质运动的不同形式，确立了主观辩证法（范畴辩证法）是客观辩证法的反映，解决了物质运动存在形式的多样性及其相互转化的可能性问题，以及精神能动性的客观来源问题，使"历史的自然"和"自然的历史"相贯通，创立了完备全面的辩证法。辩证唯物主义世界观第一次向我们展示了一个普遍联系、相互依存和相互转化、不断发展的完整的世界。

关于过去、现在和未来的历史统一性问题。过去、现在和未来的历史统一性似乎不是问题。青年黑格尔派的契希考夫斯基就曾论证，"过去"也曾经是"现在"和"未来"，"现在"也曾经是"未来"并正在成为"过去"，而"未来"正在成为"现在"并必然成为"过去"。但是，问题绝非如此简单。实际上，过去、现在和未来在现实的历史过程中差异极大。成为历史的"过去"一般是"单数"，但对于"现在"而言，"未来"无疑是"复数"。如何选择"未来"，则决定了"现在"的得失成败。作为多种可能性的未来，如果没有历史客观必然性的支撑，则将是不可知的，或不可靠的"历史预言"，其与现在和过去的历史联系也就不具有整体性。正因为如此，黑格尔哲学才以历史的"终点"为起点，只是反思作为"单数"的过去历史，其逻辑辩证法完全回避了面向未来的"复数"难题。而一些所谓面向未来的"实践哲学"，雄心勃勃地要开创历史，却无一例外地掉进了"主观意志论"的泥淖。

马克思哲学为解决历史未来的客观必然性问题提供了基本方法论：第一，"从批判旧世界中发现新世界"。就是要通过科学的分析批判，找准旧世界的绝症，既将其作为旧世界必然灭亡的客观依据，也将其作为新世界建设方向的行动指南。"两极分化"和"人的物化"就是马克思揭露的资本主义社会的两大痼疾；而"共同富裕"和"人的全面发展"也就成为社会主义社会建设方向。注意，马克思这里不是如波普尔诘难的那样，直线式地把"未来"塞进"过去"，而是通过革命辩证法找到了旧质向新质转化的根据。

第二，客观分析的基础是"把握事实的总和"，反对片面的"玩弄实例"。列宁认为把握"事实总和"即把握"自在之物"本身，因而它不是全部现象的"量的"堆积（实际上这样的堆积毫无意义，包括信息技术高度发达的今天，需要对大量的信息、数据进行多层面的处理，才能满足各种具体需求，却仍然不可能解决"物自体"问题），而只能是揭示生活本质、决定历史方向的基本关系。因此，把握"事实的总和""社会关系的总和"只能依靠辩证唯物主义和历史唯物主义，从复杂的矛盾关系体系中梳理出决定事物发展方向的本质关系，才能把握事物的真实存在。马克思把资本主义社会的基本关系概括为"基础性关系"（商品关系）、"颠倒性关系"（物化关系）和"变革性关系"（雇佣劳动与资本），从而把握了资本主义社会的客观走向。

第三，确立破坏旧世界、建设新世界的主导性力量，即社会化大生产及其代表——现代无产阶级。马克思关于工人阶级世界历史使命的论断，并非如西方意识形态反复贬损的那样，是一种类似宗教"选民说"的救世主义，而是由它在资本主义经济体系中客观地位所决定的历史必然性。现代无产阶级既是社会化大生产的产物和代表，又是被资本主义自发经济规律肆意摆布的被动力量。社会化生产力进一步发展所要求的自觉性，必然表现为工人阶级在社会化生产体系中的自主性。这样，工人阶级的解放要求与社会化生产力的解放、因而与人类的解放就具有根本的一致性。正如《共产党宣言》指出的："被剥削被压迫的阶级（无产阶级），如果不同时使整个社会一劳永逸地摆脱一切剥削、压迫以及阶级差别和阶级斗争，就不能使自己从进行剥削和统治的那个阶级（资产阶级）的奴役下解放出来。"① 这是不以人的意志为转移的客观必然性。

关于现象、本质和本体的存在统一性问题。去唯物论，否定唯物论唯心论哲学的对立，本质上就是否定"自在之物"，否定唯物论的本体论。"自在之物"是世界物质统一性的基石，唯心主义必欲除之而后快。唯心主义否定"自在之物"的全部根据，就在于断言"自在之物"是无法认知和论证的，而谈论人类之外的"存在"纯粹是"形而上"问题。这种观点的谬误不言而喻，可又难以用语言表述。正如列宁曾引用唯物主义哲学家狄德罗的话所表达的那样："那些只承认自身的存在和自身中交替出现的感觉的存在，而不承认其他任何东西的哲学家，叫作**唯心主义者**。"唯心主义"这种体系虽然荒谬之至，可是最难驳倒，说起来真是人类智慧的耻辱、哲学的耻辱"②。

论证"自在之物"的存在，确立外部自然界的优先地位，才能科学地解决人类历史活动的能动性、自由等问题，打破唯心主义哲学在本体论问题上的根本颠倒。以唯物论和辩证法有机结合而形成的新唯物主义，彻底改造了以意志论为基础的唯心主义实践观，形成了唯物主义的科学实践观，充分论证了以下三大命题：第一，实践的两重性，即受动性和能动性的统一。实践的受动性切切实实地证明了外部自然界并非主体的"自我设

---

① 马克思，恩格斯. 马克思恩格斯选集：第1卷. 2版. 北京：人民出版社，1995：257.

② 列宁. 列宁选集：第2卷. 3版. 北京：人民出版社，1995：30.

定"，而是客观存在，违背自然规律必然会受到惩罚；实践的能动性不仅证明人的历史活动的能动性要以物质制约性为基础，而且表明历史活动能动性的基础是物质生产活动，它决定了人的历史活动是一个不断地从必然向自由转化的过程。第二，历史的无限性，即人类的历史只有阶段，没有终点。唯物主义实践观证明，实践本质上是"自在之物转化为为我之物"的过程。实践永无止境，表明了人类历史不是一个封闭的圆圈，而是不断开创未来的无限螺旋，同时也雄辩地证明了外部世界是客观存在的，不能人为地加以设定。第三，世界的可知性，即从根本上说，我们面对的所有"不解之谜"都只是未知世界，而不是不可知世界。世界并没有给人类的理智设下不可跨越的界限。世界的可知性证明了不存在本体论意义上的多元世界，千差万别、丰富多样的只是"现象界"。它们都是物质存在的不同表现形式，而不是世界的"碎片化"存在。

三、辩证唯物主义世界观与马克思主义的思想体系

科学世界观是对世界进行整体性把握的唯一可能，因此，只有从科学世界观出发才能解决马克思主义的整体性问题。这意味着马克思主义是一个完备的科学思想体系，本质上是一个崭新的世界观。它的学科分类、知识界限和专用术语是相对的，而在理论主题、思维方式、基本理论和核心概念上则根本一致。

1. 马克思主义整体性的一般要义：作为完备的科学思想体系的本质特征

从科学世界观出发决定了，整体性把握马克思主义首先要把握时代潮流、历史规律。路有千万条，通达成方向，而方向就是路的唯一。这就是道路和规律的关系。在人类历史的发展问题上，不同文明有不同的进化路径，但人类文明的进化却有一个大方向，这就是马克思主义指出的人类解放，表现为"每一个人的自由全面发展"。资本主义之所以已经不是今天世界的进步方向，就因为它以少数人的财富垄断，剥夺了大多数人的生存发展；以少数人的任性自由，剥夺了大多数人的自由发展。正因为如此，西方国家今天的确不敢真正面向未来，总是力图"维持现状"，因而整体上必然逆历史潮流而动。

"马克思主义，另一个词叫共产主义。"① 因此，揭示和不断深化共产主义必然取代资本主义历史规律的认识，为共产主义理想信念奠定科学基础，这就是马克思主义的整体理论追求。哲学、政治经济学、科学社会主义不过是从不同的理论和学术视野对此加以研究：哲学着眼于人类历史发展的一般规律，政治经济学着眼于资本主义经济运行规律，科学社会主义着眼于工人运动和社会主义的发展规律。这些对不同规律的研究，不断揭示和丰富了共产主义作为人类历史和文明进步大趋势的科学根据。因此，政治经济学本质上不属于实证经济学，而是关于资本主义的经济逻辑学；科学社会主义本质上不属于经验社会学，而是现代文明进步的社会逻辑学。研究历史规律，这就是马克思所说的整体性："我们仅仅知道一门唯一的科学，即历史科学。"② 如果根本偏离这一理论方向，不着眼于客观规律的研究，不研究甚至不承认共产主义必然取代资本主义的历史规律，那就不叫作马克思主义了，也没有整体性可言了。

从科学世界观出发也决定了，整体性把握马克思主义，必须把这一理论体系的概念范畴看作现实运动的反映，它们必然随着现实的变化而变化，因此，必须废止静止的、孤立的马克思主义的研究方法。马克思主义真正遵循了一切从实际出发，但真正的实际，不是一成不变的"现存"，而是不断变化发展的"过程"。从过程上把握实际，对思想范畴提出了更高的要求。毫无疑问，作为科学的思想体系和知识体系，范畴体系必须具有相对的稳定性和自洽性，但这不能说概念范畴只能自成体系。从根本上说，马克思主义概念范畴体系是辩证逻辑，是矛盾的概念，这是理解这一思想体系能够跟踪历史规律性的关键。它的基本范畴，都既具有经验的基础，同时又超越了一般的经验概括，都是科学世界观的具体运用。下面，我们将对现代无产阶级、人民、现实个人这一组相互联系、又各有侧重的概念做出具体分析。

现代无产阶级是马克思主义的核心概念，对其界定也是运用科学世界观的典范。恩格斯认为，作为现代社会化大生产标志的近代产业革命，

① 邓小平. 邓小平文选：第3卷. 北京：人民出版社，1993：173.
② 马克思，恩格斯. 马克思恩格斯文集：第1卷. 北京：人民出版社，2009：516注2.

"最重要的产物是英国无产阶级"①。列宁认为："马克思学说中的主要的一点，就是阐明了无产阶级作为社会主义社会创造者的世界历史作用。"② 毫无疑问，现代无产阶级与产业工人这一社会群体不可分割，后者是它的经验基础。但是，现代无产阶级并不是一个职业群体，也不是对某个社会阶层生活状况的描述，而是一个揭示了资本主义社会必然解体的科学概念。马克思反复论证，这不是主观臆断，而是客观判断，因为"无产阶级宣告**迄今为止的世界制度的解体**，只不过是揭示**自己本身的存在的秘密**，因为它就**是**这个世界制度的**实际解体**"③。这说明，无产阶级的客观历史使命和现存的相关社会群体的主观状态不是一回事。无产阶级要达到对于自己历史使命的自觉担当，需要一个为马克思主义所武装的过程，需要一个能够集中体现阶级意志的政党组织。至于无产者个人，能否成为本阶级的先进分子，全凭自己的主观努力，工人出身并不能帮上多少忙。可见，列举现实工人群体中的各种落后案例，试图证明马克思"神化了无产阶级"是极端无知的；用"无产阶级掌握了国家权力就不再无产"的所谓"悖论"，否定无产阶级的领导作用是极其浅薄的。"无产阶级"本质上不是一个实证的范畴，这是西方社会学所不愿也不能理解的。

　　马克思主义讲的"人民"，就是唯物史观认定的历史主体，即"现实的人类"，就一般意义而言，是先进阶级引领的推动历史前进的广大社会力量；从特殊意义上说，则是无产阶级领导的人类解放力量，即新唯物主义借以立脚的"人类社会或社会化的人类"。可见，人民和先进阶级虽不能等同，但也不可分割，这是党性和人民性统一的基础。如果说，我们曾经有过偏重阶级性忽视人民性的倾向，那么今天的主要偏向则是去阶级性的人民性。喜欢绕开中国工人阶级阶级性谈论人民性或以人民为中心的人应该思考几个问题：中华民族富有爱国主义传统，爱国的志士仁人从来没有断绝过，但是为什么鸦片战争以后中国会逐步沦落到任人宰割的地步，而爱国志士只能发出"有心杀贼，无力回天"的悲叹？为什么以往的爱国

---

① 马克思，恩格斯. 马克思恩格斯全集：第 2 卷. 北京：人民出版社，1957：296.

② 列宁. 列宁专题文集：论马克思主义. 北京：人民出版社，2009：61.

③ 马克思，恩格斯. 马克思恩格斯文集：第 1 卷. 北京：人民出版社，2009：17.

志士都是形单影孤，而中国共产党领导的革命事业却是英雄辈出、呈燎原之势？我们常说"只有社会主义能够救中国"，其实质就是马克思主义指导、工人阶级（经过共产党）领导。千万不要忘记，坚持中国共产党的领导就是坚持中国工人阶级的领导，中国共产党的过人之处首先在于体现了中国工人阶级的阶级意志和历史使命。

马克思主义不忽视个人，而是将其科学界定为"现实的个人"。和西方个人主义不同，马克思不把个人视为独立的本体，而是强调其总是通过具体的社会关系，以阶级、民族（部落、部族、家族）、社团（经济、政治、宗教、社会）等主体形式进行历史活动，因而人的本质"在其现实性上，它是一切社会关系的总和"。另外，和黑格尔主义也不同，马克思并不认为个人的全部价值都是由社会关系决定的，相反，每个人都有自身独特的、内在的、不可替代的价值。因此，问题在于人的社会本质和独特个性如何统一。马克思主义认为个人主义之所以不可取，就因为个人的独特价值离开了社会本性是不能真正实现的。而个人独有的"终极问题"，包括死亡、孤独、自由、无意义等，如果试图限于个人范围内解决，就只能在浪漫主义、虚无主义和享乐主义、物欲主义的两极之间徘徊，无法得到真正的"终极解答"。个人只有投身于现实的人类解放事业，才能超越孤独和死亡，获得生命的不朽价值，获得自由全面的发展。因此，马克思断言，共产主义"是历史之谜的解答，而且知道自己就是这种解答"①。全心全意为人民服务，不仅是崇高的精神境界，也是真实的自由境界，是对"终极问题"的圆满回应。

从科学世界观出发还决定了，整体性把握马克思主义必须正确解决每一门学问的客观前提问题，不能有任何独断论的价值预设。西方现代哲学社会科学之所以在整体上不可取，就因为它把主观的人性假设作为各学科学术话语无须论证的当然前提。这一前提之所以站不住脚，在于它把为资本主义所用的人的动物性，视为不变的科学原则，而把对人性的一切美好设想，都作为道德理想放到了现实的彼岸。这也是对它鼓吹的所谓人性"一半是天使，一半是野兽"的最好注解。马克思主义从根本上论证了这

① 马克思，恩格斯. 马克思恩格斯文集：第1卷. 北京：人民出版社，2009：185-186.

种人性论的谬误。人性既不是本善或本恶，也不是兽性和神性的混杂，而是一个不断脱离动物性、向自由全面状态前进的过程。原因就在于人类通过生产活动在改造外部自然界以满足自身生存的同时，也必须改造人自身（包括人性）以适应人和自然界的和谐共生。事实证明，没有辩证唯物主义世界观，就没有科学的人性论。

必须指出，资产阶级在其上升时期，对于人的理解之基调是积极的、向善的。它把人性尊崇为神性，区分时下经验的人性和真正的人性是其主流，强调人性的"复归"是其追求，表达了对未来的信心。但是今天，把人性还原为动物性，尊崇"丛林法则"，把资本主义社会的利己人性视为亘古不变的真实人性是当代西方人性论的主要倾向。它以为打着事实与价值二分的"科学"幌子，把动物化人性划入"事实"这一工具理性领域，就可以无所顾忌地让自利最大化及其衍生的种种社会歧视大行其道了。这不仅表明其放弃了对美好人性的追求，对于人的前景悲观失望，而且打开了族群冲突、种族歧视、等级鸿沟、特权霸凌的栅栏，表现了理论和人性的堕落。所以，西方哲学社会科学的独断论人性前提，整体上表现出对于现存资本主义制度的专断辩护，与人类文明进步的要求格格不入而不足为据。

马克思主义认为科学研究的前提是对象的客观性，独断论的价值预设脱离了客观对象，违背了科学本性。马克思因此批评唯心主义历史观"没有前提"，它作为出发点的"人"不是历史中真实存在的人，而是主观想象的人。而唯物史观则相反，"它从现实的前提出发，它一刻也不离开这种前提。它的前提是人，但不是处在某种虚幻的离群索居和固定不变状态中的人，而是处在现实的、可以通过经验观察到的、在一定条件下进行的发展过程中的人"[①]。只有从以生产关系为基础的社会关系总和中，从社会历史的矛盾运动中，才能确立作为认识的客观对象的人。所以，问题从来不是如西方主流观点所说的，它们重视人和个人，而马克思主义忽视人，尤其是个人，而是在于怎样的人才能作为科学认识的客观对象。如果不解决这一问题，以人为出发点就是一句空话。西方学界正是由于摒弃了辩证

[①]　马克思，恩格斯. 马克思恩格斯选集：第1卷. 2版. 北京：人民出版社，1995：73.

唯物主义一元论世界观，因而丧失了把人整体地作为科学认识对象的可能性，而只能认识局部的人。但是，卡尔·波普尔等西方自由主义者不承认这是其自身的局限性，反而以反对"宏大叙事"的谬论，把碎片化视为人和世界的真实存在，把科学认识限定在"局部工程""细小叙事"上。贯彻整体性把握马克思主义的原则，就必须突破对于人的研究实证化的局限。

2. 马克思主义整体性的核心要义：以工人阶级解放为政治形式的人类解放主题

马克思主义整体性的核心，在于它具有一以贯之的主题，形成了一脉相承的理论传统。这个主题就是要解决人类进入阶级社会以来，始终存在的一部分人压迫、剥削另一部分人的社会对抗问题，通过消灭阶级使人类得以真正解放。

人的解放这一主题是资产阶级革命提出来的。资产阶级随着大工业的发展而兴起，它创造了令人难以想象的前所未有的巨大社会生产力，展示了人类的强大创造力。"它第一个证明了，人的活动能够取得什么样的成就。它创造了完全不同于埃及金字塔、罗马水道和哥特式教堂的奇迹；它完成了完全不同于民族大迁徙和十字军征讨的远征。"① 这种为人类创造和支配的强大生产力，为人类解放奠定了物质基础。

不仅如此，资产阶级作为人类历史上第一个世界历史性的存在，真正开创了人类的世界历史进程。"过去那种地方的和民族的自给自足和闭关自守状态，被各民族的各方面的互相往来和各方面的互相依赖所代替了。物质的生产是如此，精神的生产也是如此。各民族的精神产品成了公共的财产。民族的片面性和局限性日益成为不可能，于是由许多种民族的和地方的文学形成了一种世界的文学。"② 世界历史的开创，使得全人类第一次处于同一个社会共同体，确立了人类解放的主体意义。

与此相应，人类对于解放的认识，也达到了一个新高度，即所有的解放活动，归根到底是人自身的解放。如果说解放是现代的"斯芬克斯之

---

① 马克思，恩格斯. 马克思恩格斯文集：第2卷. 北京：人民出版社，2009：34.
② 同①35.

谜"的话，那么体现资产阶级古典思想高度的德国古典哲学则做出了这样的回答："历来总是提出这样的问题：神是什么？德国哲学这样回答问题：神就是人。人只须要了解自己本身，使自己成为衡量一切生活关系的尺度，按照自己的本质去估价这些关系，真正依照人的方式，根据自己本性的需要，来安排世界，这样的话，他就会猜中现代的谜了。"① 对解放之谜的破解，为人类解放奠定了思想基础。高举人的解放的旗帜，为建立"理性的千年王国"奋斗，成就了生气勃勃的资产阶级革命。

但是，历史的不断发展打破了资产阶级的美梦。新的阶级对抗在资产阶级社会中无情而至，而且达到了空前广泛而尖锐的程度。事实证明，资产阶级并没有破解人类解放之谜。究其原因，就是由资本支配的社会化大生产，体现的不是人类的力量，而是物化的资本的力量。因此，资本主义社会的魂不是人的觉醒和自由个性，而是人的物化和商品拜物教。所以，资本主义的基本问题就是把社会化生产力这种"人的本质力量"归还给人。

马克思主义不是从道德意义上揭示社会化生产力的属人本性，而是通过对资本的矛盾性和颠倒性的科学分析，论证了社会化大生产的发展方向。资本的矛盾本性就在于，它的永无止境的创新和发展势头与其自身设置的发展极限不可调和。一方面，"资产阶级除非对生产工具，从而对生产关系，从而对全部社会关系不断地进行革命，否则就不能生存下去"。而另一方面，资本追逐超额利润的生存之道必然导致工人阶级的贫困化，以及相应的市场萎缩和人才摧残，使得无限的创新发展成为泡影。马克思因此断言："资本不可遏止地追求的普遍性，在资本本身的性质上遇到了限制，这些限制在资本发展到一定阶段时，会使人们认识到资本本身就是这种趋势的最大限制，因而驱使人们利用资本本身来消灭资本。"② 资本的颠倒性就在于商品价值和使用价值的颠倒，以及商品生产活劳动和死劳动的颠倒。价值成为社会化商品生产的目的，物化的死劳动成为社会化大生产的支配力量，这双重颠倒决定了资本主义社会本质上是个物化的颠倒社会。资产阶级虽然是一种世界历史性的存在，但却是以撕裂社会、撕裂世

---

① 马克思，恩格斯. 马克思恩格斯全集：第1卷. 北京：人民出版社，1956：651.
② 马克思，恩格斯. 马克思恩格斯文集：第8卷. 北京：人民出版社，2009：91.

界的野蛮方式谱写世界历史的，不存在人类解放的实际可能。

马克思主义关于人类解放主题的重构，立足于必须打破资本主导的社会化大生产的两个瓶颈，即"两极分化"和"人的物化"；关键是发现人类解放必须"通过**工人解放**这种**政治**形式来表现"，"因为工人的解放还包含普遍的人的解放"①。从人类解放角度看，马克思论证了现代无产阶级具有三大特征，是当之无愧的领导力量：其一，现代无产阶级是资本主义社会和资本锻造出的与资本相对立的又一个世界历史性力量，意味着它与生产力的全球化以及世界一体化的发展方向完全一致。人类进入世界历史，表明各民族相隔阂、封闭式发展的历史终结。只有站在全人类发展的高度，才能破解人类解放之谜；只有作为世界历史性的力量，才能担当人类解放的大任。资本主义虽然从客观上也是世界历史性存在，但其发展的立脚点还是一国、一己私利，因而终究要被世界历史所抛弃。而"无产阶级只有**在世界历史意义上**才能存在，就像共产主义——它的事业——只有作为'世界历史性的'存在才有可能实现一样"②。现代无产阶级是社会化大生产的真正代表，是"社会化的人类"的现实基础，因而是人类解放的政治形式。

其二，现代无产阶级的解放和人类解放高度一致。现代无产阶级只有解放人类，才能真正解放自己；反之，它只有从自身出发，才能真正解放人类。消灭阶级、消灭私有制，是无产阶级的根本要求，也是人类解放的现实出路。这一要求既是客观必然性，又是深刻的自我意识。就客观必然性而言，无产阶级的解放斗争可以说是"最后的斗争"："这个斗争现在已经达到这样一个阶段，即被剥削被压迫的阶级（无产阶级），如果不同时使整个社会永远摆脱剥削、压迫和阶级斗争，就不再能使自己从剥削它压迫它的那个阶级（资产阶级）下解放出来。"③ 就自我意识而言，无产阶级的要求是打破资本主义社会加在自己身上的原则——剥夺个人对于生产资料的直接占有，实现由"联合起来的个人共同占有"生产资料："无产阶

---

① 马克思，恩格斯. 马克思恩格斯文集：第1卷. 北京：人民出版社，2009：167.
② 马克思，恩格斯. 马克思恩格斯选集：第1卷. 2版. 北京：人民出版社，1995：87.
③ 马克思，恩格斯. 马克思恩格斯文集：第2卷. 北京：人民出版社，2009：9.

级要求**否定私有财产**，只不过是把社会已经提升为**无产阶级**的原则的东西，把未经无产阶级的协助就已作为社会的否定结果而体现在**它身上**的东西提升为**社会的原则**。"① 就是说，公有制并不是工人阶级的主观想象，而是对于超越资本主义私有制的思想自觉。

其三，现代无产阶级能够成为实现人类解放的领导力量。必须回应西方舆论所谓处在"异化劳动"的无产者，不可能形成自我意识。简单地说，马克思主义一方面论证了无产阶级是异化劳动的否定方面，它对于异化劳动的反抗是彻底的；另一方面，对现代资本主义做了最透彻分析的马克思主义主要是面向工人阶级的，"它把伟大的认识工具给了人类，特别是给了工人阶级"。列宁认为，对马克思与恩格斯的功绩的最简单概括，就是"他们教会了工人阶级自我认识和自我意识，用科学代替了幻想"②。用马克思主义武装的工人阶级政党，以工人阶级解放为政治形式的人类解放主题，使马克思主义思想体系成为一以贯之的统一整体。这不仅是理解马克思主义基本原理没有过时、在今天仍然适用的关键，更是把握当代中国马克思主义、21 世纪马克思主义的基本脉络。

第三节　新世界观与马克思主义的革命批判性

理论联系实际是马克思主义理论研究的根本要求，这在马克思主义意识形态理论研究中表现得尤为突出。这一领域中，所谓理论联系实际，要求把敏锐辨别和有力批判抵制错误思潮作为检验研究成果的标准，它可以概括为意识形态的批判能力。在新中国成立之初，毛泽东曾严厉批判了党内一些同志丧失意识形态批判能力的错误："特别值得注意的，是一些号称学得了马克思主义的共产党员。他们学得了社会发展史——历史唯物论，但是一遇到具体的历史事件，具体的历史人物……，具体的反历史的思想……，就丧失了批判的能力，有些人则竟至向这种反动思想投降。资

---

① 马克思，恩格斯. 马克思恩格斯文集：第 1 卷. 北京：人民出版社，2009：17.
② 列宁. 列宁专题文集：论马克思主义. 北京：人民出版社，2009：68，53.

产阶级的反动思想侵入了战斗的共产党，这难道不是事实吗？一些共产党员自称已经学得的马克思主义，究竟跑到什么地方去了呢?"① 更为值得注意的是，历史证明，毛泽东批评的这种现象决不是个例，而是在新中国历史上反复出现的问题，需要认真地加以看待。

毫无疑问，意识形态的批判能力和斗争精神不单纯是一种思想理论水平，从根本上说，这是一种政治判断力和敏锐性，是政治态度和政治立场的突出表现。因为，在这里起决定作用的是，一个党员干部，尤其是党的高级领导干部，在重大是非面前是以党和人民的利益为重，还是首先考虑个人的进退得失。习近平明确指出："在涉及党的领导和中国特色社会主义道路等原则性问题的政治挑衅面前态度暧昧、消极躲避、不敢亮剑，甚至故意模糊立场、耍滑头，等等。党的领导干部特别是高级干部，在大是大非面前没有态度，出了政治性事件、遇到敏感性问题没有立场、无动于衷，岂非咄咄怪事!"② 事情怪就怪在这种状况与其党的领导干部的头衔、职责格格不入；而奇就奇在人们不禁要问，这些人靠什么去"模糊立场、耍滑头"，居然能够蒙混过关？须知，尽管这些人打的是个人"小算盘"，上不了台面，但总要有一些冠冕堂皇的理由。在这方面，我们过去听到最多的就是所谓"一心一意搞经济，不争论"，"让人说话，要宽容"，"人家的错误让人家自己去说，要平等"，等等。但党的十八大以来，以习近平同志为核心的党中央关于牢牢掌握意识形态领导权、管理权、话语权的理论和实践，已经使放弃意识形态党委主体责任的人丧失了继续玩弄这些借口的空间。一些人在改弦更张，但也有一些人不思悔改，还在寻找新的借口以逃避责任。我们的任务，就是从理论上剥夺逃避意识形态斗争的任何新借口的成立空间，弘扬马克思主义理论的革命批判品格，在此基础上进一步掌握意识形态工作的主动权。

一、什么是泛政治化、泛意识形态化？

当我们坚持马克思主义在意识形态的指导地位，批判抵制改革开放以

---

① 中共中央文献研究室. 毛泽东文集：第 6 卷. 北京：人民出版社，1999：167.

② 习近平. 习近平谈治国理政：第 1 卷. 北京：外文出版社，2018：414.

来一直存在的、曾经还一度泛滥的"非意识形态化"思潮时，常常有人出于不同的动机提醒道："非意识形态化"固然不好，但也不能搞泛意识形态化，以免重蹈"左"的错误。防止泛政治化、泛意识形态化也成为新形势下一些人不讲政治、放弃意识形态斗争主体责任甚至向错误思潮妥协投降的重要借口。值得注意的是，把防止泛意识形态化挂在嘴边的人，大都对什么是泛意识形态化语焉不详。据此，我们似乎可以姑且不问此种发声的动机，而认真讨论究竟什么是泛意识形态化。不搞清楚这个问题，谈论它就不仅是一句空话，而且必然会对批判抵制错误倾向产生十分有害的误导。

实际上，所谓的泛意识形态化，一不是指意识形态讲得多，不能因为要防止泛意识形态化就可以断断续续讲，有时讲有时不讲，而必须始终强调意识形态工作具有关系全局的极端重要性。"多"不是"泛"。正如邓小平所说："反对资产阶级自由化，我讲得最多，而且我最坚持。"而事实证明邓小平并没有因此而泛化了反对资产阶级自由化。二不是指意识形态讲得宽，不能因为要防止泛意识形态化就刻意把意识形态工作的重要性限制在狭义的意识形态领域，而必须在各个领域全面落实意识形态工作党委主体责任制。"宽"也不等于"泛"。当习近平提出"意识形态工作是党的一项极端重要的工作"时，其含义有二：一是在服务经济建设这个中心任务的同时，把意识形态工作提升为党的一项全局性工作，提升到关系国家政治安全的高度，表明意识形态工作已经不仅是党的部门性工作，而是需要全党动手、党委挂帅的全局性工作。二是意识形态之所以是党的一项全局性工作，就因为它的影响力和作用方式是全方位的，而不仅限于精神文化领域。随着现代化进程的推进，意识形态更全面地通过理想信念、共同价值观在经济社会科技的发展和生活方式的培养上发挥重要作用。因此，习近平总书记指出，我们在集中精力进行经济建设的同时，必须一刻也不放松和削弱意识形态工作。

从改革开放以来的历史看，党在意识形态工作上的最大失误就是一度没有把思想政治工作贯彻到全体人民中去，在反对资产阶级自由化方面不一贯、不彻底。无论出于何种动机，都决不能借口防止泛意识形态化而把意识形态工作和马克思主义的指导作用局限在意识形态领域。邓小平在谈到 1989 年政治风波的教训时，特别指出：错误"就是坚持四项基本原则还不够一贯，没有把它作为基本思想来教育人民，教育学生，教育全体干部和共产党员。这次事件的性质，就是资产阶级自由化和四个坚持的对立。四个坚持、思想政治工作、反对资产阶级自由化、反对精神污染，我们不是没有讲，而是缺乏一贯性，没有行动，甚至讲得都很少。不是错在四个坚持本身，而是错在坚持得不够一贯，教育和思想政治工作太差"①。一贯、全面地落实思想政治教育，做好意识形态工作，决不是泛意识形态化。

那么，从理论上说，泛意识形态化该如何去界定呢？着眼于客观的较为科学的判断，似乎可以确立以下两个坐标：第一，从主要矛盾和党的中心工作的把握上加以辨认。是否泛意识形态化，客观标准就是有没有推倒党关于现阶段我国主要矛盾和党的中心工作的判断。在今天，只有改变党的十九大关于我国现阶段的主要矛盾是人民日益增长的美好生活需要和不平衡不充分的发展之间的矛盾，以及党的中心工作是全力推进社会主义现代化建设的论断，而把意识形态工作放在实际上的中心工作位置上，才谈得上泛意识形态化。从表面上看，这个道理非常简单明了，顺理成章，但深究下去，却并没有那么简单。原因在于，处理好全力推进现代化建设和一刻也不放松意识形态工作之间的关系，牵涉极其复杂的理论问题，并非易事。

坚持马克思主义在意识形态领域的指导地位之所以重要，就在于它决定了党能够始终保持坚定正确的政治方向，因而涉及不同历史条件下如何正确处理政治与经济的关系问题。就此而言，去意识形态化和泛意识形态化在一定意义上又可称为去政治化和泛政治化。此外，意识形态事关旗帜、方向、道路，而我们选择的是社会主义现代化道路，这些都与我们对于阶级斗争形势的研判和阶级理论的实际运用紧密相连。毫无疑问，在阶级斗争作为社会主要矛盾的时期，政治斗争是阶级斗争的最高形式，党的全部工作必须紧紧围绕着政治斗争展开，意识形态工作当然也属于党的中

---

① 邓小平. 邓小平文选：第 3 卷. 北京：人民出版社，1993：305.

心工作之列。1978 年，我们党决定停止"以阶级斗争为纲"，将工作中心转移到经济建设上，是基于以下两个判断：一是阶级斗争已经不是国内（特指中国大陆）主要矛盾；二是新的世界大战"在较长时间内打不起来"或者"可以避免"。但是这里有两个制约条件：一是国内阶级斗争在一定范围内还将长期存在，如果处理不好，还有可能激化；二是新世界大战能否打起来决定权不在我们，我们只能尽量维持并充分利用好和平与发展的战略机遇期。也就是说，以经济建设为中心并不是无条件的、绝对的。不仅我们自己必须应对得当，而且还有赖于世界形势的变化。意识形态工作和经济建设的关系，也就是一定意义上的思想政治工作与经济工作的关系，是我们必须谨慎应对的难题之一。

对于中国共产党本身而言，作为中国工人阶级的最高政治组织，当然应把思想政治建设放在第一位。然而，对于党所领导的伟大事业而言，思想政治工作和党的中心工作则并不都是始终一致的。只有在革命时期以及战争作为主要危险的新中国成立初期，才存在着这种一致性。而在以经济建设为中心的改革开放时期，思想政治工作虽然还是经济工作的生命线而须臾不能放松，但其作用方式和地位已经有了重大的改变。最根本的改变表现在谁为谁服务上。"以阶级斗争为纲"，就要首先遵循阶级斗争规律，包括经济建设在内要服从阶级斗争的需要。虽然阶级斗争规律归根到底也反映了社会经济发展的要求，但它毕竟不能等同于经济发展规律。相反，以经济建设为中心，就要首先遵循经济建设的规律，包括思想政治工作在内都要服从经济建设的需要。经济发展规律既有适应生产力全球化需要，超越意识形态和社会制度的共同规律，也有在根本利益导向和价值追求上有较为明确的差别，与社会制度和意识形态紧密联系的特殊规律。对于前者，意识形态要起解放思想、勇于创新的作用；而对于后者，则要起把握方向、辨识道路的作用。否定意识形态在不同经济规律中的作用，就可能导致非意识形态化。可见，思想政治工作在以经济建设为中心的时期虽然仍是经济工作的生命线，但与"以阶级斗争为纲"的时期的它已有所区别，必须承认这种区别。只要坚持服务于经济建设这一党的中心工作，意识形态工作越有声有色就越好，不会因此而泛化。

第二，从是否混淆不同性质矛盾的本质界限上加以辨认。阶级已经基本被消灭的社会主义社会，与存在着阶级分化的旧社会有着本质的区别。不仅阶级斗争不再是社会的主要矛盾，因而大量的社会矛盾不再具有阶级斗争的性质，而且即使是具有阶级斗争性质的矛盾，一般也可以不采取外部激烈冲突的方式，而是主要通过思想斗争去解决。问题的复杂性正在于此。

思想舆论方面的重大斗争往往有着深刻的阶级斗争背景，甚至成为敌对国家颠覆我国社会主义的主要手段。稍有不慎，就有可能转化为社会动乱乃至所谓的"颜色革命"，容不得丝毫的麻痹大意。这也是我们必须高度重视意识形态斗争的原因所在。但是，重大思想舆论斗争又是一种具有许多新的历史特点的斗争：它以曲折的方式反映了道路、制度、政治立场的根本对立，但一般又采取非对抗的方式（道义制高点之争），大量表现出来的是思想分歧、学术争论、价值偏好。因此，我们在坚持开展思想舆论斗争的同时，必须始终注重严格区分政治原则、思想认识和学术观点问题，用不同的方法去解决。只有混淆这些不同性质的问题，简单地都贴上政治原则的标签，用随意上纲上线的方法去处理，才是必须防止的泛意识形态化。

但是不争的事实是，泛政治化的倾向在今天不能说完全没有，但肯定不是主要错误倾向。历史证明，一种倾向往往掩盖另一种倾向。我们在集中精力搞经济建设的时候，本身就容易产生忽视甚至否定意识形态工作的倾向。1989 年，在总结改革开放十年的经验教训时，邓小平就深刻指出："十年来我们的最大失误是在教育方面，对青年的政治思想教育抓得不够，教育发展不够。"① 忽视政治思想教育是忽视意识形态工作的集中表现，而在毛泽东看来，思想政治教育的削弱，其结果必然是理想信念丧失，马克思主义边缘化，非意识形态化情绪蔓延。他在《关于正确处理人民内部矛盾的问题》中指出，由于一段时间对青年思想政治工作的削弱，"在一些人的眼中，好像什么政治，什么祖国的前途、人类的理想，都没有关心的

---

① 邓小平. 邓小平文选：第 3 卷. 北京：人民出版社，1993：287.

必要。好像马克思主义行时了一阵，现在就不那么行时了"①。青年本来是整个社会最有激情和充满活力的力量，而如果连青年群体都丧失家国情怀，只考虑个人的出路，则祖国前途堪忧。进一步看，青年的状况不外是整个社会状况的缩影，它反映的是马克思主义在意识形态领域指导地位的削弱。因此，克服改革开放以来的非意识形态化倾向，在集中精力进行现代化建设的同时一刻也不放松意识形态工作，是我们党正确总结出的历史经验。

二、如何区分意识形态研究中的政治原则和学术讨论？

在思想舆论领域区分政治原则、思想认识和学术观点问题并非易事。就哲学社会科学而言，除了马克思主义理论学科以及意识形态性鲜明的政治学、法学等学科，即便是语言学、考古学这些意识形态性不鲜明的学科，运用马克思主义世界观与方法论进行学科的学术体系、话语体系建设的任务也非常紧迫。然而，就马克思主义哲学世界观研究而言，政治原则问题和学术观点问题总是密不可分地交织在一起的，不能简单地将其视为政治原则问题或学术观点问题。但是，历史证明，以学术性淡化政治性是容易产生的偏向。我国改革开放以来，伴随着资产阶级自由化的几次大泛滥而出现的重大思想斗争，实质上都是以人道主义世界观、价值观为表现形式的政治斗争。这些斗争的实质是坚持还是否定"四项基本原则"，因而是严肃的政治斗争，我们从政治上去把握斗争的性质是正确的。但必须看到由于它披着哲学价值观的学术外衣，尤其是人道的原则已成为当今世界的重要价值共识，其鲜明的政治性容易被淡化。而出于忌惮妨碍学术上的争鸣并且在实践上比较被动，以包容掩盖了问题的实质则正是以往思想交锋留下的后患。如何正确区分类似哲学世界观争论中的政治原则问题和学术观点问题是我们必须认真应对的挑战。

首先，哲学世界观对于党的建设无疑是头等重大的政治原则问题。马克思主义是中国共产党的立党之本，其中哲学世界观是基础。能否坚持科

---

① 中共中央文献研究室. 毛泽东文集：第7卷. 北京：人民出版社，1999：226.

学世界观关系到党的政治根基，这就是坚持工人阶级领导，为共产主义而奋斗。不能以学术争鸣、解放思想为由消解作为世界观的马克思主义哲学。没有一元论科学世界观就没有一元化的指导思想，就没有坚持马克思主义在意识形态领域的指导地位和共产党作为最高政治领导力量的思想基础。

从历史经验看，苏联解体、东欧剧变的根本原因在于取消了共产党的领导，而否定马克思主义世界观的科学性则是取消共产党领导的理论准备。苏联解体前夕最为猖狂的反共言论集中在对马克思主义哲学世界观的攻击，而哲学阵地失守则为主流意识形态的崩溃打开了方便之门。1988 年苏共中央一月全会认为："我国有关社会主义社会的理论观念停留在 30—40 年代的水平上，现在已经相当陈旧了。……这一评价也适用于辩证唯物主义和历史唯物主义。"以马克思主义哲学为指导的世界观、历史观遭到清算的结果，就是彰显个人所谓自由的"人性解放"。个人主义哲学是西方所谓民主自由价值观的依托，接受个人主义哲学，必然会认同西方自由民主的政治价值观及其制度构架。

中国共产党的成功很大程度要归功于坚持辩证唯物主义世界观而不转向。习近平始终强调："辩证唯物主义是中国共产党人的世界观与方法论"。须知，坚持辩证唯物主义世界观与方法论，才有坚持共产党领导、以人民为中心的历史观和执政理念，坚持共产党的领导和人民当家作主，民主法治的一致性才有理论根据，足以与西方意识形态相抗衡的社会主义自由、民主、法治等价值观才得以成立，从理论上说清楚并做到"两个维护"才有可能。辩证唯物主义世界观奠定了我们党在理论上的初心、使命。必须旗帜鲜明地提出，对于共产党及其党员，世界观与历史观的选择是重大政治原则，不能因其涉及学术问题就模糊立场，对错误倾向模棱两可。

其次，哲学世界观虽然对于多数个人而言属于认识问题，但从思想认识性质上看则是关系到个人政治立场的根本问题，我们不能掉以轻心。一个基本事实是，在人的精神世界中，世界观可以是自发的，也可以是自觉的，但不可能是"真空"的。不愿意学习和接受先进的科学世界观，就必然会被看似时髦实质浅薄粗俗的世界观摆布。正如恩格斯指出的："自然研究家尽管可以采取他们所愿意采取的态度，他们还是得受哲学的支配。问题只在于：他们是愿意受某种蹩脚的时髦哲学的支配，还是愿意受某种以认识思维的历史及其成就为基础的理论思维形式的支配。"① 无论是共产党员还是非共产党员，都应该努力成为中国特色社会主义的建设者，而没有哲学世界观上的自觉追求，就难以坚定地向这一目标前进。

由此可见，对于世界观问题，首先要善于从政治上分清理论是非，不能躺在"思想认识问题"上听之任之。首先，某些人在世界观问题上存在认识偏差，受西方意识形态侵蚀是外因，自身存在一些"软肋"是内因，若不加以重视，必然是导致今后出现重大"失足"的隐患。跟着西方哲学鼓吹马克思主义哲学"人道主义化"（实质是个人主义化）者，尽管多数是思想认识存在问题，然而也有其自身的特殊原因。他们大多对于坚持"四项基本原则"、反对资产阶级自由化不感兴趣；急于成名而又苦于功力不足，期盼走"创新的捷径"；思维方法较为片面偏执，悲观地看待中国社会主义道路的曲折发展，把西方在经济社会发展上的暂时优势等同于制度和文化优势，无批判甚至狂热崇拜西方文化和学术思想。也就是说，力推马克思主义哲学通过"人道主义化"，从工人阶级世界观向个人主义哲学蜕变的人士，往往本身个人主义就比较突出。这些人士如果不从主观上加以检讨，其认识问题就会转化为政治立场问题（尤其对共产党员而言）。

因此，我们需要确立的第一个思想界限，就是世界观问题作为认识问题的前提是个人具有自觉改造世界观的要求和表现。如果借口世界观问题是认识问题，满足于思想上的自由放任状态，甚至反过来诋毁以至坚决抗拒世界观改造，固守自发形成（实际上是本能欲望加西方思想渗透的产物）的世界观，那么思想认识问题就必然会转化为政治原则问题。

世界观问题从来与重大政治斗争不可分割。资产阶级革命毫无例外（包括德国革命在内），"哲学革命也作了政治变革的前导"。启蒙运动在西方资产阶级革命中起了重要的思想解放和思想引领作用，具有历史的进步性。但是，启蒙运动就是以新的哲学世界观为旗帜的政治运动，是为资本

---

① 马克思，恩格斯. 马克思恩格斯选集：第 4 卷. 2 版. 北京：人民出版社，1995：308.

主义社会的形成开辟道路。它所高举的人的解放和个性自由的旗帜，只不过是解放体现资本主义社会关系的"抽象个人"，即资本家和雇佣劳动者，以确立资本主义的劳资关系。雇佣劳动因此成为社会的经济基础，自由个人主义世界观、价值观因此成为社会的"统治思想"。

抹煞启蒙运动的政治性质，把我国改革开放的思想解放引向"新启蒙"方向，是今天哲学世界观斗争的重要动向。如果说，过去我们反对个人主义及其衍生的拜金主义、享乐主义等，主要是人生观方面的斗争，那么今天，反对个人主义已经越来越具有政治意义。因为在过去，个人主义主要是个人的价值追求，而在今天，随着知识分子越来越成为国家公务员队伍中的主要群体，个人主义则在越来越影响着个人的政治立场和制度认同的同时，发挥着重大的政治导向作用。如果把马克思主义哲学阐释为"个人本体的实践哲学"，将消解马克思主义作为党的一元化指导思想作用，抽掉共产主义理想信念的哲学依据，颠覆中国特色社会主义制度的理论基础，涣散全党全社会共同奋斗的思想基础。对于这一重大政治原则问题，我们没有任何妥协的空间。这一"转向"就是要不合时宜地复活西方的"启蒙精神"，用自由个人主义取代马克思主义。从这个意义上说，它和李泽厚鼓吹的"告别革命"、"救亡压倒启蒙"的历史虚无主义，以及2008年以来一度泛滥的"普世价值观"一脉相承，是新的历史条件下思想舆论战线的重大斗争焦点。

由此，我们可以确立第二个思想界限，即确立世界观问题上已经超出"思想认识"或"学术争论"的边界，大概有：否定世界观领域唯物论和唯心论的"两军对垒"，否定辩证唯物主义世界观与方法论；打着"创新发展"的旗号，通过世界观层面的所谓"范式转变"根本颠覆马克思主义哲学；打着"学术自由"的旗号，对世界观领域的根本对立和原则分歧采取"非意识形态化"的方式加以淡化、模糊甚至抹杀；等等。对于这些问题的讨论已经属于重大政治原则问题了，不能再以思想认识或学术争论加以纵容，而必须旗帜鲜明地进行批判抵制。

要加强历史经验的总结，尤其是改革开放以来重大思想斗争历史的总结，把准今天西方对我意识形态渗透的新特点，掌握具有新的历史特点的思想舆论斗争的主动权。从反"和平演变"到反对资产阶级自由化，再到防止"颜色革命"，充分表明帝国主义"亡我之心不死"，意识形态领域的斗争一刻也不能放松；思想领域的斗争始终交织着重大政治原则、思想认识问题和学术研究观点，往往难以分辨，需要划出明确的边界，统筹旗帜鲜明和学术繁荣；既要看到哲学世界观的政治本质内涵，又要看到其可能衍生的多重含义，既不放松世界观改造，又不随意上纲上线。

三、马克思主义意识形态的批判性和建构性如何内在统一？

我们常常看到这样的句式：批判性和建构性的统一，是马克思主义理论的特点之一。这种表述的本意是要强调马克思主义决不如它的对手攻击的那样，仅仅是一种否定性理论，它还是一种建设性理论。但是，用"批判性和建构性统一"作为辩护方式，毫无疑问地就把批判性和建构性作为马克思主义理论的两个外在因素，否定了它们内在的统一，即本质上是一个东西。就是说，如果把马克思主义只表述为本质上是革命的、批判的那就不全面，还要加上建设的、建构的。我认为，这是对马克思主义批判性的严重曲解。事实上，马克思主义的批判性不是单纯的否定、破坏、推倒，而是事物的自我否定，因而是包含着肯定、转化和出路的否定，体现了革命辩证法的精髓，所以我们把革命批判性视为马克思主义理论的本质特性。

从根本上说，马克思主义理论是以唯物辩证法为基础的，而辩证法的本质就是"革命的批判的"。资产阶级学者反感以至否定的就是唯物辩证法，他们视为"现实的"实际上就是"现存的"；他们视为"科学的"，实际上就是实证的经典科学。说到底，他们否定事物的革命变革本性。俄国的资产阶级经济学家伊·伊·考夫曼曾匿名刊登了一篇关于马克思《资本论》第一卷的文章，题为《卡尔·马克思的政治经济学批判的观点》，认为马克思的"研究方法是严格的现实主义的，而叙述方法不幸是德国辩证法的"。马克思对此的回应是："辩证法，在其合理形态上，引起资产阶级及其夸夸其谈的代言人的恼怒和恐怖，因为辩证法在对现存事物的肯定的理解中同时包含对现存事物的否定的理解，即对现存事物的必然灭亡的理解；辩证法对每一种既成的形式都是从不断的运动中，因而也是从它的暂时性方面去理解；辩证法不崇拜任何东西，按其本质来说，它是批判的和革命的。"①

确认马克思主义的革命批判性内在地包含着建设性或建构性，具有重大的理论和现实意义。从理论上说，首先，它决定了坚持从实际出发和坚持共产主义理想信念的内在一致。在马克思主义看来，世界总在变化，历史总在发展，只有推动革命变革才是顺应历史。因此，坚持从实际出发，就是坚持从变化发展的趋势出发，推动事物的新陈代谢。可见，革命的理想并不是存在于"实际"之外的彼岸幻影，而是现实发展的创造力量，是坚持从实际出发的必要条件。一个革命政党如果把丧失革命理想视为所谓的"从实际出发"，那就是为屈从现状、随波逐流进行最无力的辩解，掩饰自己实际上已堕落为历史潮流面前的消极因素和保守力量的实质。这样的政党不仅丧失了领导群众前进的能力，而且丧失了自我前进的动力。

其次，它决定了破坏旧世界和建设新世界的内在一致。毫无疑问，马克思主义要用革命的手段彻底改变旧世界，正如马克思与恩格斯指出的："全部问题都在于使现存世界革命化，实际地反对并改变现存的事物。"但是，对于旧世界的否定力量不是来自外部，而是来自其自身。资本主义的灭亡归根到底是资本的自我否定。"资本的发展程度越高，它就越是成为生产的界限，从而也越是成为消费的界限，至于使资本成为生产和交往的棘手的界限的其他矛盾就不用谈了。"② 同样，新世界不是人为的美好设计，而是对旧世界自身不可克服的弊端进行革命改造的结果，因而具有产生的内在必然性。这两个方面合起来，就成为马克思主义批判性的理论基石，即"通过批判旧世界发现新世界"。旧世界和新世界这两个看起来性质迥异、互不相干的事物，在马克思主义的革命批判中揭开了其神秘的面纱，显现出相互依托、辩证转化的实质。这就是毛泽东自豪地宣布"我们不但善于破坏一个旧世界，我们还将善于建设一个新世界"的理论底气。

---

① 马克思，恩格斯. 马克思恩格斯全集：第23卷. 北京：人民出版社，1972：24.
② 马克思，恩格斯. 马克思恩格斯文集：第8卷. 北京：人民出版社，2009：97.

最后，它决定了改造客观世界和改造主观世界的内在一致。马克思主义之所以能够"改变世界"，就在于它具有毫无顾忌地探索和追求真理的革命精神和科学态度。马克思从一开始就认识到："**要对现存的一切进行无情的批判**，所谓无情，就是说，这种批判既不怕自己所作的结论，也不怕同现有各种势力发生冲突。"① 彻底的批判精神必然导致真正的自我革命。能否真正认识世界和改造世界，都取决于主体自身的状况，尤其取决于主体能否摆脱狭隘利益的束缚。而主体要能站得高望得远，唯有刀刃向内，坚持自我革命。在改造客观世界的同时改造主观世界，也就成为马克思主义的一个基本原理。

从现实层面看，马克思主义的革命批判性内在地包含着建设性，首先否定了把对马克思主义的坚持和创新对立起来的错误倾向。真正坚持马克思主义的人，就要坚持这一理论的革命的批判的精神，遵循新陈代谢的宇宙规律，成为历史发展的促进派。因此，他们必然是革命派、改革派。把坚持马克思主义与反对改革的保守派联系起来，是对于马克思主义的无知，也是敌对意识形态制造的思想混乱。邓小平曾明确指出："中国不存在完全反对改革的一派。国外有些人过去把我看作是改革派，把别人看作是保守派。我是改革派，不错；如果要说坚持四项基本原则是保守派，我又是保守派。所以，比较正确地说，我是实事求是派。"② 中国特色社会主义的改革派，不是资产阶级自由派。对马克思主义和社会主义的背离，不叫改革，而叫"走邪路"。

其次，否定了把革命和建设对立起来的错误倾向。把革命批判性片面地解读为破坏、摧毁，势必制造革命和建设的对立。我国改革开放以来，关于革命和现代化的对立、革命和发展的对立的噪声不绝于耳。随之而来的是把改革开放视为从"传统社会"向"现代社会"过渡的所谓"社会转型"说，要求中国共产党从"革命党"向"执政党"转变的所谓"角色转变"说，一时成为时尚。实际上，革命不仅是中国现代化的前提条件和必要准备，而且始终是中国社会主义现代化建设的强大动力。改革开放说到

---

① 马克思，恩格斯. 马克思恩格斯文集：第 10 卷. 北京：人民出版社，2009：7.
② 邓小平. 邓小平文选：第 3 卷. 北京：人民出版社，1993：209.

底也是一场革命，是具有新的历史特点的新型革命。对于中国共产党而言，无论是革命、建设还是改革开放，要成为中国人民的领导核心，就必须一如既往地保持党的理想信念、宗旨性质、初心使命。革命理想始终高于天，马克思主义始终是工作制胜的看家本领，人民始终是共产党的最高牵挂，实事求是始终是开拓前进的力量源泉。因此，从根本上说，中国共产党领导的革命、建设和改革开放，是一以贯之的统一社会革命过程，中国共产党始终是这一伟大社会革命的最高政治领导力量，不存在所谓的从革命党向执政党的根本转变。

最后，否定了把开展舆论斗争同营造团结和谐氛围对立起来的错误倾向。把革命批判性片面地解读为斗争、排斥和所谓的"求异思维"，必然制造批判与和谐、稳定的对立。改革开放以来，刮起了一股否定"对立统一"、污名化"斗争哲学"的歪风，力图用"和合哲学"取代"革命辩证法"。习近平总书记严厉批评一些人在思想舆论斗争的战场不愿当战士，而总是想当"开明绅士"，思想根源就在于他们不承认正确开展的舆论斗争是精神健康发展的动力，不承认"和稀泥"只能导致思想蜕变和精神堕落。实际上，明辨是非、扬善惩恶永远是人类精神发展的最高追求，而求同存异、委曲求全、以德报怨等等，都是下一个层级的问题，不能以此否定矛盾的斗争性和革命辩证法。马克思主义者在真理面前永远旗帜鲜明，并认为隐瞒自己的观点是可鄙的。我们鄙视机会主义的"模棱两可，含糊不清，不可捉摸。机会主义者按其本性来说总是回避明确地肯定地提出问题，谋求不偏不倚，在两种互相排斥的观点之间像游蛇一样蜿蜒爬行，力图既'同意'这一观点，又'同意'另一观点"①。这种"无头脑的折中主义"追求明哲保身，最终出卖的则不仅是党的事业和人民利益，也包括了自己的人格和灵魂。

---

① 列宁. 列宁专题文集：论无产阶级政党. 北京：人民出版社，2009：147-148.

第三章 马克思的哲学变革 与意识形态批判

以创立新唯物主义世界观为追求的马克思的哲学变革，注定是一个划时代的意识形态变革。它不但实现了哲学与现代无产阶级的有机结合，促使工人阶级从自在阶级走向自为阶级，而且把意识形态从"虚假意识"的羁绊中解救出来，创立了革命的、科学的意识形态。这一变革的实质，是把革命理想奠立在科学理论的基础上，使之从"乌托邦"成为科学信仰。时下流行的关于马克思创立自己的学说后完全否定和摒弃意识形态的观点，是"非意识形态化"的所谓"马克思学"依据，对此必须予以澄清。因此，准确把握马克思哲学变革的一个重要方面，就是正确认识马克思在哲学变革中对意识形态所做的批判。

第一节 马克思哲学变革的意识形态属性

仔细研究西方各种反共意识形态，会发现一个很值得玩味的现象，就是它们都不约而同地将其攻击矛头指向了马克思主义的历史观。从美国官方意识形态立场出发的布热津斯基认为："共产主义失败的根本原因是在哲学思想方面。马列主义的政策归根到底源于对历史的根本错误的判断和对人性的严重误解。……它没有考虑人对个人自由的基本追求；没有考虑人渴望通过艺术和宗教等方式表现自我；没有考虑在文化普及和宣传媒介具有广泛影响的时代，人们会进而要求政治上的选择权利；没有考虑生产率的提高与发明创造同个人追求物质享受的愿望的有机联系。"① 以自由知识分子的"马克思学"立场讲话的波普尔认为，马克思学说的致命处在于其历史决定论，而历史主义的实质就是"选民说"，"选民说更加明确地设定上帝挑选一个民族作为他意志选中的工具，这个民族将获得尘世"。"特选的人、特选的种族和特选的阶级这些学说的共有特点之一，就是它们最初是作为对某种压迫的反映而出现，并变得重要的。"其中两种最具有现代的形式，"一方面（右翼的）种族主义或法西斯主义的历史哲学和另一方面（左翼的）马克思主义历史哲学"②。这是在学术上把马克思主义和法西斯主义捆绑在一起的极端言论。而以"经济增长的阶段"做出"非共产党宣言"表态的罗斯托更明确提出："马克思属于西方这样一类人物，这一类人以不同的方式反对走向成熟阶段中所发生的社会和人类成本，寻求使社会保持更好和更合乎人道的平衡。"③

概括起来，他们认为马克思的学说无非是一种浪漫情绪，其要害是无视历史走向成熟所必须付出的社会成本，而支撑马克思错误历史观的则有两大支柱：一是黑格尔的辩证法。"黑格尔和在他之后的马克思，要求代表历史讲话，他们认为，合理的东西要么已经是现实的，要么在无产阶级革命之后变为现实。但是，这是一些错误的预言家。"④ 二是神化近代无产阶级。"革命的幻想把对进步的不可阻挡的进军的信仰与乌托邦的海市蜃楼结合起来。它引诱人们脱离现实的世界，因而在实际上——如果不是有意的话——引导人们离开自由。对于很多人来说，怀抱这种奢望的关键就在于'无产阶级'这个概念。"⑤ 所有这些评论，从学理上说，都涉及两大问题：一是近代以来德国哲学革命的实质和黑格尔辩证法的历史地位；一是马克思哲学变革的实质及其成就。可见，对于马克思哲学变革的任何解

---

① 布热津斯基. 大失败. 北京：军事科学出版社，1989：285.
② 波普尔. 开放社会及其敌人. 北京：中国社会科学出版社，1999：27-28.
③ 罗斯托. 经济增长的阶段. 北京：中国社会科学出版社，2001：165-166.
④ 达仁道夫. 现代社会冲突. 北京：中国社会科学出版社，2000：115.
⑤ 同④101.

释，本质上都是一种关涉意识形态的言说。

德国古典哲学是近代以来德国哲学变革的重大成果。这一哲学变革不仅是西方哲学传统的重大转折，而且预示着现代意识形态时代的来临，用黑格尔的话说，这将是一个真正"用头脑思考"的时代，即观念创造历史的时代。这样，德意志意识形态就具有了双重"身份"：它既是德国新生的弱小的资产阶级借以跻身"世界历史"的幻想形式，又是现代意识形态的发达形态，提供了解剖现代资产阶级国家的样本。因此，马克思、恩格斯对于德意志意识形态的批判，也就为批判现代意识形态，进而为批判现代资本主义社会找到了理论的切入点。正因为如此，《德意志意识形态》才能成为马克思主义哲学世界观形成的标志性著作。正是在该著作中，他们用批判施蒂纳的一段话，揭示了黑格尔关于观念创造历史这一"意识形态时代"的秘密："我们已经指出，思想和观念成为独立力量是个人之间的私人关系和联系独立化的结果。我们已经指出，思想家和哲学家对这些思想进行专门的系统的研究，也就是使这些思想系统化，乃是分工的结果。"① 当代西方学界对德国古典哲学有个"逆向评价"，即与马克思、恩格斯所做出的从康德（经费希特、谢林）到黑格尔、费尔巴哈是"螺旋式上升"的哲学评价相反，它把黑格尔视为康德哲学的大倒退。这里的关键还是辩证法问题。恩格斯明确指出："德国资产阶级的学究们已经把关于德国伟大的哲学家及其创立的辩证法的记忆淹没在一种无聊的折衷主义的泥沼里，这甚至使我们不得不援引现代自然科学来证明辩证法在现实中已得到证实，而我们德国社会主义者却以我们不仅继承了圣西门、傅立叶和欧文，而且继承了康德、费希特和黑格尔而感到骄傲。"② 他同时强调，尽管康德哲学已包含许多辩证法思想，但"要向康德学习辩证法，这是一件劳而无功和得不偿失的事情，因为在**黑格尔**的著作中已经包含了辩证法的一个无所不包的纲要，虽然它是从完全错误的立脚点出发而展开的"③。所以，必须确立并深刻阐明辩证法是德国古典哲学革命的主要成果。

---

① 马克思，恩格斯. 马克思恩格斯全集：第3卷. 北京：人民出版社，1960：525.
② 马克思，恩格斯. 马克思恩格斯选集：第3卷. 2版. 北京：人民出版社，1995：692.
③ 马克思，恩格斯. 马克思恩格斯选集：第4卷. 2版. 北京：人民出版社，1995：288.

至于马克思的哲学变革，当然可以进行多视角的透视，但是首先必须承认，对于黑格尔辩证法的批判改造，是马克思完成伟大哲学变革的关键。正如毛泽东指出的："直到无产阶级运动的伟大的活动家马克思和恩格斯综合了人类认识史的积极的成果，特别是批判地吸收了黑格尔的辩证法的合理的部分，创造了辩证唯物论和历史唯物论这个伟大的理论，才在人类认识史上起了一个空前的大革命。"① 无论如何，马克思所实现的人类思想史上的最伟大变革，终究是产生了一种崭新的唯物主义，即列宁所称的"完备的哲学唯物主义"。这是一个无任何理论死角的、彻底的唯物主义哲学。它把"世界是物质的存在方式"这一唯物主义原则贯彻到底，不仅克服了旧唯物主义在历史观上的唯心主义，而且克服了以往哲学无视人的真实生活和历史生成的弊端，使哲学实现了从"解释世界"到"改变世界"的历史性飞跃。今天，无论人们怎样评价马克思哲学变革的意义，唯物论和辩证法的有机统一，始终是这一变革的实质。

一、启蒙主义的意识形态变革

启蒙运动是一场伟大且全面的资产阶级思想解放运动，涉及政治学、哲学、经济学、自然科学等领域，推动了社会风气的深刻变革。从意识形态的角度来看，最关键的地方在于它开创了现代意识形态的变革。现代意识形态的特点在于观念变革在先，制度建构在后，所以黑格尔认为从启蒙运动以后我们真正来到了一个"观念创造现实"的时代② 。而在这之前，意识形态作为社会结构的一部分是随着基本制度的建立而为这个制度辩护的，是制度需要和选择的结果，较为被动和滞后。从这个意义上说，近代以来的一切真正的革命都是意识形态革命。这个重大转折，是由启蒙运动完成的。启蒙运动的主旨，提出了人的解放、个性的解放，实际上是要用人权代替神权，用科学理性代替信仰主义和愚昧迷信，相应的价值观就体现在"自由、平等、博爱"的口号中。它因此而掀起的思想革命的浪潮席卷了全球，其作为意识形态的强大的渗透力、征服力不言而喻，影响至今

---

① 毛泽东. 毛泽东选集：第1卷. 2版. 北京：人民出版社，1991：303-304.
② 黑格尔. 法哲学原理. 北京：商务印书馆，1961：序言15.

尚在。

毫无疑义，启蒙运动对于思想解放具有非常重大的推动作用，是对中世纪的整体性、根本性的颠覆。但是又要看到，启蒙主义和启蒙运动本身存在着内在的不可克服的矛盾，正是这个矛盾使之陷入了困境。启蒙运动的困境表现如下：

1. 启蒙运动主旨的误区

从主旨上说，启蒙运动追求"人"的解放，而关于这一点最为经典的表述就是"让人学会做自己的主人"，通过自主而自由，通过自主自由而实现人的解放。为此，它将锋芒对准了当时剥夺人们自主的两大力量，即教会和专制政权。但是这一认识本身就有内在矛盾：

第一，如何看待教会和宗教关系？启蒙运动一般是反迷信而不反上帝、反教会而不反宗教。启蒙学者尽管猛烈抨击神学迷信和愚昧，但是并不反对上帝，而且一般都具有宗教信仰，认为保留宗教信仰和实现人的解放并不矛盾。然而事实并非如此。关于宗教和人的解放是否存在不可调和的矛盾的争论，是德国古典哲学变革以及青年黑格尔运动的动因之一。青年黑格尔派思想家大都从批判宗教入手，并做出了宗教异化的判断，借以说明上帝和人处在一种对抗的关系中。例如布鲁诺·鲍威尔提出，人创造了一个上帝，人把自己一切美好的东西都给了上帝，留给自己的就是无法自立、等待拯救的命运。宗教信仰"背离了人的使命，把这一使命移到了天国，使狼狈的、悲惨的个体的自我同真正的普遍的自我，即值得称之为人的个体的自我彻底决裂"[①]。"基督教是向人们许诺得最多即许诺了一切而又收回得最多即剥夺了一切的宗教。"[②] 上帝是完美的、万能的，而人则是丑陋的、弱势的，所以人只有依靠上帝、信仰上帝才能得救，永远要对上帝顶礼膜拜。这样上帝就确立了一种支配人、主宰人的地位。根本问题在于上帝是什么？究竟是上帝创造了人，还是人创造了上帝？按照启蒙主义关于人的自由自主的观念，那么人就应是自我创造、自我生成，而宗教

---

① 鲍威尔. 基督教国家和现代生活. 德文版，10. 转引自罗森. 布鲁诺·鲍威尔和卡尔·马克思. 北京：中国人民大学出版社，1984：109.

② 麦克莱伦. 青年黑格尔派与马克思. 北京：商务印书馆，1982：59.

宣称的上帝造人，上帝是主人，人是上帝的奴仆，这当然是一种根本的颠倒。因此，批判神学迷信，就理所当然地要否定上帝的神圣地位，由此必然要导致对于宗教的全面批判，导致向无神论的方向演变。这一演变最终由德国古典哲学革命完成。黑格尔思想中已经有无神论的胚芽，而到鲍威尔、费尔巴哈，他们便合乎逻辑地得出了无神论的结论。

第二，如何看待政治等级和社会等级关系？启蒙运动尽管反对政治等级和门第等级，反对根据血统来决定社会和政治地位，但是它并不反对社会不平等，不反对由金钱、劳动或社会分工而形成的阶级等级、金钱等级，不希冀消灭阶级差别。但是，在存在着阶级、金钱等级的情况下，人谈不上做自己的主人，也谈不上自由发展。被剥削者做不了自己的主人姑且不论，即便剥削者也做不了自己的主人。这就是说，对封建社会政治等级的彻底否定，必然要引导到对阶级社会的否定。

总之，从启蒙运动的主旨来看，由于启蒙运动回避了上述两大问题，一个涉及精神解放，一个关乎现实的生存福祉；一个是人怎么超越自我，怎么能够真正成为自己解放自己的主体，另一个是人怎么能在现实中得到自由、实现平等，成为社会的主人。正是在这两个问题上，启蒙运动有着无法克服的内在缺陷。

2. 在论证方式上的缺陷

启蒙运动提出了自由、平等等人类的共同价值，但关键在于如何论证人的自由、平等。启蒙主义的论证主要有天赋论和人性论两种。第一，众所周知的"天赋人权"论，即"人生而自由、平等"。许多启蒙学者把人权及其观念看成是天赋的、与生俱来的、不可剥夺的自然权利。但是，这种论证本身就是悖谬的。"人生而自由、平等"不可能得到经验的证明，因为经验可以轻而易举地提供相反的证明，即人"生而不自由、不平等"。所谓天赋人权，本身就有愚昧的成分，与启蒙运动的主旨相悖。人的权利到底从哪里来？其实确如马克思、恩格斯所说，权利不是天赋的，而是历史地形成的。"权利决不能超出社会的经济结构以及由经济结构制约的社会的文化发展。"① 启蒙学者缺乏历史感，因而根本无法论证人权的起源，

---

① 马克思，恩格斯. 马克思恩格斯选集：第3卷. 2版. 北京：人民出版社，1995：305.

而只能把它看成是无须论证的当然前提。我们需要追问的是，"天赋人权"论的困境在哪里？显然，难点在于那些超越个人经验而又植根于个人内心的普遍观念，如自由、平等、博爱，其经验基础何在。如果无法说明其经验基础，这一命题本身就是神秘主义的。由于启蒙主义的落脚点在于抽象的个人，当其无力揭示个人的历史形成时，当然也就无法科学地还原普遍观念。要知道，普遍观念恰恰在于它并不是个人经验的产物，而是普遍的社会关系的产物，是现实的人及其历史发展的产物。

正是由于无法科学还原普遍观念，此类观念就变成一种神秘的力量，意识形态的神秘性也因此而产生。启蒙思想家们视这种观念为天生的，是自然塞进人们头脑里去的，不可论证也无须论证。这种非常省力但不解决问题的方式，在以卢梭、伏尔泰、狄德罗、孟德斯鸠为代表的法国思想理论界表现得最为突出。但是，卢梭也看到天赋观念本身有矛盾，难以成为启蒙的强大武器。他说"人生而平等，可无往不在枷锁中"，还说"自以为是其他一切主人的人，反而比其他一切都更是奴隶"①。"天赋人权"解释不了自由是什么，如何达到自由；平等是什么，怎么实现平等。当时另一位著名的实证主义思想家孔狄亚克就犀利地批评了"天赋人权"论，指出"你卖弄这些普遍的观念来解释现实没有意义，你到处搬弄这些普遍的观念，那么你就可以没有一件事情解释不了。什么都可以用普遍观念来解释，这等于什么都没解释"。他认为这种普遍的观念实际上是找不到现实根据的，而启蒙学者将其视为有相应的实体存在，从而陷入了神学的偏见，产生出荒诞的观念，是不成功的。"故而哲学家们在这个论题上都曾陷入过一种错误，而这种错误已造成了一些严重的后果，这就是他们把他们的一切抽象全部实物化了，或者把这些抽象看作是同事物本身一样，都具有一个真实的不依赖于事物的存在而存在的存在体。我想，这就是导致某种荒谬绝伦的观念的原因吧。"② 共同价值和普遍观念的现实依托，如果离开辩证唯物主义和历史唯物主义的确是无解的。

确实，这种普遍的观念没有相应的实体，不能够靠个人感觉进行还

① 卢梭. 社会契约论. 北京：商务印书馆，1980：8.
② 孔狄亚克. 人类知识起源论. 北京：商务印书馆，1989：111.

原，但这并不等于普遍观念只能是抽象的观念，也不意味着认为认识不超出个人经验界限的实证主义或经验主义就是正确的。经验主义有两大弱点：其一，经验的特点就是无比丰富、多样，但又极不统一，甚至相互冲突，而靠经验本身无法判断真伪、轻重。经验判断事物的方式无非是以感官为根据的直观，然而科学表明，眼见不一定为实，直观中的先后、大小、强弱、动静也不一定为真，所以对于经验进行取舍必须通过理性认识。其二，单凭个人经验主义无法还原一些普遍性的范畴。普遍性的范畴不是个人经验的结果，从时空、因果等认识论范畴到人文社会领域普遍价值观，都不是仅凭个人经验就能够还原的，所以康德把这些普遍性的范畴叫作先验范畴。实际上，普遍观念分为两种：一种是人类经过亿万次实践、认识而积淀下来的逻辑范畴，构成人类认识之网上的"纽结"。比如时空观、必然性、偶然性这些范畴。按照列宁后来的解释，"在人面前是自然之网。本能的人，即野蛮人，没有把自己同自然界区分开来。自觉的人则区分开来了，范畴是区分过程中的梯级，即认识世界的过程中的梯级，是帮助我们认识和掌握自然现象之网的网上纽结"①。另一种是反映一个时代的统治思想的普遍观念，这要从统治阶级的统治方式上理解。马克思、恩格斯在《德意志意识形态》中讲，任何时代的统治思想，都是统治阶级的思想，"每一个企图取代旧统治阶级的新阶级，为了达到自己的目的不得不把自己的利益说成是社会全体成员的共同利益，就是说，这在观念上的表达就是：赋予自己的思想以普遍性的形式，把它们描绘成唯一合乎理性的、有普遍意义的思想"②。可见，普遍观念的还原，一方面要还原到阶级统治和相应的人与人的社会关系，另一方面要还原到人类实践和相应的人与自然的相互关系，这两种还原都以对于世界整体的科学认识为前提，而绝对不可能通过抽象的个人来还原。因此，启蒙运动的"天赋人权"论是一个很不成功的论证，或者说根本没有做出论证。

第二，抽象人性论的论证，即把人的解放归结为普遍人性的诉求，用人性说明历史，以理想代替现实，靠道德变革现状，是人性论历史观的表

① 列宁. 列宁全集：第55卷. 2版. 北京：人民出版社，1990：78.
② 马克思，恩格斯. 马克思恩格斯选集：第1卷. 2版. 北京：人民出版社，1995：100.

达。把自由平等看作是人性的一种要求，或者是人作为人的一种要求，关键在于科学地说明人性。如果人性是一种历史的客观趋势，那就要致力于揭示这一客观趋势形成的内在机理（如从黑格尔到马克思所做的努力那样）；但如果把人性视为一种既有的、理想化的主观价值诉求，那么将其视为历史的根本动力就是肤浅的。比如康德，作为德国最为重要的启蒙主义思想家，对于人为什么是自由的最具特色的论证，就是"意志自由"论。他把人的自由归结为道德意志自由，指认人能够脱离动物本能，打破趋利避害的因果链条，超越有形、有限的物质的界限而达到自由。不难看出，康德的自由意志其实就是一种崇高的道德精神，是一种按照"应该"而不是"利益"去行动的力量。他提出了"你应该因为你可以"这一道德自由律，并把这一律令叫作绝对命令。如果按利益去行动可以表述为"假言判断"的句式的话，那么按道德命令去行动就可以表述为"直言判断"的句式。自由意志之所以对人是一种绝对命令，是因为普遍适用，必须而且可以无条件地去做。道德意志打破了利益的狭隘性，展示了人无比开阔的自由空间。但是，由于康德把自由视为与利益截然对立的纯道德力量，其自由意志就必然软弱无力。

众所周知，人们的历史活动总是从切身利益出发的，起码绝大多数人在绝大多数场合下是如此。正如马克思、恩格斯所指出的，"各个人的出发点总是他们自己，不过当然是处于既有的历史条件和关系范围之内的自己，而不是玄想家们所理解的'纯粹的'个人"[①]。其他暂且不论，怎么能够说明超功利的自由意志就是人性而追求利益就不是人性，本身就成为无解的难题。康德的自由意志成为实践领域的"物自体"，使之陷入了最深刻的悖论，并导致了一系列的割裂，止步于无法自拔的"二律背反"。他的道德自由意志本来是作为实践理性的体现，但是它恰恰跟实践的本性是相悖的。实践天然具有功利性，实践中的目的性（"善"）不可能完全摆脱功利性。实践是生活的本质，而利益则是实践的本性。康德之所以打着实践理性的旗号，走向道德浪漫主义，正如马克思主义的经典作家们所分析的那样，源于近代德国资产阶级的软弱性，他们不仅不敢正视社会的公众

---

① 马克思，恩格斯. 马克思恩格斯选集：第1卷. 2版. 北京：人民出版社，1995：119.

利益，甚至连自身的利益也不敢明确表达。

马克思在《神圣家族》中说过："'思想'一旦离开'利益'，就一定会使自己出丑。"① 这种离开利益的纯粹的道德自由意志，不仅没有多少实践的空间，而且理论想象力也十分苍白。正如列宁指出的："为什么从实践、行动只向'善'（das Gute）过渡呢？这是狭隘的，片面的！"② 实际上人性本身是多重的，既有功利的一面，也有超功利的一面，不可能用单一的人性来说明、解释重大的社会问题。而且，人的道德自由意志本身，包括人性在内也在不断地变化。有些时候、有些群体善表现得多一点，而有些时候、有些群体恶表现得多一点；有时人性的多重性较为协调，而有时人性的多重性会出现尖锐的冲突。比如启蒙主义者都把自由摆在人性追求的第一位，似乎人性对自由的追求是无条件的，然而事实上自由并非任何时候都是人性的第一诉求。如弗洛姆指出的那种"逃避自由"的情况，就一再出现在历史的记忆中。恩格斯曾引证过德国农奴在 17 世纪放弃"自由"、寻求领主保护的史实，说明个人意志是历史条件的产物，而不是相反。"甘受奴役的现象在整个中世纪都存在，在德国直到三十年战争后还可以看到。普鲁士在 1806 年和 1807 年战败之后，废除了依附农制，同时还取消了仁慈的领主照顾贫病老弱的依附农的义务，当时农民曾向国王请愿，请求让他们继续处于受奴役的地位——否则在他们遭到不幸的时候谁来照顾他们呢？"③

关于人性问题有三点需要讨论：其一，人性既然是多重性的复合，那么主导人性变化的因素是什么？我们不能如个别西方学者那样，只停留在人性多重性的判断上，满足于"一半是天使，一半是魔鬼"或者"人永远摆脱不了动物性"的感叹。对人性多重性的探索必然突破人性本身，而进入人的社会化过程，进入社会历史视野的分析。其二，人性是既有的、与生俱来的固有力量，还是随着人的自我创造、自我生成而不断积淀、形成的力量？换句话说，人性是历史变化的，还是凝固不变的？如果人

---

① 马克思，恩格斯. 马克思恩格斯全集：第 2 卷. 北京：人民出版社，1957：103.
② 列宁. 列宁全集：第 55 卷. 2 版. 北京：人民出版社，1990：181.
③ 马克思，恩格斯. 马克思恩格斯选集：第 3 卷. 2 版. 北京：人民出版社，1995：440.

性是历史变化的，那么就要追问推动它变化的原因在哪里。其三，人性在历史发展中到底有多少作用？人性是历史的表象、结果，还是历史深处起第一性决定作用的根本动力？换言之，是人性创造历史，还是历史改变人性？

因此，启蒙学者企图用人性论来说明一切社会现象，这本身就是不成功的。正是由于上述矛盾导致了他们在思想理论上的种种混乱，根子在于他们缺乏一个统一的、真正具有历史感的历史观，缺乏对于人性的科学的说明。所以启蒙运动之后，必然会引发哲学上的大变革。这是启蒙运动提出的历史性课题。这个哲学上的变革是通过德国古典哲学的变革、黑格尔哲学的解体、马克思主义哲学的诞生实现的。这一哲学变革产生了持久的、深远的历史影响，其中最为重要的就是颠覆了 18 世纪"原子式的个人"，形成了"现实的人及其历史发展"的新历史观。"被斯密和李嘉图当做出发点的单个的孤立的猎人和渔夫，属于 18 世纪的缺乏想象力的虚构。……这种 18 世纪的个人，一方面是封建社会形式解体的产物，另一方面是 16 世纪以来新兴生产力的产物，而在 18 世纪的预言家看来（斯密和李嘉图还完全以这些预言家为依据），这种个人是曾在过去存在过的理想；在他们看来，这种个人不是历史的结果，而是历史的起点。因为按照他们关于人性的观念，这种合乎自然的个人并不是从历史中产生的，而是由自然造成的。这样的错觉是到现在为止的每个新时代所具有的。"① 把人性归结到"自然性"并加以美化，这本身就是形而上学自然观的产物。人化自然的发展致使人自身的自然也在变化，美好的人性不是人天生的自然性，而是人和自然和谐发展的结果。

二、黑格尔的意识形态变革

黑格尔的哲学建树如果用一句话来概括，似可概括为建立了理性主义一元历史观。换言之，黑格尔实际上完成了启蒙学者提出的把理性科学推广到历史领域的任务，使历史领域不再是主观任性的自由空间和现象描述的杂乱领地。其理性主义一元历史观的最大特点在于试图用逻辑来说明历

---

① 马克思，恩格斯. 马克思恩格斯文集：第 8 卷. 北京：人民出版社，2009：5-6.

史，从而揭示历史的本质和规律。马克思曾把黑格尔的历史观简要而准确地概括为"人格化的逻辑"，就是把历史逻辑化，把逻辑人格化。黑格尔的理性主义一元历史观的成就和内在缺陷都聚焦于此。

具体说来，黑格尔认为理性最高的成就是逻辑概念（其最高表现为"观念"），如同列宁所概括的，"概念还不是最高的概念：更高的还有**观念＝概念和实在的统一**"①。显然，如果能够通过逻辑概念将历史还原，那么历史就是理性的、有内在规律的历史，是人可以清晰把握和认识的，而不再是不可知的、混乱的一团迷雾。黑格尔因此首创了历史和逻辑相一致的命题。他认为逻辑的历史是现实历史的本质，而现实历史则是逻辑历史的展开，因而历史和逻辑相一致。但是必须承认，事实上历史和逻辑并不一致：历史是感性的，充满偶然性的（偶然性在历史中往往是很起作用的），是跳跃、"断裂"式发展的，而不是循序渐进的，更重要的是历史呈现出多种多样和无比丰富性。相反，逻辑则是单一的、循序渐进、环环相扣的，是由必然性来支配的，即一个环节必然推出另一个环节。因此，首先需要讨论：

1. 历史与逻辑的统一何以可能

黑格尔哲学变革首先要解决的难题，就是怎么用逻辑来再现历史？进一步看，这一问题的关键就是如何用确定的逻辑包容不确定的、无限的历史。因此，问题首先在于什么叫无限？如何使有限和无限相统一？黑格尔的突破就是从解决"无限"开始的。

在黑格尔看来有两种无限，一种叫作"恶无限性"，就是纯量和空间的扩展，或者是时间的抽象叠加，这种无限不但没有意义，也没有结果，不是"历史"。这种外在的、纯量的扩张的无限，要害是脱离了具体事物，使自身成为纯抽象的无限。"'恶无限性'是这样一种无限性，它在质上和有限性对立，和有限性没有联系，和有限性隔绝，似乎有限是**此岸**，而无限是**彼岸**，似乎无限站**在有限之上，在有限之外……**"②而真正的无限，或叫具体发展的无限，则必定是有限事物自身的无限发展，因而必然表现

---

① 列宁. 列宁全集：第55卷. 2版. 北京：人民出版社，1990：141.
② 同①95.

为"自我是自我的原因",是"圆圈"式的发展。这是真正能够认识、能够把握其规律的无限发展状态,因而构成"历史"。在黑格尔看来,要把握历史的无限,一定要解决好主体和客体、开端和终点的统一,否则,就会陷入"恶的无限"。他把整个历史归结为绝对精神的自我展开,从其"纯存在"出发,通过外化(历史现象)以及外化的扬弃(历史还原)而回归自身。经历了这个"圆圈",历史就可以完整地展现出来,认识这个圆圈就认识了真正的"历史无限",即有限中的无限。黑格尔的一元历史观的可能性,就在于其通过辩证法达到了无限和有限的统一,从方法上解决了康德关于有限认识和"物自体"的悖论。必须指出,黑格尔的卓越之处在于否定了有限和无限在质上的对立,否定了无限对于有限的外在性,但他并没有真正解决自然界的外在性、无限性与认识的有限性的矛盾,只是用"绝对精神"这一唯心主义方式去消解自然界的外在性,因而他的认识"圆圈"是封闭的,而不是开放的"螺旋式上升"。

黑格尔的贡献在于克服了康德的二元论。康德的二元论表现在两个方面:一是现象和本质(或知识和信仰)的二元。康德承认现象背后可能有物的存在,他把隐藏于现象背后的本质叫作"物自体",或者叫物的本体。现象千变万化,其背后也许有个"一以贯之"的物自体,但是物自体本身是不可能被认识的。由于本质深藏在现象背后,而认识必须通过有限的感官,从而无法把握现象的总体,因此认识只能止于现象及其关系,无法深入到本质。所以,现象后面的本质是什么,本质性规律是什么,"物自体"是什么,我们不能够追问,否则就会陷入一系列的悖论。康德曾反复地论证,我们如果用有限的认识能力去涉及无限的"物自体",就会陷入一种不可自拔的悖论,徘徊于一连串的"二律背反"。总之,关于"物自体",我们可以猜想它存在,但不能证明,因而这不是知识范围内的问题,只能靠信仰解决。二是自由意志和实践功利的二元。如前所述,社会生活本质上是实践的,而实践天然是功利的。现实生活中,人的道德意志、自由意志怎么和人的功利性实践相结合,这个问题康德始终没有解决。所以他的道德意志始终是彼岸的东西,不存在于此岸(现实),因而不能算是真正的"实践理性",只能是浪漫的道德理想。对于康德的二元论的消解,存在两种选择：一是反"本质主义"的选择，即从根本上取消"物自体"、取消"实践理性"，实际上就是根本否认历史的客观规律性；二是历史辩证法的选择，解决历史和逻辑相一致的问题，这一选择由黑格尔开了头。

2. 黑格尔对历史与逻辑相一致问题的解决

黑格尔为了解决逻辑把握历史的难题，做了两个有创意的设定。一是设定站在历史的终点即历史发展的最高点上再现历史，所以其逻辑是对已经实现的历史的再现。"这个形式上绝对的原则把我们带到了历史的最后阶段，就是我们的世界、我们的时代。"① 福山在《历史的终结》中说，黑格尔和马克思有一个共同点，即都承认历史有终点。站在这个终点上，历史的逻辑性就显现出来了。如果不是在终点上，而是在过程中，历史显现的是多样性而不是单一性，就难以用逻辑再现历史。这个终点就是精神能够回归到自身，也是思想圆圈能够大致形成的条件。只有以此为前提，才能通过概念把历史再现出来。这个说法对于黑格尔是成立的。黑格尔一直强调哲学是一种反思性的学问，它是对历史的"回溯式"沉思，是历史真实的思想结晶。哲学不参与创造世界，只是把世界的整体再现出来。黑格尔对于哲学的定位是："哲学作为有关世界的思想，要直到现实结束其形成过程并完成其自身之后，才会出现。概念所教导的也必然就是历史所呈示的。"因此，哲学不改变世界，不指导实践，"对灰色绘成灰色，不能使生活形态变得年青，而只能作为认识的对象。密纳发的猫头鹰要等黄昏到来，才会起飞"②。这既表明黑格尔哲学保守的一面，也表明黑格尔哲学机智的一面。众所周知，当我们设定了历史的终点的时候，历史的无限性就被限制了，而许多未知就变成了可知。设定终点就把历史的无限性转化为现实的必然性，就可能通过逻辑去把握历史。这样的历史尽管事件很多，感性材料很丰富，但是在其现实的大的历史趋势中，还是有一个基本的脉络可寻。黑格尔用逻辑把这个历史脉络把握住，就大体上做到了历史和逻辑相一致，取得了无法否认的成就。这是在评价黑格尔哲学时应当注意的。但是这一说法对于马克思并不成立。马克思所说的历史终点只是阶段

---

① 黑格尔. 历史哲学. 上海：上海书店出版社，2001：436.
② 黑格尔. 法哲学原理. 北京：商务印书馆，1961：序言 13-14.

性的，因而既是终点又是起点，并不是人类历史的真正终结。比如共产主义消灭和取代资本主义，也只是"人类史前史"的终结。人类将在这一新起点上，开创新的历史。历史并没有终结。

黑格尔的另一个设定是创立了概念辩证法。黑格尔把矛盾引进概念，把矛盾转化引进逻辑，实际上使逻辑成为活生生的现实历史的表现方式。因此黑格尔的概念不是单一的、纯形式的思维工具，而是异质性的、包含着具体内容的辩证法。换言之，黑格尔的概念是包含着不同性质事物的统一体，也就是矛盾的对立统一，因而成为自我运动、自我发展的源泉，黑格尔将之称作"差别的内在发生"。列宁高度评价了这一思想，指出："非常重要!!……'差别的内在**发生**'，是差别、两极性的演进和斗争的内部客观逻辑。"① 列宁还特别强调不能将此简单地理解为差别、外在关联，而要从转化过渡、整体联系和内在否定上去把握。这样，概念的矛盾才反映了现实的矛盾转化和历史变化的过程。"注意（1）普通的表象抓到的是差别和矛盾，但不是一个向另一个的**过渡**，而**这却是最重要的东西**。（2）机智和智慧。机智抓到矛盾，**表达**矛盾，使事物彼此发生关系，使'概念透过矛盾映现出来'，但没有**表达**事物及其关系的概念。（3）思维的理性（智慧）使有差别的东西的已经钝化的差别尖锐化、使表象的简单的多样性尖锐化，以达到**本质**的差别，达到**对立**。只有那上升到矛盾顶峰的多样性在相互关系中才成为活跃的（regsam）和有机的，——才能获得那作为**自己运动和生命力的内部搏动的否定性**。"② 总之，概念辩证法的创立，是黑格尔能够完成理性主义一元历史观非常重要的变革。

黑格尔的逻辑学、历史哲学、法哲学都是按照概念辩证法来构造的体系，从一个概念向另一个概念转化。从"主观精神"、"客观精神"和"绝对精神"，到"东方世界"、"希腊罗马世界"和"日耳曼世界"，再到"抽象法"、"道德"和"伦理"（含家庭、市民社会和国家三环节），以至国家内部"王权"、"行政权"和"立法权"，都包含着一系列概念的差异、内在的矛盾对立以及范畴间转化的必然性，因而曲折地反映了历史的进程，

---

① 列宁. 列宁全集：第 55 卷. 2 版. 北京：人民出版社，1990：82.
② 同①119.

这是黑格尔所开创的一个思想变革。"机智而且聪明！对通常看起来似乎是僵死的概念，黑格尔作了分析并指出：它们之中**有**运动。"① 但是黑格尔的变革也有根本缺陷，即颠倒了概念辩证法和历史辩证法的关系，或者说是颠倒了观念和现实的关系。事实上，范畴不过是现实历史和人类实践活动的思想概括，生活是"原本"，而概念是"摹本"。黑格尔最大的问题就是颠倒了"摹本"和"原本"的关系，把本来是从现实生活抽象出来的逻辑关系、逻辑概念的演变，变为创造历史的第一性的、真实的存在，而把生活本身变成了派生的。所以就不可避免地会出现历史"溢出"逻辑的情况，其逻辑总是要不断地被现实历史打破，也就是说黑格尔的逻辑包容不了现实。这是黑格尔历史哲学遇到的第一个挑战。

此外，黑格尔的历史哲学把历史逻辑化，把全部历史现象都纳入理性的逻辑范畴，包括宗教、艺术在内。他用逻辑去解读宗教，认为哲学和宗教都是绝对精神最高的自我认识的形态，表达的都是无限的、绝对的真理，只是方式有所不同，哲学以逻辑方式，而宗教以象征方式。换言之，在宗教和哲学里，精神不仅扬弃了各种低级形式的主观性和外在性，而且扬弃了伦理世界那种"分裂成此岸与彼岸的那个世界"，真正在对象性存在中返回了自身。黑格尔在叙述理性的发展过程时，特别强调从理性到精神的转折，指出"当理性之确信其自身即是一切实在这一确定性已上升为真理性，亦即理性已意识到它的自身即是它的世界、它的世界即是它的自身时，理性就成了精神"。

因此，精神是理性的绝对实在的本质，其表达形式分别为艺术、宗教和哲学。绝对精神在其精神发展阶段中依次经历艺术、宗教、哲学等不同层次逐步上升，先后采取了直观、表象和概念等不同的表现形式，但它们之间的差别只是绝对精神表达形式的差别，它们都体现了"绝对精神"发展过程中主体和实体、自身和世界的同一。艺术、宗教是绝对精神通过直观或表象对自身的认识，哲学则是绝对精神通过概念而认识自身，它们是同一的。因此，哲学和宗教研究的对象是同一的，都是客观存在着的绝对真理即神。

---

① 列宁. 列宁全集：第55卷. 2版. 北京：人民出版社，1990：91.

　　所以，哲学与宗教相通，哲学在解释宗教时就是在解释自己，而哲学在解释自己时也就是在解释宗教。宗教观念通过相应形象的象征意义，表达了哲学概念的内在规定性；而哲学概念则通过其自身的多种规定性的统一，表达了宗教观念的天启和神圣。宗教中的所谓圣父、圣子、圣灵"三位一体"，象征着绝对精神的存在方式，因而在哲学中就表现为普遍性、特殊性和个别性的逻辑展开。在宗教中，绝对精神被称为神，以"圣父"（上帝）为象征；在哲学中，神被称为绝对精神，以"绝对理念"为根本。在宗教中，"圣子"（基督）是人与神结合的产物；在哲学中，精神和自然界结合的产物是"具体概念"。在宗教中，"圣灵"是理念通过教会、教团从信仰向知识转化的象征；在哲学中，"精神"是理念通过国家、法律从个别性向普遍性转化的环节。

　　这也就表明，哲学高于宗教，因为逻辑思维的形式高于表象思维的形式。这就是说，尽管黑格尔认为哲学和宗教都是绝对精神自我意识的最高形式，它们的对象都是无限、都是神，认识的都是绝对的普遍的东西，但是由于宗教的方式比较粗陋，其象征、隐喻、形象等形式，没有摆脱感性的粗糙，思维还不纯净，而哲学则完全用的是概念，它脱离了事物的原型，用普遍的概念来表达精神的自我意识。从这点来说，他虽然要调和宗教和哲学，认为这两者都是以绝对真理、以无限作为认识对象，但是哲学比宗教要更高一筹。

　　3. 黑格尔宗教、哲学观受到的批判

　　黑格尔宗教、哲学观的两重性必然受到两方面的批评。一方面，正统的神学家不满意黑格尔对宗教的理性主义解释，攻击黑格尔是"逻辑泛神论"，坚决要求维护正统神学的绝对统治地位。他们认为信仰高于理性，宗教不仅不能也不需要用理性来论证，相反，只有上帝的启示才能通向绝对真理。例如，施莱尔马赫就认为，不是在费希特的"自我的逻辑演绎"或黑格尔的"客观知识"中，一切对立面只有在直觉和情感中才能被超越，使人体验到无限与永恒，直觉和情感的经验是一个无法为知识所进入的永恒的绝对的领域。另一方面，真正的哲学理性推崇者也不满黑格尔，反对用理性来为信仰主义做论证，而竭力要从黑格尔哲学中得出彻底的无神论结论，他们中有的人（如费尔巴哈）看到了黑格尔本身的悖谬，于是开始批判他①。他们认为宗教本质上是非理性的，比如说"耶稣复活"一类的神话，就不可能将其纳入理性的范畴，否则，就是对人类理性的亵渎。因此，青年黑格尔派打响批评黑格尔第一炮的大卫·施特劳斯，就是从宗教与哲学关系入手做出突破。他写了《耶稣传》挑战黑格尔的宗教观点，认为事实证明构成宗教根基的神话是没有历史真实性的传说，不能把它作为真实的历史。他写《耶稣传》的目的是用世俗的眼光解读耶稣，宗教中的耶稣和现实中的耶稣是两个人，他要用真正的理性的观点来复原耶稣作为普通传教士的历史真实。用神圣的观点看，耶稣是没有传的，只有凡人才有传。因此，施特劳斯想以此说明不是所有历史都能够进入逻辑，而在逻辑之外，还有非逻辑的历史。这就是青年黑格尔派反攻黑格尔的一个由头，应该说是抓住了其软肋。

黑格尔的另一软肋是如何界定历史的终点问题，对此他本身是矛盾的。比如黑格尔认为现代国家的方向是向国家概念的回归，即理想化国家的不断实现。他认为所有的现实事物都是概念的不断实现，因为所有事物都有一个向最佳状态进化的方向，他把这个最佳状态规定为概念，所以一切事物的运动都是概念的自我回归。人的发展方向就是越来越像"人"，前者是指现实的人，后者是指理想的、完全实现了自身的人，所以人的全部发展就是向人回归，是概念的自我回归。这一终点的矛盾就在于：一方面，黑格尔认为概念的理想状态不能轻易地和现实中的某种事物直接等同；但是另一方面，他的人的概念、国家的概念，甚至其他理想化的概念的现实立足点基本上还是德国，这就是他的局限性。所以人们可以从各个方面来对他的哲学进行批判，包括他的国家哲学。但是必须明确，不能简单否定、要努力拯救其中的辩证法（如马克思那样），否则批判黑格尔就可能导致向实证主义、相对主义以至浪漫主义回归，使得一元历史观成为不可能的事。要知道，在社会历史领域复活多元主义历史观、相对主义真理观和经验主义、实证主义方法论的主宰，只能是一种倒退。

---

① 孙伯鍨. 探索者道路的探索. 南京：南京大学出版社，2002：23-24.

4. 费尔巴哈对黑格尔的批判

费尔巴哈确有实证主义的倾向，他强调用经验的、感性的人来批判黑格尔的绝对精神，但也需注意，他的感性人并不是纯粹经验个人，而是作为"类存在的个人"，因而不是简单地回到经验主义或者实证主义。需要指出，费尔巴哈从实证主义方面理解感性的人，提出要对黑格尔哲学进行唯物主义的"颠倒"，在认识论领域还是较有成效的。他提出，我们只要把黑格尔哲学中的主宾颠倒过来，就能得到纯净的、确定无疑的真理的光辉。比如黑格尔说"绝对精神"创造了人，把它颠倒过来就是人创造了"绝对精神"；宗教说是上帝创造了人，颠倒过来是人创造了上帝。"我们只要经常将宾词当作主词，将主体当作客体和原则，就是说，只要将思辨哲学颠倒过来，就能得到毫无掩饰的、纯粹的、显明的真理。"① 但是费尔巴哈的这个主宾颠倒原则用到社会领域就遇到很大的难题，这在国家主权问题上突出地表现出来。黑格尔之所以要保留王权，理由就是国家主权的整体性必须体现在普遍、特殊和单一这三个环节上，缺一不可。"国家人格只有作为一个人，作为君主才是现实的。""因此，整体的这一绝对决定性的环节就不是一般的个体性，而是一个个人，即君主。"② 从有限的、感性的个人出发，不仅无法驳倒黑格尔的法哲学，更不能说明历史活动的真实主体及其发展规律，甚至不能真正放眼看历史。因此费尔巴哈又提出了消除人的异化的原则。

在费尔巴哈看来，"人的异化"是指脱离了人的本质的存在状态。人虽然是个体，但其不是单一、有限的个体，而是多重组合的复合体、是具有"类本质"的个体。"新哲学的基础，本身就不是别的东西，只是提高了的感觉实体——新哲学只是在理性中和用理性来肯定每一个人——现实的人——在心中承认的东西。"③

其一，个体是理智和情感的统一。费尔巴哈最早提出真正的哲学不仅要面向思维而且要面向情感，把情感作为哲学的原则其功不可没。他还首

---

①　费尔巴哈. 费尔巴哈哲学著作选集：上. 北京：商务印书馆，1984：102.

②　黑格尔. 法哲学原理. 北京：商务印书馆，1961：296.

③　同①168.

创了"德法联盟"的思想，认为德法两国思想家联盟才能产生一种新的哲学。其所以如此，就在于他认为德国人代表了理性原则，而理性代表了男性的原则；法国人则体现了情感原则，而情感代表了女性的原则。"心情，是女性的原则，是对于有限事物的官能，是唯物主义的所在地——这是法国式的想法；头脑，是男性的原则，是唯心主义的所在地——这是德国式的想法。心情是革命的，头脑是改良的；头脑使事物成立，心情使事物运动。"因此，"真正的、与生活、与人同一的哲学家，必须有法国人和德国人的混合血统"①。所以他提出，正如完整的人应该是男性和女性的有机统一体，真正的哲学也应该是情感和理性的统一，才能克服旧哲学的片面性，产生新的哲学。"把人分割为身体和灵魂，感性的和非感性的本质，只不过是一种理论上的分割；在实践中，在生活中，我们否认这种分割。"② 青年马克思曾积极筹办《德法年鉴》，他明确讲这是实践费尔巴哈的思想，因为费尔巴哈最早提出要促进德国思想家和法国思想家的结合，才能产生真正的新哲学。在费尔巴哈看来，真正的哲学家必然是理性和情感的完美结合，综合了男性和女性的优良素质。

其二，个体又是认识和行动，或者说是主体和客体的统一。每个人不仅是认识的主体，而且是最重要的认识对象。所以费尔巴哈讲，人最重要的认识对象是人，人要认识自己，要通过他人来认识自己。人不仅是认识的主体，也是认识的客体，还是行动的主体。不能轻率讲费尔巴哈不懂实践，不能简单地把他的思想视为机械唯物主义。费尔巴哈在 19 世纪 40 年代影响了包括马克思、恩格斯等在内的一大批哲学精英，引领了德国这样一个哲学思维发达的国家的哲学潮流，其产生的影响力更是无法估量。费尔巴哈反对把实践作为真理认识的标准，主要源于其无法将实践的功利性和真理性认识的客观性统一起来。他提出了在人的实践能够创造（改变）对象的前提下，怎么认识事物的本来面貌，怎么获得对事物的真理性认识这一难题。可见，他绝不是一概反对在动态中认识对象，而仅把认识视为纯消极直观的静态结果。此外，费尔巴哈也不是不讲利益，他的确没有明

① 费尔巴哈. 费尔巴哈哲学著作选集：上. 北京：商务印书馆，1984：112.
② 同①209.

确区分出生产关系层面上的物质利益并阐明其哲学意义，但是，唯物主义的感觉论原则决定其必然要承认利益、欲望、需求等的哲学意义。他的独特性还在于，为了防止对唯物主义做粗俗的解释、把对利益的承认引向肉欲主义和享乐主义，他以"个体和类相统一"为尺度严格区分合理的利己主义和极端的利己主义、合乎人性的利益和违反人性的利益。应该说，这一努力表达了他力图超越自由个人主义的集体功利主义的价值取向。

其三，个体还是个体和类的统一。每个个人不仅仅局限于自己的肉身，除此之外，每个人身上还有一种类的本质。"对于费尔巴哈来说，一切知识都是人作为人的类的一员而得来的，而且在人作为人的类的一员而活动时，他的活动在性质上是不同的，他的人类同伴使他意识到自己是一个人，他们造成他的意识，乃至真理的标准。"① 费尔巴哈讲单个人的本质不是有限性而是无限性，个人的本质的无限性就在于人类的无限性。他把人的类本质概括为三：首先，人能够认识、有理性，这是认识之光。理性和知识的积累是无限的，所以人是无限的。其次，人有情欲、有感情，这是爱欲之光。爱是无限的，爱必须有超越自我以外的对象，体现了个人超越自我的内在需要。最后，人有意志、能行动、能创造一个对象世界，这是实践之光。这些都是普遍性的力量，所以人的本质不是有限性而是无限性，人有一种超越自我的固有的本性。他认为人是相互需要的、相互依赖的存在，破坏了人的交往需要，人就异化了。所以费尔巴哈把人的孤独化视为人的异化，其实质是把人的社会交往阻断了。这也是他极力批判宗教的原因，因为人是相互需要、喜欢交往的动物，当这一需要不能被满足时，人就需要宗教，因为宗教虚幻地满足了人对人的依赖感，这就是宗教存在的原因。但是，人对于宗教的需要，掩盖了他们之间的相互需要，人似乎获得了一种"社会"生活，但事实上仍处在自我封闭、孤立化的状态。只有批判宗教，才能恢复人和人的真正交往，实现人的类本质。费尔巴哈甚至由此出发提出，消除宗教唯一的出路是社会主义，因为实现了社会主义，人就过上了真正的社会化生活，恢复了人和人的真实交往，人真正成了自己的上帝，宗教也就没有存在的必要了。

---

① 麦克莱伦. 青年黑格尔派与马克思. 北京：商务印书馆，1982：95.

　　但费尔巴哈最大的问题在于，人和人相互需要、相互交往依靠的现实基础在哪里？现实纽带在哪里？他甚至没有提出，更没有解决这一问题。他始终把人和人的相互交往、相互依靠看作是情感的需要和心理的依赖。所以他不能进一步提出社会主义怎么才能立足、怎么才能实现的问题，他的个体人就没有真正超出人自身，最后还是回到了孤立的、自我封闭的个人。因为他把人的类本质看成是每个人身上固有的自然情感和心理状态，没有真正涉及现实的人和人的社会关系，没有涉及人和人的社会关系赖以建立的生产活动。没有这个牢固的基础，其类本质就没有真正现实的社会历史内容。

　　所以费尔巴哈的"人"是没有历史性的人。马克思批判说，在费尔巴哈那里没有"自然的历史"和"历史的自然"。所谓"没有自然的历史"就是没有一种客观发展的历史，在费尔巴哈那里只有宗教史、人的思想和心理活动史，而没有物质生产史、劳动发展史，也没有社会变迁史，这点他比不上黑格尔。而所谓"没有历史的自然"是指在费尔巴哈那里，自然界是从来如此的、一成不变的，这个僵死的自然当然不能成为唯物主义历史观的基础。实际上自然界不仅自身在不断变化，更有在人的实践活动中不断形成的"人化自然"，即由外在自然不断转换为属人的自然。费尔巴哈的失误，归结起来就是唯物主义和历史主义的对立、科学原则和人道原则的背离，或者说，是唯物主义和人道主义的二元论。诚如马克思所反复阐明的那样，当费尔巴哈是唯物主义者的时候，历史在他的视野之外，而当他关注历史变化时，就决不是唯物主义者；当他站在人道主义立场，出于对穷苦人的同情而批判现实时，并没有面对现实的科学态度，而当他试图面对现实时，却又陷入了替现实辩护、让穷人认命的保守立场①。这种人道和科学的二元论，虽然是费尔巴哈的悲剧，但绝不仅仅是其个人的过失。说到底，这是个时代的难题，是至今仍困扰着人们的"理论怪圈"。今天还围绕着马克思主义的现实人道主义问题争论不休，就是明证。因此费尔巴哈不能够完成对黑格尔的辩证法的整体的颠倒，而只能在倒"洗澡

---

　　① 参见《马克思恩格斯全集》的第3卷、第42卷所收入的《德意志意识形态》手稿中有关费尔巴哈的段落。

水"时也倒掉了辩证法。

三、马克思对黑格尔哲学的整体性颠倒

"辩证法在黑格尔手中神秘化了，但这决没有妨碍他第一个全面地有意识地叙述了辩证法的一般运动形式。在他那里，辩证法是倒立着的。为了发现神秘外壳中的合理内核，必须把它倒过来。"[①] 但是，辩证法的颠倒并非一般哲学意义上的主客体置换或因果倒置，而是对于世界及其变化发展的再认识。这个由马克思完成的一系列重大哲学变革，可以简要概括为以下方面：

1. 通过方法论的变革，解决辩证法向感性实践开放问题

马克思的哲学方法论，从根本上说，是唯物辩证法和历史辩证法的方法论，实际上就是认识和解决现实矛盾的方法论。而对于如何认识现实矛盾和解决现实矛盾，以及如何突破黑格尔的概念辩证法，首先要面向感性实践，打破黑格尔概念辩证法的封闭性。就历史观而言，马克思把黑格尔逻辑人格化的历史观变成以物质生产活动为基础的实践的唯物主义历史观，这是重大的认识飞跃。从方法论上说，马克思始终贯穿了一个基本原则，即从批判旧世界中发现新世界，以解决实践的未来指向问题。马克思的哲学以改变世界为追求，因而必然是开放的、面向未来的，从而根本区别于黑格尔哲学。对于哲学要改变世界、面向未来、面向实践，怎么避免陷入主观臆测，怎么做到客观真实，马克思的基本原则就是"从批判旧世界中发现新世界"，即通过批判旧世界的基本矛盾及辨明其走向，发现新世界的胚芽，从而发现社会发展的客观规律。发现一个社会形态的基本矛盾绝非随意做出判定，马克思所贯彻的这个原则体现在三个方面。

一是整体性原则或者总体性原则。对旧世界的批判不能针对个别现象，从旧世界的个别现象中发现不了社会发展的趋势，因而必须着眼于旧世界的整体，即该社会关系的总和。就时空范围来说，它必须是资本主义发展比较成熟的所有国家，马克思至少考察了英、法、德、美这些当时资本主义发展程度很高的国家；而从普遍联系上看，马克思致力于揭示旧世

[①] 马克思，恩格斯. 马克思恩格斯选集：第2卷. 2版. 北京：人民出版社，1995：112.

界的基本矛盾及其走向，发现了生产力和生产关系的矛盾运动这一普遍规律。可见，马克思主义是国际和时代的产物，而不是德国一国的产物，它分析批判的对象是资本主义社会的总体。

二是历史必然性原则。马克思对于旧世界的批判，着眼点是旧世界必然产生的历史根据，这是马克思和空想社会主义者及道德批判家最大的区别。他不把资本主义视为因"人类理性的迷误"而偶然产生的、可以凭借天才的头脑加以避免的历史现象，而是将其看成人类社会发展必然要经过的一个历史阶段，寻找它必然产生的社会历史原因，从而也就奠定其必然灭亡的历史根据。在《共产党宣言》中，马克思、恩格斯一再强调资本主义之所以能够迅速发展并向全球扩展，就在于"资产阶级在它的不到一百年的阶级统治中所创造的生产力，比过去一切世代创造的全部生产力还要多，还要大"①。能够促进生产力的发展，这是资本主义必然产生的原因，而私有制的垄断性导致的腐朽使之逐渐成为社会生产力发展的桎梏，这是资本主义走向灭亡的必然性。只有从历史必然性上批判旧世界，才能发现旧世界必然灭亡的根据。

三是内在否定原则。从辩证法来看，一切事物灭亡的必然性都是自我否定的结果，而不是纯粹外力作用使然，换言之，纯粹外力作用所导致的过程中断，都是不反映事物本质的偶然性。当然，源自必然性的内在否定，也通过偶然性开辟道路，但这是反映必然性的偶然性，而不是否定必然性的偶然性。恩格斯认为，内在的否定就是事物自我发展的普遍方式从一个环节必然进入另一个环节，因此必然性原则就包含着内在否定原则。马克思深入研究了资本的内在否定性，不断探寻其自我发展的极限。资本是资本存在的根据，也是资本自我否定的根源。马克思发现资本的力量在于为追逐超额利润而进行剩余价值的生产，必须不断降低成本、扩大市场、提高资本的有机构成，因而具有无限扩张的趋势，显示出特有的活力。但是资本的本性也给自己设定了自我否定的界限。资本虽然总要革新技术、节约成本、开拓新的市场，因为只有这样才能获得超额的利润，但其界限也就在这里，由于其本性的驱使，它无限制地降低生产成本，尤其

---

① 马克思，恩格斯. 马克思恩格斯选集：第1卷. 2版. 北京：人民出版社，1995：277.

是劳动力成本，由此形成广大群众贫困化趋势，导致社会消费需求低迷，因而必然造成市场萎缩。周期性的经济危机、生产过剩就是市场萎缩的结果，而不是因为人民没有消费需求。此外，资本要不断地扩展，需要推出新产品、新技术，需要充满创造力的人，而充满创造力的人又来自全面发展的人。但资本在它发展的过程中，不断造成人的异化，造成人的孤立化、片面化、物欲化，限制了人的发展，也就限制了人的创造力。这是由资本自己设定的自我发展的极限。所以资本主义不可能恒存，只要它超出这个界限，被否定便是历史的必然。马克思的这个批判原则在今天没有过时，仍然是我们考察资本主义最重要的方法之一。资本是资本主义自我毁灭的根据，资本创造了它自己无法克服的矛盾，只能以结束资本的统治而告终。

2. 解决辩证法的历史根据问题

马克思哲学变革的又一重要方面，就是奠立普遍性观念的历史根据，即寻求普遍性观念的实践基础或社会基础。马克思认为，关于人自身的普遍性观念乍看起来是人类共有的，但实际上是历史地形成的、体现生产关系总和的表现方式，因此，必须从历史发展的阶级基础上对其进行还原。比如说资本主义社会强调自由、平等、人权等观念，但它们绝非一直占据人们头脑的最重要的观念，而主要是满足了资本统治的要求。在封建社会，最重要的观念就不是自由、平等、人权，而是荣誉、血统、出身。每个时代都有一些普遍性观念，这些被普遍接受的观念背后是统治阶级，因此一切时代的统治思想都是统治阶级的思想。但是难题在于阶级性和全民性是怎么统一的，或者说统治阶级的东西为什么会得到大多数人的认可。

马克思破解这一难题的重要历史根据就是基于对革命阶级及其意识形态的考察。历史上的革命阶级在其革命时所提出的一些口号，虽然从根本上表达了本阶级的阶级意志，但是同时也表达了当时大多数人的一种普遍愿望。换言之，革命阶级的阶级利益和全人类的利益在一定的历史"节点"上有一定程度的吻合，这就是普遍性观念能够得到普遍接受的社会历史根据。马克思认为，资产阶级在它革命的时候提出的一些口号之所以有感召力，就是因为当时资产阶级的阶级利益还没有从第三等级分化出来，他们的口号也代表了当时大多数人的普遍要求。但是等到资产阶级掌握了政权，形成了既得利益，这些口号就带有越来越多的欺骗性。这样的一个变化，后来被曼海姆概括为"乌托邦"和"意识形态"的区别，他认为革命阶级在革命的时候提出的口号叫乌托邦，体现了共同的利益、共同的追求，具有普遍性观念的作用。如同马克思、恩格斯指出的："每一个企图取代旧统治阶级的新阶级，为了达到自己的目的不得不把自己的利益说成是社会全体成员的共同利益，就是说，这在观念上的表达就是：赋予自己的思想以普遍性的形式，把它们描绘成唯一合乎理性的、有普遍意义的思想。"[1] 但是在其掌权以后，就变成了"意识形态"。意识形态就是用普遍性的口号掩盖其阶级利益的实质，变成了虚假的观念。实际上，乌托邦也是一种意识形态。马克思通过对于历史尤其是近代以来的欧洲史的充分考察，发现了普遍性观念的阶级性，历史性依据，即主要以革命阶级所领导的革命运动为依托、以期间所形成的普遍利益为基础。所以普遍性观念不是无根的，也不是如意识形态家们所认为的那样是天生的，它本身具有确定的历史起源。

3. 解决革命辩证法的现实基础问题

马克思要颠倒黑格尔的辩证法，第一，不能回归个人本位，即把观念视为个人经验的产物；第二，不能走唯理论的道路，即把观念看成是先验的、既有的。马克思的贡献在于把普遍性观念还原为革命阶级的阶级实践，归结为以革命阶级为基础的社会普遍利益。但历史上的革命阶级的阶级利益最终总要转化为既得利益，那么建立一种真正的科学的意识形态的可能性在哪里？1843年底，马克思就充满豪情地宣告："哲学把无产阶级当作自己的**物质**武器，同样，无产阶级也把哲学当作自己的**精神**武器；思想的闪电一旦彻底击中这块素朴的人民园地，**德国人**就会解放成为**人**。""这个解放的**头脑**是**哲学**，它的**心脏**是**无产阶级**。"[2] 所以在马克思看来，真正的改造世界的哲学，必定是跟先进阶级相结合的哲学。在这方面，马

① 马克思，恩格斯. 马克思恩格斯选集：第1卷. 2版. 北京：人民出版社，1995：100.
② 同①15-16，16.

克思的重大发现就是对于现代无产者的发现，从而奠定了其哲学革命变革的前提。他在《关于费尔巴哈的提纲》中提出旧唯物主义的立脚点是市民社会，新唯物主义的立脚点是人类社会或者社会化的人类，强调的就是新唯物主义具有与旧唯物主义完全不同的阶级基础。

这里需要对"旧唯物主义的立脚点是市民社会"做出辨析。对市民社会通常有三种解释，一是把市民社会理解为资产阶级社会，这种解释用在这里说不通，因为新唯物主义也是在资本主义社会中产生的；二是把市民社会理解为资产阶级本身，这个解释也难以说通，因为有的旧唯物主义者其立场已经不是资产阶级的立场，其代表的不是资产阶级的利益，而是不自觉地代表了早期的无产者的利益。空想社会主义者中持旧唯物主义立场的为数不少，其中许多是经验论者，用感觉论的方式来看问题，但是他们是反资本主义的。包括费尔巴哈在内的众多人道主义者，不是完全拥护资本主义的。因此，这句话中的"市民社会"的唯一可能的解释，是指资本主义社会条件下形成的"抽象的个人"。这种"人"在成为资产阶级社会的"自然"基础的同时，也成为旧唯物主义哲学的社会基础。其特点是两极思维：要么感性直观，要么抽象思辨。"抽象的个人"反映了资本主义社会的狭隘眼界，表明从抽象的人向现实的人的转变确实是空前艰难的。

关于新唯物主义的立脚点——"人类社会或者社会化的人类"，尽管可以将其解释为未来的共产主义社会，但由于这一社会还远未成为现实，因此唯一可能的解释就是指以共产主义为追求的无产阶级实践。在马克思看来，它体现了人类社会发展的客观趋势，虽然是存在于资本主义社会的现实因素，但又是动态连接未来社会的路径。从这点来说，马克思甚至认为现代无产者就是存在于资本主义社会的共产主义社会的胚芽，是阶级社会解体的象征，因此可以将其称为"非市民社会阶级的市民社会阶级"。马克思关于现代无产阶级分析的基本方法论，就是要突破主观性评价，即不仅不以其他阶级、阶层和个人的评价为依据，甚至也不以无产者当下的自我感受为依据，而是从人类历史发展的客观过程中来定位现代无产阶级，从资本主义社会的矛盾体系中来客观地确定无产阶级的世界历史地位。因此，马克思关于现代无产阶级的分析是一个重大的理论发现。

4. 马克思对于黑格尔辩证法的唯物主义颠倒的形式是意识形态批判

马克思之所以采取"德意志意识形态批判"这样的方式来完成其哲学变革，有很深的道理：一方面，德国古典哲学曾经是马克思的哲学信仰，所以批判德意志意识形态也是清算自己过去的信仰。另一方面，以黑格尔哲学为代表的德国古典哲学是最接近马克思主义哲学的哲学流派，或者说黑格尔的理性主义一元历史观是最接近辩证唯物主义一元历史观的，所以通过这种批判可以清晰透彻地说明马克思主义哲学的来源和其哲学变革的实质。从今天的情况看，由于德意志意识形态问题的核心是世界的统一性和历史的规律性问题，亦即一元世界观、历史观的合理性问题，及其所派生的两大形而上关系：理性与欲望、幻象与实在问题，因而具有重要意义。对于科学意识形态之可能的彻底否定，不仅导致对于批判和超越资本主义的彻底否定，而且导致对于世界和历史整体性把握之可能的彻底否定，其结果只能是经过相对主义而走向虚无主义和形形色色的主观主义。对于意识形态的彻底洗刷，不仅会导致理性的毁灭，也将导致欲望的虚化；不仅会导致幻象的破灭，也将导致实在的消解。这一状况表明，并非如一些人所想象的那样，唯物论与唯心论的划分在今天已是没有任何意义的、十分陈旧的哲学问题。意识形态问题上的混乱，再次把马克思与恩格斯为何及如何通过"意识形态批判"实现了最伟大的哲学变革，以及这一哲学变革的实质这些问题，摆在了我们的面前。

马克思进行理论探索的最初动因是为饱受苦难的德国寻找出路，可是如果没有对于人类历史的正确了解，就不能正确提出和解决德国的问题。随着探索的深入，他越来越发现近代德国落后于现代人类文明的发展，那么，其改变现状的实际可能性在哪里？马克思认为："我们是当代的**哲学**同时代人，而不是当代的**历史**同时代人。德国的哲学是德国历史**在观念上的延续**。因此，当我们不去批判我们现实历史的未完成的著作［oeuvres incomplètes］，而来批判我们观念历史的遗著［oeuvres posthumes］——**哲学**的时候，我们的批判恰恰接触到了当代所谓的问题之所在［that is the question〕的那些问题的中心。在先进国家，是同现代国家制度**实际**分裂，在甚至不存在这种制度的德国，却首先是同这种制度的哲学反映**批判地**分裂。"① 这里表达了马克思这样一些相互连贯的思想：由于近代德国的发展落后于世界先进水平，因而从德国自身出发无法解决德国问题，甚至无法真正面对现实（承认德国落后的现实）；必须站在世界历史发展的制高点，面对发达国家的矛盾，才能找到德国的出路；而在德国，进入世界历史的唯一通道就是批判和超越德国古典哲学。这就是马克思从《黑格尔法哲学批判》到《德意志意识形态》的内在逻辑和思想历程。德国哲学虽然是颠倒的近代世界史，但竟以颠倒的方式触碰到了现代世界的矛盾。

马克思的意识形态批判之旨趣，一是从德国史进入世界史，二是从幻象中获得真相。由于近代德国在经济和社会发展上落后于英法这些当时的发达国家，因而马克思这一目标可能实现的前提是，近代德国能作为同时代先进国家的思想同行者而存在，也就是说，德国凭借其哲学思想而成为先进国家的同时代人。其根据在于：第一，一般地说，精神现象一旦产生，就会具有与社会经济发展不同步的相对独立性，因此，"经济上落后的国家在哲学上仍然能够演奏第一小提琴：18 世纪的法国对英国来说是如此（法国人是以英国哲学为依据的），后来的德国对英法两国来说也是如此"②。特殊地说，资本主义基本矛盾的国际化，使得一国社会矛盾尖锐化的根源不限于该国本身，从而造成经济相对落后的国家也可能爆发经济发达国家才有的社会矛盾。这就是说，"不一定非要等到这种矛盾在某一国家发展到极端尖锐的地步，才导致这个国家内发生冲突。由广泛的国际交往所引起的同工业比较发达的国家的竞争，就足以使工业比较不发达的国家内产生类似的矛盾（例如，英国工业的竞争使德国潜在的无产阶级显露出来了）"③。上述表明，当时经济发展还相对落后的德国，完全可能成为发达资本主义国家的精神上的同步者，成为研究现代社会矛盾的典型观测点。

---

① 马克思，恩格斯. 马克思恩格斯选集：第 1 卷. 2 版. 北京：人民出版社，1995：7.
② 马克思，恩格斯. 马克思恩格斯选集：第 4 卷. 2 版. 北京：人民出版社，1995：704.
③ 同①115-116.

第二，一般地说，统一性问题是世界观的根本问题，也是世界观意义上真理性认识的前提。正因为如此，整个德国古典哲学的变革实际上就是要克服康德的"物自体"，其最大成果就是开辟了辩证法、认识论和逻辑相一致的道路。也就是说，只有通过辩证法的普遍联系和对立统一，才可能再现历史的真实和社会存在的真实，才能真实地认识和把握世界整体。特殊地说，资本主义发展造成的最大悖论，就是在促成人的解放的同时造成了人的物化，在促成人的独立的同时造成了人的孤立。"原子化""碎片化"成为现存社会的基础。正如马克思指出的："尽管竞争把各个人汇集在一起，它却使各个人，不仅使资产者，而且更使无产者彼此孤立起来。"① 这种孤立的个人只能感受这颠倒的现存，而无法改变现存去开拓未来；只能直观以致屈从现实、或在道德愤慨和幻想中超越现实，而无法真正面对现实去改造世界。上述表明，认识资本主义社会的真实，靠经验式的感性还原，即回归感性个人行不通，而只能通过世界观的整体变革之路，从黑格尔辩证法的唯物主义颠倒入手。

尤其重要的是，当今西方哲学主流呈现碎片化、多元化态势，我们面临着相对主义、多元主义、"碎片化"占据主导地位的精神氛围。现在重温马克思的意识形态批判有很强的现实意义。不难发现，当下时尚的后现代情绪、非意识形态化思潮以及消解"宏大叙事""思想淡出、凸显学术""少谈主义、多研究问题"的氛围，无不指向一元化的世界观，这是目前非常重要的动向。所以今天研究马克思主义的意识形态批判，最根本的目的就是坚持辩证唯物主义和历史唯物主义一元世界观、一元历史观，这是我们坚持马克思主义在意识形态领域指导地位的世界观基础。

第二节　从幻想世界中发现真实的世界

在创建唯物主义一元历史观的过程中，一个难题是如何科学地阐明意识形态所制造的种种幻象。这些幻象是神秘的、模糊的，捉摸不定、亦真

---

① 马克思，恩格斯. 马克思恩格斯选集：第1卷. 2版. 北京：人民出版社，1995：116.

亦幻、五花八门；它们又是神圣的，成为无须论证的绝对"真"或"善"。科学的探索，不仅要把这些幻象世俗化，而且要描述这些世俗观念是如何获得神圣性的，即如何"从人间升到天国"。因此，马克思提出："德国哲学从天国降到人间；和它完全相反，这里我们是从人间升到天国。这就是说，我们不是从人们所说的、所设想的、所想象的东西出发，也不是从口头说的、思考出来的、设想出来的、想象出来的人出发，去理解有血有肉的人。……甚至人们头脑中的模糊幻象也是他们的可以通过经验来确认的、与物质前提相联系的物质生活过程的必然升华物。"① 当年困惑人们的这一难题，在高度信息化的今天变换了方式，不仅仍然极其混乱、令人不解，而且成为人们甘于沉溺其中的"语言游戏"。西方哲学界以"镜像"研究混淆真实与幻象居然能够成为一种时髦，就是例证。

一、作为幻想与真相混合体的意识形态

谬误和真理、幻想和现实不可分割地相连，这是当代人的一个共识，但是如何看待谬误、幻想的作用则大相径庭。一是真理与谬误截然对立，泾渭分明，真理是在清洗谬误、驱逐幻想中实现的；二是真理与谬误合二而一，不可区分，真理来自谬误、真相来自幻想；三是真理与谬误对立统一，相互转化，从性质上泾渭分明，从矛盾发展上在对立中相互转化。第一种观点是形而上的直线性思维，在简单的认识判断中尚有合理性，但在复杂的历史实践领域、面临类似意识形态一类的复杂现象则绝无位置。因此，我们侧重讨论一下第二种和第三种观点。

第二种观点表达出一种当今颇为时髦的以拉康精神分析为特征的后现代情绪。此种情绪尽管不易用清晰的逻辑对其加以概括，但其基本倾向还是明确的，就是把幻觉当作社会生活的常态，用偶然性解释必然性，用无意识和非理性解释理性。它的核心支撑是，任何幻想的根据不在于内心的欲望或祈盼，而在于物质性客体的支持，这也是意识形态作为虚幻的体系却能够发挥巨大作用的根本原因。"幻想的真正寄居地正是这体现于外在意识形态仪式中的纯粹物质性诚挚，而非隐藏在主体内心深处的自白和欲

---

① 　马克思，恩格斯. 马克思恩格斯选集：第 1 卷. 2 版. 北京：人民出版社，1995：73.

望，也正是幻想托起了意识形态的大厦。幻想是如何在意识形态内发生作用的呢？标准的观点是：它产生出情景幻象，从而将真实情景中的恐惧模糊、淡化。因此，我们无法完全看到充斥着整个社会的矛盾冲突，相反沉浸在我们的社会是个有机整体的意识中，以为团结、合作等种种力量把我们结合在一起。"① 因此，任何意识形态总是要寻找"意识形态的崇高客体"，才能发挥幻想的作用，履行自己的功能。更进一步说，由于"崇高客体"本身就是幻想，因而不是如同人们通常认为的那样，欲望产生了幻想，而是反过来，幻想构成了欲望。"幻想并不仅仅以虚幻的方式实现欲望，它的功能更像康德所说的'先验图示'：幻想构成了我们的欲望，为欲望提供坐标系。也就是说，幻想'教会我们如何欲望'。……幻想的这一功能来自这样一个事实：'不存在什么性关系'，没有什么放之四海而皆准的公式，每个主体都不得不造出自己的幻想，一种'私人的'性关系公式，对一个男人来说，只有当一个女性符合他的公式要求，与她的性关系才会成为可能……"② 在这种观点看来，意识形态的斗争归根到底是不同的"崇高客体"之间的竞争，而由于"意识形态的崇高客体"本身是对普通事物加以神化的产物，因而它们之间的竞争也就成了不同"神话"之间的竞争。

这一观点使其在意识形态的把握上陷入了相互关联的两大误区：其一，对于意识形态的批判，不可能以真相打破意识形态的幻觉，而只能借助拉康的"征兆"理论进行"征兆性"批判，通过寻找既定意识形态的破绽进行解构式打击；其二，对于意识形态幻觉的抵御，不可能以崇高理想填补幻灭后的空虚，而只能用"看透一切"的犬儒主义心态，对假象进行无情的嘲弄，防止"明知虚假，假装当真"的人格分裂。这里关系到当代意识形态讨论的最为核心的两大问题：其一，意识形态是否只能依托神话式的"崇高客体"，而不可能依托科学理论和客观现实？换言之，能否把马克思的工人阶级等同于黑格尔哲学中"作为现实伦理的国家"，或自由主义中"作为万能创造者的货币"？说到底，当马克思按照资本自身的

---

① 齐泽克. 幻想的瘟疫. 南京：江苏人民出版社，2006：6.
② 同①7-8.

"自由逻辑"，落脚于"劳动力买卖自由"实际是接受资本家奴役的自由，从而暴露了资本主义的"自由假象"并提出"自由自觉劳动"时，他是塑造了劳动这一"崇高客体"呢，还是把自由问题摆在了历史的真实基础上？其二，意识形态批判的最终结果是否只能是解构式的"幻灭"，而不能有建设性的理想信念和精神追求？换言之，除了伪君子式的"明知这是假的、错的，自己也不信不为，但却当作真的、对的去鼓吹"，以及犬儒主义式的"一切都是假的，你别表演了"之类的心态，还能不能有"透过假象寻求真相，丢掉幻想培育理想"的价值取向和追求？说到底，通过超越资本主义走向共产主义、从必然王国进入自由王国，创造、开拓每一个人自由全面发展的远景，这是自欺欺人的幻觉，还是历史的必然？这是关系确立共产主义理想信念有无科学根据和现实基础的大问题。

二、马克思意识形态批判或异化批判的主题及其历史观价值

意识形态批判的意义何在？这个问题同"异化是什么"的问题一样，历来众说纷纭、莫衷一是，但它在青年马克思那里却是明白无误的。正如我们说过的，马克思关于意识形态批判的两个追求是：一是从德国史进入世界史，二是从幻象中获得真相。我们这里需要强调的是：

第一，德国古典哲学是以异化方式揭示资本主义矛盾关系的最高成果，奠定了科学批判资本主义异化的基础。马克思的意识形态批判或异化批判之所以能够最终揭示历史的真实，就在于马克思所批判的异化现象，不仅是认识论意义上的主客体（创造者和被创造者）颠倒，而且是存在论意义上的存在和意识（真相和幻象）的颠倒。更重要的是，对于这种颠倒的批判性分析，是我们接近真相、走进现实的唯一可能。

存在论意义上的颠倒，就是将历史发展的阶段性，及对其认识的"思想历史"的不同步性，进行科学的还原，以发现历史的真相，揭示历史的奥秘。必须指出，当时的英国和法国，虽然经济社会发展程度高于德国，却并不具备整体性解剖资本主义的条件，资本主义的痛点只是零碎地以感性方式呈现。只有德国，具备了整体性批判资本主义的条件。因此，恩格斯指出："科学社会主义本质上就是德国的产物，而且也只能产生在古典

哲学还生气勃勃地保存着自觉的辩证法传统的国家，即在德国。"① 德国古典哲学的变革，使之具备了整体性透视社会历史运动的条件。当然，这种透视是以异化（颠倒的）方式进行的，但也为马克思再颠倒的哲学变革奠定了基础。

马克思在其对资本主义批判的探索中，提出了一个著名论断，即"自我异化的扬弃同自我异化走的是同一条道路"②。这一论断揭示了思想逻辑和历史逻辑的一致性，也解密了哲学预见未来的可能性。思想逻辑不仅可以将现实的历史连贯起来，而且可以把握现实中尚未充分显示出来的历史逻辑，从而预见未来。从理论上说，我们需要重申，精神现象尤其是哲学世界观方法论一旦产生，就会具有与社会经济发展不同步的相对独立性，因此，"经济上落后的国家在哲学上仍然能够演奏第一小提琴：18世纪的法国对英国来说是如此（法国人是以英国哲学为依据的），后来的德国对英法两国来说也是如此"③。现实地看，资本主义基本矛盾的国际化，使得一国社会矛盾尖锐化的根源不限于该国本身，致使经济相对落后的国家可能会更深刻地感受到之前经济发达国家才有的社会矛盾。这就是说"不一定非要等到这种矛盾在某一国家发展到极端尖锐的地步，才导致这个国家内发生冲突。由广泛的国际交往所引起的同工业比较发达的国家的竞争，就足以使工业比较不发达的国家内产生类似的矛盾（例如，英国工业的竞争使德国潜在的无产阶级显露出来了）"④。上述原因表明，当时经济发展还相对落后的德国，完全可能成为发达资本主义国家精神上的先行者，成为研究现代社会矛盾的典型观测点。

第二，通过辩证法构建了统一的理性世界观，奠定了从世界观意义上达到对于资本主义真理性认识的前提。不难发现，整个德国古典哲学的变革实际上就是要克服康德的"物自体"，其最大成果就是开辟了辩证法、

---

① 马克思，恩格斯. 马克思恩格斯选集：第3卷. 2版. 北京：人民出版社，1995：691. 恩格斯在1883年德文版上加了一个注："'在德国'是笔误，应当说'在德国人中间'。"

② 马克思，恩格斯. 马克思恩格斯文集：第1卷. 北京：人民出版社，2009：182.

③ 马克思，恩格斯. 马克思恩格斯选集：第4卷. 2版. 北京：人民出版社，1995：704.

④ 马克思，恩格斯. 马克思恩格斯选集：第1卷. 2版. 北京：人民出版社，1995：115-116.

认识论和逻辑相一致的道路。也就是说，只有通过辩证法的普遍联系和对立统一，才可能再现历史的真实和社会存在的真实，才能真实地认识和把握世界。特殊地说，资本主义发展造成的最大悖论，就是在促成人的解放的同时造成了人的物化，在促成人的独立的同时造成了人的孤立。"原子化""碎片化"成为现存社会的基础。正如马克思所指出的，"尽管竞争把各个人汇集在一起，它却使各个人，不仅使资产者，而且更使无产者彼此孤立起来"①。这种孤立的个人只能感受这颠倒的现存，而无法改变现存去开拓未来；只能直观以致屈从现实，或在道德愤慨和幻想中超越现实，而无法真正面对现实去改造世界。这就表明，认识资本主义社会的真实，靠思辨的抽象人是不行的，靠经验式的感性还原即回归感性的个人也行不通，而只能通过世界观的整体变革之路，从黑格尔辩证法的唯物主义颠倒入手。这也是恩格斯在《社会主义从空想到科学的发展》中，不是把唯物主义而是把辩证法作为科学社会主义起点的基本原因。

异化尽管是一种颠倒性存在，意识形态尽管是一种颠倒性世界观，但毕竟是整体性的存在及其认识。换言之，意识形态里的世界尽管是颠倒的，但毕竟是一幅颠倒的完整图片，而不是摔碎了的镜片。我们只要把颠倒了的完整图片再颠倒过来，就可以获得完整的图像，而从摔碎的镜片中除了获得哈哈镜式的图像，是不可能得到什么真理性认识的。由此不难理解，青年马克思为什么能通过对宗教异化、政治国家异化，以及货币、劳动异化的批判性考察，一步步地"从天上回到地上"，而且能通过德意志意识形态批判（颠倒唯心主义辩证法）、现代国家意识形态批判（颠倒资产阶级"法学世界观"）和商品拜物教批判（颠倒"资本自行增殖"论）发现资本主义社会的奥秘，揭示历史发展的客观规律。

异化批判之所以能够成为进入现实世界的通道，首先在于异化以颠倒的方式折射出时代的主题、实践的需求。以在当时德国最具现实意义的宗教批判而言，看似是中世纪以来的国家和人从神学中解放这一主题的延续，其实它折射的却是以消灭阶级为追求的"人类解放"这一新时代的主题。所以它讨论的并不是马丁·路德宗教改革及其后的话题，如上帝、教

---

①　马克思，恩格斯. 马克思恩格斯选集：第 1 卷. 2 版. 北京：人民出版社，1995：116.

会与信徒的关系、"救赎"的方式等，而是现代社会的解放问题，即消除人的本质异化、如何从资本主义社会关系中解放出来的问题。正如马克思所指出的，"宗教是这个世界的总理论，是它的包罗万象的纲要，它的具有通俗形式的逻辑，它的唯灵论的荣誉问题〔point d'honneur〕，它的狂热，它的道德约束，它的庄严补充，它借以求得慰藉和辩护的总根据。宗教是人的本质**在幻想中的实现**，因为**人的本质**不具有真正的现实性。因此，反宗教的斗争间接地就是反对以宗教为精神**抚慰**的**那个世界**的斗争"①。这样，宗教批判的实质就是人的本质异化问题，亦即宗教的社会根源问题。费尔巴哈宗教异化批判的重要进展，就是把传统宗教批判"恐惧造神"这一心理学分析，扩展到"依赖感造神"这一社会学分析，并得出了"人是相互需要的""人是喜欢交往的存在物"等将人的本质问题引向社会性方向的结论。费尔巴哈虽然没有真正找出人的交往受阻、依赖感丧失的社会原因，但他所针对的问题是资本主义社会的产物，即个人孤立化、人格二重化的表现，他已经开始面对资本主义社会的现实。

所以，马克思意识形态批判的主题不是抽象的哲学、宗教学问题，也不是启蒙运动以来人的解放主题的简单延续，而是对资本主义的超越问题、是无产阶级解放和人类解放的历史根据问题。由于这一主题反映了时代的变化和历史发展的要求，因而这是表现在青年马克思理论探索中的历史必然性。只要马克思不停止探索，这一客观逻辑就必然催生以共产主义为特征的新世界观和思想体系。这样，马克思从宗教异化批判转向政治国家异化批判，以及货币、劳动异化批判，就具有内在必然性。正因为马克思发现，要把"人和人的关系"从上帝处归还给人是找错了地方，因为天国的分裂是由世俗的分裂造成的，宗教批判的对象不过是"副本"，因而马克思的批判自然转向了世俗社会，而根据德国的现实，首先只能是政治国家。"我们是当代的**哲学**同时代人，而不是当代的**历史**同时代人。德国的哲学是德国历史**在观念上的延续**。因此，当我们不去批判我们现实历史的未完成的著作〔oeuvres incomplètes〕，而来批判我们观念历史的遗著〔oeuvres posthumes〕——**哲学**的时候，我们的批判恰恰接触到了当代所谓

---

① 马克思，恩格斯. 马克思恩格斯选集：第1卷. 2版. 北京：人民出版社，1995：1-2.

的问题之所在［that is the question］的那些问题的中心。……**德国的法哲学和国家哲学**是唯一与**正式的**当代现实保持在同等水平［al pari］上的**德国历史**。因此，德国人民必须把自己这种梦想的历史一并归入自己的现存制度，不仅批判这种现存制度，而且同时还要批判这种制度的抽象继续。"① 在深入批判政治异化并移居巴黎后，马克思进一步发现政治国家依然是"副本"，针对它的批判必须转向市民社会，于是针对货币、私有制、工业及劳动等方面的批判就顺理成章了。

三、走进当代历史真相的基础——"现实的普遍性领域"

德国古典哲学破除资本主义把人"原子化"的有效方法是，用辩证法解构经验主义、用总体性对抗"碎片化"。它不仅试图通过先验的、绝对的主体之外化和自我复归的运动呈现历史的规律性，而且试图通过发展的现实普遍性环节呈现历史规律的现实基础，即把每一发展环节都归结为某种主客统一体。作为发展环节的主客统一体，不仅是历史的内在目的性和客观现实性的统一，还构成了下一发展阶段的"中介"。对于超越资本主义社会而言，关键是破解"市民社会"。在黑格尔看来，"市民社会是在现代世界中形成的，现代世界第一次使理念的一切规定各得其所"。"在市民社会中，每个人都以自身为目的，其他一切在他看来都是虚无。但是，如果他不同别人发生关系，他就不能达到他的全部目的，因此，其他人便成为特殊的人到达目的的手段。"② 正因为如此，市民社会一方面达到了相互交往的普遍性，并通过同业公会和相应司法制度的建立，成为普遍的社会活动形式；但与此同时，市民社会的轴心是私人利益，人是欲望的奴隶，他人只是手段，从而谈不上自由，因此普遍性只是纯粹形式上的。如何打破这个怪圈，黑格尔的逻辑是把市民社会提升为国家。

黑格尔把国家视为"伦理理念的现实——是作为显示出来的、自知的实体性意志的伦理精神"，因而是市民社会的"外在必然性"和"内在目的性"。所谓外在必然性，是说国家以不可抗拒的客观逻辑，强制市民社

---

① 马克思，恩格斯. 马克思恩格斯选集：第1卷. 2版. 北京：人民出版社，1995：7.
② 黑格尔. 法哲学原理. 北京：商务印书馆，1961：197.

会超越自身而向国家过渡；所谓内在目的性，是说国家通过道德精神和国家义务，使个人从市民社会的单个人提升为公民，"单个人的自我意识由于它具有政治情绪而在国家中，即在它自己的实质中，在它自己活动的目的和成果中，获得了自己的实体性的自由"①。但是，黑格尔逻辑的最大破绽是，支撑国家决定市民社会这一主张的根据不足。暂且不说历史唯物主义的观点，即便从自由个人主义的观点看，国家也是为保护个人的财产和自由而存在的，其自身绝不是目的。黑格尔也了解这种观点，并力图加以反驳。他指出："如果把国家同市民社会混淆起来，而把它的使命规定为保证和保护所有权和个人自由，那末单个人本身的利益就成为这些人结合的最后目的。由此产生的结果是，成为国家成员是任意的事。但是国家对个人的关系，完全不是这样。由于国家是客观精神，所以个人本身只有成为国家成员才具有客观性、真理性和伦理性。结合本身是真实的内容和目的，而人是被规定着过普遍生活的；他们进一步的特殊满足、活动和行动方式，都是以这个实体性的和普遍有效的为其出发点和结果。"② 可以看出，黑格尔这里力图借助客观必然性去克服个人主义的主观任意性，但是由于国家并非独立的人格，其背后的客观精神亦非现实主体，因而其对于个人主义的批判是软弱的。超越孤立的、物化的个人的确是历史的必然，然而其客观根据不在于国家，因而必须另辟蹊径。

从市民社会内部寻找超越市民社会的根据，这是马克思的基本思路。取代原子化个人的只能是自由全面发展的人，这一点不是道德预设，而是历史的必然。社会化大生产造成的社会化趋势，集中表现在现代无产阶级的出现。因此，发现现代无产阶级，是马克思世界观创立过程中最伟大的发现之一。1843 年年底，马克思初步完成了这一发现，他在《〈黑格尔法哲学批判〉导言》中指出："德国解放的**实际**可能性到底在哪里呢？**答：**就在于形成一个被戴上**彻底的锁链**的阶级，一个并非市民社会阶级的市民社会阶级，形成一个表明一切等级解体的等级，形成一个由于自己遭受普遍苦难而具有普遍性质的领域，这个领域不要求享有任何**特殊的权利**，因

---

① 黑格尔. 法哲学原理. 北京：商务印书馆，1961：253.
② 同①253-254.

为威胁着这个领域的不是**特殊的不公正**，而是**一般的不公正**，它不能再求助于**历史的权利**，而只能求助于**人的权利**，它不是同德国国家制度的后果处于片面的对立，而是同这种制度的前提处于全面的对立，最后，在于形成一个若不从其他一切社会领域解放出来从而解放其他一切社会领域就不能解放自己的领域，总之，形成这样一个领域，它表明人的**完全丧失**，并因而只有通过**人的完全回复**才能回复自己本身。社会解体的这个结果，就是**无产阶级这个特殊等级。**"① 马克思的这一表述虽然还未达到科学规范，但基本理论方向已经确立，这就是通过无产阶级的解放，推动对于现存社会的全面改造，实现人的自由全面发展。这种以改变世界为特征的哲学，其立脚点就是社会化的人类，即由现代无产阶级代表的联合起来的个人，最终组成共产主义社会。

从方法论上说，努力寻找现实的普遍性领域，是沿着人类理性的客观存在及其历史发展这一思路展开的，与把理性视为单个人固有本质的观点截然不同。启蒙运动以来高举的人类理性旗帜，其落脚点都在个人理性，而其在实践中遇到了无法克服的矛盾：如果把个人理性视为神性、视为无所不能的上帝、视为绝对无限性（如同费尔巴哈），那么就无法解释个人的非理性、有限性及因此而产生的一系列问题（如"物自体"、人的本质异化等）；而如果把个人理性视为有限的、有条件的和有界限的（如同康德），那么就不仅要为不可知论开辟道路，为信仰和上帝留下地盘，而且无法建构一元论历史观和世界观，无法竖起与宗教世界观和专制主义相抗衡的思想旗帜。正因为如此，资产阶级在其上升时期一般采取前一立场，即把人性视为神性而用于对抗神性；而在其成为既得利益集团后则退守后一立场，把人性视为具有先天缺陷和局限的属性，以此作为保留阶级划分的依据。两者尽管相差甚远，但在方法论上颇为一致，就是把理性视为个人固有不变的属性，在实践中也都把理性最终归结为道德力量。打破这一矛盾怪圈的根本动力在于时代主题的转换，即从资产阶级的政治解放转向无产阶级的人类解放；从历史观上说，则在于突破个人的历史本位和实践

---

① 马克思，恩格斯. 马克思恩格斯选集：第 1 卷．2 版．北京：人民出版社，1995：14-15.

本位的藩篱，确立人民的历史本位和实践主体地位；而从理性归属上说，就是突破个人理性的局限，向阶级意识和党性原则转化。

对于现代无产阶级客观历史地位的分析，是确立人民历史主体地位的前提；确立马克思主义在工人运动和现代社会主义运动中的指导地位，就是从诉诸理性转向诉诸阶级意识和阶级实践。所以，从奠立"现实普遍性领域"走进历史真实，不仅是历史观变革的要求，而且是时代主题和历史主体转换的表现。由于无产阶级实践和人民主体地位的确立，通过改造客观世界和改造主观世界的统一、集体经验和集体智慧基础上的理论和实践的统一，以消灭阶级为特征的人类解放的革命任务才真正得以提出。人的异化不再是纯粹个人的命运和境遇，而首先是社会改造和历史进步问题，是改变资本主义生存方式和超越资本主义文明的问题，因而必须对现存社会进行革命改造。

由此看来，用异化主题消解革命主题（亦即无产阶级主导的人类解放）、用个体性话语消解意识形态话语，无论出于何种动机，其结果都是消解马克思主义的革命本性。雷蒙·阿隆对于这点看得很清楚，他对萨特试图用存在主义补充马克思主义发出的警告值得注意。他认为："在阅读《存在与虚无》的时候，人们领略到一种帕斯卡尔的气息。哲学的基本主题是作为孤独的个人与上帝，或者与不在场的上帝的关系（在萨特那里，就是孤独的人与不在场的上帝之间的对话）。如果这种对话能定义人类处境的本质，那么它必然会偏离在马克思主义者看来高于一切的东西，也就是革命。我不是想说，在帕斯卡尔的焦虑和革命的焦急之间没有任何共同之处。把革命的问题当作人类的问题之一，不是取消帕斯卡尔的问题，不过，仅仅关心如何发动革命的革命者，是以别的方式思考帕斯卡尔的问题的。按照个人与上帝、或者与虚无的一种对话来重新思考马克思主义，就是使人离开迫切的任务，因而使马克思主义学说的有效性降低。"① 不能说马克思主义置个人命运于不顾，更不能说马克思主义是人的缺场、缺位。马克思主义从关于人的提问方式以至解决问题的方式，都与存在主义或其

---

① 阿隆. 想象的马克思主义：从一个神圣家族到另一个神圣家族. 上海：上海译文出版社，2007：13.

他主义有着根本区别，尤其是在关于个人的问题上。可以说，在个人观上的突破是马克思哲学变革最重要的成果之一。

马克思的历史唯物主义由以立足的"现实的个人"，与"抽象的个人"有什么区别？这不是经验和超验、感性和知性的区别，而是具体历史发展中的人及其科学抽象，与思辨抽象意义上的人的区别。抽象的个人是孤立的，即自我封闭的个人，因而其无限性只能来自神、上帝，其必然是世俗主义和信仰主义的奇特混合体。在某一时段，少数人可以信仰主义居上，如虔诚的清教徒；然而从趋势、多数看，世俗的物质至上或享乐主义是其归宿。抽象的个人总体上不可能坚守理想主义。"现实的个人"则不然，这是向历史和自然开放的个人，其无限性来自"自然的历史"和"历史的自然"，因而能够不断地超越自我、从必然王国走向自由王国，并最终脱离动物界。这种把无限性移植到自身的个人，使得人性具有神圣性，但这并不是神性而是人性，是人在同社会、自然全面交往中获得的发展潜能和空间，崇高性不再是幻象。以"现实的个人"为出发点的历史唯物主义，真正实现了唯物主义和理想主义的有机统一，为信仰危机中的当代人类重建理想信念提供了理论指导。真正的面对现实不是"看透一切"、以躺平式的（破罐子破摔）方式融入自然，而是在"改变世界"中不断改变"自身的自然"，在外在和内心的发展中走向无限。"哲学家们只是用不同的方式**解释**世界，而问题在于**改变世界**"①，这在今天仍是至理名言。

第三节　马克思主义哲学的社会科学方法论价值

强调马克思主义在哲学社会科学研究中的世界观、方法论作用，往往被视为学术不自由、人格不独立的表现，这其中除了意识形态的偏见，也有学理上的混乱之处。因此，我们在摒弃其中的意识形态偏见的同时，也需要对马克思主义的哲学社会科学方法论进行深度的阐发。

---

① 马克思，恩格斯. 马克思恩格斯选集：第1卷. 2版. 北京：人民出版社，1995：61.

一、"主观"的社会科学如何做到"客观"

大家知道，社会历史领域离不开"主观性"，可如果建立不了"客观性"标准，该领域的研究就无法成为科学。因此，从黑格尔到马克思，他们都致力于寻找历史的"内在必然性"，黑格尔称之为"客观精神"，马克思称之为"历史规律"。两者的共同点在于把这种"客观性"视为非个人意志的产物。而马克思以后的所有不赞成马克思的探索，几乎都试图以"个人"（及其意志）来说明历史。其中最为典型的就是马克斯·韦伯和卡尔·波普尔。韦伯把马克思的唯物史观视为"只能支配外行和浅薄人的头脑"① 而断然予以拒绝，而波普尔则指认唯物史观是"历史决定论的贫困"。有意思的是，他们也并不希望将历史变成个人主观意志的"任性"，因此不约而同地将"客观性"定在了历史地积淀于个人内心的"人性诉求"上。在韦伯看来，历史领域的"客观性"只能是深藏在个人内心的价值判断。"正是'个人'的最内在的因素，规定我们的行动、赋予我们的生活以意义的最高和最终的价值判断，才是某种我们感到有'客观'价值的东西。"②

但是，把渗入每个人内心的"人性诉求"（其表现形式就是"普世价值"或"良知"）作为历史"客观性"的依据，存在着明显的"软肋"：尽管人类的道德理想、价值追求有一个"向善"的指向，有跨民族、跨时代的共同性，但历史从来不是按人们内心的"善良"愿望"直线式"发展的，而是曲折、跌宕、甚至以"恶"的方式出乎意料地发展的。用"普世价值"去设定历史的人，无法解释曾经的"价值共识"总是不断被颠覆的历史事实，无法说明我们今天究竟是处在历史的"高点""低点"还是"拐点"，因而无法回答今天被大多数人认可的价值观从历史趋势上看是否属于"普世价值"，也就是说，无法证明该价值观（比如西方的民主、自由）具有高于其他价值观的优先性。

大多数人的"诉求"与"认同"并不能作为历史发展的"客观规律"

---

① 韦伯. 社会科学方法论. 北京：中央编译出版社，2002：19.
② 同①6.

或是历史发展的客观决定力量，甚至可以说历史发展的每一个进步都是对前一个阶段大多数人的"诉求"与"认同"的颠覆。因为前一阶段大多数人的"诉求"与"认同"往往造就了那一个时代的秩序，不颠覆这种秩序，就无法为新社会的发展开辟道路。可以说每一次重大的历史进步，都是以颠覆曾经的"普世价值"为前提的。恩格斯指出："在黑格尔那里，恶是历史发展的动力的表现形式。这里有双重意思，一方面，每一种新的进步都必然表现为对某一神圣事物的亵渎，表现为对陈旧的、日渐衰亡的、但为习惯所崇奉的秩序的叛逆，另一方面，自从阶级对立产生以来，正是人的恶劣的情欲——贪欲和权势欲成了历史发展的杠杆，关于这方面，例如封建制度的和资产阶级的历史就是一个独一无二的持续不断的证明。"① 资本主义是对封建社会的"尊贵血统"和"家族荣誉"的颠覆。科学社会主义也必然要用"消灭阶级""共同富裕""劳动解放"等价值追求，对资本主义的"个人至上""私有制神圣"的价值共识进行颠覆，这就是西方资产阶级为何视"共产主义"为洪水猛兽的原因。

　　同样，"良知"也不能成为历史的客观坐标。虽然"人同此心"，但心并不能阻挡"人心不古"，不能破解"人心叵测"，更不能揭示"人心向背"。"良知"是否为天性、"天良"能否被发现、"天理"是否能容，于人于事都难以定于一规；"良知"为天性还是"习得"，"致良知"如何可能，几千年也未得出最终结论。以此为据，能有真正的历史科学吗？

　　因此，在我看来，"人性诉求"并不是决定历史趋势的主导力量和根本原因。几乎所有的人（包括韦伯）都承认价值观的相对性（只是他称之为"积极的相对主义"），既然如此，它就必然有使之成立的更为根本的缘由。在今天一些人看来，自由的价值是绝对不可或缺的，可弗洛姆所指出的那种"逃避自由"的情况，却一再出现在历史的记忆中。恩格斯就引证过德国农奴在 17 世纪放弃"自由"、寻求领主保护的史实，说明个人意志是历史条件的产物，而不是相反。"甘受奴役的现象在整个中世纪都存在，在德国直到三十年战争后还可以看到。普鲁士在 1806 年和 1807 年战败之后，废除了依附农制，同时还取消了仁慈的领主照顾贫病老弱的依附农的

---

　　① 马克思，恩格斯. 马克思恩格斯选集：第 4 卷. 2 版. 北京：人民出版社，1995：237.

义务，当时农民曾向国王请愿，请求让他们继续处于受奴役的地位——否则在他们遭到不幸的时候谁来照顾他们呢?"① 在马克思主义看来，在存在着资产阶级和无产阶级对立的社会，其最高价值只能是消灭阶级、消灭剥削，而不是离开这一追求的所谓"自由"，因为在资产阶级统治的社会所能实现的自由，就只能是资本的自由、金钱的自由，而不是个性自由。只有在消灭了阶级的共产主义社会，人类才可能进入个性自由发展的时期。

因此，从人的主观意志与价值诉求来寻找社会科学的客观基础无异于缘木求鱼，只有客观的社会生产力状况才是社会科学的客观标准。历史的发源地不是在天上的云雾中，而是在尘世粗糙的物质生产中。马克思指出，社会关系和生产力密切相关。随着新生产力的获得，人们改变自己的生产方式；随着生产方式即谋生方式的改变，人们也就会改变自己的一切社会关系。手推磨产生的是封建主的社会，蒸汽磨产生的是工业资本家的社会，因此"主观"的社会科学要做到"客观"，关键在于研究的出发点与研究路径。研究的出发点必须是以物质生产状况为基础的客观现实，研究路径必须从物质生产实践为基础实践活动出发来解释观念，而不是从观念出发来解释物质生产实践。

二、"宏观"的社会分析如何做到"具体"

对于宏观的社会问题只能有两种选择：或者视其为空洞的"宏大叙事"而加以拒斥，或者通过"概念的具体"而科学把握。当代西方哲学的主流否定整体认识社会的可能性，因而拒斥"宏大叙事"而沉溺于"局部工程"的认知、"细小叙事"的把玩，绝对的相对主义和"碎片化"则成为其特征。排斥了对于社会发展的整体性认识，也就失去了占据历史制高点和道德制高点的依据。这是当代思想混乱和价值缺失乃至产生道德危机的根源。就哲学社会科学研究而言，缺乏"大气""大手笔"的成果已成为当今许多人的忧虑，以致于我们不仅不能深刻洞察历史的未来，甚至对于持续发酵的国际金融危机等现实问题也一筹莫展。费弗在《下一个马克思》一文中是这样感叹的：人们在等待一位现代马克思，他可以拿出对现

---

① 马克思，恩格斯. 马克思恩格斯选集：第 3 卷. 2 版. 北京：人民出版社，1995：440.

有经济正统观念的尖锐批评意见和变革计划，从而使左派和右派同样大吃一惊。如果下一位马克思正在某个地方奋笔疾书，未来可能会出现迥然不同的经济体制①。这一期盼折射出近年来"碎片化"研究的浅薄和无效，足以发人深省。当然，用概念代替现实、以逻辑剪裁历史、靠想象设计未来的抽象整体性研究，也于事无补。唯一可行的是开辟出具体地、科学地整体认识社会的道路，而这正是马克思主义可能给我们以启发的地方。这里主要有三个关键点：

第一，社会科学要做到"具体"，就必须打破抽象化的陷阱，提出具有能指的"具体概念"。在这个问题上要防止两种错误倾向：一是用抽象的整体否定具体的部分，比如戈尔巴乔夫的"全人类利益高于无产阶级的阶级利益"就是例证。这种观点表面上看似乎理直气壮，但是脚下的土壤却非常疏松。因为自人类有文字记载的历史以来，抽象的全人类利益从来就没有现实地存在过，现实存在的都是阶级利益。正确的提法应该是什么阶级的阶级利益更能代表大多数人的利益，什么阶级的阶级利益代表了人类发展的未来。马克思正是在这个意义上强调无产阶级的利益高于一切。进一步说，也正是存在着阶级利益，才存在着（统治阶级）用抽象的人类利益去否定某些现实利益的情形。二是用抽象的人性否定具体的个性。资产阶级惯用的抽象化思维手段不仅表现在用抽象的整体否定具体的部分，还表现在用抽象的人性否定具体的个性。其典型表现就是把资本主义条件下的人性状况，视为超越阶级的永恒人性、"自然"人性的极致，并以此作为评价其他国家是否尊重"人性""人权"的标准。这种做法可以产生双重效果：一方面可以为现存的资产阶级社会辩护，使其占领"自然如此"的人性高地；另一方面是消解任何试图超越资本主义的努力，使其陷入"违反人性"的道义困境。但是这种把僵化凝固的人性视为人类历史的深层次根据是经不起科学检验的。无论是历史科学还是自然科学都证明，人性是人类文明进化的结果，因而不同的文化背景、不同的历史阶段也就呈现出人性的不同状况。

马克思主义的观点认为：人性不是社会矛盾的根源，而是其表现；不

---

① 费弗. 世界期待现代马克思. 参考消息，2012-02-08.

是人性创造历史，而是历史改变人性。可见，用抽象的人性去解释社会现象，本身就是资产阶级的思想统治方式，因为资产阶级社会是真正的抽象化社会，比如抽象的劳动、抽象的思维、抽象的人性等。把"思维的抽象"还原为"思维的具体""概念的具体"，则是马克思主义破解资产阶级抽象化陷阱的思维方式。

第二，要做到"具体"，就必须提出可以进行分析的"具体问题"。也就是说必须把"思想发问"变为改变世界的追问：这个世界引发了我们批判热情的现实基础是什么？怎样才能把批判的武器转化为武器的批判？前提是不能把一些现存的东西看作是当然的前提，从而只停留在"解释世界"的层次上。改良主义的谬误不在于其重视现存事物的修修补补，而在于其否定新陈代谢的发展规律，试图通过各种量变的方式力阻事物的质变。因此，"具体问题"就是思想和产生思想的现实存在的联系问题，脱离这一内在联系的都属于"解释世界"。"这些哲学家没有一个想到要提出关于德国哲学和德国现实之间的联系问题，关于他们所作的批判和他们自身的物质环境之间的联系问题。"因此，"哲学家们只是用不同的方式**解释**世界，而问题在于**改变**世界"①。尽管历史发展的方式有渐变（量变）和突变（质变）两种，但变是本质、质变是方向。否定了质变就是脱离了现实的历史，因而无论从何种意义上，"历史终结论"都是错误的。社会科学研究的前提就是准确判断当前的发展态势、努力推动事物的革命转化。

要进行"具体问题"的分析，就必须有一系列内涵外延清晰的具体概念。具体概念是指能够正确把握和历史再现客观存在的思想范畴，这就决定了它必然是以对立统一为特征的矛盾概念，而不是孤立（单一）、静止（无差别）的范畴。这就是说，具体概念的构成至少是"二"，而不是"一"，并且这"二"是异质性双方的统一，其动态展开过程就是现实事物变化的逻辑表现。以历史唯物主义的核心概念为例，作为具体概念，它既不是单一的"生产力"概念，也不是单一的"生产关系"概念，而是"生产力和生产关系的矛盾"。这就是说，脱离了生产力的生产关系和脱离了生产关系的生产力都是抽象概念，都不能准确反映现实的经济运动过程。

---

① 马克思，恩格斯. 马克思恩格斯选集：第1卷. 2版. 北京：人民出版社，1995：66，61.

"生产力"概念不是马克思发明的，但在马克思之前运用这一概念的人（例如德国贸易保护主义之父、经济学家李斯特）并没有运用这一概念对现代社会的发展做出科学的描述。根本原因就在于他们没有看到，任何物质资料的生产和再生产过程，同时也是社会关系（在阶级社会则是统治关系）的生产和再生产过程，没有形成"生产关系"的概念，因而他们的生产力概念也就是孤立的技术和抽象的知识要素，最终被纳入人的"精神"范畴，实际上也就没有发现社会发展的客观规律。李斯特的错误在今天还被许多对历史唯物主义一知半解的人所重复，有人居然还通过"科学技术是人发明的"这一推论，质疑生产力，从而质疑历史唯物主义的"唯物"性质。只有马克思与恩格斯第一次做出了"一切历史冲突都根源于生产力和交往形式之间的矛盾"① 这一具体的分析。显然，对这一具体分析还需要进行深入的领悟。

第三，要做到"具体"，还必须有一个认识新情况、解决新矛盾的"具体过程"。这一过程包括两个方面：一是深入实际，这其实是一个拆分实际、梳理问题、发现本质的分析过程（具体的表象上升为抽象规定的过程）；二是解决实际，这其实是一个整理规定、形成思路、解决问题的综合过程（即抽象上升到具体的过程）。因此，"具体分析"就是用具体概念还原现实，实质是体现理论的彻底性，抓住事物的根本，形成可以说服人并用以指导实践的科学理论。

贯彻"具体分析"的要求，我们研究任何社会问题，必须注意两个区分：一是通过体制内的改革、自我调整能够加以解决的问题，和必须通过推倒重来才可以解决的问题；二是前进中、发展中的问题，和停滞不前的问题。我们必须正视当前中国发展存在的种种问题，甚至不否定某些问题的极其严重性。但是，如果问题属于两个区分的前一类，那么从总体上看就是社会凝聚力远大于社会的对立，人们对于未来的信心远大于对当下困难的不满，或者说，机遇大于挑战。这就是我们反对"中国崩溃论"的根据，同样，这也是我们反对夸大中国的发展成就，掩饰其存在的问题，灌"迷魂汤"式"捧杀"的理由。

---

① 马克思，恩格斯. 马克思恩格斯选集：第 1 卷. 2 版. 北京：人民出版社，1995：115.

三、"微观"的社会研究如何做到"真实"

微观研究和宏观分析密不可分。从数学的排列组合看，似乎有四种情况：宏观、微观都科学；宏观准确、微观错误；宏观错误、微观准确；宏观、微观均失真。但归根到底只有两种结果：宏观、微观的具体、历史统一中的真实或不真实。也就是说，宏观分析正确，也可能出现对于某一阶段、某一局部分析不准确的情况，但这只能是暂时的，如果一直改变不了，则宏观分析也是站不住的；反之，宏观分析失真，而局部、阶段性分析有效，这也只能是暂时的、有其历史界限的，否则，其宏观分析就不能是错误的。常常听到这样的议论：西方经济学微观有效，宏观无效；马克思主义经济学宏观有效，微观无效。我们虽然承认这在某些历史时段、一定研究范围内可能成立，但总体而言，这个判断不成立。马克思主义经济分析的方法论普遍适用，而西方建立在实证主义基础上的经济学方法适用范围则极其有限。比如，将西方经济学的定量分析用于当代中国的社会问题研究，就必然会导致谬误。

现在有一个误解，似乎一谈到微观研究，就只能做定量分析，只能靠"数学模型"解决问题。其实，微观研究离不开宏观分析、定量研究离不开定性分析，仅靠抽象的数字是解决不了实际问题的。毛泽东早就指出，必须抓住中国近代以来的社会特点，才能找到中国革命的出路。而最重要的特点就是"中国政治经济发展不平衡——微弱的资本主义经济和严重的半封建经济同时存在，近代式的若干工商业都市和停滞着的广大农村同时存在，几百万产业工人和几万万旧制度统治下的农民和手工业工人同时存在，管理中央政府的大军阀和管理各省的小军阀同时存在，反动军队中有隶属蒋介石的所谓中央军和隶属各省军阀的所谓杂牌军这样两部分军队同时存在，若干的铁路航路汽车路和普遍的独轮车路、只能用脚走的路和用脚还不好走的路同时存在"①。这种"不平衡"说明中国是个"异质化"的社会，其挑战和出路都在这里，而使用抽象的数字去解决中国问题就更加需要格外的谨慎。如果说，抽象的数字过去说明不了阶级力量对比、军队

---

① 毛泽东. 毛泽东选集：第1卷. 2版. 北京：人民出版社，1991：188.

士气及战斗力，更解决不了中国社会的现实出路的话，那么今天，抽象的数字同样难以有效观察当代中国的社会问题。

实际上，一些人对于当代中国问题容易产生误判的一个原因，就是迷信抽象的数字和公式。比如，"基尼系数""恩格尔系数"。一些西方的观察家之所以会在当代中国的发展状况上一再发生误判，其根本原因在于"立场、观点、方法"的失灵。我认为"基尼系数""恩格尔系数""人均GDP""国际标准"等等，都不是判断中国问题的最终依据，要深入了解中国的社会结构和中国人的生活方式。欧美社会可以说是个均衡化、同质化的社会，表现为生活方式的单质化，因而抽象的数字较为能够说明问题。换言之，日均收入 10 美元的人，生活质量肯定高于日均收入 5 美元的人，而日均收入不足 2 美元的人肯定是极端贫困的人口。但是中国社会直到今天还是一个发展不平衡的社会。因此，同样的收入，生活质量可能迥异；收入较高的，不等于生活质量就一定较高。我们丝毫没有否认或忽视中国当今存在的种种问题的意思，而是想强调，不管过去还是现在，甚至是未来，如果仅仅凭一些统计数字或公式概念去判断和预测中国，就必然失之偏颇。中国所走的现代化道路与西方的根本不同，我们不是维护保持阶级对立的所谓"橄榄形"社会，而是开创以消灭阶级为基础的共同富裕社会。今天的中国不但没有出现"崩溃"的迹象，而且正以前所未有的自信和斗志向着中华民族伟大复兴的既定目标稳步前进。同时，近年来，我们立足新发展阶段，贯彻新发展理念，构建新发展格局，初步克服了"唯GDP论"；在成功实现党的第一个百年奋斗目标，消除绝对贫困的过程中，不断满足了人民对于美好生活的追求。我们并不反对运用数字模型、大数据等，而是反对把它们神化，更反对用它们否定或贬低马克思主义方法论。辩证唯物主义世界观和方法论始终是我们最根本的思想方法和观察问题的出发点。

就具体的历史科学研究而言，如果满足于所谓的"微观正确"，不从史料的真实上升到历史的真实，必然会在两个原则问题上失足：一是混淆"卑躬屈膝"和"忍辱负重"的界限；二是混淆"惨无人道"和"壮士断臂"的界限。这两个问题就现象看有相似之处，卑躬屈膝和忍辱负重都是一种"妥协",而惨无人道和壮士断臂则都是一种"伤害",但是卑躬屈膝与忍辱负重、惨无人道与壮士断臂的本质和本性却截然相反。有两种"妥协":一种是为维护更大的利益而做出的"必要让步",另一种则是贪图私利而丧失道德意志的"缴械投降"。同样,有两种"伤害":一种是灭绝人性的屠杀,另一种则是展现人性光辉的牺牲。两种"妥协"、两种"伤害"的根本区别就在于是否"正义",而判断是否正义就需要科学的历史尺度,树立判断是非善恶的价值坐标。由于历史是复杂的,事物的性质往往也是多重的,因而更需要把握事物根本性质的客观标准,更需要确立这一客观标准的科学方法。李鸿章及其信徒把卖国外交涂上"忍辱负重"的保护色,汪精卫及其追随者也把对日投降的行径美化为"曲线救国",此类混淆不胜枚举。但是,只要我们运用马克思主义关于历史发展的基本矛盾、主要矛盾、阶级矛盾的理论进行具体分析,就可以做到善恶分明、是非明辨。

近代以来,东方社会不断受到西方资本主义的入侵,如何看待这种入侵,成为全部近代史之争的焦点。在"西化"的观点看来,入侵尽管也伴随着血腥和压迫,但其带来了现代文明则总是历史的进步,因而"西化"是唯一的出路;而在马克思主义看来,这种入侵虽然依靠了现代文明,但是不仅不能使被侵略国享受现代文明成果,而且欲从根本上毁灭其原来的文化传统,因而它不仅本质上是野蛮的,而且预示了资本主义文明的衰落和社会主义文明的兴起。马克思在谈到英国对印度入侵的后果时指出:"印度人失掉了他们的旧世界而没有获得一个新世界,这就使他们现在所遭受的灾难具有一种特殊的悲惨色彩,使不列颠统治下的印度斯坦同它的一切古老传统,同它过去的全部历史,断绝了联系。"① 山河破碎、积弱贫穷是这种入侵的物质后果,而丧失民族自尊心和文化自信则是这种入侵的精神后果。这一后果的消除,需要相当长的历史过程。因此,我们从根本上不能歌颂、赞美西方资本主义的殖民侵略,而必须揭露和控诉这一侵略并歌颂人民的反侵略斗争。这才是真正的历史真实,而离开这一基本面的所谓材料真实,都不是历史的本来面貌。

---

① 马克思,恩格斯. 马克思恩格斯选集:第 1 卷. 2 版. 北京:人民出版社,1995:762.

第四章 马克思的哲学变革
与我们的守正创新

马克思哲学变革的艰难，不仅在于其创立过程的探索，更在于其与世界社会主义运动的结合运用过程；马克思哲学变革的价值，不仅在于其原创性成果，更在于其指导下的马克思主义与各国实际相结合的新进展。中国是马克思主义创立传播的最大受益者。"十月革命一声炮响，给我们送来了马克思列宁主义。"在用马列主义武装的中国共产党的领导下，百年来，中国发生了翻天覆地的变化，充分证明了"中国共产党能，马克思主义行，中国特色社会主义好"。但正如习近平所指出的："中国共产党为什么能，中国特色社会主义为什么好，归根到底是因为马克思主义行!"马克思主义"行"在于我们对它的守正创新。

第一节 马克思哲学变革成果是磅礴的思想力量

马克思去世至今已有100多年了，其间的风云变幻、世事沧桑令人目不暇接。许多人和事、主义和学说都成为历史的匆匆过客，唯有恩格斯的预言："他的英名和事业将永垂不朽"，成为不争的事实。正如习近平所指出的："在人类思想史上，就科学性、真理性、影响力、传播面而言，没有一种思想理论能达到马克思主义的高度，也没有一种学说能像马克思主义那样对世界产生了如此巨大的影响。这体现了马克思主义的巨大真理威力和强大生命力，表明马克思主义对人类认识世界、改造世界、推动社会进步仍然具有不可替代的作用。"① 今天，中国特色社会主义进入新时代，马克思创立的科学社会主义在中国的成功，再一次彰显了这一伟大学说的强大生命力。

马克思的影响力已是举世公认，但这种影响力从何而来、因何而兴则一直都是见仁见智。我们始终认为，马克思的社会主义是以科学命名的，科学性、真理性及以此为基础的真善美、知信行的统一，是马克思思想不竭生命力的根本依托。而以任何方式否弃马克思思想的科学性、真理性，包括离开真理性、科学性去谈论善和美，其结果都是偏离以致背叛马克思的思想传统。马克思主义这种巨大的真理威力和强大生命力，不仅深深地融入中国共产党领导人民进行的伟大社会革命中，而且也在这个不断成功推进的伟大社会革命中持续焕发出生机活力。

一、思想的磅礴之力根源于对时代的科学把握、对时代精神的深刻阐述和对时代潮流的有效引领

马克思主义的科学性、真理性可以归结为理论的彻底性，"所谓彻底，就是抓住事物的根本"。这就要求把人类历史的各种现象、事件，上升到客观规律去把握。本来，把人类历史理解为一个有规律的发展过程，是资产阶级上升时期以黑格尔为代表的德国古典哲学的重要成就，它体现了毫无顾忌地探索和追求真理的科学精神。但是，资产阶级在成为统治阶级以后，为维护其特殊的阶级利益，便放弃了"在研究单个事实之间的重大联系方面的决定性进步，即把这些联系概括为规律"，"而在包括哲学在内的历史科学的领域内，那种旧有的在理论上毫无顾忌的精神已随着古典哲学完全消失了；起而代之的是没有头脑的折衷主义，是对职位和收入的担忧，直到极其卑劣的向上爬的思想"②。联想到由波普尔鼓噪的、被一些人

---

① 习近平. 习近平谈治国理政：第 2 卷. 北京：外文出版社，2017：65.
② 马克思，恩格斯. 马克思恩格斯选集：第 4 卷. 2 版. 北京：人民出版社，1995：258.

大为欣赏的倾向，就是把对人类历史的规律性认识公然嘲讽为所谓的"宏大叙事"，取而代之的则是形形色色的多元论、相对主义和折中主义。一些人可以不加区分地罗列马克思主义的各种性质，但就是不讲基于唯物论立场的科学性、客观真理性。这是对马克思主义的最大叛离。

研究规律性必须体现时代性。首先要看到，时代是思想之母，实践是理论之源，对任何思想的认识和评价都依据于它对其赖以产生的那个时代及其特征的把握程度。著名的马克思主义理论家梅林曾深刻指出，对于马克思伟大思想的出现，"在过去的时代就是最天才的头脑也不能把它硬想出来。只有在人类历史的一定点上才能揭穿它的秘密"①。因此，认识马克思，必须认识他所处的那个时代；评价马克思，必须着眼于马克思对于时代的把握。

产生伟大思想的时代必定是历史的大变动时代。梅林所说的产生马克思思想的人类历史的"一定点"，就是19世纪中叶。这一时段还处在资产阶级民主革命时期，但现代无产阶级革命已经登上了世界历史的舞台，并展现出日益强劲的发展势头。与此相应，代表新兴资产阶级思想成果的古典思潮风头正劲，支配着人们的世界视野，而代表早期工人阶级不成熟状态的空想社会主义思潮也异军突起，开启了人们的探索。伴随着大变动时代，历史场景快速切换，社会矛盾错综复杂，困难挑战层出不穷，出路前景迷雾重重。社会贫困成为不解之谜，人的自由成为海市蜃楼。如何把握时代脉搏，引领时代潮流，阐发时代精神，必然推动新思想、新理论的问世。揭示历史规律，回答人类解放的时代课题，是马克思主义产生的历史必然性。

关于马克思的思想成就，恩格斯已经做了"两个伟大发现"的精辟概括。如果从阐发时代精神的角度看，指明以下三点是必要的：其一，进步是历史规律的本质，因此，阐明时代精神必须确立历史进步的现实内容和客观依据，这是马克思主义科学的真理性。探索历史规律与形成历史的进步观念密不可分。资产阶级古典理论之所以汇集到了对于历史规律的探索，就在于它们深信历史的进步性，并为之而奋斗。"黑格尔第一次——

---

① 梅林. 保卫马克思主义. 北京：人民出版社，1982：3.

这是他的伟大功绩——把整个自然的、历史的和精神的世界描写为一个过程，即把它描写为处在不断的运动、变化、转变和发展中，并企图揭示这种运动和发展的内在联系"，"而思维的任务现在就是要透过一切迷乱现象探索这一过程的逐步发展的阶段，并且透过一切表面的偶然性揭示这一过程的内在规律性"①。诚然，如恩格斯所说，黑格尔的划时代贡献是提出了这个任务，但他并没有完成这个任务。之所以如此，就在于他的唯心主义思想体系的束缚，使得其追求的历史规律和进步趋势，包括人的自由和解放，都局限在思想意识的范围内，没有实在的发展成果。因为"这种改变意识的要求，就是要求用另一种方式来解释存在的东西，也就是说，借助于另外的解释来承认它"②。

毋庸赘述，这一历史性任务的完成归功于马克思。马克思破除了把人类的进步观念和唯心主义绑架在一起的思想桎梏，创立了以"把社会生活领域也包括在内的彻底的唯物主义、作为最全面最深刻的发展学说的辩证法"为特征的新世界观。马克思"在劳动发展史中找到了理解全部社会史的锁钥"，把人类历史奠基在每一时代的经济生产及其必然形成的社会结构之上，认为推动社会前进的"一切历史冲突都根源于生产力和交往形式之间的矛盾"。这样，马克思就奠立了人类历史的客观物质属性，阐明了"人们之间一开始就有一种物质的联系。这种联系是由需要和生产方式决定的，它和人本身有同样长久的历史；这种联系不断采取新的形式，因而就表现为'历史'"③。马克思也因而确立了历史进步的客观尺度，这就是生产力的发展、社会形态的更替和人的自主活动类型的转变的具体统一。历史的进步不再只是观念上的变化，而是世界的真实改变；人的自由不再是意识的想象，而是在消灭了阶级和阶级对立的联合体中的"每个人的自由发展"。

其二，新陈代谢是历史规律的表现，因此，阐明时代精神必须透过各种现象、事件发现新事物，认清大趋势，这是马克思主义科学的革命性。

---

① 马克思，恩格斯. 马克思恩格斯选集：第 3 卷. 2 版. 北京：人民出版社，1995：362，363.

② 马克思，恩格斯. 马克思恩格斯选集：第 1 卷. 2 版. 北京：人民出版社，1995：66.

③ 马克思，恩格斯. 马克思恩格斯文集：第 1 卷. 北京：人民出版社，2009：533.

"新陈代谢是宇宙间普遍的永远不可抵抗的规律。"历史的进步趋势和客观规律，就表现为新陈代谢的过程。因此，研究历史规律，必须阐明新趋势、新事物、新思想。但是，在历史交替的大变动时代，发现新事物并不容易。启蒙运动以来，资产阶级思想家习惯于以引领新思想自居，他们也确实叱咤风云、指点江山数百年。问题是时至19世纪中叶，一方面，资产阶级的风头已过，他们的思想连同他们鼓吹的社会制度已经日显颓势。另一方面，新的社会力量及其思想虽然有所崭露，却未成气候。最为明显的是无产阶级的贫困问题及其引发的社会变革讨论，虽然已经引起了普遍的关注，却未能跳出资产阶级社会私有制的狭隘眼界。现代无产阶级充其量只被认为是"受苦的人"和"可怜的人"而不是创造新世界的人，空想共产主义则被视为偏激乃至危险的宗派情绪。这样，面对这历史大转折的时代，资产阶级思想家已经落后于时代潮流，无力破解时代的大课题。

马克思最早看到了无产阶级革命取代资产阶级革命、共产主义运动取代启蒙运动的历史趋势，从而站到了时代潮流的最前面。马克思解决这一时代课题取决于两个重要"发现"：一是发现现代无产阶级。马克思通过充分的历史研究和实际考察，发现能够冲破资产阶级社会束缚的社会力量必须具备以下条件：第一，它不拥有任何财产却成为市民社会财富的实际创造者，因而是"非市民社会阶级的市民社会阶级"；第二，它作为"人"却被剥夺了一切做人的权利，因而其解放具有普遍意义，即不要求享有任何一种特殊的人权而只要求"人的解放"；第三，它必须解放一切现存的社会领域才能最终解放自己，因而是现代社会彻底解体的结果。"社会解体的这个结果，就是**无产阶级**这个特殊等级。"① 马克思的这一发现得益于他的唯物史观，不是止步于对于人的经验观察，而是从客观规律的世界历史使命和发展趋势去考察社会力量。"问题不在于某个无产者或者甚至整个无产阶级暂时**提出**什么样的目标，问题在于**无产阶级究竟是什么**，无产阶级由于其**身为无产阶级**而不得不在历史上有什么作为。"②

二是发现哲学要作为"时代精神的精华"，就必须成为革命阶级的

---

① 马克思，恩格斯. 马克思恩格斯选集：第1卷. 2版. 北京：人民出版社，1995：15.
② 马克思，恩格斯. 马克思恩格斯文集：第1卷. 北京：人民出版社，2009：262.

"头脑"。在马克思看来，"任何真正的哲学都是自己时代精神的精华"，就在于它"要和自己时代的现实世界接触并相互作用"①。马克思发现，哲学和现实世界相互作用必须通过群众的改造世界的历史活动，"批判的武器当然不能代替武器的批判，物质力量只能用物质力量来摧毁；但是理论一经掌握群众，也会变成物质力量"。因此，一般来说，哲学都是社会革命变革的先导。而由于无产阶级担负着消灭阶级对立和创立共产主义社会的历史使命，它的革命实践必须有科学的哲学世界观指导。这样，马克思主义哲学和现代无产阶级的革命实践就成为有机的结合体，"哲学把无产阶级当作自己的**物质**武器，同样，无产阶级也把哲学当作自己的**精神**武器"②。可见，发现新生事物，推动新陈代谢，永立时代潮头，只有在破除私有制狭隘眼界的基础上才有可能。

其三，内在否定是历史规律的根据，因此，阐明时代精神必须揭示旧事物自我否定的内在力量，这是马克思主义科学的实践性。任何社会都是错综复杂的矛盾综合体，可以轻而易举地找到否定或肯定的事例，但是，一个社会形态的存亡决不以"玩弄实例"为转移。"事实的总和"是规律的基础，内在矛盾是规律的依据。"事实的总和"首先是对于事物的存在具有决定意义的事实，就资本主义而言，这就是大工业。如果不对大工业进行深入的分析探讨，其结果要么在肯定大工业的同时肯定了资本主义，要么在否定大工业的同时否定了现代文明，两者都不可能超越资本主义。

马克思、恩格斯创立共产主义学说的关键一步，就是通过对"大工业"以及"劳动"的二重性的分析，对社会化大生产与资本主义制度进行了成功的切割。从迫使工人适应机器的运转（加大劳动强度）、造成剩余劳动大军等方面看，机器大工业确实满足了资本主义最大限度地节约劳动成本和无限扩大生产的需要，因而在机器大工业的初期普遍出现了"工人和机器之间的斗争"；但是，这种实际运用并不是符合机器大工业本性的状态，因而造成了深刻的"经济学上的悖论"，"即缩短劳动时间的最有力的手段，竟变为把工人及其家属的全部生活时间转化为受资本支配的增殖

---

① 马克思，恩格斯. 马克思恩格斯全集：第1卷. 北京：人民出版社，1956：121.
② 马克思，恩格斯. 马克思恩格斯选集：第1卷. 2版. 北京：人民出版社，1995：15.

资本价值的劳动时间的最可靠的手段"①。因此，在马克思看来，"工人要学会把机器和机器的资本主义应用区别开来，从而学会把自己的攻击从物质生产资料本身转向物质生产资料的社会使用形式"②。由机器大工业开创的社会化大生产，归根到底是资本主义自我否定的内在力量，本质上属于社会主义和共产主义。尽管资本主义大工业极大地提高了劳动生产率，但却同人与人、人与自然和谐相处以及人的自由全面发展南辕北辙，这表明资本主义现代化，不仅不是现代化的唯一形式，而且不是好的现代化形式。对时代、时代潮流和时代精神的深刻把握，是马克思思想具有磅礴之力的科学基础。

今天，"尽管我们所处的时代同马克思所处的时代相比发生了巨大而深刻的变化，但从世界社会主义 500 年的大视野来看，我们依然处在马克思主义所指明的历史时代。这是我们对马克思主义保持坚定信心、对社会主义保持必胜信念的科学根据"③。但是，从时代特征上看，我们确实正在经历类似马克思生活时期的历史场景，这就是"百年未有之大变局"。把握历史规律，认清世界潮流，回答"坚持和发展什么样的中国特色社会主义、怎样坚持和发展中国特色社会主义"这一时代课题，是习近平新时代中国特色社会主义思想产生的历史必然性。

当代世界呈现出深刻复杂变化的态势，充满着不确定性，使得人们对未来既寄予期待又感到困惑。人类社会面临的共同挑战和应对挑战的人类共识不成比例，发展的机遇隐藏在层出不穷的挑战中，人类的共同利益被局部利益的凸显和冲突所分割，历史潮流在诸多逆流和漩涡的干扰下时隐时现。开放还是封闭，前进还是后退，人类面临着新的重大抉择。回答这些时代之问，必须"不畏浮云遮望眼"，善于拨云见日，认清世界大势。习近平新时代中国特色社会主义思想为我们判断时代局势、认清时代潮流奠立了战略定力，这就是确立"中国特色社会主义进入新时代"的历史方位。

---

① 马克思，恩格斯. 马克思恩格斯文集：第5卷. 北京：人民出版社，2009：469.
② 同①493.
③ 习近平. 习近平谈治国理政：第2卷. 北京：外文出版社，2017：66.

新时代所确立的历史方位，表明我们坚定不移地把和平与发展视为当今时代的主题和特征；表明我们把坚持和发展中国特色社会主义作为当代中国的全部理论和全部实践的主题；表明我们把坚持和平发展、合作共赢，推动构建人类命运共同体作为建立当代中国与世界关系的基石。所有这些，都建立在对于共产党执政规律、社会主义建设规律、人类社会发展规律的不断深化认识之上。

新时代所确立的历史方位，表明当代中国与当代世界正处在一个大转折的历史关头。中国这样一个古老的东方民族，既有几千年光辉灿烂、从未中断的骄人历史，又有近代以来任人宰割、国破家亡的百年耻辱，而在中国共产党的领导下，经过百年奋斗，终于迎来了从站起来、富起来到强起来的伟大飞跃。这一发生在世界人口大国的巨变，必然深刻地影响和改变着世界历史的进程。

把 20 世纪 90 年代的苏联解体、东欧剧变视为科学社会主义的彻底失败和资本主义的最终胜利的"历史终结论"曾经风靡一时，但随着中国特色社会主义的巨大成功，这一论调不攻自破，甚至连它的提出者也申明收回。还要看到，"中国特色社会主义，是科学社会主义理论逻辑和中国社会发展历史逻辑的辩证统一，是根植于中国大地、反映中国人民意愿、适应中国和时代发展进步要求的科学社会主义"①。因此，中国特色社会主义走进新时代，必然意味着科学社会主义将在 21 世纪的中国焕发出强大生机活力。

长期以来，西方敌对意识形态制造的"神话"，就是把西方国家的发展模式打扮成"普世价值"，鼓吹现代化即西方化。但是，中国的现代化，走的是根本区别于资本主义现代化的社会主义现代化道路。"一个国家实行什么样的主义，关键要看这个主义能否解决这个国家面临的历史性课题。历史和现实都告诉我们，只有社会主义才能救中国，只有中国特色社会主义才能发展中国，这是历史的结论、人民的选择。"② 中国的发展，打破了后发展国家必然沦为西方附庸的怪圈，给世界上那些既希望加快发展又希望保持自身独立性的国家和民族提供了全新选择，为解决人类问题贡

---

① 习近平. 习近平谈治国理政：第 1 卷. 北京：外文出版社，2018：21.
② 同①22.

献了中国智慧和中国方案。

二、伟大思想的磅礴之力成功于最大限度地激发人民群众的历史主动性和创造性，凝聚起最强大的人类合力

马克思主义的科学性、真理性，不仅在于揭示了历史的客观规律，还在于确立了人民的历史主体地位。历史总是人的历史，关键是谁创造历史、作为历史活动主体的人如何认定。从世界观上看，归根到底是两种认定：一是个体主体，二是人民主体。前一种认定与人们的经验似乎吻合，人的存在首先是有生命的个体。但是，生物学意义上的个体并非历史活动的主体，只有在不断解决与自然的矛盾关系中，通过社会化过程才能形成历史活动的主体。从抽象的个体主体出发，肯定没有客观规律，即便有也不可知。因而历史的创造源泉最终只能诉诸抽象的人性，或所谓的"重叠共识"。立足个人主义的康德割裂现象与本质，陷入二元论和不可知论的结果表明，个体主体无法达到对于历史的科学把握。进一步说，个体主体也不符合历史事实，因为迄今为止，个人都从属于社团或阶级，没有个人历史主体的空间。历史还证明，以个人为本位的事业最终只能是少数人的事业，真正能凝聚起磅礴之力的思想必定属于人民群众的事业。

确立人民的历史主体地位，要既不否定对于人的经验把握，又要跳出对于人的经验直观，突破人民是个人的集合体、人民利益是个人利益相加这一错误认知，阐明人民作为历史活动有机主体的历史认知。这就需要辩证唯物主义、历史唯物主义世界观。有了人民主体，历史才有客观规律可循，认识和掌握历史规律才成为可能。可以说，唯物史观和唯心史观的对立，从根本上是两种历史主体的对立：唯物史观是人民史观，而形形色色的唯心史观归根到底是个人史观。

确立人民的历史主体地位，必须解决人民是如何创造历史的这一难题。在马克思所处的时代，无论是唯物论或唯心论，都把能够激发群众热情的力量归结为理性。只是前者为避免使理性成为纯粹的精神现象，又往往冠之以"普遍利益"。然而，普遍利益如果没有从社会存在中获得现实的形式，它就始终只是一种思想原则和信念。但在存在阶级的社会中，现

实的利益只能是阶级利益，存在着超越阶级利益、能够真正激发人民热情的现实普遍利益吗？马克思在解决利益的直接现实性和普遍性这一难题的过程中有了下述发现：

其一，历史，尤其是法国大革命史表明，任何一个试图领导革命的阶级，其阶级利益必然这样或那样地和人类的现实普遍利益相吻合。马克思写道，充当解放者角色的"这个阶级与整个社会亲如兄弟，汇合起来，与整个社会混为一体并且被看作和被认为是社会的**总代表**；在这瞬间，这个阶级的要求和权利真正成了社会本身的权利和要求，它真正是社会的头脑和社会的心脏"①。由此可得出结论，在存在阶级利益对抗的社会，人类普遍利益唯一可能的现实形式是革命阶级的阶级利益。因此，人民和人民利益是由先进的革命阶级代表的。

其二，无产阶级能够持久地代表人类的普遍利益，因而是唯一能够冲破资本主义狭隘个人关系的社会力量。马克思关于这点的全部论证归结为一点，就在于无产阶级是一个"非市民社会阶级的市民社会阶级"。说其是"市民社会阶级"，是因为它是随着大工业发展而不断壮大着的经济地位相同的社会力量；说其是"非市民社会阶级"，是因为它并非传统意义上（受特定生产资料占有关系束缚）的阶级，实际上，它的形成本身就意味着阶级的消亡趋势和现存社会的解体。马克思还特别强调，无产阶级是人类历史上第一个能够具有"自我意识"的被剥削阶级，这不仅因为它是首个掌握了文化和教育手段（这是资产阶级所被迫赋予的）的劳动阶级，还因为它是真正掌握了自我批评武器的革命阶级，因而它能最终摆脱雇佣劳动关系的束缚，站到"人类解放"的历史高度上。可见，马克思视域中的人民不是个人的集合体，而是以先进阶级为核心、劳动群众为基础、一切顺应历史发展的集团和个人为外延的有机整体。只有从生产力和生产关系矛盾运动的规律上，从阶级关系和阶级斗争上才能理解人民主体，它包含大多数个人但不能归结为个人。人民历史主体地位的确立，通过无产阶级的解放运动实现真正的人类解放，是马克思思想具有磅礴之力的实践基础。

如果说马克思的发现可以用"越是阶级的越是人民的"来概括的话，

---

① 马克思，恩格斯. 马克思恩格斯选集：第1卷. 2版. 北京：人民出版社，1995：12-13.

那么根据中国特色社会主义进入新时代的历史特点，习近平用"不忘初心""越是民族的越是世界的"思想，以中华民族的伟大复兴推进世界的和平发展，凝聚起了引领时代潮流的磅礴之力。今天，中国共产党的宗旨使命，不仅是为中国人民谋幸福，为中华民族谋复兴，而且要为世界人民谋大同。"不仅致力于中国自身发展，也强调对世界的责任和贡献；不仅造福中国人民，而且造福世界人民。"① 这种不仅把中华民族的伟大复兴和共产主义的伟大前景紧密相连，而且把中国的发展和世界的发展紧密相连的追求，充分表明具有坚定共产主义理想信念的中国共产党人，从"初心"这一根本点上就杜绝了宗派情绪和狭隘的民族主义，注定其要沿着人类文明大道不断开拓前行。中国共产党不仅没有一党之私，也没有一国之私，是真正立足中国、胸怀世界的伟大政党。这一崇高的宗旨使命，不仅是我们能够奋斗不息的力量源泉，而且是我们坚信自己事业正义性的战略定力的坚强依托。

以人民为中心，是习近平新时代中国特色社会主义具有强大凝聚力的实践基础。把人民放在最高位置的执政理念、以人民为中心的发展理念、坚持人民主体地位的制度设计、把人民对美好生活的向往作为奋斗目标等，有力保证了全体人民同心同德、团结奋斗。在具体实施的政策上，在兼顾所有人利益的同时，突出解决困难群众的生产生活问题，通过精准扶贫、精准脱贫，到 2020 年全部消除贫困人口；突出解决人民最关心最直接最现实的利益问题，在学有所教、劳有所得、病有所医、老有所养、住有所居上持续取得新进展；发挥社会主义集中力量办大事的优势，锻造国之重器，坚决有效地捍卫主权、领土和国家核心利益；等等。

中国发展和世界发展的良性互动，源自中国对于经济全球化的正确认识，对于和平与发展的时代主题的深刻把握。透过现象看本质，经济全球化所表现出来的"双刃剑"效应，其实并非经济全球化本身的问题，而是放任资本逐利的结果。富者愈富、穷者愈穷的经济增长不仅难以持续，而且必然引发各种社会冲突。缺乏道德的市场，难以撑起世界繁荣发展的大厦。必须控制资本的逐利本性，用好"看不见的手"和"看得见的手"，

---

① 习近平. 习近平谈治国理政. 北京：外文出版社，2014：57.

打造兼顾效率和公平的规范格局，才能促进经济全球化健康发展。

资本的逐利本性在发展问题上表现为固守冷战思维、零和博弈和赢者通吃，而中国则展现出另一种发展思维，这就是和平发展、合作共赢。这一发展思维的特点就是将他国的发展视为本国的机遇，将本国的发展转化为他国的机遇，在互利合作中实现共赢。实现这一发展思维，关键在不称霸、不以自我为中心、不偏执于一己之私。中国能够做到，就是因为"中国人民深知，中国发展得益于国际社会，愿意以自己的发展为国际发展作出贡献。中国对外开放，不是要一家唱独角戏，而是要欢迎各方共同参与；不是要谋求势力范围，而是要支持各国共同发展；不是要营造自己的后花园，而是要建设各国共享的百花园"①。

历史的大变动和转折正是这样发生的。中国在自身不断发展壮大的同时，在世界上的影响力、感召力也在不断增强，在当今的经济全球化中逐步从跟跑者转变为领跑者。"20 年前甚至 15 年前，经济全球化的主要推手是美国等西方国家，今天反而是我们被认为是世界上推动贸易和投资自由化便利化的最大旗手，积极主动同西方形形色色的保护主义作斗争。这说明，只要主动顺应世界发展潮流，不但能发展壮大自己，而且可以引领世界发展潮流。"② 重返世界舞台中央，这是中国自近代以来长期落后于世界文明发展所出现的伟大历史性飞跃。

中国重返世界舞台的中央，既是体现和平发展的世界潮流的重大事件，又进一步助推了和平发展不可逆的时代潮流。我们之所以仍然处在大有可为的战略机遇期，之所以各种空前复杂严峻的风险挑战改变不了和平发展的大势，最为重要的原因就是"新兴市场国家和发展中国家崛起已经成为不可阻挡的历史潮流"。以中国、印度等为代表的新兴市场国家和发展中国家越来越成为世界和平与发展的推动力量，它们对于全球经济增长的贡献率已经达到了 80％，正有力地改变着资本主义在世界范围内造成的两极分化。不断消除贫困和两极分化，促进世界经济的均衡和可持续发展，是维护世界和平的根本保证。

---

① 习近平. 习近平谈治国理政：第 2 卷. 北京：外文出版社，2017：42.

② 同①212.

三、伟大思想的磅礴之力内生于毫无顾忌地追求真理的科学态度，勇于自我革命的理论品格

　　马克思主义的科学性、真理性，还在于其理论品格获得了生生不息的信仰者，成为工人阶级先进政党的指导思想。这一理论之所以能够不断创新、永保活力，从其自身看，就在于具有自我革命的理论品格。马克思在创立自己的思想之初就提出，要体现无情的批判精神，"就是说，这种批判既不怕自己所作的结论，也不怕同现有各种势力发生冲突"①。这正是大公无私、无所顾忌的科学态度的集中表现。大家知道，马克思对自己的思想和著作总是根据实践的发展进行必要的修改，包括根据巴黎公社革命的经验、根据古代社会研究的最新成果对《共产党宣言》进行修改。历史证明，"马克思列宁主义并没有结束真理，而是在实践中不断地开辟认识真理的道路"②。

　　马克思主义的理论品格和工人阶级的世界历史使命紧密联系。无产阶级革命为什么是无产阶级完成自己历史使命的必由之路，在马克思看来，"革命之所以必需，不仅是因为没有任何其他的办法能够推翻**统治**阶级，而且还因为**推翻**统治阶级的那个阶级，只有在革命中才能抛掉自己身上的一切陈旧的肮脏东西，才能胜任重建社会的工作"③。在改造客观世界的同时改造主观世界，因此成为工人阶级及其政党的基本遵循。由此也形成了马克思主义的信仰者对待马克思主义的科学态度，即坚信马克思主义的基本原理是正确的，没有过时；坚信马克思主义要随着实践、时代、科学的发展而发展。这种科学态度，是马克思主义政党保持纯洁性、先进性的理论源泉，确保了它们在风云变幻、道路曲折的革命实践中永立时代的潮头。

　　中国共产党之所以信仰马克思主义，就是因为"中国先进分子从马克思列宁主义的科学真理中看到了解决中国问题的出路"④。由此而决定了中

---

① 马克思，恩格斯. 马克思恩格斯文集：第 10 卷. 北京：人民出版社，2009：7.
② 毛泽东. 毛泽东选集：第 1 卷. 2 版. 北京：人民出版社，1991：296.
③ 马克思，恩格斯. 马克思恩格斯文集：第 1 卷. 北京：人民出版社，2009：543.
④ 习近平. 决胜全面建成小康社会　夺取新时代中国特色社会主义伟大胜利：在中国共产党第十九次全国代表大会上的报告. 北京：人民出版社，2017：13.

国共产党对待马克思主义的科学态度，即坚持用马克思主义解决中国问题，坚持把马克思主义基本原理同当代中国实际和时代特点紧密结合起来，不断把马克思主义中国化向前推进。这也从根本上奠定了科学信仰和科学理论的内在统一，把坚定理想信念奠立在科学理论的武装之上，把牢记使命奠立在完成使命的现实出路之上。从世界观上看，就是解决信仰和科学的统一、价值和真理的统一。我们的事业的正义性来自科学性，它不仅是对美好未来的憧憬，还是对历史客观规律的掌握；我们的顶层设计不仅要有历史和现实的依据，还要有科学理论的支撑；全面加强党的领导不仅有历史经验和现实需要，还有马克思主义辩证唯物主义和历史唯物主义世界观的支撑。

当代中国马克思主义理论创新的重要特点，是理论创新、实践创新和制度创新的联动推进。马克思、恩格斯早在《共产党宣言》中就提出，共产党区别于其他政党之处，就在于其所推进的人类解放事业"所经历的各个发展阶段上，共产党人始终代表整个运动的利益"①。当代中国马克思主义在理论和实践上大大创新了马克思主义的这一思想。我们把关键在党和全面从严治党有机统一起来，在大力推进党领导的中国特色社会主义伟大事业的同时，大力推进党的建设伟大工程，并把这些成果落实到国家制度的建设中。在把全面加强党的领导落实到国家各项基本制度和社会主义民主政治、法治国家建设的同时，也把全面从严治党落实到国家制度的建设中。理论创新引领实践创新、制度创新，而实践创新、制度创新的需要和问题，又成为理论创新的不竭动力。

实现理想、完成使命，必须具备坚强的意志品质，因此必须自觉塑造革命精神。这种革命精神，集中表现为胜不骄、败不馁，永不自满，永不懈怠，也就是毛泽东一贯倡导的两个"务必"的精神（即谦虚、谨慎、不骄、不躁和艰苦奋斗）。要实现党和国家兴旺发达、长治久安，必须保持革命精神、革命斗志，勇于把我们党领导人民长期进行的伟大社会革命继续推进下去，决不能因为胜利而骄傲，决不能因为成就而懈怠，决不能因为困难而退缩，努力使中国特色社会主义展现更加强大、更有说服力的真

---

① 马克思，恩格斯. 马克思恩格斯文集：第2卷. 北京：人民出版社，2009：44.

理力量。

中国共产党人的这种自我革命精神，来源于对人民的敬畏。中国共产党把衡量成败得失的尺度交给了创造历史的人民。要求全党时刻不要忘记时代是出卷人，我们是答卷人，人民是阅卷人。我们干得怎么样、是否称职，不是自己说了算，而是由人民评判、由历史宣告。这种评判不仅是严厉的，而且是持续更新的。当我们自以为还干得不错的时候，其实和人民的期待已经有了距离；而当我们对已取得的成绩津津乐道时，距人民不断提高的要求就必然渐行渐远。因此，只有清醒认识到，昨天的成功并不代表着今后能够永远成功，过去的辉煌并不意味着未来可以永远辉煌，才能永远保持革命的精神。

中国共产党人的这种自我革命精神，集中表现在把领导人民进行的伟大社会革命和勇于自我革命的党的建设伟大工程有机统一起来，坚持以党的自我革命来推动党领导人民进行的伟大社会革命。我们党之所以具有其他任何政党、历史集团和圣贤精英都不可比拟的强大自我革命的动力，就是因为这种动力不是来自抽象的道德律令或道德人格，而是来自进行伟大的社会革命必须战胜种种艰难困苦的客观需要，来自领导人民实现伟大社会革命的党必须具备相关品格的内在需要。站在人类社会发展的历史制高点，我们就不会因眼前的成功而陶醉，也不会因各种风险挑战而转向。

"无边落木萧萧下，不尽长江滚滚来。"两个世纪以来，时代之大变局带来了人类世界的大变化，"惟独共产主义的思想体系和社会制度，正以排山倒海之势，雷霆万钧之力，磅礴于全世界，而葆其美妙之青春"①。

第二节 以坚定共产主义理想信念为核心的坚守

作为马克思主义哲学变革成果的新唯物主义，其灵魂是共产主义。新唯物主义揭示的客观规律，本质上是实现共产主义的历史必然性；新唯物主义支撑的科学信仰，就是共产主义理想信念；新唯物主义的历史主体，

---

① 毛泽东. 毛泽东选集：第 2 卷. 2 版. 北京：人民出版社，1991：686.

就是以工人阶级为核心的人民群众。因此，对于马克思主义哲学变革成果的守正创新，首先是坚持共产主义的理想信念。

一、当代中国理想信念问题聚焦马克思的哲学变革

思想理论教育的根本任务是增进对中国特色社会主义的认同，其关键是理想信念的培育。习近平总书记把理想、信念视为共产党人安身立命的根本、共产党人的政治灵魂、我们精神上的钙。没有对于马克思主义和共产主义的坚定信念，精神上就会缺钙，就会得"软骨病"，就会导致政治变质、经济贪婪、道德堕落、生活腐化。目前，在理想信念方面的突出问题主要有：其一，触犯政治底线，以嘲笑、歪曲和否定马克思主义、共产主义为时尚，以彰显自己"人格独立""思想自由"；其二，精神空虚、格调低下，不信马列信巫术，"不问苍生问鬼神"，热衷于占卜算卦、迷信于各类江湖术士、醉心于形形色色的"气功大师"；其三，对中国特色社会主义的前途感到迷茫，"脚踏两只船"，把子女配偶送到国外，把财产转移到国外，随时准备"跳船"，实际上已经与党和人民离心离德；其四，"心为物役"、追求低俗、迷恋权力、迷恋金钱、迷恋享受，没有任何精神追求，更谈不上崇尚理想信念。

以上状况表明，商品拜物教及其物化的人，个人主义、拜金主义、享乐主义及其生活方式，就活生生地存在于我们的周围。如果没有特殊的"解药"以破除"心为物役"，培育理想信念就将成为一句空话。这个特殊的"解药"就是马克思的历史唯物主义。只有站在超越资本主义的历史制高点上，才能破除商品拜物教，树立远大的理想信念。正如习近平指出的："我们一些同志之所以理想渺茫、信仰动摇，根本的就是历史唯物主义观点不牢固。""事实一再告诉我们，马克思、恩格斯关于资本主义社会基本矛盾的分析没有过时，关于资本主义必然消亡、社会主义必然胜利的历史唯物主义观点也没有过时。这是社会历史发展不可逆转的总趋势，但道路是曲折的。"① 远大的理想信念不会自发地产生，它只能来自科学的理

① 中共中央文献研究室. 十八大以来重要文献选编：上. 北京：中央文献出版社，2014：116，117.

论武装。只有通过刻苦学习先进理论，进行世界观改造，牢固地树立人类社会必将通过消灭私有制的共产主义运动，最终达到消灭阶级、消灭剥削，实现共同富裕的信念，才不会把资本主义视为"历史的终结"，把"物化的个人"视为"最后之人"，才能摆脱资产阶级的狭隘眼界。

但是，轻视理论、忽视理论学习，恰恰又是当下的突出问题。这也从一个方面证明，理想缺失和轻视理论有着不可分割的联系。德里达曾借用莎士比亚的《哈姆莱特》的一句台词"这是一个脱节的时代"来指称我们的时代所发生的断裂，表征其"颠倒混乱"和"极端表现"的状况。"我认为这一'脱节'集中表现在：这是一个需要理论和理论创新大有作为的时代，同时这又是一个排斥理论、无情嘲弄理论思维的时代。"① 为什么？就我国而言，"真理标准"大讨论推动了党的中心工作转移和改革开放的实行；理论依赖于实践、实践出真知，极大地解放了思想，推动了实践的发展。但与此同时也产生了把解放思想引向否定马克思主义指导的倾向，把理论依赖于实践和理论指导实践对立起来，出现了轻视理论学习、崇尚自发实践的社会心态。这种倾向的危险性在于，排斥了科学的理论指导，中国的改革开放将会走向邪路。因此，在改革开放之初，邓小平就提出了坚持"四项基本原则"的问题，包括"必须坚持马列主义、毛泽东思想"②。

从根本上说，理论和实践是相互依赖的。自发的、纯经验的实践可以不依赖于理论，但这种实践只是简单重复的活动，只有量的积累，没有质的飞跃。而真正推动社会历史产生质的飞跃、开创历史新篇章的实践，是引发千百万人民群众投身的社会实践，是必须有理论指导的自觉实践活动。正是在这个意义上，如列宁所指出的那样，"没有革命的理论，就不会有革命的运动"③。只讲实践出真知，实践是检验真理的唯一标准是不够的，还要讲理论创新实践、理论指导实践。把理论从实践中排挤出去，视实践为天然正当（否认有卑劣的实践活动），视实践成功为天然正确（否认有错误的、盲目的实践活动），这是今天自发性恶性膨胀的一个根源。

---

① 侯惠勤. 侯惠勤自选集. 北京：学习出版社，2012：自序.
② 邓小平. 邓小平文选：第2卷. 2版. 北京：人民出版社，1994：165.
③ 列宁. 列宁选集：第1卷. 3版. 北京：人民出版社，1995：311.

迷恋自发性的社会心态，从根本上是排斥先进理论指导、排斥先进政党领导的，因而有碍于坚持和发展中国特色社会主义。所以列宁一再强调，"对工人运动自发性的**任何**崇拜，对'自觉因素'的作用即社会民主党的作用的任何轻视，**完全不管轻视者自己愿意与否，都是加强资产阶级思想体系对工人的影响**"①。必须指出，今天对于理论和实践关系的片面割裂，并不能简单地将其归结为思想上认识的片面性，而是在改革开放的新的历史条件下，利益分化、私人利益膨胀的结果。崇尚个体的、自发的实践活动，排斥理论指导，实际上是私人利益的要求，表达了私有经济的本性。这种自发性的诉求，一经西方意识形态渗透的整合，就必然形成强大的拒斥科学理论的社会心态，形成渴求理论的社会需要和鄙视理论的实际心态的"脱节"。

与此相应，把科学社会主义所追求的客观真理和客观规律，通过所谓的价值真理而转化为一种伦理诉求和"利益博弈"，其后果必然使得科学社会主义在丧失了历史制高点的同时，也丧失了道德制高点。事情很清楚，以社会形态更替的客观规律为基础的马克思主义话语体系，本质上是阶级性话语，与西方意识形态的所谓"普世话语"相比，单纯纠缠于伦理领域的较量，肯定没有主动性。所以科学社会主义必须诉诸客观真理，诉诸历史客观规律，在占领历史制高点的同时拥有道德制高点。可见，消解客观真理已成为当代敌对意识形态渗透的重要目标，把社会主义伦理化是其基本方略。把社会主义伦理化，源自老牌修正主义者伯恩施坦。他的创新在于对社会主义的科学性进行了伦理化的解读，从而公开把科学社会主义引向了伦理社会主义。伯恩施坦声称，"只有当社会主义学说不需要特殊的党的倾向作为基础的时候，它的科学性才在相应的程度上得到保证"②。这种对于自由主义所谓"最大原则"的抄袭，也透露出他叛离马克思主义的一个秘密，即把科学社会主义由工人阶级的解放事业转变为个人主义的价值诉求，对此，伦理社会主义是一条捷径。

现在我们可以清楚地看到，理想信念问题上的缺失和混乱，根子在历

---

① 列宁. 列宁选集：第1卷. 3版. 北京：人民出版社，1995：325.
② 伯恩施坦. 伯恩施坦言论. 北京：生活·读书·新知三联书店，1966：282-283.

史唯物主义的观点不牢固；历史唯物主义的观点不牢固，根子在轻视理论、崇拜自发性；而轻视理论的实质，是否定客观真理，以伦理诉求取代历史规律。这一切所涉及的理论和实践、认识论和实践论、世界观（历史观）和价值观的关系问题，都关系到如何认识马克思哲学变革的实质。因为否定科学社会主义的科学基础、把社会主义伦理化，是在所谓"实践唯物主义"的旗帜下展开的，而据称这是马克思哲学变革的成果。

这里关系到以下重大问题的判断：其一，马克思哲学变革创立的是"新唯物主义哲学"，还是所谓的"实践哲学"？其二，马克思哲学变革创立的哲学是工人阶级认识世界和改造世界的世界观、方法论，还是一种抽象的"哲学批判精神"？其三，马克思哲学变革创立的是共产主义学说，还是所谓的"人道主义精神"？这些重大的问题辨析，虽然也涉及许多学术研究因素，但首先是重大的意识形态斗争。第一个问题关系到改造世界的客观依据，关系到唯物主义一元论世界观的客观基础，关系到人的全部历史活动的终极动因和根据，简言之，关系到只有坚持唯物主义哲学才能"改变世界"这一马克思哲学变革的根本。第二个问题关系到认识和实践相统一的历史条件，关系到逻辑、认识论和辩证法三者统一的客观基础，关系到人民群众创造历史的实践形式，简言之，关系到只有坚持工人阶级立场才能创立"改变世界"的哲学这一关键。第三个问题关系到对于人类社会历史的总体把握和科学认识，关系到人类历史发展客观规律的现实根据，关系到超越现存、开创未来的历史根据，简言之，关系到只有站在共产主义高度才能把握马克思"改变世界"哲学的这一灵魂。可见，从今天的实践需要出发，再回到马克思的哲学变革这一老话题，具有何等重要的理论意义。

二、马克思哲学变革创立的是"新唯物主义"

马克思主义哲学变革是指创立了一种新的唯物主义哲学，还是创立了一种和哲学史上的任何哲学派别都没有关系的一种哲学呢？答案是明晰的，马克思自己明白无误而且自觉地把自己的哲学归入"新的唯物主义"，即辩证唯物主义。列宁反复指出："马克思主义的哲学就是**唯物主**

义。……马克思和恩格斯最坚决地捍卫了哲学唯物主义，并且多次说明，一切离开这个基础的倾向都是极端错误的。在恩格斯的著作《路德维希·费尔巴哈》和《反杜林论》里最明确最详尽地阐述了他们的观点，这两部著作同《共产党宣言》一样，都是每个觉悟工人必读的书籍。""马克思和恩格斯几十次地把自己的哲学观点叫作辩证唯物主义。"①

从马克思创立自己学说的过程看，我们至少应该注意两个根据：一是在马克思主义创立自己学说的第一个初步的表述中，即被恩格斯视为"包含着新世界观的天才萌芽的第一个文献"、写于 1845 年春的《关于费尔巴哈的提纲》的提法。此提纲的第十条中写到："旧唯物主义的立脚点是'**市民**'社会；新唯物主义的立脚点则是**人类**社会或社会化的人类。"② 毫无疑问，马克思把他的哲学归结为新唯物主义，是用新唯物主义来表征他的这一哲学的特点的。另外，马克思也多次用过历史唯物主义这样一种表述来指称自己的哲学。可以说，彻底的唯物主义就是对马克思哲学本质最为准确的概括。

二是必须思考马克思哲学变革的成果为什么要通过对费尔巴哈的批判来阐发。这绝不是因为费尔巴哈的谬误多，更不是因为费尔巴哈是"软柿子"，根本原因在于费尔巴哈是马克思经由黑格尔创立辩证唯物主义和历史唯物主义的"中间环节"。费尔巴哈之所以能够担此大任，就因为他的唯物主义哲学为马克思创立自己的学说开辟了道路。我们特别需要注意马克思对费尔巴哈的两个评价：其一，"我们这些意见正是针对**费尔巴哈**的，因为只有他才多少向前迈进了一步，只有他的著作才可以认真地加以研究"③。其二，"诚然，费尔巴哈比'纯粹的'唯物主义者有很大的优点：他承认人也是'感性对象'"④。

上述第一个评价讲的是费尔巴哈在青年黑格尔派中的作用和价值。青年黑格尔派又被称为黑格尔左派，马克思、恩格斯也曾是其中的成员。他们力图把黑格尔哲学引向改造德国现实的方向，因而具有鲜明的批判性和

---

① 列宁. 列宁选集：第 2 卷. 3 版. 北京：人民出版社，1995：310，12.
② 马克思，恩格斯. 马克思恩格斯选集：第 1 卷. 2 版. 北京：人民出版社，1995：61.
③ 同②63 注 2.
④ 同②77.

强烈的实践冲动。他们的思想活跃，也不乏犀利，但马克思的评价是："德国的批判，直至它最近所作的种种努力，都没有离开过哲学的基地。这个批判虽然没有研究过自己的一般哲学前提，但是它谈到的全部问题终究是在一定的哲学体系即黑格尔体系的基地上产生的。"① 正是在这一总体评价中，马克思指出只有费尔巴哈"才至少向前迈进了一步"，表明了费尔巴哈的贡献相当与众不同。恩格斯在1886年写了《路德维希·费尔巴哈与德国古典哲学的终结》，专门论述了费尔巴哈所起的"解放作用"，专门阐明费尔巴哈在"终结"德国古典哲学的同时也为这一哲学的转型指明了"出路"。费尔巴哈实际提出了德国古典哲学从唯心主义向唯物主义转向的历史课题，成为马克思创立新唯物主义的中间环节。

第二个评价讲的是费尔巴哈和传统的唯物主义相比所具有的独特地位。虽然与马克思比较，也可以泛泛地把费尔巴哈思想归入"旧唯物主义"，但是不要忘记他的思想比起传统的唯物主义有很大的优点。他的唯物主义是人本主义的唯物主义，这就是说，他克服了传统唯物主义哲学忽视人，甚至敌视人的偏向，把人作为了哲学的对象。他虽然没有最终解决人的活动领域（即"历史"）的唯物主义基础，但毕竟首先提出了这样的任务、做出了这样的探索。费尔巴哈是思想巨人，马克思是站在费尔巴哈的肩膀上通过清理他的思想而超越他，才最终完成了人类历史上最伟大的哲学变革的。我们必须纠正长期以来存在的那种通过矮化甚至丑化费尔巴哈而曲解、误导马克思哲学变革实质的倾向。马克思完成的哲学变革毫无疑问是遵循了费尔巴哈哲学的方向，是朝着唯物主义哲学的这个方向前进的。所以唯物主义是马克思主义哲学最本质的规定，其他的特征都是派生的。

三、马克思新唯物主义哲学的主要特征

以上，我们明确了马克思的最高哲学变革是创立了一种新的唯物主义，那么这个新的唯物主义有什么主要特征？

应当强调这个新的唯物主义的两大特征：第一个特征是，它是彻底的

---

① 马克思，恩格斯. 马克思恩格斯选集：第1卷. 2版. 北京：人民出版社，1995：64.

完备的唯物主义。马克思主义实现了人类思想史上的最伟大变革，创造了一种崭新的唯物主义，即列宁所称的"完备的哲学唯物主义"。这是一个无任何理论死角的、彻底的唯物主义哲学。它不仅克服了旧唯物主义在历史观上的唯心主义，而且克服了以往哲学无视人的真实生活和历史的弊端，使哲学实现了从"解释世界"到"改变世界"的历史性飞跃。它从人、人的活动及其物质生活条件出发，以"生活的生产和再生产"为视角，透彻地阐发了人与自然、人与人的矛盾关系及其历史趋势，合理地解决了自由和必然、理想和现实、传统和现代、个体和类、理论和实践等一系列似乎无法统一的矛盾（这些问题仍然处于当代视野中）。与自然科学和人类知识走向相一致，与社会生活和人类历史趋势相一致，与人的发展和人类文明进步相一致，是马克思主义哲学的基本属性。所有这一切，得益于辩证法这一"最完备最深刻最无片面性的关于发展的学说"和唯物论的结合，这使得马克思主义哲学至今仍然是"我们时代的不可超越的哲学"。无论人们在今天怎样不断重新评价马克思哲学变革的意义，唯物论和辩证法的有机统一始终是这一变革的实质。彻底的唯物主义，即辩证唯物主义和历史唯物主义，是我们坚持实事求是思想路线的世界观根据。

原来的唯物主义哲学包括费尔巴哈哲学，是不彻底的唯物主义。在《德意志意识形态》里面，马克思对费尔巴哈有一个很准确的评价，那就是"当费尔巴哈是一个唯物主义者的时候，历史在他的视野之外；当他去探讨历史的时候，他不是一个唯物主义者。在他那里，唯物主义和历史是彼此完全脱离的"[①]。把唯物主义原则贯彻到历史领域，不仅要看到自然规律和历史规律的区别，还要看到两者的一致性，这就是费尔巴哈及此前的哲学家们都没有看到的"自然的历史"和"历史的自然"。显然，这个彻底的、完备的唯物主义的根本点就在于唯物论和辩证法的有机结合、有机统一。所以马克思新唯物主义最本质的特点是辩证唯物主义和历史唯物主义，不能以任何其他提法取代，包括"实践的唯物主义"。还要指出，有人把马克思哲学是"改变世界"的哲学简单地归结为"实践性"，这是不

---

① 马克思，恩格斯. 马克思恩格斯选集：第1卷. 2版. 北京：人民出版社，1995：78.

全面的。改变世界要科学认识世界，没有科学世界观与方法论的实践就是蛮干；改变世界要遵循事物发展的客观规律，没有唯物辩证法的实践极具破坏性；改变世界需要实践的社会力量，没有唯物史观就没有人民群众的历史主体地位。因此，不能以任何方式把马克思哲学概括为实践哲学。

彻底的唯物主义哲学的创立，使得人类第一次能够从总体上科学地认识和把握世界，终结了不可捉摸的"自在之物"，结束了历史领域见仁见智的混乱状况，奠定了人文社会科学的科学性根基。唯物主义一元世界观的确立，是树立正确世界观、历史观、人生观和价值观的前提，丝毫不能动摇。

第二个特征是，新唯物主义的新体现在它是工人阶级的世界观，是工人阶级的阶级意识，是工人阶级改造世界的强大思想武器。所以马克思主义哲学内涵的阶级性与阶级立场很明确，它是为工人阶级服务的。恩格斯在谈到马克思的伟大功绩时指出，"正是**他**第一次使现代无产阶级意识到自身的地位和需要，意识到自身解放的条件"①。邓小平在谈到必须坚持毛泽东思想的指导地位时重申了恩格斯的观点，他强调："毛泽东同志的事业和思想，都不只是他个人的事业和思想，同时是他的战友、是党、是人民的事业和思想，是半个多世纪中国人民革命斗争经验的结晶。这正如马克思的情况一样。恩格斯在评价马克思的时候说，现代无产阶级只是依赖马克思才第一次意识到本身的地位和要求，意识到本身的解放条件。"② 马克思把最先进的思想理论给了工人阶级，使工人阶级成为第一个具有阶级意识的自觉的劳动者阶级。

新哲学和工人阶级的结合，是马克思一贯的思想。1843 年底，马克思在第一次发现现代无产阶级的历史作用的同时，就提出了新哲学和工人阶级的关系问题。他指出："哲学把无产阶级当做自己的**物质**武器，无产阶级也把哲学当做自己的**精神**武器。""**德国人的解放**就是**人的解放**。这个解

---

① 马克思，恩格斯. 马克思恩格斯选集：第 3 卷. 2 版. 北京：人民出版社，1995：777.
② 邓小平. 邓小平文选：第 2 卷. 2 版. 北京：人民出版社，1994：172-173.

放的**头脑**是**哲学**，它的**心脏**是**无产阶级**。"① 从人的解放角度看，马克思主义哲学有特定的解放对象，这就是资本主义条件下的"物化的个人"。而能够打破资本主义异化的桎梏、引领人的自由全面发展的社会力量，就是工人阶级。其所以如此，就是因为现代无产阶级是"非市民社会阶级的市民社会阶级"，它"宣告**迄今为止的世界制度的解体**，只不过是揭示**自己本身的存在的秘密**，因为它就**是这个世界制度的实际解体**"②。可见，认为马克思"神化了"工人阶级，实属偏见。只有通过工人阶级的解放运动实现人的解放，工人阶级自身才能获得做人的权利，这是马克思主义的基本原理。

马克思哲学的阶级性和科学性不可分割。由于工人阶级的解放是历史发展的必然趋势，因而彻底的唯物主义就是工人阶级的立场。工人阶级的解放只有在认清历史的真相、把握历史的未来的条件下才能实现。它没有逆历史潮流的利益要固守，没有于己不利的真相要掩盖。因此，"科学越是毫无顾忌和大公无私，它就越符合工人的利益和愿望"③。从更深层的原因看，任何一种真正的社会革命或解放，必须首先打破统治阶级的思想统治。而统治阶级依靠物质上的支配权，占据道德制高点，是其建立思想统治的前提。被压迫阶级颠覆统治阶级道德制高点的方法无非是两种：一是营造新的道德制高点（如资产阶级用人道主义颠覆封建阶级的神学道德）；二是通过占领历史制高点颠覆统治阶级的道德制高点。第一种方式只有对在旧统治秩序下已经拥有优势经济实力的被统治阶级才具有可行性，例如奴隶主统治下的新兴封建主，封建主统治下的新兴资产阶级。由于无产阶级在资本主义条件下不可能具有优势的经济力量，故而其颠覆统治者的道德制高点的方式只能是通过占领历史制高点来达到。正如马克思指出的，无产阶级担纲的"19 世纪的社会革命不能从过去，而只能从未来汲取自己的诗情"④。由此可见，工人阶级的解放和科学的理论相互依赖，科学性和阶级性的统一既是马克思主义的理论品格，也是工人阶级解放的实践品格。

---

① 马克思，恩格斯. 马克思恩格斯文集：第 1 卷. 北京：人民出版社，2009：17，18.
② 同①17.
③ 马克思，恩格斯. 马克思恩格斯文集：第 4 卷. 北京：人民出版社，2009：313.
④ 马克思，恩格斯. 马克思恩格斯选集：第 1 卷. 2 版. 北京：人民出版社，1995：587.

四、坚持新唯物主义必须坚持哲学的基本问题

马克思的新唯物主义既然是彻底的唯物主义，就必然将这一立场贯彻到全部哲学视野，哲学基本问题的确立就是底线。恩格斯在《路德维希·费尔巴哈和德国古典哲学的终结》里指出："全部哲学，特别是近代哲学的重大的基本问题，是思维和存在的关系问题。"① 思维对存在、精神对自然的关系问题是哲学的最高问题，全部哲学家依对这一问题的回答分成了两大阵营，即唯物主义和唯心主义。但是哲学的复杂性使得上述标准有时不是那么清晰，例如关于怀疑论、多元论的判别。为了厘清此种情况，恩格斯提出了哲学基本问题的第二方面，即思想能否认识世界，亦即思维和存在的同一性问题。绝大多数哲学家（包括唯物主义和唯心主义一元论）给出了肯定的答案，但折中主义、怀疑论、二元论等陷入了不可知论。尽管有些二元论哲学家在哲学发展的过程中起过很重要的作用，但不能把他们划为独立的哲学派别。从他们出发，总有一个向左（唯物主义一元论）或向右（唯心主义一元论）的转向问题。用多元哲学掩盖和否定唯物论和唯心论这一哲学基本派别的划分，客观上对科学认识世界造成了干扰。

哲学基本问题包括三个相互联系的层面：世界的物质统一性，世界的可知性和尊重客观实际、遵循客观规律。从世界的本原上说，不存在多元论，要么统一于物质世界，要么统一于精神世界；如果世界归根到底是物质世界，那么它从根本上就是可知的，不存在神秘的"灵异世界"；如果世界归根到底是独立于精神的客观物质世界，那么认识客观世界、遵循客观规律、探索客观真理就是人类在世界上生存和发展的第一要义。可见，哲学基本问题不仅是我们考察哲学史和辨析哲学思潮的基本坐标，也是我们把握马克思主义哲学的基本遵循。

今天，否定恩格斯关于哲学基本问题论断的倾向十分突出。有的人根本否定哲学基本问题的存在，认为一百个哲学家就有一百个"哲学基本问题"。但最为常见的说辞是，恩格斯所概括的哲学基本问题是传统哲学的基本问题，而不是现代哲学（以及马克思哲学）的基本问题。"马克思生

---

① 马克思，恩格斯. 马克思恩格斯文集：第 4 卷. 北京：人民出版社，2009：277.

成和创造了一种全新的话语框架，这种全新的话语框架，是以'实践哲学'为本性、以关注现代社会人的现实生存状态及其自由解放为价值取向、以批判和改变与人的自由和全面发展不相容的'旧世界'并推动创造一个未来的新社会为旨趣的。它表明，马克思哲学所关注的基本问题与包括近代哲学在内的传统哲学所关注的基本问题相比，呈现出重大的变化。"① 这就以一种尖锐的方式迫使我们做出抉择：所谓的"实践哲学"是否以唯物论和唯心论划分为前提？这种区分的根本意义何在？改造旧世界、创建新世界要不要以"科学认识世界"为前提？社会主义是靠科学理论还是靠自由一类的价值来引领革命实践？实际上，所谓的"实践哲学"在马克思哲学形成之前就有（例如青年黑格尔派契希考夫斯基的"行动哲学"），但由于其唯心主义实质而远没有像费尔巴哈思想那样被马克思所看重。用模糊的方式把马克思哲学纳入"实践哲学"，这不是抬举而是赤裸裸的叛卖。

不客气地说，许多人热衷设置的"从'世界何以可能'到'人类解放何以实现'的转变""从'理论哲学'范式向'实践哲学'范式的理论转向"这类议题，实际上是"伪命题"。其要害是把认识世界和改造世界加以割裂，把理论逻辑和生活实践加以对立。其实，这类命题要成立，他们必须充分论证"唯物主义的逻辑、辩证法和认识论［不必要三个词，它们是同一个东西］"② 相统一是不可能的；他们还必须展开论证，马克思的实践唯物主义是排斥认识论的；他们更要拿出有根据的证明，以印证他们所主张的马克思的哲学超越于唯物论和唯心论之上不是胡说。但是，迄今为止，我们只是不断看到了花样翻新的伪命题，而看不到任何郑重的相关论证。我们知道，哲学基本问题之所以重要，就在于它提供了一个可以用于衡量各种哲学派别价值的客观根据。虽然各种唯心主义哲学、各种介于唯物论和唯心论之间的折中主义哲学对于哲学的发展都有不同的作用，但就同一时期、同一主题的探讨而言，唯物主义或接近唯物主义的哲学探讨价值更高则是无疑的。正是出于这一判断，在青年黑格尔派中，马克思最

---

① 贺来. 重新反思"哲学基本问题". 北京大学学报（哲学社会科学版）2014，51（1）.

② 列宁. 列宁全集：第 55 卷. 2 版. 北京：人民出版社，1990：290.

重视的就是费尔巴哈。确立了这个客观坐标，在这个基础上才有客观真理，才有对整个历史发展的一个科学的评判，所以在哲学基本问题上马虎不得。

当今，哲学界不少人热衷于炒作马克思哲学就是实践唯物主义，但他们讲的实践唯物主义跟马克思讲的实践唯物主义存在明显的差异。马克思的实践唯物主义从属于辩证唯物主义，承认世界的物质统一性，整个世界包括历史领域在内，其基础都是不以精神、主观意志为转移的客观实在。所以必须坚持一切从实际出发，坚持客观真理和科学的态度。另外，马克思的实践唯物主义服务于共产主义，坚持实践的唯物主义就是为共产主义而奋斗。因此，马克思的实践唯物主义必然与工人阶级的实践和世界观不可分割。可见，不讲唯物主义，不讲共产主义的实践唯物主义，就是假的马克思哲学，其实质就是把马克思哲学进行西方唯心论实践哲学、生存论哲学的改装。正是在实践唯物主义的幌子下，一些人公然大肆鼓吹西方的实践哲学、价值哲学、生存论哲学、存在论哲学，造成马克思主义哲学话语权的丢失，造成了基本哲学理论的混乱。

五、否定哲学基本问题必然引发重大的理论失误

否定唯物论和唯心论的划分是哲学的基本问题，没有唯物主义哲学这个根基，就会出现理论上的重大失误。

首先，否定唯物论必然会抽掉实事求是的客观基础，使得从实际出发成为一句空话。什么是实际？实际就是客观存在的事实和情况的总和，它的本质属性是不以我们的主观意志为转移的独立存在，所以我们必须要去认识它，必须在正确认识的基础上才可能去改变它。否认世界的客观存在，实际上就否定了认识世界的必然性、必要性。西方所谓实践哲学的错误，就在于用主客体关系取代并否定了主客观关系，否定不依赖于主观的客观世界的存在，因而也就否定了认识客观实际的必要，把认识世界和改造世界对立起来。马克思在《关于费尔巴哈的提纲》第十一条讲道，"哲学家们只是用不同的方式**解释**世界，而问题在于**改变世界**"①。有人就把马

---

① 马克思，恩格斯. 马克思恩格斯选集：第1卷. 2版. 北京：人民出版社，1995：66.

克思的这一论断理解成过去的哲学家都是在认识世界，因而是"理论哲学"，而马克思的哲学要改变世界，因而是"实践哲学"。实际上马克思的原意决非如此。马克思讲过去的哲学家们只是用不同的方式解释世界，并不是指责他们仅在认识世界，不改变世界。从历史事实上看，马克思以前的大多数哲学家在主观上都是要改变世界的，从客观后果上说也都或多或少地影响了历史发展，尤其是启蒙时期的哲学家们，都有改变世界的强烈愿望。德国古典哲学家们也有强烈的实践意识，其中费希特最有名。他无愧于"向封建专制制度开火的勇猛斗士"之称号，其哲学本身就是一种革命性很强的自我意识哲学。他们绝对不是仅仅在认识世界，在光说不做。但是，无可否认的是，新的历史又的确不是这些哲学家们创造的，他们最多做到了对于正在到来的事实（例如资本主义社会）的确认。马克思断言过去的哲学家们没有改变世界正是从这一客观效果来讲的，在马克思以前，哲学家们确实没有引领一个新社会诞生，确实没有真正改变世界。

马克思以前的哲学家们没有真正改变世界的原因有二：其一，他们并没有科学地认识世界，甚至不知道真实的世界本身是什么。因为他们都把世界看成是思想观念的产物，所以改变世界在他们那里就被看成是改变人们的认识。"这种改变意识的要求，就是要求用另一种方式来解释存在的东西，也就是说，借助于另外的解释来承认它。"① 事实很清楚，如果改变世界归结为改变观念，无疑就变成了纯粹的名词之争，变得毫无实际意义。进一步看，马克思以前的哲学家没有真正提出改变世界的历史任务，就在于他们都没有认识到历史的基础在于社会的经济生活过程，在于生活的生产和再生产。"这些哲学家没有一个想到要提出关于德国哲学和德国现实之间的联系问题，关于他们所作的批判和他们自身的物质环境之间的联系问题。"② 所以他们改变世界的斗争就局限于思想批判及其结果，即对现有的政治法律条文的解释。这种博弈看起来似乎很热闹，但却丝毫没有触动现存世界的基本结构。

可见，把认识世界和改造世界对立起来是何等错误。不承认客观世界

---

①② 马克思，恩格斯. 马克思恩格斯选集：第 1 卷. 2 版. 北京：人民出版社，1995：66.

的自在性，就不可能提出科学认识世界的任务，就不可能努力探索客观规律，追求客观真理，改变世界也就必然是自欺欺人。由此可以得出一个结论，离开唯物论就没有实事求是、没有马克思的哲学精神。那种不承认"自在之物"的存在，不承认实践的实质是"自在之物"转化为"为我之物"的过程的所谓实践哲学，没有资格谈论马克思哲学和实事求是。

其二，他们没有找到改变世界的现实力量。改变世界对于他们而言，不是现实的社会运动，而只是哲学批判。诉诸哲学批判、诉诸先知先觉，是马克思以前的哲学家改变世界的主要方式。但是，正如马克思指出的："批判的武器当然不能代替武器的批判，物质力量只能用物质力量来摧毁；但是理论一经掌握群众，也会变成物质力量。"① 武器的批判就是改造社会的现实力量，就是先进阶级引领的广大人民群众。哲学如果不和先进的社会力量相结合，就什么也改变不了。马克思以前的哲学家因而就只能在哲学批判上打转，所以他们都崇尚批判哲学。

但是，破除哲学"批判"的光环，发现改变世界的现实社会力量，前提是确立"武器的批判"的决定性作用，这就需要树立唯物主义哲学立场。费尔巴哈虽然是不彻底的唯物主义，其历史观仍然是唯心主义，但不等于他的思想没有唯物史观的萌芽、颗粒，更不等于他的思想对于马克思创立唯物史观没有起到"桥梁"作用。费尔巴哈如何启发了马克思，马克思又如何超越他而创立唯物史观？我们从《关于费尔巴哈的提纲》第一条，就可以获得部分答案。其中马克思写道："费尔巴哈想要研究跟思想客体确实不同的感性客体，但是他没有把人的活动本身理解为**对象性的**[*gegenständliche*] 活动。"② 很多人忽略了这句话的深刻含义。实际上，把人类所面临的客体区分为"思想客体"和"感性客体"，是费尔巴哈的重大理论贡献，表明了他力图突破唯心主义的主客同一、把唯物主义立场贯彻到底的努力。因为在黑格尔哲学看来，所谓的客体，无非是主体的"外化"，因而是只具有"物相"的思想客体。费尔巴哈提出了寻找不依赖于主体的"感性客体"并将其确立为本体的任务，确实具有开创性。但是

---

① 马克思，恩格斯. 马克思恩格斯文集：第 1 卷. 北京：人民出版社，2009：11.

② 同①499.

他并没有完成这个任务，缺乏历史辩证法使得他止步于"纯粹的自然界"，即没有受到人的活动的任何干扰、污染的所谓"原本自然"。正如马克思所说，他的错误在于没有把人的活动本身理解为"感性活动"，即不依赖于主体主观意志的客观活动。

这样，费尔巴哈的错误导致了两个后果：一是把主体主观化。在费尔巴哈的眼界里，主体的全部活动都是主观的、精神性的，而实际上主体的活动本身具有不依赖于其主观意志的客观性。马克思后来发现，生产劳动就是人用自身的自然，即体力，同自然界的自然所进行的一种物质变换过程。这一过程不仅是客观的物质性过程，而且是把自然界从"自在之物"转化为"为我之物"的纽带，因而是全部人类历史的基础。费尔巴哈就是没有看到，人作为主体的活动，虽然离不开目的性，但还是具有客观物质性。把主体的全部活动都主观化，没有发现其中的客观物质性，这是他的重大失误。二是把客体抽象化。自然界本身是变化的，人类视野中的自然界与人类的实践活动更是不可分割。因此，费尔巴哈要寻找的那个作为"感性客体"的纯粹自然，只能是他想象的产物，是抽象化的客体。

尽管如此，费尔巴哈关于区分思想客体和感性客体的思想对于马克思的启发是不言而喻的。如果不能奠立不依赖于主体的客体的基础地位，历史唯物主义就无从谈起。与费尔巴哈相同，马克思也要划分出依赖于主体主观意志和不依赖于主体主观意志两大领域来；但与费尔巴哈不同，马克思不是从脱离主体活动的、静止的、"实体"的角度，而是从主体活动的、"关系"和过程的角度去划分。列宁谈到马克思的历史唯物主义思想时指出："马克思究竟是怎样得出这个基本思想的呢？他做到这一点所用的方法，就是从社会生活的各种领域中划分出经济领域，从一切社会关系中划分出生产关系，即决定其余一切关系的基本的原始的关系。"

尽管历史是人类活动的产物，但是人类不能随心所欲地创造历史。历史唯物主义的基本原理就是要表明，历史不是自由意志的产物，而是存在着不以人的主观意志为转移的客观规律的过程。"人们不能自由选择**自己的生产力**——这是他们的全部历史的基础，因为任何生产力都是一种既得的力量，是以往的活动的产物。""社会——不管其形式如何——是什么呢？是人们交互活动的产物。人们能否自由选择某一社会形式呢？决不能。在人们的生产力发展的一定状况下，就会有一定的交换［commerce］和消费形式。在生产、交换和消费发展的一定阶段上，就会有相应的社会制度、相应的家庭、等级或阶级组织，一句话，就会有相应的市民社会。"① 马克思1846年底致安年柯夫的信表明，人们不能自由地选择生产力和相应的社会，不仅个人不能自由选择，每个民族不能自由选择，而且全人类也不能自由选择。这就决定了人类历史本质上是一个符合客观规律的历史必然性过程，决定了自由只能是对必然的认识和掌握，决定了不断地从必然王国向自由王国的转变是人类历史活动的总趋势。所以创造历史离不开认识客观规律，更离不开自觉遵循客观规律。确立不以人的意志为转移的客观规律、客观实际之后，我们就必然有一个认识客观实际并从中寻求客观规律的任务，这就是实事求是。把唯物论和能动性、认识论和实践论对立起来是站不住脚的。没有唯物论，就没有客观实际，没有客观规律，也就没有一切从实际出发；抽掉唯物论的哲学基础，就没有客观真理，没有追求真理的客观需要，同样就没有实事求是。

其次，否定唯物论必然会抽掉马克思实践观的客观基础，把历史唯物主义的实践观偷换为唯心主义的、经验主义的实践观，把实践检验真理的科学标准篡改为实用主义标准。

马克思哲学视野中的实践，具有客观普遍性的品格，正如列宁指出的："**实践高于（理论的）认识，因为它不仅具有普遍性的品格，而且还具有直接现实性的品格。**"② 但是，实践天然具有功利性，也天然具有自发性，却并不天然具有客观普遍性。因此，在马克思以前，有形形色色的唯心论、经验论实践哲学，却没有以客观普遍性为基础的实践观。历史唯物主义的创立，首先是历史唯物主义实践观的形成，这是马克思哲学变革的重大转折。要了解马克思的实践观，还是要从他对费尔巴哈的批判着眼。时下有人往往很简单、轻率地断言，费尔巴哈不懂得实践。但是，他们从来不去认真思考，费尔巴哈难道看不懂自发的、利己主义的实践吗？如果

---

① 马克思，恩格斯. 马克思恩格斯选集：第4卷. 2版. 北京：人民出版社，1995：532.

② 列宁. 列宁全集：第55卷. 2版. 北京：人民出版社，1990：183.

不懂，他为什么鄙视"卑污的犹太人的挣钱活动"呢？进一步说，当马克思说费尔巴哈不懂得实践时，这是从什么意义上说的呢？这些问题不搞清楚，谈论马克思的实践观点就必然出现偏差。实际上，马克思指责费尔巴哈在实践问题上有所欠缺是指，"他不了解'革命的'、'实践批判的'活动的意义"①。这个判断是准确的，因为费尔巴哈不是不懂得常识意义上的实践，而是不了解具有客观普遍性的实践活动。

说费尔巴哈不懂得实践，决不能从他不懂得人的能动性这一意义上泛泛而论。费尔巴哈当然知道人为了追求自己的利益而具有巨大的活动能量，但他鄙视这样的活动和能动性。他确实认为只有理论活动才是真正的人的活动，因而理论活动高于实践活动，因此他自然也反对把实践作为检验真理的标准。为什么？

一是在他看来，实践天然具有功利性，带着强烈的主观目的。而真理是客观的，不具有主观的功利性。真理不会以是否符合人的目的为转移，它首先是客观存在的，所以不能用具有主观功利性目的的实践作为检验客观真理的标准。否则，必然否定真理的客观性，滑向主观真理论，从而扼杀真理。所以费尔巴哈要寻找不同于"思想客体"的"感性客体"，把这种没有受到人的主观意志干扰的、纯粹的自然，作为科学认识的根据。

二是在他看来，实践是特殊的、局部的活动，而真理是普遍的，"放之四海而皆准"。局部的状况显然不能决定全局，实践自然无法检验真理。真理对所有人都是等价的，所以在真理面前人人平等。而实践后果对于不同的人的意义是不同的，甚至可以说是"几家欢喜几家愁"。基于上述两个原因，费尔巴哈推崇理论活动，贬斥实践活动。

应当承认，费尔巴哈排斥实践活动从根本上是错误的，但并非毫无道理。实际上，费尔巴哈否定实践活动对于我们仍然有启示意义。我们必须认真思考理论在马克思实践观中的地位、信念在实践检验真理中的作用问题，防止把马克思的实践观庸俗化、把实践检验真理的标准实用主义化。避免把实践检验真理变成实用主义的真理观，必须坚持理论逻辑和历史逻

---

① 马克思，恩格斯. 马克思恩格斯选集：第 1 卷. 2 版. 北京：人民出版社，1995：54.

辑的统一，防止以历史的暂时性取代历史的尺度。毛泽东在新中国诞生前夕指出："帝国主义者的逻辑和人民的逻辑是这样的不同。捣乱，失败，再捣乱，再失败，直至灭亡——这就是帝国主义和世界上一切反动派对待人民事业的逻辑，他们决不会违背这个逻辑的。""斗争，失败，再斗争，再失败，再斗争，直至胜利——这就是人民的逻辑，他们也是决不会违背这个逻辑的。"① 这两种逻辑的过程都有"失败"的环节，如何判断其结局是"胜利"还是"失败"？只能靠理论逻辑和历史逻辑相统一基础上的理想信念。排斥理论逻辑和理想信念的所谓"实践标准"，只能是无头脑的以一时成败论英雄的庸俗实用主义。

要从根本上扭转在"实践标准"问题上的庸俗化倾向，就必须厘清马克思的实践观和科学理论之间的关系。邓小平曾做出一个很值得玩味的论断，他指出："列宁之所以是一个真正的伟大的马克思主义者，就在于他不是从书本里，而是从实际、逻辑、哲学思想、共产主义理想上找到革命道路，在一个落后的国家干成了十月社会主义革命。"② 请注意，邓小平在这里，与我们那些庸俗的实践论者根本不同，他把共产主义理想以及哲学思想放在与"实际"同一序列，而与"书本"相区别。这表明，在他看来，真正的理论必定和实践相一致；反之，革命性的实践也必定内含着对于理论的需求。

实践活动当然是具有目的性的活动，但是马克思的实践观所关注的实践目的，首先是具有客观必然性的目的。"如果要去探究那些隐藏在——自觉地或不自觉地，而且往往是不自觉地——历史人物的动机背后并且构成历史的真正的最后动力的动力，那么问题涉及的，与其说是个别人物、即使是非常杰出的人物的动机，不如说是使广大群众、使整个整个的民族，并且在每一民族中间又是使整个整个阶级行动起来的动机；而且也不是短暂的爆发和转瞬即逝的火光，而是持久的、引起重大历史变迁的行动。"③ 这种能够促使整个民族或阶级持久行动的目的，蕴含着历史必然性

① 毛泽东. 毛泽东选集：第4卷. 2版. 北京：人民出版社，1991：1486，1487.
② 邓小平. 邓小平文选：第3卷. 北京：人民出版社，1993：292.
③ 马克思，恩格斯. 马克思恩格斯选集：第4卷. 2版. 北京：人民出版社，1995：249.

的奥秘，是通达历史客观规律的阶梯。所以，马克思的实践观，关注的是具有普遍意义的实践活动。

但是，这种具有普遍意义的实践活动，并不是经验式直观的结果，而必须诉诸辩证思维。经验直观的实践活动，只能是自发的、个体的、简单重复的实践活动，如同费尔巴哈那样。而辩证思维的要求则是："考察的**客观性**（不是实例，不是枝节之论，而是自在之物本身）。"① 所谓"自在之物本身"就是客观存在的实际，就是在规律性地变化和发展中的世界历史，就是客观事实的总和，也就是马克思指责费尔巴哈不懂的"革命的""实践批判"的活动。要抓住这样的实践活动，就离不开理论思维，离不开科学认识。所以，马克思的实践论内在地包含着科学的认识论，不能把两者加以割裂。可见，马克思的实践观不是立足于个人的生活界的、自发的实践活动，而是立足于人民大众的、具有客观普遍性的、革命的实践活动。后来毛泽东把它概括成生产斗争、阶级斗争和科学实验三大实践，可以说是抓住了马克思实践观的实质。

马克思的实践观决定了其把实践作为检验真理的标准，根本区别于实用主义标准。从检验内容看，是检验规律性与真理性的认识，是对创新发展的实践的检验，而不是针对"饮食男女""商贾货殖"一类的日常生活经验；从检验主体看，是立足于阶级、人民、民族的实践活动，而不是孤立的个人行为；从检验方式看，是坚持实践检验标准的绝对性和相对性的统一，而不是一次成败论英雄。"实践标准实质上决不能**完全地**证实或驳倒人类的任何表象。这个标准也是这样的'不确定'，以便不让人的知识变成'绝对'，同时它又是这样的确定，以便同唯心主义和不可知论的一切变种进行无情的斗争。"② 这样，检验真理的过程，就不仅不排斥理论、消解理想，而且还不断地增强理论思维、坚定理想信念。实践检验真理的过程，也是理论指导实践的过程，是理论逻辑和历史逻辑相统一的过程，也是逻辑、辩证法和认识论相一致的过程。

最后，离开了唯物论和唯心论的划分，对人的理解必然抽象化、碎片

---

① 列宁. 列宁全集：第55卷. 2版. 北京：人民出版社，1990：190.
② 列宁. 列宁选集：第2卷. 3版. 北京：人民出版社，1995：103.

化，必然把资本主义社会的抽象的个人视为不可逾越的"最后的人"。所有指责唯物主义哲学的人，都以"见物不见人"为说辞，包括马克思的历史唯物主义在内。海德格尔指责历史唯物主义用生产掩盖遮蔽了生活，使得人的生活的意义被尘封了，人变成了物化的工具，因而要"回归生活界"。保罗·萨特认为历史唯物主义"患了贫血症"，忘掉了人，所以要给历史唯物主义"输血"。上述观点曾在我国学界流传，似乎成为定论。但是，我们今天看得很清楚，历史的活动就是人的活动，历史的发展就是人的发展。所以马克思在《德意志意识形态》里指出："全部人类历史的第一个前提无疑是有生命的个人的存在。"可见，问题的关键并不在于见不见"人"，甚至也不在于见不见"个人"，而在于什么是"现实的个人"。唯心主义哲学认为人和动物的区别在于有思想，所以意识是历史的开端。现代西方生存论认为人的根基在"生活界"，所以生活是本原。但是，这些观点都还是表象的。"可以根据意识、宗教或随便别的什么来区别人和动物。一当人开始**生产**自己的生活资料的时候，这一步是由他们的肉体组织所决定的，人本身就开始把自己和动物区别开来。人们生产自己的生活资料，同时间接地生产着自己的物质生活本身。"① 生产是生活、当然也是思想的源泉，因而马克思的哲学"在劳动发展史中找到了理解全部社会史的锁钥"。

所以问题不在于见不见人，而在于人是什么？在马克思主义看来，活生生地从事生产活动的人才是现实的人。劳动"是整个人类生活的第一个基本条件，而且达到这样的程度，以致我们在某种意义上不得不说：劳动创造了人本身"②。不仅如此，马克思还认为劳动是人的全面发展的前提，他说："生产劳动同智育和体育相结合，它不仅是提高社会生产的一种方法，而且是造就全面发展的人的唯一方法。"③ 以资本主义为代表的剥削制度对社会造成的最大的祸害，就是在对劳动者进行剥夺的过程中使劳动成为奴役人的手段，使鄙视劳动成为社会主流价值观。因此，科学社会主义

---

① 马克思，恩格斯. 马克思恩格斯选集：第1卷. 2版. 北京：人民出版社，1995：67.
② 马克思，恩格斯. 马克思恩格斯全集：第20卷. 北京：人民出版社，1971：509.
③ 马克思，恩格斯. 马克思恩格斯全集：第23卷. 北京：人民出版社，1972：530.

的根本价值追求，就是通过"劳动的解放"（联合起来的工人共同占有生产资料）和"劳动的复归"（使劳动成为生命的第一需要），实现每一个人的自由而全面的发展。

正是在对于人的把握上的这一根本区别，呈现出了唯物史观和唯心史观的一个原则界限，即坚持人民群众创造历史的人民史观，还是个人创造历史的个人史观；从价值观上说，就是坚持人民至上，还是个人第一。把资本主义条件下的物化的抽象个人视为"原人"，把利己个人主义视为永恒的人性，是唯心史观在今天的突出表现。

六、坚持以人民为中心的历史价值观

"人民，只有人民，才是创造世界历史的动力。""历史活动是群众的事业，随着历史活动的深入，必将是群众队伍的扩大。"坚持人民是历史活动的主体，人民的解放是历史活动的方向，为人民服务是历史活动的崇高价值，是唯物史观同唯心史观在历史价值观上的根本区别。

毫无疑问，人民是作为历史活动的主体创造历史的，就是说，人民不是无机的所谓大多数，而是由先进阶级引领、以劳动群众为基础、包含顺应历史发展的所有人的有机整体。因此，人民创造历史，同生产力和生产关系、经济基础和上层建筑的社会基本矛盾运动推动历史发展，同阶级斗争推动历史进步等历史唯物主义基本原理完全一致。马克思明确指出，历史是这样发展的："社会的物质生产力发展到一定阶段，便同它们一直在其中运动的现存生产关系或财产关系（这只是生产关系的法律用语）发生矛盾。于是这些关系便由生产力的发展形式变成生产力的桎梏。那时社会革命的时代就到来了。随着经济基础的变更，全部庞大的上层建筑也或慢或快地发生变革。"① 这一社会形态的更替通常是通过阶级斗争完成的。代表新的生产方式的先进阶级之所以能够成为引领人民的力量，就是因为"在这瞬间，这个阶级的要求和权利真正成了社会本身的权利和要求，它

---

① 马克思，恩格斯. 马克思恩格斯选集：第 2 卷. 2 版. 北京：人民出版社，1995：32-33.

真正是社会的头脑和社会的心脏"①。人民创造历史，表现为人民群众促进生产力的发展，推动了社会形态的变更，决定了历史的前进方向。

个人史观的新动向，是把个人作为历史活动的主导价值，说成历史发展的方向。他们最喜欢引用的马克思与恩格斯的依据就是"代替那存在着阶级和阶级对立的资产阶级旧社会的，将是这样一个联合体，在那里，每个人的自由发展是一切人的自由发展的条件"②。但是他们忘记了，自由发展的个人，恰恰是人民创造历史的结果，是未来共产主义社会的人的形态，而不是抽象的个人创造历史的成果。抽象的个人是资本主义社会这一"物的依赖关系"的表现形式，作为资本人格化的产物，其自由只是资本的自由，是体现资本统治关系的"偶然的个人"。超越资本主义抽象的人的历史阶段，不能依靠个人本位，而必须坚持人民主体地位。即便到了共产主义社会，个人自由发展实现了，也不能说这是个人本位的社会。因为共产主义社会的个人是"联合起来的个人"，也是社会化的人，已经消除了个人和社会的对立，因此就不存在个人本体还是人民本体的历史界限了。从根本上说，共产主义是真正的社会本体，它是自由个性和社会发展的有机的统一。

同样无疑的是，人民是马克思哲学的立脚点，而决不是抽象的个人。马克思的哲学虽然并不忽视个人，但是决不以市民社会的个人为立脚点。他明确指出："旧唯物主义的立脚点是市民社会，新唯物主义的立脚点则是人类社会或社会的人类。"③ 但是，有人公开宣称，马克思和黑格尔的区别，就在于黑格尔主张国家本位，认为国家决定市民社会，而马克思主张个人权利本位，认为市民社会决定国家。在黑格尔的理解中，国家是普遍利益的领域。市民社会则是个人权利和私人利益的领域。马克思否定黑格尔的国家决定市民社会的观点，认为不是国家决定市民社会，而是市民社会决定国家，所以马克思是立足于个人权利本位的。其实这种观点不仅曲

---

①　马克思，恩格斯. 马克思恩格斯选集：第 1 卷. 2 版. 北京：人民出版社，1995：12－13.

②　同①294.

③　同①57.

解了马克思，也曲解了黑格尔。的确，马克思在批判黑格尔颠倒市民社会和国家的关系时指出："实际上，家庭和市民社会是国家的前提，它们才是真正的活动者；而思辨的思维却把这一切头足倒置。"① 然而马克思在这里显然是从物质经济生活决定政治法律生活的意义上谈"市民社会决定政治国家"的，而决不能解读为马克思赞同"市民社会"（即资本主义社会的私人利益体系）决定国家权力（即所谓"公权力"），从而得出个人权利本位的所谓"权利决定权力"。大家不会忘记，当青年马克思通过莱茵省议会关于"林木盗窃法的辩论"，看到国家法律沦为"私人利益的工具"，黑格尔国家观濒临幻灭时，是何等的悲愤。显然，个人权利本位是西方"契约论"国家观的基础，而完全有悖于马克思主义的国家观。在马克思主义看来，国家权力不是个人权利的有条件转让，而是阶级意志和阶级统治的体现。更重要的是，超越以私人利益（私有制）为基础的资本主义社会，不能靠个人权利本位，而要靠工人阶级代表的"普遍利益"引领。因此，从"市民社会决定国家"推出私人利益高于普遍利益的结论，不是马克思的观点，而是自由主义的观点。

黑格尔的错误并不在于站在国家这一"普遍性领域"的立场，而在于国家只是"虚幻的普遍性领域"。黑格尔试图通过国家这一"普遍性领域"来改造市民社会有其合理性。他提出国家是市民社会的"外在必然性"和"内在目的性"。何谓"外在必然性"？就是通过国家为市民社会立法，用强制的方式为充满着阶级斗争、剥削、竞争和不平等的市民社会建立法制秩序，使之不至于在恶斗中毁灭。何谓"内在目的性"？在黑格尔看来，国家在为市民社会建立竞争的法制秩序的同时，还给仅追求自利最大化的市民社会灌输一种道德精神，让自私自利的市民上升为"公民"，即既看到自身利益也看到他人和全社会利益的人，从而实现对市民社会市民的提升。就此而言，不能笼统地认为黑格尔主张国家本位。

可见，马克思反对的不是用普遍利益改造私人利益，而是认为国家并非改造私人利益的现实普遍利益。实际上，国家从属于市民社会，资产阶级国家服务于资产阶级的阶级利益。马克思对于黑格尔国家观的幻灭发生

---

① 马克思，恩格斯. 马克思恩格斯全集：第1卷. 北京：人民出版社，1957：250-251.

在《莱茵报》时期。他发现，不是国家和法改造市民社会，而是私人利益绑架国家和法，"不仅打断了法的手脚，而且还刺穿了它的心"①，从而决定要从市民社会中寻找"现实的普遍性领域"。显然，马克思并不认同市民社会的现存，而是立足于改造市民社会，努力寻找改造市民社会的途径和现实力量。

马克思的全部发现归结到一点，就是发现了现代无产阶级这个"并非市民社会阶级的市民社会阶级"②。马克思看好工人阶级有四个理由：一是现代无产阶级是工业化大生产的产物，是社会化大生产的实际承担者，是现代社会物质财富的创造者，是先进社会生产力的代表，因此，它的本质特征不是"一无所有"，而是"现代社会的养活者"。二是现代无产阶级又一本质特点，就是它是唯一与生产资料没有直接联系的阶级，因而其解放不能通过个人直接占有生产资料的方式，而必须通过"联合起来的个人"重新拥有生产资料，这就决定了它是新的生产关系的代表，代表了社会化占有的生产关系发展的趋势。毫无疑义，历史上所有的剥削阶级都直接占有生产资料，而被剥削阶级也不同程度地与生产资料有直接的联系。奴隶作为"会说话的工具"而与其他劳动工具直接结合；农民阶级也因拥有少量生产资料而与生产资料有着直接的联系。故而所有阶级的阶级意识（如果有的话）都是巩固和扩大本阶级的利益，唯独无产阶级的阶级意识是"消灭阶级"，因此马克思称无产阶级为"半阶级"。不与生产资料发生直接联系而又是社会化大生产的实际承担者的无产阶级的大量出现，表明了社会化占有的生产关系发展的趋势，更表明了"私有制和阶级社会的解体"。三是现代无产阶级还是人类历史上第一个有文化的被剥削阶级，也是唯一可能形成阶级意识的被剥削阶级，因而是唯一可能成为革命阶级并上升为统治阶级的劳动者阶级。马克思在《共产党宣言》中讲，"资产阶级自己就把自己的教育因素即反对自身的武器给予了无产阶级"，加上自觉的知识分子转向无产阶级革命立场，以及一些破产的资产阶级分子的不

---

① 马克思，恩格斯. 马克思恩格斯全集：第1卷. 北京：人民出版社，1956：178.

② 马克思，恩格斯. 马克思恩格斯选集：第1卷. 2版. 北京：人民出版社，1995：14-15.

断加入，都给工人阶级的队伍注入了文化的血液，使得作为劳动阶级代表的无产阶级终于打破了剥削阶级对文化的垄断。四是现代无产阶级经历了资本主义社会化大生产那样具有严密分工、严格纪律、严酷生活的训练，成为一支高度组织化的社会力量。这就是说，现代无产阶级虽然是可以"自由"出卖劳动力的自由人，但它并没有农民阶级的散漫性和奴隶阶级的依附性，而是有着严格纪律和高度社会化的力量。这正是工人阶级可能成为革命领导阶级的重要依据。

所以问题很清楚，把国家的问题归结为个人权利和公权力的矛盾，甚至是个人和政府的利益博弈问题，是在把水搅浑。国家问题的实质是对于市民社会进行彻底改造的问题，是对资本主义制度和资产阶级现代性的超越问题，因而从根本上说是实现共产主义的问题。这个彻底改造只能通过无产阶级的解放运动、科学社会主义的实践去实现。尽管现在世界社会主义运动仍处于低潮，且呈现出多样化的倾向，但人类历史指向共产主义这一大方向并没有改变。这正是中国特色社会主义具有强大生命力的历史根据。

七、坚持历史唯物主义的人学观点

历史唯物主义的人学观点，大致可以概括为以下四点：

第一，人的历史活动，客观物质制约性第一，主观能动性第二，这是历史唯物主义关于人的首要观点。人当然有能动性，但是人更要受到客观物质条件的制约，因而人的自由不是绝对的，自由要建立在对必然的认识的基础上。它的根据就在于物质生产活动始终是人类历史和生活的基础，而物质生产活动又始终是不以人的主观意志为转移的客观发展过程，因而认识和尊重经济规律就是历史的必然性，自由就是对必然的认识和改造。这一条即便到了共产主义社会也仍然适用。马克思指出：在物质生产活动"这个领域内的自由只能是：社会化的人，联合起来的生产者，将合理地调节他们和自然之间的物质变换，把它置于他们的共同控制之下，而不让它作为盲目的力量来统治自己；靠消耗最小的力量，在最无愧于和最适合于他们的人类本性的条件下来进行这种物质变换。但是不管怎样，这个领域始终是一个必然王国。在这个必然王国的彼岸，作为目的本身的人类能力的发展，真正的自由王国，就开始了。但是，这个自由王国只有建立在必然王国的基础上，才能繁荣起来。工作日的缩短是根本条件"①。这就是说，即便是消灭了阶级与剥削，实现了人在物质生产活动中的社会平等，但物质生产活动领域仍然是必然王国领域。为什么？因为在这个领域，人和自然界打交道，要获得经济效益，必须要认识和遵循客观经济规律。遵循客观规律，就必须有认识和适应社会化大生产的科学分工、严明的纪律以及严格的生产责任制。决非如一些人想象的那样，共产主义社会在生产领域可以不受纪律约束、不被责任支配而听凭个人随心所欲。相反，未来共产主义社会高度发达的生产力，必然建立在更加严格的纪律和责任约束的基础上。这说明，"在社会历史领域内进行活动的，是具有意识的、经过思虑或凭激情行动的、追求某种目的的人；任何事情的发生都不是没有自觉的意图，没有预期的目的的。但是，不管这个差别对历史研究，尤其是对各个时代和各个事变的历史研究如何重要，它丝毫不能改变这样一个事实：历史进程是受内在的一般规律支配的"②。

当然，共产主义社会已经消灭了旧式的劳动分工，实行的只是自然和技术分工，遵循的只是社会化大生产的发展规律，与阶级社会的必然王国还是有质的区别的。况且，由于共产主义社会的必要劳动时间已大大缩短，必要劳动以外的自由空间已经很大，人们的生活质量和自由发展程度自然也是阶级社会所无法比拟的。但是，只要是创造社会物质财富，生产和再生产物质生活资料的社会生产过程，就一定有不断地认识自然、老老实实地从客观实际出发、努力发现和严格遵循客观规律的过程，而分工、合作、纪律，包括限制自己的自由，则都是必须的。这就是说，人类发展到任何历史阶段都会受到客观条件的制约，而且这种制约始终是基础，是决定性的。正如毛泽东指出的："人类的历史，就是一个不断地从必然王国向自由王国发展的历史。这个历史永远不会完结。在有阶级存在的社会内，阶级斗争不会完结。在无阶级存在的社会内，新与旧、正确与错误之

---

① 马克思，恩格斯. 马克思恩格斯全集：第 25 卷. 北京：人民出版社，1974：926-927.

② 马克思，恩格斯. 马克思恩格斯选集：第 4 卷. 2 版. 北京：人民出版社，1995：247.

间的斗争永远不会完结。在生产斗争和科学实验范围内，人类总是不断发展的，自然界也总是不断发展的，永远不会停止在一个水平上。因此，人类总得不断地总结经验，有所发现，有所发明，有所创造，有所前进。停止的论点，悲观的论点，无所作为和骄傲自满的论点，都是错误的。"① 这就是人类历史活动的客观物质制约性和主观能动性的关系。

第二，人的历史存在，社会性第一，个体性第二。毫无疑问，个体性和社会性都是人的存在状态。人首先是有生命的个体，但是人的本质不是个体性，而是社会性。个人的最重要的生命活动是社会化过程。个体生命要成为人，要成为有人格的个人，就必须确立其社会性存在是第一位的。因为社会性造就了其生命的历史丰富性，赋予其生命的价值和生命的依托，满足其生存的依赖感和归属感。离开社会性的个体，只是一个生物，而不可能是人，所以真正的人必然首先是社会性存在，是社会关系总和的载体。正如黑格尔所言，离开了身体的手就不能称之为"手"，而只能叫作"断肢"，因为它已丧失了手的本质。人也一样，离开了社会性的人确实不能被称为"人"，因为他没有语言、没有精神追求、没有社会关系、没有社会活动，因而只能是"活体"。

人的社会存在第一不仅从生命的本质上说，还从生命的价值上看，即生命的社会归属，均是如此。每个人的生命属于自己，却又不仅仅属于自己，无疑还属于其亲人，更属于我们的国家、我们的人民，所以我们要珍惜生命的价值。但是，我们又不认为生命的意义就在于"自保"，更不认同"活命第一"。青年马克思提出："如果我们选择了最能为人类福利而劳动的职业，那么，重担就不能把我们压倒，因为这是为大家而献身；那时我们所感到的就不是可怜的、有限的、自私的乐趣，我们的幸福将属于千百万人，我们的事业将默默地、但是永恒发挥作用地存在下去，而面对我们的骨灰，高尚的人们将洒下热泪。"② 我们当然不否定每个生命都是宝贵的，每个人的生命都有其不可替代的独特的价值，但是不能认同抽象的人道主义所宣传的抽象的生命第一，更不赞同用抽象的生命第一否定为信仰

① 中共中央文献研究室. 毛泽东文集：第 8 卷. 北京：人民出版社，1999：325.
② 马克思，恩格斯. 马克思恩格斯全集：第 40 卷. 北京：人民出版社，1982：7.

而献身。有人借马克斯·韦伯之口，大肆炒作所谓信念或者信仰伦理和责任伦理的对立。他们把宗教信仰，包括共产主义信仰，都叫作所谓信仰伦理，并指责其只管动机的崇高，不管行为的后果，所以必然蔑视生命；而所谓责任伦理则必须对自己的行为后果负责，所以尊重生命。这是典型的诡辩。尊重生命不等于把保命摆在第一位，更不等于活着就是生命的第一价值。靠保命活着的生命必定是有限的，因为人的自然生命是有限的。生命真正的无限价值在于投入到无限的为人民服务当中，科学信仰才是真正崇高的生命责任意识。用抽象人道主义否定马克思主义而掩饰自己的渺小并不高明。

第三，历史的基础性活动，生活的生产和再生产第一，生活的拥有和享受第二。虽然人类历史归根到底是人的发展，但这种发展并不是纯粹的"生活"，即肉体生命的延续，其本质是"生活的生产"，即人的社会历史发展。就是说，不应当孤立考察肉体生命的延续，物质生活资料的生产和再生产不仅是人的生存的基础，也是生命的不断延续的前提条件。"这种生产方式不应当只从它是个人肉体存在的再生产这方面加以考察。它在更大程度上是这些个人的一定的活动方式，是他们表现自己生活的一定方式、他们的一定的**生活方式**。个人怎样表现自己的生活，他们自己就是怎样。因此，他们是什么样的，这同他们的生产是一致的——既和他们生产**什么**一致，又和他们**怎样**生产一致。因而，个人是什么样的，这取决于他们进行生产的物质条件。"① "生活的生产"包含物质生活资料的生产和再生产、人自身的生产和再生产、社会交往方式的生产和再生产、物质文化需要的生产和再生产以及相应的精神生活的生产和再生产，而物质生活资料的生产活动毫无疑问是基础。我们常说生活总要继续，而生活继续的基础便是物质生活资料的生产和再生产。

正因为如此，生活的生产和再生产高于生活的享受，所以生产第一，生活第二。当然这两者也并不互相否定，无论是用生产否定生活，还是用生活否定生产都是片面的。现在的主要问题是，有人借西方生存论哲学，

---

① 马克思，恩格斯. 马克思恩格斯选集：第1卷. 2版. 北京：人民出版社，1995：67-68.

否定生产活动的历史基础性作用，并进而否定历史的客观规律。因此，必须坚持生产和生活关系上的历史唯物主义观点。

第四，从价值观上看，必须坚持人民第一，个人第二。把原子式的封闭的个人视为唯一真实存在的"原人"，把利己主义视为当然的人性，是资产阶级意识形态制造的"神话"。孤立的个人不可能具有至上性，因为其本质是有限性。离开人民、民族、国家抽象地讲人权，是非历史的。个人的权利不是天赋的，而是历史地形成的。在具体的历史发展中，国权比人权更重要，因为没有国权就没有人权。历史唯物主义在确立人民的历史主体地位的同时，也明确地提出，个人只有在历史活动中投身人民解放事业，才能获得真正无限的生命价值，才能实现个人价值的最大化。

关于马克思哲学变革的实质和意义，是马克思主义的基本话语权，关系到如何整体把握马克思主义。正是在这一重大问题上，目前存在着许多模糊的认识，我们必须旗帜鲜明地加以澄清。

第三节　马克思主义哲学是坚持共产党领导的理论底气

必须承认，意识形态领域的斗争在今天依然尖锐复杂，焦点在是否坚持中国共产党的领导。从根本上说，要把中国的事情办好关键在党，党是最高的政治领导力量，坚持中国共产党的领导是中国特色社会主义的本质特征和最大的制度优势。因此，西方意识形态渗透，最终都落脚到否定中国共产党的领导。还要看到，这种思想交锋最后都归结到哲学；哲学思想的潜移默化既是西方意识形态渗透的重要渠道，也是有些人对于坚持党的领导不自信的思想根源。之所以如此，就在于从根本上说，哲学既是人类精神现象之巅，但也可能是人类精神乱象之源，是犯颠覆性错误的隐性原因。我们举什么旗、走什么路最后都会回到哲学世界观上，因此善于从马克思主义哲学角度看问题非常重要。

坚持中国共产党的领导是中国特色社会主义制度建设最核心的问题，也是我们面临的最大挑战。是否把坚持党的领导看作中国特色社会主义制度的最大优势，关键在于哲学。必须指出，西方的制度设计以唯心主义历史观为基础，而中国特色社会主义制度的哲学基础是唯物主义历史观。唯心史观从根本上说是个人史观，唯物史观从根本上来说是人民史观。私有制、多党制、三权分立制度的哲学基础是自由个人主义，而坚持中国共产党的领导的历史观基础和理论底气则在于人民史观。没有历史唯物论的人民史观，坚持中国共产党的领导就会像沙滩上的建筑，思想根基是不牢的，而我们今天恰恰面临着唯物史观被消解的严峻挑战。

一、马克思主义哲学奠立了坚持共产党领导的理论基石

从根本上说，中国选择社会主义现代化的历史必然性源自资本的全球性扩张。进入帝国主义时代以后，后发展国家，尤其如中国这样的后发展大国，由于一些初始条件的丧失（如没有形成统一的世界市场，没有形成稳固的势力范围，没有形成世界范围"核心—边缘"的两极结构等），其作为一个统一的国家自发地走向现代化已无可能。从实践上看，后发展国家之所以在资本主义主导的世界格局中步履维艰，就是因为落后和受控使得资本主义国家所经受过的历时性矛盾在后发展国家那里被挤压成共时性矛盾，导致各种矛盾错综复杂、各种恶果叠加显现。因此，中国现代化之路必定如此，即在中国共产党的领导下，先取得政治独立和民族解放，继而取得经济独立和国家发展，再借此参与国际竞争，全面走向世界，实现现代化目标。贯穿这一过程始终、起领导核心作用的自觉社会力量，就是中国共产党。从一定意义上说，正是人类历史活动走向自觉成为可能，才诞生了马克思主义以及以马克思主义为理论基础的无产阶级政党，才确立了中国共产党的历史地位和活动空间。揭示历史发展的规律性以及自觉利用历史规律的可能性，形成领导中华民族伟大复兴的政治核心力量，是中国特色社会主义形成的历史和理论前提。

从更开阔的视野看，人类社会进入阶级社会是一个自发的过程，而要进入没有阶级、没有剥削的共产主义社会则必须走自觉之路，这就是坚持工人阶级领导（通过共产党）的历史根据。从哲学理念看，今天的自由个人主义宣扬的是"自发自由"，人类似乎凭着个人经验基础上的价值诉求，

通过各种利益的自发博弈就能实现自由。然而事实证明，这种哲学不过是在为不合理的现状辩护，根本无法改变少数人统治多数人以及赢者通吃的两极分化格局。马克思主义倡导的是"自觉自由"，人们只有掌握了历史的发展规律，在揭示其客观必然性基础上发挥主观能动性，才能真正获得自由。自由就是对必然的认识，从历史观和哲学观来看，支撑共产党领导地位的马克思主义哲学解决了以下三个重大问题：

一是历史有没有客观规律。唯心主义，尤其今天的唯心主义，普遍反对客观规律，用多元决定论反对所谓的历史决定论。多元决定论必然是折中主义，实质上是唯心主义哲学的变种，要害是否定客观真理和历史规律。本来，把人类历史理解为一个有规律的发展过程，是资产阶级上升时期以黑格尔为代表的德国古典哲学的重要成就，它体现了毫无顾忌地探索和追求真理的科学精神。但是，资产阶级在成为统治阶级以后，为维护其特殊的阶级利益，便放弃了"在研究单个事实之间的重大联系方面的决定性进步，即把这些联系概括为规律"，"而在包括哲学在内的历史科学的领域内，那种旧有的在理论上毫无顾忌的精神已随着古典哲学完全消失了；起而代之的是没有头脑的折衷主义，是对职位和收入的担忧，直到极其卑劣的向上爬的思想"①。这是资产阶级在精神追求上的蜕化。毫无疑问，否定了历史的客观规律，就否定了历史的方向性和进步性与辨别先进与落后的客观标准，表现出维护既得利益的保守心态。坚信历史在不断发展进步，历史的进步是人民群众的事业，以及人类的解放是不可阻挡的历史潮流，是坚持共产党领导的历史观前提。

二是客观规律能否被认识和把握。历史规律是体现整个社会、整个人类历史发展本质的总趋势。西方个人主义因此认为历史规律即便有，也不可知，因为个人的生命及认识能力有限，不可能达到这一高度。而在马克思主义看来，这种观点只证明了以个人为认识主体的唯心主义的局限性，而不能认为这是人类认识的局限性。把单个人作为唯一的认识主体当然要否定认识历史规律的可能性，但是如果以人民为认识主体就可以解决历史规律的可知性问题。马克思主义哲学的一大创新，就是提出了人民主体

---

① 马克思，恩格斯. 马克思恩格斯选集：第4卷. 2版. 北京：人民出版社，1995：258.

论，把反映了客观规律的科学认识视为党和人民集体智慧的结晶。作为对世界的客观规律的集体认识、集体创造，核心在于我们是作为一个集体性的历史主体来把握和认识规律的，它体现的是先进阶级、人民群众及其政党的集体智慧和认知。它不仅表现为领导人的思想不是个人想出来的，而是来自对于群众实践经验所提供的原材料进行加工，而且表现为以下方面：第一，一以贯之的指导思想。集体主体之所以可能，就在于它具有统一的世界观、方法论，形成了既一脉相承又与时俱进的指导思想，因而能够不断地传承和发展对于历史规律的认识。认识成果能够不断地积累，认识主题能够不断地深化，思想眼界能够不断地拓展，不仅能综合一代人的智慧，而且能一代一代地接续下去，这就叫集体主体的智慧。第二，一以贯之的事业。人民主体不仅是认识主体，同时也是实践的历史主体。以人民幸福、民族复兴和人类解放为追求的共产主义事业，是中国共产党坚持不懈为之奋斗的事业。党领导人民进行伟大的社会革命，是包括革命、建设和改革开放在内的一以贯之的伟大事业。正是这个一以贯之的伟大事业，成为我们认识共产党执政规律、社会主义建设规律和人类社会发展规律的坚实基础。第三，一以贯之的组织原则。要形成有机的集体主体，必须贯彻有效的组织原则，这就是民主集中制。我们能够把大家的智慧集中起来，能够形成中央的集中统一领导，能够形成体现了党和人民意志的领袖权威，靠的就是民主集中制这一根本组织原则。正因为如此，我们能够不断地认识客观规律，能够遵循客观规律去改造世界，创造人类社会的美好未来。这是共产党的优势所在，也是马克思主义哲学、马克思主义理论的优势所在。

三是能否自觉地实践客观规律。马克思主义认为要自觉地实践客观的规律，必须要有没有一己之私的阶级及其没有一党之私的政党。这个阶级就是现代无产阶级，这个政党就是作为无产阶级先锋队的共产党。我们必须消除对于马克思主义阶级理论的误读。马克思主义阶级理论的精髓不是一般地谈论阶级斗争，而是揭示阶级斗争的规律，探索消灭阶级的人间正道，这就是坚持工人阶级的领导地位；是对工人阶级历史使命的阐发，就是确立工人阶级的历史地位及其领导权。消灭阶级、消灭剥削，通过联合起来的个人共同占有生产资料实现共同富裕、实现人的自由全面的发展，这是工人阶级的本性。这便决定了工人阶级没有一己之私，也决定了作为中国工人阶级先锋队的中国共产党是全心全意为人民服务，没有一党之私的政党。所以坚持中国共产党的领导，是自觉实践客观规律的需要，其他的阶级和政党则做不到。

工人阶级及其政党的大公无私和先进性表现在它具有追求真理的理论兴趣，"科学越是毫无顾忌和大公无私，它就越符合工人的利益和愿望"①，因而能够在科学理论的武装下自觉地担负起自己的历史使命；表现在它在对现存的世界进行彻底改造的同时改造自己的主观世界，因而能够不断地纠正自身的错误、洗刷自身的污泥，学会自己原来不懂的东西；表现在它能够通过伟大的事业动员和吸引广大人民群众积极投身，能够不断地涌现出千千万万的忠诚的共产主义战士为之献身。总之，工人阶级及其政党不是上帝的选民，不是天生的圣贤，更不是自封的领导者。它要解决的历史任务，不是想象出来的，而是资本主义发展所造成的社会对抗，是人类所必须面对并加以解决的时代课题；它借以解决这一历史任务的条件和手段，都是资本主义在其发展过程中不断提供出来并为工人阶级及其政党所掌握的。坚持工人阶级、共产党的领导有着充分的历史和理论依据。

二、以实践本体论为突破口向个人主义转向危及党的领导地位

恩格斯提出的哲学基本问题决定了其他的哲学理念，包括实践观。马克思主义的实践观以唯物论为前提，这一前提决定了马克思主义的科学实践观中所讲的实践必定是以客观世界为对象的实践，因而实践必定是客观的、开放的、无限的物质变换运动，必定是以反映论为基础的认识世界和改造世界的过程，必定是以人民为主体的历史活动和社会变革过程，必定是人民利益逐步实现、人的自由全面发展最终成为现实的过程。而如果拒斥唯物论，实践就必定成为主体设定客体、主体自我外化的主观性活动，就必定成为从个体需要和人性诉求出发的意志性活动，就必定成为排斥客

---

① 马克思，恩格斯. 马克思恩格斯选集：第 4 卷. 2 版. 北京：人民出版社，1995：258.

观真理和科学认识的实用主义。事实证明，所谓的实践本体论归根到底就是个人本体论，就是个人主义哲学，而个人权利本位无疑是西方的所谓自由民主制度的哲学基础。马克思在《神圣家族》中曾明确指出，市民社会的抽象个人（即作为"权利本位"的人）是资产阶级社会的"自然基础"①。今天，敌对意识形态正是试图通过实践本体论确立个人权利本位，进而推行西方"普世价值"，在中国搞全盘西化，以颠覆中国共产党的领导和中国特色社会主义，这是我们必须高度重视的思想斗争倾向。从个人权利本位出发，就必然把国家权力视为个人权利有条件的转让，就必然把投票民主视为唯一的民主方式，就必然把多党制、政党轮替、三权分立等视为现代民主国家的制度特征，坚持共产党的领导就无从谈起。可见，坚持辩证唯物主义还是去唯物论，是具有重大政治意义的理论是非问题。

不能把实践的观点视为整个马克思主义哲学最核心的观点。诚然，列宁、毛泽东都说过，实践的观点是辩证唯物主义认识论的首要的、基本的观点。但是辩证唯物主义认识论只是马克思主义哲学的组成部分，不能把这一观点推广到整个马克思主义哲学。比如，马克思主义哲学的辩证法思想，其"核心和实质"就是列宁、毛泽东反复说过的"对立统一规律"。而马克思主义哲学的历史唯物主义思想，其最根本观点则是马克思与恩格斯强调的"一切历史冲突都根源于生产力和交往形式之间的矛盾"。把实践的观点夸大为整个马克思主义哲学的核心观点，实际上就打开了滑向实践本体论的缺口。应该说，辩证唯物主义和历史唯物主义不仅是对于马克思主义的科学概括，而且是马克思主义哲学最本质的特征和内核。马克思把自己创立的哲学称为"新唯物主义"；列宁、毛泽东把这种新唯物主义概括为"彻底的唯物主义"。这种唯物论的彻底性主要体现在两个方面：第一，它是全覆盖的唯物主义。只有马克思主义哲学把唯物主义原则贯彻到世界全部领域，包括自然界、人类社会和思想精神领域，是名副其实的

---

①　马克思的原话是："正如古代国家的**自然基础**是奴隶制一样，**现代国家**的**自然基础**是市民社会以及市民社会中的人，即仅仅通过私人利益和**无意识的**自然必然性这一纽带同别人发生联系的独立的人，即为挣钱而干活的**奴隶**，自己的**利己需要**和别人的**利己需要**的奴隶。"（马克思，恩格斯. 马克思恩格斯文集：第1卷. 北京：人民出版社，2009：312-313.）

世界观。第二，它是全融通的唯物主义。只有马克思主义哲学用唯物主义原则打通了历史和自然、思维和存在、生活和生产、受动性和能动性、个人和社会等一系列的传统对立，形成了没有理论死角、鲜活生动、生机盎然的唯物论。这种彻底的唯物论，说到底就是唯物论和辩证法有机结合的唯物论，就是辩证唯物主义和历史唯物主义。因此，马克思主义哲学的根本概括就是辩证唯物主义和历史唯物主义，不能有将其取代或与之并列的其他概括。

不能把科学实践观的创立视为马克思哲学变革具有转向性质的"范式转变"。科学实践观的创立是马克思哲学形成的重要基础，是马克思的新哲学世界观的重要范畴。但科学实践观的创立，前提是马克思与恩格斯的唯物论转向，这才是"范式转变"。概言之，在马克思哲学变革的过程中，唯物论转向和科学实践观点的制定不能等量齐观。马克思于1843年底实现的"两个转变"，即从唯心主义向唯物主义、从革命民主主义向共产主义的转变，这是哲学主题和根本立脚点的转变。因为这个转变，通过工人阶级解放实现人类解放的崭新哲学主题已经确立，新哲学必须与工人阶级结合，成为工人阶级解放的"头脑"这一立脚点已经奠定。而1845年春实现的、以被恩格斯称为"包含着新世界观的天才萌芽的第一个文件"——《关于费尔巴哈的提纲》为形成标志的科学实践观，是马克思科学论证新唯物主义的重要工具。科学实践观点很重要，但它并没有"世界观转向"的意味，不是马克思哲学变革过程的"思想分水岭"。阿尔都塞研究马克思思想史的一个严重失误，正是在于强调《关于费尔巴哈的提纲》起着标志马克思"思想断裂"的作用。这是不符合实际的，因为自从马克思完成"两个转变"以后，他就一直坚持哲学的唯物主义立场不动摇。正如列宁指出的："从1844—1845年马克思的观点形成时起，他就是一个唯物主义者，首先是路·费尔巴哈的信奉者，就是到后来他还认为，费尔巴哈的弱点仅仅在于他的唯物主义不够彻底和全面。马克思认为费尔巴哈的'划时代的'世界历史作用，就在于他坚决同黑格尔的唯心主义决裂，宣扬了唯物主义。"① 如果把马克思对于科学实践观点的制定视为哲学世界观的"范

---

① 列宁. 列宁选集：第2卷. 3版. 北京：人民出版社，1995：418.

式转变"，不仅会抹杀费尔巴哈在马克思哲学变革中的"中间桥梁"作用，否定唯物论对于科学实践观形成的决定作用，而且必然混淆马克思的实践观和唯心主义实践观的根本界限，为实践本体论的迷误开辟道路。

　　近些年来有一种倾向，即但凡讲马克思的哲学变革，总把费尔巴哈当成唯一的靶子，似乎马克思实践观的价值就在于否定费尔巴哈的唯物论。实际上，我们前面就说过，费尔巴哈不仅在马克思完成"两个转变"中起了中介作用，而且对于马克思唯物论的实践观的创立也有重大的贡献。马克思的实践观是唯物论实践观，这就决定了它不是已有的"实践哲学"中实践概念的逻辑推演的结果，而是对实践概念进行唯物论再创新的产物。这样，我们就不能不提及马克思在《关于费尔巴哈的提纲》中，对费尔巴哈"感性客体"概念的重大关注。马克思写道："费尔巴哈想要研究跟思想客体确实不同的感性客体，但是他没有把人的活动本身理解为**对象性的**[*gegenständliche*] 活动。"不难看出，有"感性客体"会有真正的"对象性活动"。显然，在唯心论的"实践哲学"那里，只有"外化"活动，而不会有"对象性活动"。只有费尔巴哈从唯物论出发，才提出了研究与作为黑格尔精神"外化"结果的"思想客体"不同的感性客体问题，虽然他未能解决这个问题，但"感性客体"必定是"感性主体"的对象。既然费尔巴哈已经看到人是"感性的存在"，那么他距离"感性主体"和"感性活动"也就只有一步之遥了。正因为如此，马克思才在《德意志意识形态》指出："我们这些意见正是针对**费尔巴哈**的，因为只有他才多少向前迈进了一步，只有他的著作才可以认真地加以研究。"①

　　如果人不首先是感性客体，说人是能动的，就又回到唯心主义了。只有唯物史观才揭示了感性客体和感性主体的辩证关系，这就是受客观必然性制约的主体对象性活动。人的感性存在是第一位的，而主观能动性是第二位的，这就是历史唯物主义。历史活动当然包含人的选择性活动，但是选择性活动的基础却是非自由的历史必然性，不能用历史选择论否定历史规律论。正如马克思强调的："人们不能自由选择**自己的**生产力——这是

---

　　① 马克思，恩格斯. 马克思恩格斯选集：第 1 卷. 2 版. 北京：人民出版社，1995：63 注 2.

他们的全部历史的基础，因为任何生产力都是一种既得的力量，是以往的活动的产物。""人们能否自由选择某一社会形式呢？决不能。在人们的生产力发展的一定状况下，就会有一定的交换［commerce］和消费形式。在生产、交换和消费发展的一定阶段上，就会有相应的社会制度、相应的家庭、等级或阶级组织，一句话，就会有相应的市民社会。"① 可见，唯物论是马克思强调的、最体现马克思哲学本质属性的内核。

不能把历史唯物主义的前提"现实的人"解读为个人本体。把马克思提出的、作为历史唯物主义前提的"现实的人"解读为个人本体，是个人本体论拉出的一面大旗，似乎个人本体是马克思的观点。但这种解读不能成立。无论是讲"人"还是"个人"，关键在如何理解马克思始终不丢弃的前缀，即"现实的"。马克思在解释唯物史观的前提时指出："这里所说的个人不是他们自己或别人想象中的那种个人，而是**现实中的**个人，也就是说，这些个人是从事活动的，进行物质生产的，因而是在一定的物质的、不受他们任意支配的界限、前提和条件下活动着的。"② 既然个人在具体历史活动中总要受到确定的物质界限、前提和条件的限制，那么个人本体就不能成立。只有体现了这些物质生产活动总要求与具体的社会关系总和的人才是历史的本体。而无论生产力还是生产关系，本质上都是"社会的"。因此，"现实的人"就是具体社会中的作为历史主体的人民。个人本体论的个人之所以被马克思称之为"抽象的个人"，就在于这种个人自以为他可以单独成为历史主体，历史是由他自由选择、任意支配的产物；就在于这种个人从脱离物质生产活动及其历史制约的抽象人性及其需要出发谈历史的创造，因而是表现了唯心史观的人。必须指出，人民所代表的具体历史时代的共同利益"不是仅仅作为一种'普遍的东西'存在于观念之中，而首先是作为彼此有了分工的个人之间的相互依存关系存在于现实之中"。因此，不是个人利益，而是人民利益推动着历史前进。历史活动的正义性和道义性就来自为人民利益而奋斗。正是在这一过程中，个人才能

---

① 马克思，恩格斯. 马克思恩格斯选集：第4卷. 2版. 北京：人民出版社，1995：532.

② 马克思，恩格斯. 马克思恩格斯选集：第1卷. 2版. 北京：人民出版社，1995：71-72.

不断超越自身的狭隘性，最终实现自由全面的发展。毫无疑问，"每一个单个人的解放的程度是与历史完全转变为世界历史的程度一致的"[①]。

三、在坚持共产党领导上中国对马克思主义哲学的守正创新

对于马克思主义哲学在中国的守正创新，以习近平同志为核心的党中央始终秉持两大原则：一是坚持和发展相统一。我们坚持马克思主义，就因为它是科学、是真理，它的基本原理在今天仍然适用，没有过时；同时坚信它要随着实践、时代、科学的发展而发展，不能止步不前。坚持和发展的统一，体现了马克思主义科学本性和强大的生命力。二是理论和实际相结合。我们学习马克思主义不是猎奇、玩噱头，而是为中国人民谋幸福、为中华民族谋复兴。概括起来，中国共产党之所以信仰马克思主义，就是因为"中国先进分子从马克思列宁主义的科学真理中看到了解决中国问题的出路"[②]。因此，中国共产党对待马克思主义的科学态度，就是坚持用完整准确的马克思主义解决中国问题和时代命题，坚持把马克思主义基本原理同中国国情及时代特征紧密结合起来，不断地推进马克思主义中国化、时代化、大众化，用不断创新的马克思主义武装全党、教育人民。

习近平新时代中国特色社会主义思想在解决当代实际问题的同时，形成了以党的建设伟大工程带动党领导的中国特色社会主义伟大事业的大思路，在坚持党的领导方面丰富和发展了马克思主义哲学。

第一，牢牢把握住时代潮流和天下大势不动摇。这是马克思主义哲学最重要的精神，也是坚持共产党领导的历史必然性。哲学作为时代精神的精华，就是要认准历史发展的方向、看准历史发展的潮流、阐发历史发展的规律。当今世界，尽管历史进程曲折复杂，我们所面临的各种风险挑战和不确定因素不断出现，但这不影响我们对时代潮流的判断。生产力和生产关系、经济基础和上层建筑的矛盾运动在今天突出地表现为经济全球化、政治多极化、社会信息化、文化多样化的趋势，汇集成和平发展、合

---

① 马克思，恩格斯. 马克思恩格斯选集：第1卷. 2版. 北京：人民出版社，1995：84，89.

② 习近平. 决胜全面建成小康社会 夺取新时代中国特色社会主义伟大胜利：在中国共产党第十九次全国代表大会上的报告. 北京：人民出版社，2017：13.

作共赢的时代潮流。正如习近平同志研判当今世界大势所说，和平合作的潮流滚滚向前，开放融通的潮流滚滚向前，变革创新的潮流滚滚向前。准确地把握历史规律，坚定地引领时代潮流，解答时代命题，负起历史责任，既体现了马克思主义哲学的大智慧，也是坚持共产党领导的历史使命。

第二，将马克思主义理论成功地运用到国家制度的建设完善和国家治理的现代化中，解决了世界社会主义运动的一个难题。世界社会主义运动中一个没有解决的问题是，理论、道路、运动往往和制度建设是脱钩的，国家治理现代化问题没有解决好。尽管在马克思主义的指导下，十月革命取得了成功，然而怎样建设社会主义、怎样治理社会主义国家的问题并没有解决。"实际上，怎样治理社会主义社会这样全新的社会，在以往的世界社会主义中没有解决得很好。马克思、恩格斯没有遇到全面治理一个社会主义国家的实践，他们关于未来社会的原理很多是预测性的；列宁在俄国十月革命后不久就过世了，没来得及深入探索这个问题；苏联在这个问题上进行了探索，取得了一些实践经验，但也犯下了严重错误，没有解决这个问题。"[①] 这个问题不解决，坚持共产党的领导就始终无法落到实处，社会主义取代资本主义就始终是理论的，而不是现实的。

中国特色社会主义在国家治理体系和治理能力上取得的突破性进展，在人类历史上第一次形成了能够与西方国家分庭抗礼的现代国家治理体系，显示出社会主义在制度上的优越性。社会主义不再只是一些思想原则或行动准则，而是道路、思想、制度和文化有机统一的社会形态。在世界上高高举起的中国特色社会主义旗帜，建立在非西方化的国家和社会制度的基础上，是科学社会主义在当代焕发生机活力的有力证明。当代中国马克思主义正在逐步解决这个问题，把党的建设纳入国家制度和国家治理体系建设，这是一个突破。正如习近平同志所说，坚持中国共产党的领导，是中国特色社会主义最本质的特征，是中国特色社会主义制度的最大优势。把坚持党的领导落实到社会主义市场经济、社会主义民主政治、社会主义法治国家建设以及全面深化改革中，并加以制度化，这是我们的重大

---

① 习近平. 习近平谈治国理政. 北京：外文出版社，2014：91.

创新。

第三，全面贯彻以人民为中心的历史观和发展观，既夯实了坚持共产党领导的基础，也是对马克思主义哲学进行创新性运用所取得的突出成就。以人民为中心，是习近平新时代中国特色社会主义思想具有强大凝聚力的实践基础。把人民放在最高位置的执政理念、以人民为中心的发展理念、坚持人民主体地位的制度设计、把人民对美好生活的向往作为奋斗目标等，有力保证了全体人民同心同德、团结奋斗。在具体实施的政策上，在兼顾所有人利益的同时，突出解决困难群众的生产生活问题，通过精准扶贫、精准脱贫，到 2020 年全部消除贫困人口；突出解决人民最关心最直接最现实的利益问题，在学有所教、劳有所得、病有所医、老有所养、住有所居上持续取得新进展；发挥社会主义集中力量办大事的优势，锻造国之重器，坚决有效地捍卫主权、领土和国家核心利益；等等。以上充分体现了这一思想对于马克思主义哲学精髓的坚持和创新。

第四节 当代中国对马克思主义阶级理论的创造性运用

以理论自信应对日益复杂多变的国内外环境，是我们自身的战略定力来源。一是坚信马克思主义是科学，其基本原理在今天仍然适用，因此，"马克思列宁主义、毛泽东思想一定不能丢，丢了就丧失根本"；二是坚信马克思主义必定随着实践、时代和科学的发展而发展，因此，坚持马克思主义、坚持社会主义，一定要有发展的观点，"一定要以我国改革开放和现代化建设的实际问题、以我们正在做的事情为中心，着眼于马克思主义理论的运用，着眼于对实际问题的理论思考，着眼于新的实践和新的发展"[1]。毫不动摇地坚持马克思主义的基本原理，并具体运用到当代中国的实践中，在反对否定马克思主义基本原理的同时，防止简单照搬这些原理，这就是当代中国的马克思主义明确而坚定的理论原则。我们之所以能

---

[1] 中共中央文献研究室. 十八大以来重要文献选编：上. 北京：中央文献出版社，2014：75.

将这一理论立场贯彻到改革开放的全过程，关键是创造性地解决了当代中国如何在坚持马克思主义社会基本矛盾理论的同时不丢掉马克思主义的阶级理论这一问题，正确处理了社会主义社会的基本矛盾、主要矛盾和阶级矛盾间的相互关系。对这一成功实践进行理论上的新概括，是理论工作者的职责。

毫无疑问，阶级矛盾已经不是我国现阶段社会的主要矛盾，因而不能简单固守马克思主义阶级理论的现成结论；然而阶级理论又是不能丢弃的马克思主义的基本原理，丢弃了就会导致马克思主义理论大厦的倾覆，因而必须坚定地加以维护。如何在以经济建设为中心的历史条件下既坚持马克思主义阶级理论的基本观点和方法，同时又以发展的眼光，以改革开放和我国现代化建设的实际问题和我们正在做的事情为中心，不断对这一理论进行创造性运用，考验着中国共产党人的智慧，也提供了进行理论创新的重大机遇。

一、以社会主义初级阶段阶级斗争实际为根据

在确立党在社会主义初级阶段"一个中心、两个基本点"基本路线的同时，从保证社会主义现代化建设方向的需要出发，重新定位阶级理论的现实作用。

早在20世纪60年代，邓小平在总结我们党处理党内问题的经验时就指出："如果要说我们的经验，那就是：制定和执行正确的战略和策略要根据本国的具体情况，特别是对阶级和阶级斗争的情况，要作深入的了解。"[1] 邓小平在认清我国仍然处于并将长期处于社会主义初级阶段是现阶段我国最大的国情后，指出"我们的生产力发展水平很低，远远不能满足人民和国家的需要，这就是我们目前时期的主要矛盾，解决这个主要矛盾就是我们的中心任务"[2]。阶级斗争必须服从和服务于这个主要矛盾的解决。"在社会主义国家，一个真正的马克思主义政党在执政以后，一定要

---

① 邓小平. 邓小平文选：第1卷. 2版. 北京：人民出版社，1994：340.
② 邓小平. 邓小平文选：第2卷. 2版. 北京：人民出版社，1994：182.

致力于发展生产力，并在这个基础上逐步提高人民的生活水平。"① 所以，党的十一届六中全会通过的《关于建国以来党的若干历史问题的决议》明确指出："在社会主义改造基本完成以后，我国所要解决的主要矛盾，是人民日益增长的物质文化需要同落后的社会生产之间的矛盾。党和国家工作的重点必须转移到以经济建设为中心的社会主义现代化建设上来，大大发展社会生产力，并在这个基础上逐步改善人民的物质文化生活。"②

以经济建设为中心并不意味着否弃马克思主义的阶级理论，相反，这是在新的历史条件下对它的特殊运用，它仍然是坚持社会主义发展方向的重要理论基础。当代中国马克思主义从道路和制度选择的视角考察现代化的历史过程，从而区分了资本主义现代化和社会主义现代化在目的、手段、结果等社会属性上的本质区别。"社会主义有两个非常重要的方面，一是以公有制为主体，二是不搞两极分化。"③ 改革开放以来，我们探索出了一条在共产党领导和社会主义制度保障下，以共同富裕为目标，充分利用资本的活力，同时限制资本的负面作用的道路。这是一条劳动引领资本的社会主义生产方式发展的道路，即建立和不断完善社会主义市场经济。社会主义市场经济克服了传统市场经济的局限性，把社会主义基本经济制度的优越性和市场经济的活力结合起来，既能通过发挥市场机制的作用激发社会的活力，又坚定地贯彻社会主义的价值追求、最大限度地保障社会公平。

苏联解体告诉我们，如果以经济建设为中心而丢掉马克思主义的阶级理论，那么也就会因此丢掉社会主义的根本。虽然关于苏联解体的原因众说纷纭，但是马特洛克的观点值得我们深思。他认为，在西方诱导戈尔巴乔夫领导集团发生思想演变时，"其中最重要者莫如马克思主义的阶级斗争学说"。当观察到苏共领导人戈尔巴乔夫等人在内政外交上，发表了超阶级的观点之后，他曾写道："这是《共产党宣言》以及《资本论》中的

---

① 邓小平. 邓小平文选：第3卷. 北京：人民出版社，1993：28.

② 中共中央文献研究室. 三中全会以来重要文献选编：下. 北京：人民出版社，1982：839—840.

③ 同①138.

马克思主义吗？用雅科夫列夫的话来说，当然不是。""如果苏联领导人真的愿意抛弃这个观念，那么他们是否继续称他们的指导思想为'马克思主义'也就无关紧要了。这已是一个在别样的社会里实行的别样的'马克思主义'。这个别样的社会则是我们大家都能认可的社会。"① 戈尔巴乔夫放弃了马克思主义阶级理论的"改革"是葬送苏联社会主义的直接原因。马克思主义阶级理论关乎党的前途命运和国家的兴衰存亡，我们在改革开放过程中必须通过道路、旗帜、方向问题对其加以坚持。正如邓小平指出的："在改革中坚持社会主义方向，这是一个很重要的问题。我们要实现工业、农业、国防和科技现代化，但在四个现代化前面有'社会主义'四个字，叫'社会主义四个现代化'。"②"坚持社会主义，是中国一个很重要的问题。如果十亿人的中国走资本主义道路，对世界是个灾难，是把历史拉向后退，要倒退好多年。"③ 用马克思主义的阶级理论区分现代化的两条道路，在中国坚持社会主义现代化的发展方向，防止"全盘西化"，是当代中国马克思主义对阶级理论的创造性运用。

二、在新的历史条件下不断探索国家专政职能的实际运用

在不断发展人民民主的同时，实现了民主与专政的具体统一。

虽然总结我国社会主义建设正反两个方面的经验，以及世界社会主义的教训，必须加强社会主义民主法制建设，但前提是维护人民民主专政的国体。中华人民共和国国体的确立，是由马克思主义包括其阶级理论在内的思想体系奠基的，这也就决定了我们要建设的不是西方的自由民主国家，而是人民民主专政的国家。因此，我们要从维护宪法规定的国家国体出发，在突出社会主义民主政治建设的同时，坚决维护国家的专政功能，强调民主专政的内在统一。"国家的根本制度和根本任务，国家的领导核心和指导思想，工人阶级领导的、以工农联盟为基础的人民民主专政的国体……等等，这些宪法确立的制度和原则，我们必须长期坚持、全面贯

---

① 马特洛克. 苏联解体亲历记：上. 北京：世界知识出版社，1996：162-169.
② 邓小平. 邓小平文选：第 3 卷. 北京：人民出版社，1993：138.
③ 同②158.

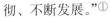

彻、不断发展。"①

　　毫无疑问，不断扩大和发展人民民主是我们面临的新任务。邓小平在总结民主建设的经验和教训时明确指出："没有民主就没有社会主义，就没有社会主义的现代化。"并且反复强调："为了保障人民民主，必须加强法制。必须使民主制度化、法律化"，制度建设"带有根本性、全局性、稳定性和长期性"。改革开放以来，我国的民主政治的制度化、法律化建设取得了显著的成效。人民代表大会制度不断改进，我们把人民代表大会代表的直选范围扩大到县一级，并实行普遍的差额选举制度；不断完善全国人民代表大会常务委员会的职权，并在县级以上各级地方人民代表大会设立常务委员会。中国共产党领导的多党合作和政治协商制度不断发展，先后出台了《中共中央关于进一步加强中国共产党领导的多党合作和政治协商制度建设的意见》《中共中央关于加强人民政协工作的意见》等文件，从提供法律、制度保障，到提供理论基础、政策依据，使政治协商民主逐步制度化、规范化、程序化。民族区域自治制度不断完善，2001 年修正的《中华人民共和国民族区域自治法》颁布实施，2005 年《国务院实施〈中华人民共和国民族区域自治法〉若干规定》公布施行，使民族区域自治制度的地位和作用不断巩固加强，日益展现出巨大的优越性和强大的生命力。基层民主不断扩大，党的十七大首次把基层群众自治制度纳入中国特色社会主义民主政治制度的基本范畴。目前，我们已建立了以农村村民委员会、城市居民委员会和企业职工代表大会为主要内容的基层民主自治体系。党的十八大报告再次强调："必须继续积极稳妥推进政治体制改革，发展更加广泛、更加充分、更加健全的人民民主。"② 我国法治建设也经历了由"适应党和国家工作重心转向以经济建设为中心的法治恢复与重建"，到"适应从计划经济体制转向社会主义市场经济体制的确立依法治国的基本方略"，再到"适应全面建设小康社会的加快建设社会主义法治国家"，

---

　　① 习近平. 在首都各界纪念现行宪法公布施行 30 周年大会上的讲话. 北京：人民出版社，2012：6—7.

　　② 胡锦涛. 坚定不移沿着中国特色社会主义道路前进　为全面建成小康社会而奋斗：在中国共产党第十八次全国代表大会上的报告. 北京：人民出版社，2012：25.

进一步发展到"适应实现中华民族伟大复兴的全面依法治国"四个阶段。党的十八届四中全会将"全面推进依法治国"确定为主题，并提出全面依法治国的总目标是："建设中国特色社会主义法治体系，建设社会主义法治国家。"

在不断发展人民民主的同时，当代中国马克思主义时刻铭记："马克思主义理论和实际生活反复教育我们，只有绝大多数人民享有高度的民主，才能够对极少数敌人实行有效的专政；只有对极少数敌人实行专政，才能够充分保障绝大多数人民的民主权利。"① 因此，在世界社会主义运动处于低潮时期，在我国仍处于被优势资本主义国家高压、渗透时期，在国内还存在破坏祖国统一和领土完整的敌对分子时期，发展人民民主必须坚持并正确发挥专政职能。"这种专政是国内斗争，有些同时也是国际斗争，两者实际上是不可分的。"② 当代中国马克思主义在新的历史条件下对国家专政职能的实际运用，对内主要是通过打击叛国、分裂和其他危害国家安全的犯罪活动，打击各种严重刑事犯罪分子，来维护国家安全和人民利益；对外主要是通过巩固国防、抵抗侵略来捍卫国家主权独立、领土完整等核心利益，从而为中国的社会主义现代化建设赢得良好的国内国际环境。

苏联在进行"民主化"的过程中放弃无产阶级专政而导致解体的教训告诫我们，必须始终坚持民主和专政在新的历史条件下的统一。邓小平强调指出："依靠无产阶级专政保卫社会主义制度，这是马克思主义的一个基本观点。马克思说过，阶级斗争学说不是他的发明，真正的发明是关于无产阶级专政的理论。历史经验证明，刚刚掌握政权的新兴阶级，一般来说，总是弱于敌对阶级的力量，因此要用专政的手段来巩固政权。对人民实行民主，对敌人实行专政，这就是人民民主专政。运用人民民主专政的力量，巩固人民的政权，是正义的事情，没有什么输理的地方。"③ 十分明显，是否坚持民主和专政的统一，要害是能否坚持马克思主义的国家观。离开专政的民主理念，实际上背离了把国家视为阶级统治工具的马克思主

① 邓小平. 邓小平文选：第2卷. 2版. 北京：人民出版社，1994：373.
② 同①169.
③ 邓小平. 邓小平文选：第3卷. 北京：人民出版社，1993：379.

义国家观，社会主义国家的政权将因此被颠覆。改革开放以来，中国在坚持发展社会主义民主的同时始终注意发挥专政的国家功能，保卫和巩固了社会主义政权，使改革开放沿着正确的方向前进，没有重蹈苏联解体和东欧剧变的覆辙。

三、从"社会特征"和"历史使命"把握工人阶级的先进性

在扩大党的群众基础的同时，不断巩固和加强党的阶级基础。

坚持马克思主义阶级理论的核心是坚持工人阶级在国家中的领导地位。改革开放以来，我国的经济结构发生了一系列重大变化，如经济体制由计划经济向社会主义市场经济的转变，所有制结构由单一公有制向以公有制为主体、多种经济成分共同发展的转变，产业结构的不断调整升级等。这些变化直接导致了社会分化和社会流动的加快，以及一些新的社会阶层和群体的出现。阶级阶层之间的人员流动明显加快，许多人在不同所有制、不同行业、不同地域之间频繁流动，人们的职业、身份经常变动。正如江泽民在庆祝中国共产党成立八十周年大会上的重要讲话中指出的，"我国的社会阶层构成发生了新的变化"，"这种变化还会继续下去"[1]。面对这种变化，有人认为，"先进生产力的代表不是工人阶级，而是经营管理者和私营企业主"，工人的"主人翁地位要重新界定为雇佣劳动者"；有人认为，产业工人的主人翁地位"不应当是与生俱来的"，"工农联盟"这个概念"应当根据新时代的社会阶层结构特征加以扩展或发展"；也有人认为，"国家与社会管理者阶层、经理人员阶层、私营企业主阶层和专业技术人员阶层是现代社会阶层结构中的主导阶层"，应当在政治上赋予他们以"较高的地位"，让他们"担当起与他们的主导阶层地位相适应的角色和使命"；还有人主张，因为"现在有些人投资，老怕政策变"，怕被"打成新资产阶级"、被"共产"，所以，共产党应"改为社会党"，"共产党不共产了"，这些人"就可以放心了"；等等[2]。这些观点和认识都直接

---

[1] 江泽民. 江泽民文选：第3卷. 北京：人民出版社，2006：286.

[2] 俞可平、李慎明、王伟光. 马克思主义研究论丛：阶级和革命的基本观点研究. 北京：中央编译出版社，2008：3.

关系到在新的历史条件下，在必须扩大党的群众基础的同时，能否坚持工人阶级领导（通过共产党）的国家根本制度，以及党的工人阶级先锋队的根本性质问题。

不可否认，随着改革开放的深入和现代化建设的发展，在我国工人阶级队伍不断壮大、素质不断提高的同时，在经济结构趋向多元化和市场化的情况下，传统工人阶级高度同质化的状况也在不断改变，工人阶级的组成日益复杂，内部也出现了不同的利益群体。但是，这不是否定工人阶级的存在及其领导地位的理由。在新的历史条件下，党更加注重工人阶级和先进生产方式的内在联系，因而也确立其是领导社会主义市场经济发展的先进力量。2013 年 4 月 28 日，习近平在同全国劳动模范代表座谈时指出："工人阶级是我国的领导阶级，是我国先进生产力和生产关系的代表，是我们党最坚实最可靠的阶级基础，是全面建成小康社会、坚持和发展中国特色社会主义的主力军。""必须紧紧依靠工人阶级发展中国特色社会主义。"[1] 2015 年 4 月 28 日，习近平在庆祝"五一"国际劳动节暨表彰全国劳动模范和先进工作者大会上再次强调："我国工人阶级是我们党最坚实最可靠的阶级基础。我国工人阶级从来都具有走在前列、勇挑重担的光荣传统，我国工人运动从来都同党的中心任务紧密联系在一起。在当代中国，工人阶级和广大劳动群众始终是推动我国经济社会发展、维护社会安定团结的根本力量。那种无视我国工人阶级成长进步的观点，那种无视我国工人阶级主力军作用的观点，那种以为科技进步条件下工人阶级越来越无足轻重的观点，都是错误的、有害的。不论时代怎样变迁，不论社会怎样变化，我们党全心全意依靠工人阶级的根本方针都不能忘记、不能淡化，我国工人阶级地位和作用都不容动摇、不容忽视。"[2] 这些论述是对我们党改革开放以来的基本实践的思想概括，也是对那些否定阶级分析、认为工人阶级已不是先进生产力和生产关系的代表及党的最坚实可靠的阶级基础和社会主义现代化建设的主体力量等错误观点的

① 习近平. 在同全国劳动模范代表座谈时的讲话. 人民日报，2013-04-29.

② 习近平. 在庆祝"五一"国际劳动节暨表彰全国劳动模范和先进工作者大会上的讲话. 人民日报，2015-04-29.

坚决回击。

巩固和发展社会主义国家制度，把扩大党执政的群众基础和加强党的阶级基础统一起来是个难题。中国共产党在这方面有两大创新：一是党对于"工人阶级"的把握不是拘泥于其产业特征（如"大工业"一类）和职业身份（如"蓝领工人"一类），而是注重其"社会特征"（社会化大生产的代表、资产阶级社会瓦解的根据）及历史使命（建设共产主义社会），因而着重从先进性上把握其阶级性。二是在坚持统一的指导思想的同时，推动指导思想的不断创新。一脉相承的是立场、观点、方法，是马克思主义基本原理，但同时要依据国情的变化、时代特征的变化不断地回答重大实践问题，创新和发展理论，不断开创马克思主义发展的新境界。这就是坚持马克思主义基本原理和坚持推进马克思主义中国化、时代化和大众化相结合。这样，我们党的执政基础在实现全社会覆盖的同时，依然保持了中国工人阶级先锋队的先进性和纯洁性。这里的马克思主义方法论依据是，在存在着阶级划分的社会，不存在抽象的"人民性"，只有先进阶级才能最大限度地代表广大人民，工人阶级的阶级性在今天依然是人民性的基础。正是这种先进性决定了党代表工人阶级利益，同时也代表最广大人民的根本利益。因此，中国共产党可以在坚持党的阶级基础的同时扩大党的群众基础，可以在向全体人民开放的同时保持工人阶级先锋队的性质，可以在坚持指导思想、共同理想的同时不断解放思想、与时俱进，可以在广泛吸纳各种思想资源和文化成果的同时坚持工人阶级的阶级意识和党性立场。

四、针对意识形态领域斗争形式和特点的新变化

不断创新社会主义意识形态话语，牢牢把握意识形态工作的领导权。

自社会主义制度建立以来，社会主义、资本主义两种制度和思想体系就处于竞争与较量之中。"只要存在着资本主义和社会主义，它们就不能和平相处，最后不是这个胜利，就是那个胜利；不是为苏维埃共和国唱挽歌，就是为世界资本主义唱挽歌。"① 在今天，决定当代人类前途的，从根

---

① 列宁. 列宁选集：第 4 卷. 3 版. 北京：人民出版社，1995：330.

本上说，并不是"文明的冲突"或全球性挑战，而仍然是社会主义和资本主义的道路抉择。在两种道路的对抗中，意识形态扮演着十分关键的角色，正如毛泽东同志曾深刻指出的："凡是要推翻一个政权，总要先造成舆论，总要先做意识形态方面的工作。革命的阶级是这样，反革命的阶级也是这样。"①

改革开放以来，我国的意识形态建设面临着严峻的挑战。一方面，在全球化时代，当代西方资本主义国家利用其强势地位，在政治、经济、文化等交往中，以"全球话语"和"普世价值"的方式进行意识形态扩张、渗透，以达到"西化""分化"的目的。另一方面，随着市场化改革的不断深入，分配方式、组织形式、价值观念的多样化更加明显，社会分化和利益分层日益凸显，信息化时代的思想多元、多样、多变以及相应的求新、求变、求异，考验着共产党的执政能力和中国特色社会主义的凝聚力，挑战着社会主义意识形态的话语权和影响力。在这样的历史背景下，意识形态领域也正在发生三大新变化：一是意识形态的感性化趋势。文化要素越来越成为意识形态的重要组成部分，提升意识形态的凝聚力和吸引力逐步由主要通过政治宣传方式，向通过以文化为主要表现的综合方式转变。二是意识形态的学术化趋势。当前意识形态作为政治意识的刚性话语正在逐渐被学术研究的"中性"话语所替代，意识形态话语日益渗透到学术研究之中，通过学术思潮、学术"范式"等加以表达。三是意识形态的日常生活化趋势。各种意识形态以其特殊的文化理念和价值符号，以长期潜移默化的功能作用于人们的现实生活②。面对这些新变化，源自革命和批判年代的马克思主义之前的许多优势，在新的历史条件下却正在成为劣势。例如，革命年代以阶级斗争为背景强调分清敌我，这是革命的首要问题；而建设年代则以民族国家为背景强调利益整合，这是财富创造的基础。正因为如此，以阶级分析见长的马克思主义，在以抽象的人性诉求为特征的西方思潮面前，正面临着丧失话语权的威胁。还要看到，和革命时期不同，现在大多数人的日常生活并不直接面对理论，因而即便彻底的理

---

① 建国以来毛泽东文稿：十册. 北京：中央文献出版社，1996：194.
② 侯惠勤. 我国意识形态建设的第二次战略性飞跃. 马克思主义研究，2008（7）.

论也还要经过现实生活的转化才能被大多数人接受。在这一背景下，当代社会主义意识形态，不能再简单照搬照抄马列经典，必须要顺势应变。但其变革既不能完全脱离西方主导的"流行话语"，又必须坚持自身的独特话语。否则，其结果都是自我解体。因此，话语转换的实质，并不是"宽容"和认同"普世价值"，也不仅是"中国故事的国际表达"，而是适应意识形态冲突新形式、坚守社会主义意识形态的核心话语。

当代中国马克思主义在深刻把握新的历史特征和历史条件，以及认真吸取国内外意识形态建设经验教训的基础上，以世界眼光（坚持马克思主义的世界观和方法论）、时代潮流（现代化建设）和中国特色（前两者在当代中国的结合）为基本价值取向，不断对社会主义意识形态话语进行变革和建构①。因此，不断探索通过大众化的、人类化的甚至是非意识形态化的话语来表达我们坚定的、鲜明的阶级立场和社会主义价值取向，让大众易于、乐于接受并内化于心，是我们今天对马克思主义阶级理论的又一个创造性运用。从邓小平理论，到"三个代表"重要思想、科学发展观以至习近平新时代中国特色社会主义思想，都是中国共产党在实现指导思想创新的同时，把握当代中国社会主义主流意识形态话语权的尝试。中国特色社会主义理论则是这一探索的集中表述。"中国特色社会主义"突出了以爱国主义为内核进行话语重组，以便在新的历史条件下继续高扬社会主义、集体主义和爱国主义旗帜。我们的以爱国主义为核心的意识形态既不是对抗世界文明的民粹主义或狭隘民族主义，也不是淡化意识形态界限的实用主义，而是以中华人民共和国为背景的新型爱国主义。"中国特色社会主义"既鲜明地表明了其科学社会主义的性质和传统，坚持了马克思主义的基本理论，又立足当代中国和世界的实际，充分从中国优秀传统文化和当代世界各种优秀文化成果中汲取营养，形成了有效凝聚民族共识又日益得到世界各国认同的话语体系。"中国特色社会主义"话语体系已经成为有效抵制和批判西方"普世价值"的思想武器，这就是"走自己的路"。正如习近平指出的："我们走自己的路，具有无比广阔的舞台，具有无比

---

① 侯惠勤. 强化与弱化：意识形态的当代走向与马克思主义的话语权. 毛泽东邓小平理论研究，2004（6）.

深厚的历史底蕴，具有无比强大的前进定力。"①

五、在"西强东弱"的形势下，着眼于用历史唯物主义所揭示的人类社会发展规律，坚定共产党人的阶级立场和共产主义理想信念

理想信念动摇是最危险的动摇，理想信念滑坡是最危险的滑坡。

一个政权的瓦解往往是从思想领域开始，思想防线被攻破了，其他防线就很难守住。苏联解体、苏共垮台的重要原因就是理想信念动摇以至丧失。当信念之魂已经不存，党和国家之体焉在？当下，一些人或以批判和嘲讽马克思主义为"时尚"、为"噱头"；或向往西方社会制度和价值观念，对社会主义前途丧失信心；或在涉及党的领导和中国特色社会主义道路等原则性问题的政治挑衅面前态度暧昧、消极躲避、不敢亮剑、爱惜羽毛，甚至故意模糊立场、耍滑头、当"太平绅士"②。在这样的历史条件下，解决共产主义理想信念问题，对于中国共产党而言，既是重中之重，又是难中之难。之所以重要，是因为"对马克思主义的信仰，对社会主义和共产主义的信念，是共产党人的政治灵魂，是共产党人经受住任何考验的精神支柱"③。困难在于，共产主义的实现是一个相当漫长的历史过程，在缺乏足够的经验依据的前提下，如何确立共产主义信念的科学根据？当代中国马克思主义对此的答案是，依靠历史唯物主义所揭示的人类社会发展的理论逻辑。

"一些人认为共产主义是可望而不可及的，甚至认为是望都望不到、看都看不见的，是虚无缥缈的。这就涉及是唯物史观还是唯心史观的世界观问题。我们一些同志之所以理想渺茫、信仰动摇，根本的就是历史唯物主义观点不牢固。"④ 这种不牢固根本就在于对无产阶级必然战胜资产阶级、社会主义终将战胜资本主义将信将疑，甚至完全不信。事实证明，树

---

① 习近平. 在纪念毛泽东同志诞辰 120 周年座谈会上的讲话. 北京：人民出版社，2013：21.

② 秋石. 革命理想高于天：学习习近平同志关于坚定理想信念的重要论述. 求是，2013 (21).

③ 中共中央文献研究室. 十八大以来重要文献选编：上. 北京：中央文献出版社，2014：115.

④ 同③116.

立《共产党宣言》中所倡导的"资产阶级的灭亡和无产阶级的胜利是同样不可避免的"（即"两个必然"）的信念，关键在确信马克思主义关于现代无产阶级的分析。现代无产阶级是工业化大生产的产物，是社会化大生产的实际承担者，是现代社会物质财富的创造者，是先进社会生产力的代表，因此它的本质特征不是"一无所有"，而是"现代社会的养活者"，亦即现代社会财富的创造者。现代无产阶级是唯一与生产资料没有直接联系的阶级，因而其解放不能通过个人直接占有生产资料的方式，而必须通过"联合起来的个人"重新拥有生产资料，这就决定了它是新的生产关系的代表，代表了社会化占有的生产关系发展的趋势，更表明了"私有制和阶级社会的解体"。现代无产阶级是人类历史上第一个有文化的被剥削阶级，也是唯一可能形成阶级意识的被剥削阶级，因而是唯一可能成为革命阶级并上升为统治阶级的劳动者阶级。现代无产阶级经历了资本主义社会化大生产那样具有严密分工、严格纪律、严酷生活的训练，成为一支高度组织化的社会力量。这就是说，现代无产阶级虽然是可以"自由"出卖劳动力的自由人，但它并没有农民阶级的散漫性和奴隶阶级的依附性，而是有着严格纪律和高度社会化的力量。这正是工人阶级可能成为革命领导阶级的重要依据。

　　马克思主义关于现代无产阶级分析的基本方法论，不是主观的，也不是纯经验性的评价，即不仅不以其他阶级、阶层和个人的评价为依据，甚至也不以无产者当下的自我感受为依据，而是从人类历史发展的客观过程来定位现代无产阶级，从资本主义社会的矛盾体系中确定无产阶级的历史地位。历史证明，资本主义永远解决不了两极分化和人的异化这两大矛盾，而社会化大生产终究要引领人类跨越这一历史界限。只有工人阶级才是引领人类社会实现这一历史性跨越的先进力量。正如习近平指出的："事实一再告诉我们，马克思、恩格斯关于资本主义社会基本矛盾的分析没有过时，关于资本主义必然消亡、社会主义必然胜利的历史唯物主义观点也没有过时。这是社会历史发展不可逆转的总趋势，但道路是曲折的。"① 共产党员有了坚定的工人阶级立场，才能有纯洁的党性和崇高的情

---

① 中共中央文献研究室. 十八大以来重要文献选编：上. 北京：中央文献出版社，2014：117.

怀，才能坚定共产主义理想信念，才能在大是大非面前旗帜鲜明，才能在风浪考验面前无所畏惧，才能在各种诱惑面前立场坚定，才能在关键时刻靠得住、信得过、能放心，才能在新的历史条件下永葆共产党人的政治本色。这说明，共产党人的共产主义理想信念是否坚定，最终取决于其工人阶级立场是否坚定。

综上可以看出，当代中国马克思主义在对阶级理论进行创造性运用时，始终坚持两点：第一，始终做到内外有别。就我国大陆今天的社会现实而言，阶级斗争已经不是主要矛盾，但阶级斗争在一定范围内还将长期存在，如果处理不当，还有重新激化的可能性，因此我们必须谨慎对待；就当代世界的整体格局而言，则需清醒看到不是所谓"文明的冲突"或"全球性问题"决定历史的方向，而是社会主义和资本主义两条道路、两种社会制度的斗争依然决定着当代人类的命运和出路，因而依然是当代世界的主要矛盾。现在几乎可以肯定，西方资本主义将长期陷入经济和社会危机，表明当代资本主义的寄生性、腐朽性在增加，蕴含着其冒险性和侵略性也在积累和上升。马克思主义关于帝国主义本性的判断依然是我们观察当代世界变动的锐利思想武器。基于内外有别的现实，我们在话语使用上也是内外有别。在党内、在对群众尤其是青少年进行思想教育中，必须坚持理论上的彻底性和鲜明的意识形态话语；而在对外宣传和对外文化交流中，则尽可能用体现人类共同价值的话语表达我们的立场，不搞"价值观输出"。

第二，着眼于不断推进实践基础上的理论创新和理论指导下的实践创新。我们在新的历史条件下创造性运用马克思主义的阶级理论，至少在以下几个方面做到了实践创新和理论创新的统一：一是在慎提慎用"剥削阶级"以及"剥削""压迫"一类提法的同时，不仅不削弱而且强化工人阶级的领导地位及其阶级意识。在不断扩大党的群众基础的同时，始终不断地强化党的阶级基础。二是在强调具体矛盾具体分析，着眼于化解人民内部矛盾，防止将一般社会矛盾上纲为"阶级斗争"的同时，在重大社会矛盾（例如道路、旗帜和国家安全等重大问题）的观察分析上，始终坚持马克思主义的阶级分析方法。三是牢牢把握社会主义现代化的政治方向，在不断推进改革开放、允许一部分人先富起来、不简单地将贫富差距过大或存在分配不公现象认定为"两极分化""阶级分化"的同时，坚定不移地防止两极分化，走共同富裕的道路，不断实践社会主义的本质，努力体现社会主义制度的优越性，不断排除各种错误思潮的干扰，凝聚民族的共识和力量。

第五章 "实践哲学"批判

　　我们把唯物论和唯心论的两军对垒作为哲学基本问题，就表明马克思主义哲学的最主要对手是形形色色的唯心主义。早在《神圣家族》时期，当马克思试图用"现实人道主义"推进费尔巴哈的唯物论成果时，他就充分认识到唯心论是新唯物论哲学最危险的敌人。他写道："**现实人道主义在德国没有比唯灵论**或者说**思辨唯心主义**更危险的敌人了。思辨唯心主义用'**自我意识**'即'**精神**'代替现实的个体的人**，**并且用福音书作者的话教诲说：'叫人活着的乃是灵，肉体是无益的。'"① 应当看到，唯灵论哲学的危害在于引导群众回避现实矛盾，使他们在幻想中获得虚假的需求满足，其表现方式则是因时因地不断变化的。在马克思时期，它是赤裸裸的唯心论，贬低肉体而鼓吹精神的"能动性""崇高性"，以有别于宗教的方式而让众生沉醉于灵魂的幻觉。今天它则更多地以超越唯物论与唯心论的对立、贬低理想、"回归生活界"的方式而回避世界性的大变革，并以个人生存生活至上的价值取向曲解马克思主义哲学，否定辩证唯物主义。因此，有必要对"实践哲学"这一唯心主义哲学的新变种进行系统的剖析。

---

　　① 马克思，恩格斯. 马克思恩格斯文集：第 1 卷. 北京：人民出版社，2009：253.

第一节 从对卢卡奇的《历史与阶级意识》的误读看"实践哲学"的实质

卢卡奇的《历史与阶级意识》出版至今已近百年了，但其影响力依然较大，原因就在于对它的阅读与理解，关系到如何看待马克思主义这一重大的时代问题，关系到所谓的"西方马克思主义"的历史定位。按时下的流行看法，卢卡奇是"西方马克思主义"的开创者，《历史和阶级意识》是"西方马克思主义"的奠基之作，是具有划时代价值的马克思主义创新作品。但是，卢卡奇在这本书中用实践人道主义取代唯物主义、用多元作用的"总体性"反对一元决定论，存在着背离马克思主义、滑向唯心主义的危险，而这恰恰为借创新之名、行背离之实的"西方马克思主义实践哲学"的出场提供了方便①。对于卢卡奇而言，成为真正的马克思主义者是其真诚的愿望和毕生追求，而从理论传统上看，卢卡奇从来不认为可以背离作为"革命家"的马克思、恩格斯以及列宁的理论方向去"创新"马克思主义，因此，回到所谓"青年马克思"的"西方马克思主义"绝不是他的最终选择。把卢卡奇定位于"西方马克思主义"的开拓者并使之与马列主义相抗衡，不是历史的真实，而是西方意识形态制造的神话。卢卡奇在《历史与阶级意识》1967年新版序言里不仅明确指出，收入该书的作品具有"马克思主义学徒期的特征"，而且明确表态，要防止把《历史与阶级意识》的错误转化为其基本的理论取向。"当这本书的错误被改造成时髦的观点时，我抵制了那些想将时髦观点与我的本来看法等同起来的企图，

---

① 在该书出版之际，卢卡奇的支持者就视"《历史和阶级意识》是反对马克思主义中的机械论、宿命论和经济主义的一个正确论据，它旨在对人和历史、对人作为历史创造者的作用、对无产阶级的历史使命和意识在历史上的重要性，重新确立辩证的理解，它揭示和恢复了在一个时期内遭到忽视的、马克思主义哲学的人道主义和能动主义的性质，它是使人们了解马克思主义中最重要的东西，即辩证法的第一部系统的研究著作"。（李俊文，李俊秀. 关于卢卡奇《历史和阶级意识》评介的考辨. 黑龙江社会科学，2007（2）.）以人道主义和历史主体性为特征的实践哲学，后来成为所谓"西方马克思主义"的基本理论特征。

今天我同样仍然认为这样做是对的。"①

今天许多热衷将《历史与阶级意识》一书的错误炒作成时髦观点的人士，缺乏的就是卢卡奇的这份追求马克思主义真理的初心。我们之所以要从《历史与阶级意识》入手谈马克思主义哲学，就因为这不仅有助于我们了解卢卡奇的思想演进及其理论方向，把握其努力走向马克思、成为真正的马克思主义者的初心，并对其做出正确的评价；更是我们从中领悟马克思主义哲学精髓，把坚持和创新马克思主义真正统一起来，防止以"实践哲学"名义偏离马克思主义的有效方法。

一、在"两端徘徊"中把握"走向马克思"的思想"底线"

读《历史与阶级意识》首先要认真研读该书作者于 1967 年写的序言。对于四年后便去世了的卢卡奇来说，该序言可以视为他为自己的理论生涯所做的最后总结，有助于我们正确定位《历史与阶级意识》。卢卡奇十分明确地把自己早期的思想发展称为"走向马克思的道路"，存在着向马克思主义哲学靠拢以及受黑格尔唯心辩证法及各种唯心论影响的"两端徘徊"情况。他还纠正了《历史与阶级意识》里的一个观点，即"马克思主义的正统仅仅是方法"。实际上，方法和基本观点是不可分割的，马克思主义自然观（物质观）就是其中之一。

1. 分清"在两端徘徊"中的理论是非

早期卢卡奇的一个错误，就在于他把马克思的辩证法和黑格尔辩证法以及各种唯心主义伦理价值杂糅在一起而浑然不觉。正如卢卡奇后来认识到的："就我能够追忆的那些岁月来说，我的思想一直在这样的两端徘徊：一方面是吸收马克思主义和政治行动主义，另一方面则是纯粹唯心主义的伦理成见不断增强。"② 说是两端，是从其思想体系的根本属性上判别的，而对于当时的卢卡奇而言，他并没有意识到两者的根本对立。相反，从实践功能上说，它们都成为卢卡奇反对否定革命的工人运动的机会主义的思想指导；而从方法论上看，它们都是卢卡奇反对夸大直观性作用、崇拜自

---

① 卢卡奇. 历史与阶级意识. 北京：商务印书馆，1999：37.
② 同①3.

发性的实证主义的哲学依据。之所以如此，是因为当时在"十月革命"胜利的鼓舞下，西欧工人阶级也纷纷加入推翻资本主义制度的行列，但一直没有真正成功的范例。究其原因，卢卡奇认为，当时的工人阶级缺乏政治觉悟和历史主动性，不能采取持续有力的革命行动，习惯于把一时的失败视为革命条件不成熟，进而消极地等待资本主义的自行崩溃；从哲学上说，就是被崇拜"自然必然性"的机械论、实证主义历史观所支配，在历史实践面前消极被动。《历史与阶级意识》就是试图解决这一历史性课题的产物，其提出的总体性、阶级意识、物化等基本范畴，基调就是破除资本主义"自然永恒"的魔咒，为无产阶级革命提供理论根据，和今天一些人肆意炒作和滥用这些范畴有着本质的区别。就此而言，其历史进步性和理论价值当然不容否认。

然而今天特别值得我们关注的是，卢卡奇的具有强烈历史责任感和富有创新价值的理论观点，为何会最终陷入了"革命救世主义的唯心主义和乌托邦主义"①？毫无疑问，卢卡奇这一时期的著作具有黑格尔思想的色彩是难免的。他是通过黑格尔进入马克思的早期著作，并努力走向马克思的。在他看来，马克思主义的实质就是对于黑格尔辩证法的改造，而辩证法是破解历史宿命论和直观唯物论的良方。辩证法强调普遍联系和相互作用，反对单一的因果关系和外因论，可以在实践的主客体关系中发挥革命的能动性。同时，把辩证法理解为总体性，用无产阶级的阶级意识（以政党的形式存在）取代"绝对精神"，可以有效破除资本主义物化的魔法，推动世界革命全面改造现代文明社会。因此，马克思对于黑格尔辩证法的唯物主义改造，不是回到直观的唯物论，不是经济决定论，而是实践辩证法和阶级意识。强调辩证法而忽略唯物论，这是卢卡奇当时的认识，也是今天不少人的观点，需要加以澄清。

2. 实践本体论的迷失

根本的问题在于，立足实践辩证法似乎可以回避哲学基本问题，然而，把辩证法限制在实践领域实际上并不能躲避世界的本体论即存在问题。仅靠相互作用既不能解决主客体谁为第一性问题，也不能解决相互作

① 卢卡奇. 历史与阶级意识. 北京：商务印书馆，1999：8.

用的主体自身属性问题，即其归属于物质（自然）存在还是精神存在这样一个根本性问题。无论是主客体的相互作用，还是主体间的相互作用，都有一个主体的存在归属及其根据问题。也就是说，实践不能是本体，实践的本体论追问必然要回到物质（自然）本体还是精神本体这一哲学基本问题上。正因为如此，仅靠置换主体并不能使作为存在论的辩证法由唯心辩证法转变成为唯物辩证法，关键要在唯物论基础上消除历史和自然的鸿沟。实际上，费尔巴哈用"主宾颠倒"的方式批判黑格尔，本质上也是主体的一种置换，但事实证明它对于辩证法是无效的。因为主体无论如何置换，其结果世界还是主体性存在，区别仅在于要么是黑格尔式的一元唯心辩证法，要么是费尔巴哈式的自然本体与历史精神本体的二元对立。所以，把本体论排斥在理论视野之外解决不了问题，关键在于把作为"自在之物"的自然界和作为人类活动产物的历史统一起来，揭示出历史的自然和自然的历史，把历史奠立在坚实的客观基础之上。

事实证明，把辩证法引向实践本体论，无论取何种主观意愿，都是向唯心主义哲学的倒退，是对马克思主义哲学的背离。卢卡奇在晚年清醒地认识到了这点，他指出当年这本书"最突出的特点在于，与作者的主观意图相反，它在客观上代表了马克思主义史内部的一种倾向，这种倾向的所有各种表现形式，不论它们的哲学根源和政治影响是如何极不相同，也不论它们是愿意还是不愿意，都是反对马克思主义的本体论的根基的。我指的是将马克思主义仅仅看作是一种关于社会的理论、社会的哲学，因而忽视或者否认它同时也是一种关于自然的理论的倾向"①。卢卡奇的这一判断，可以视为对后来被称为"西方马克思主义"的思想派别的否定。从法兰克福学派的霍克海默开始，一些人就公开将马克思主义定位为"社会批判理论"，抽掉了唯物主义自然观这一根本，也就否定了历史必然性以及工人阶级这一历史主体的客观基础，与马克思当然也就渐行渐远了。

3. 不能把自然界"社会化"

尤为重要的是，卢卡奇指出，抽掉马克思主义的自然观基础的通常做法就是把自然界"社会化"，从而用历史辩证法或实践辩证法取代辩证唯

---

① 卢卡奇. 历史与阶级意识. 北京：商务印书馆，1999：10.

物主义，打开了走向唯心主义的通道。因此，他尖锐地指出："正是关于自然的唯物主义观点造成资产阶级世界观和社会主义世界观真正彻底的区别。回避这一点，就会模糊哲学上的争论。"① 在我国，打着反对斯大林主义和"苏联教科书"的旗号公然否定唯物主义哲学、自然辩证法乃至辩证唯物主义的时间不短了，在今天可谓是积重难返。时至今日，还有不少人仍长篇累牍地试图论证，马克思主义哲学就是历史唯物主义，就是实践唯物主义甚至是实践哲学。他们惯用的自我辩护就是折中主义，即强调马克思主义哲学在超越了唯心主义哲学的同时，也超越了旧唯物主义哲学。但是，否定独立于实践活动的自然界的存在，并以历史的名义把自然界"社会化"，其结果就必然是取消了客观的自然界，否定了唯物主义的物质存在基础。

折中主义的错误就在于不分主次、层次的面面俱到，实际上，马克思超越唯心主义是本体论层面，而超越旧唯物主义则是认识论层面，不能加以混淆。恩格斯在提出哲学基本问题时明确判定："凡是断定精神对自然界说来是本原的，从而归根到底承认某种创世说的人（而创世说在哲学家那里，例如在黑格尔那里，往往比在基督教那里还要繁杂和荒唐得多），组成唯心主义阵营。凡是认为自然界是本原的，则属于唯物主义的各种学派。"② 所以，第一位的问题是关于存在的本原问题，而主体的能动性只是第二位的问题。即便在人的历史活动和实践领域，首先要解决的也是以人的物质性存在（人的自然）为基础还是以人的精神性存在为基础这一关键问题，这正是区分唯物史观和唯心史观的根据。正因为如此，无论如何挖空心思，也改变不了马克思主义哲学属于唯物主义哲学阵营这一基本事实。

4. 唯物论是马克思实践观的基础

关于自然的唯物主义观点之所以如此重要，就在于它是我们正确面对全部哲学问题的基础。以实践为例，这一基础决定了能否超越唯心主义的实践观，创立唯物主义的实践观。只有承认自然界的客观存在和本原地

---

① 卢卡奇. 历史与阶级意识. 北京：商务印书馆，1999：11.
② 马克思，恩格斯. 马克思恩格斯文集：第4卷. 北京：人民出版社，2009：278.

位，实践活动才不只是主体活动的外化，而是"自在之物向为我之物的转化"，才是真正对象性的"感性活动"；实践的过程才是认识世界和改造世界的历史统一，历史选择性和唯物主义的反映论才能一致起来；实践主体的能动性和受动性才具有现实基础，实践规律才能成为客观的历史规律。正因为如此，尽管费尔巴哈没有走向历史唯物主义，但马克思仍然视他为自己创立新唯物主义的"中间环节"，并在阐明自己新观点时明确指出："我们这些意见正是针对**费尔巴哈**的，因为只有他才多少向前迈进了一步，只有他的著作才可以认真地加以研究。"① 费尔巴哈之所以从黑格尔哲学向前迈进了一步，就是提出了德国古典哲学的唯物主义转向问题。不是什么生存论的转向，而是唯物主义的转向，才是马克思主义哲学变革所坚持的方向。

所以，在列宁看来，对于旧唯物主义的批判，无论采取何种借口，最终就是要否定作为"自在之物"的自然界的存在。康德在"自在之物"上取二元论的态度，于是就有了"从左边和从右边对康德主义的批判"。列宁一针见血地指出，从右边批判康德的"阿芬那留斯要清洗掉康德主义对实体的承认……，即对自在之物的承认，因为，在他看来，这个自在之物'不是存在于现实经验的材料中，而是由思维输送到这种材料中去的'"②。所以，坚持唯物主义的哲学立场，根本的是坚持自然界的客观先在性，这就是马克思所说的自然界的优先地位，不能以任何理由（例如形而上的旧本体论等）清洗掉"自在之物"。自然界既独立于人又不独立于人，但首先是独立于人。不能借口独立于人之外的自然界是无意义的"形而上"而否定自然界的客观自在性。一旦走到这一步，就打开了否定客观真理和科学理论的大门，各种主观主义、唯心主义的泛滥在所难免，无产阶级及其政党就会走上分裂、转向的邪路。列宁曾多次指出，工人运动中的机会主义泛滥总是同否定唯物论、把社会主义变为伦理观念的倾向相联系，这绝非偶然。卢卡奇通过对《历史和阶级意识》，以及自己的心路历程的反思又一次突出地提出了这个问题。这对于我们阅读这一著作，是最好的提

---

① 马克思，恩格斯. 马克思恩格斯选集：第1卷. 2版. 北京：人民出版社，1995：63注2.
② 列宁. 列宁选集：第2卷. 3版. 北京：人民出版社，1995：158.

示，遵循这一提示的阅读必定会大有收获。

二、在分清创新和背离的界限中把握卢卡奇的独创范畴

《历史与阶级意识》提出了许多新概念、新范畴，体现了作者出于现实革命实践的需要，对于马克思主义所做的具有独创性的理解。准确地解读这些新范畴，是理解全书的关键。必须看到，卢卡奇提出的所有新概念，并非要离开马克思去另搞一套，而是力图通过创新性地理解马克思，发挥马克思主义理论对于实践的指导作用。但是，急于推动革命实现的激情，加上并不扎实的马克思主义理论功底，使得这种创新必然只是"深刻的片面性"，必然会是前进和失足并存、历史唯物主义和黑格尔主义及各种主观唯心主义相混杂。因此，对于卢卡奇《历史和阶级意识》的一些基本范畴，不能简单地加以肯定或者否定，而必须进行具体分析。

1. 关于总体性与唯物辩证法问题

卢卡奇提出的总体性范畴，是他对于唯物辩证法的独创性理解。从理论上说，他秉持恩格斯对于黑格尔哲学革命性的判断，认同"这种辩证哲学推翻了一切关于最终的绝对真理和与之相应的绝对的人类状态的观念"，"这种观察方法的保守性是相对的，它的革命性质是绝对的——这就是辩证哲学所承认的唯一绝对的东西"①。因此，对于一切现存的事物，都要将其视为整体中的部分、过程中的阶段，不能将其凝固化。很显然，卢卡奇要借着历史辩证法支撑革命信念，这点无可厚非。但当卢卡奇因此而认定唯物辩证法甚至整个马克思主义问题中的"正统仅仅是指方法"，而"不是对这个或那个观点的'信仰'"，把唯物辩证法定格在主客体相互作用的历史辩证法时，他就打开了滑向唯心论的救世主义的缺口。

卢卡奇的总体性范畴正确地强调了"唯物辩证法是一种革命的辩证法"，它揭示了事物之间的相互作用、变化发展的必然性。但是在事物矛盾运动的基础是什么，或者说事物间最为根本的相互作用是什么这一关键问题上，总体性范畴存在着偏差。按总体性的本意，全部事物中"最为根

---

① 马克思，恩格斯. 马克思恩格斯选集：第 4 卷. 2 版. 北京：人民出版社，1995：217.

本的相互作用，即历史过程中的主体和客体之间的辩证关系"，处在唯物辩证法的中心地位，并可以纠正恩格斯关于自然辩证法的偏差①。今天我们可以清楚地看到，主客体间的辩证关系固然很重要，但并不是最根本的。最为根本的关系是精神现象和自然界的关系，即精神和"自在之物"的关系问题，而对于人的科学认识则是解决这一问题的关键。哲学基本问题就是基于对这一认知的界定，它包括不可分割的两个方面：一是自然界和精神谁是本原，世界的统一性在于物质还是在于思维；二是自然界和精神有无同一性，即思想能否正确地认识世界并通过人自身的物质活动实现和自然界的相互作用。辩证唯物主义就是对哲学基本问题的科学解决，马克思主义的科学实践观因此不再是主体性的实践哲学，而是以物质力量的相互作用为基础的唯物主义哲学。正如卢卡奇晚年指出的，马克思的哲学不是实践哲学，而是哲学实践。用主客体的实践关系取代人和自然的关系，用所谓的反对"主客二分"而取消自然界的客观自在性，是对马克思主义哲学的背离。

从总体性这一范畴出发，卢卡奇对于客观性、科学性和事实都做了既有创意而又有片面性的理解。他正确地看到，资本主义力图用永恒的自然性维护自身的统治，因此，它把客观性解释为历史之外的固有之物，把资本主义视为人的天性和自然秩序的产物。这样，破解资本主义的自然之谜，就必须把自然纳入历史，还资本主义只具有历史合理性的本来面目。但是，把自然纳入历史的途径有两条：一是以历史取代自然界，把自然界"社会化"；二是承认独立自在的无限自然界的存在，把自然界进入历史视为人类历史无限发展的客观基础。前一路径是《历史与阶级意识》的思路，被证明虽然能够激发革命热情，但取消了独立自在的自然界也就抽掉了客观真理的基石，滑向各种唯心主义也就在所难免。而后一路径则是辩证唯物主义的思路，人类的历史因而是一个不断地从必然王国向自由王国转变的历史，客观无限的自然界的存在决定了这个历史永远不会完结。

从总体性出发，卢卡奇正确地看到了，所谓的事实不是与立场无涉的纯客观现象，也不是彼此孤立的现象材料的堆积。因为"不管对'事实'

---

① 卢卡奇. 历史与阶级意识. 北京：商务印书馆，1999：51.

进行多么简单的列举，丝毫不加说明，这本身就已是一种'解释'，即使是在这里，事实就已为一种理论，一种方法所把握，就已被从它们原来所处的生活联系中抽出来，放到一种理论中去了"①。正因为如此，事实就不是纯客观的描述，而是对现状的一种综合判断，具有选择性和导向性。但是，仅强调事物是整体中的环节、对事实的把握要有立场还不够。还要解决事物间相互作用、普遍联系的客观基础，如马克思所做的，揭示出生产关系的基础是生产力，社会关系的基础是社会存在；还要解决判断立场正确与否的客观根据问题，把价值导向性和客观规律性统一起来。而这些正是总体性范畴所无法真正解决的。

卢卡奇正确地看到，对于客观性和事实把握上的偏差，源于方法论的错误，因而他进一步提出了科学研究的方法论原则，这就是现象和本质相区别而又相联系的原则，以及研究社会事实的历史性原则。其针对的就是庸俗唯物主义和唯心主义。之所以要透过现象看本质，就是因为资本主义的现象是其本质的颠倒表现，给我们以假象。如果停留在现象层面，就会得到错误的认识。因此，"要正确了解事实，就必须清楚地和准确地掌握它们的实际存在和它们的内部核心之间、它们的表象和它们的概念之间的区别。这种区别是真正的科学研究的首要前提"②。要认识本质，就要把孤立的事实作为历史发展的环节并将其归结为一个总体，达到在思维具体中再现现实。这种贯穿着历史性的具体总体研究，既反对消解了时间性的孤立的、静止的所谓纯科学，也反对"把现实在思维中的再现同现实本身的实际结构混为一谈的"唯心主义哲学。从具体总体把握的现实，就不再是保守的，而是革命变动的，"对直接存在的同时既承认又扬弃，正是辩证的关系"③。在充分肯定由总体性所推出的科学研究原则的合理性的同时，也必须指出，历史性的社会科学研究和对象性的自然科学研究虽然各有特色，但在面对客观对象、追求客观真理这个基本点上则是共同的。否定或忽视这一共同基础，科学性原则就会被形形色色的伦理价值消解，就会给

---

① 卢卡奇. 历史与阶级意识. 北京：商务印书馆，1999：53-54.

② 同①57.

③ 同①56.

科学社会主义事业带来极大的危害。

2. 物化与唯物史观

在卢卡奇看来，异化问题是高于一切细节问题的重大问题，也是《历史与阶级意识》的核心问题。"它在这本书中，从马克思以来第一次被当作对资本主义进行革命批判的中心问题，而且它的理论史的和方法论的根基被追溯到黑格尔的辩证法。"① 异化因其指涉人的生存危机而成为重大的时代问题，又因其天然所具有的对现存状况的批判性，因而对群众，尤其是青年知识分子产生了深刻的影响，这也是这本书具有较大影响力的主要原因。

《历史与阶级意识》对异化问题的独创性表现在力图将黑格尔唯心辩证法框架下的精神异化进行历史唯物主义的改造，因而把异化问题归结为物化，即资本主义雇佣劳动下人的关系商品化，成为物和物的关系。它不仅力图与马克思关于资本主义是"物的依赖关系"② 以及商品拜物教观点对接，而且试图对发达资本主义国家何以在革命危机中"沉默"做出解释。用物化的观点看，资本主义把历史事物转化为自然事物，从而奠定了其统治与人的天性、自然秩序相一致的合法性。具体地说，资本主义依托物化，成功地将社会差别转化为自然差别，掩盖了其制造两极分化的剥削本质；成功地将利己市民这一具体历史条件下的人性，转化为人的永恒自然本性，掩盖了其违反人性的反人道本质；成功地将分属于两大对立阶级的偶然个人，转化为独立自在的本体论个人，从而遮蔽了认识世界真相和超越自我的现实条件。正因为如此，资本主义越是发展，其物化越是严重，工人阶级的自觉和团结奋斗就越难。破除物化的束缚，"让思想冲破牢笼"，是《历史与阶级意识》一书的亮点。

但是，正如卢卡奇在很多年以后认识到的那样，该书物化概念的严重缺陷，就在于"没有将对象化与异化这两个概念区别开来"。实际上，如果不将异化和对象化严格区分开来，就谈不上告别黑格尔的辩证法。这正是《历史与阶级意识》与马克思《1844 年经济学哲学手稿》有差距的地

---

① 卢卡奇. 历史与阶级意识. 北京：商务印书馆，1999：17.
② 马克思，恩格斯. 马克思恩格斯文集：第 8 卷. 北京：人民出版社，2009：59.

方。晚年的卢卡奇毫不掩饰其在1930年第一次读到马克思上述手稿时所产生的震撼，认识到对象化和异化的区分，就"完全动摇了那种构成《历史与阶级意识》特点的东西的理论基础"①。对象化是人们借以征服世界的自然手段，其基础在于"对象性是一切事物和关系的基本物质属性"；而异化则是一定历史条件下的社会现象，从属于一定的社会形态并随之兴亡。如果对于两者不加区分，一方面会使异化泛化，使之成为不可消除的与人类共在的永恒现象；另一方面则必然导致将消除异化的根据建立在主观愿望和价值诉求之上，最终滑入浪漫主义和救世主义的陷阱。卢卡奇当时为什么没能区分对象化和异化，他自己的反思结果是：他当时虽然清楚地意识到要与黑格尔划清界限，明确经济范畴是社会现实的抽象而不是社会现实本身，但因为费尔巴哈非辩证地批判黑格尔，使他产生对于唯物论的排斥，最终导致他处于一种摇摆于唯物论和唯心论之间的矛盾立场。混淆了对象化和异化的物化概念，恰好是这一理论矛盾的产物。

　　而在区分对象化和异化的基础上，进一步把人和人的社会关系奠立在人和自然的物质变换关系之上，揭示出生产力和生产关系的矛盾运动规律，则是马克思的伟大发现。这一理论创新过程可谓是艰苦卓绝，关键点是发现劳动的二重性，突破点是发现资本主义大工业的二重性，哲学基础是把自然物质性关系作为社会历史性关系的基础。所以，坚持唯物论的理论创新方向最为根本。就此而言，费尔巴哈尽管只做到了把"感性存在"而不是"感性活动"作为精神现象的本原，但也确如马克思与恩格斯多次申明的那样，成为从黑格尔到新唯物主义的"中间环节"。正如蔑视辩证法不能不受到惩罚一样，蔑视唯物论或试图超越唯物论与唯心论的对立，同样不能不受到惩罚。卢卡奇在《历史与阶级意识》中的失误就是明证。

　　3. 阶级意识与改造世界

　　出于对破解资本主义物化、增强改造世界的自觉性的思考，卢卡奇充分吸收了马克思关于资本主义商品拜物教的思想智慧，在书中创造性地阐明了"阶级意识"的概念。在他看来，资本主义商品社会的物化结构，使得"人与人之间的关系获得物的性质，并从而获得一种'幽灵般的对象

---

① 卢卡奇. 历史与阶级意识. 北京：商务印书馆，1999：35.

性'，这种对象性以其严格的、仿佛十全十美和合理的自律性（Eigenge-setzlichkait）掩盖着它的基本本质、即人与人之间关系的所有痕迹"①。这种神秘的对象性把人从主体客体同一的状态拽出来，成为相互之间以及与客体之间毫无关联的纯粹客体，亦即孤立的原子化的个人。这种个人丧失了人的彼岸性，没有历史的未来，而正如马克思所说"时间是人类发展的空间"②，这种丧失了时间性的个人，同时也就丧失了人的发展空间。因此，这种客体化的个人，尽管也为追求自己的利益而活动，但并不作为活动的主体，而是受自发性摆布的客体，并不能创造未来。

在卢卡奇看来，客体化的个人失去了作为人的本质，必然导致主客体关系的根本颠倒，于是包括社会在内的"自然"（客体）对于他就具有了双重的意义：其一，它越来越成为独立于人的、纯客观的对象。表现为"一方面，人的所有关系（作为社会行为的客体）越来越多地获得了自然科学概念结构的抽象因素的客观形式，即自然规律抽象基础的客观形式，另一方面，这个行为的主体同样越来越对这些——人为地抽象了的——过程采取纯观察员纯试验员的态度"③。所以，科学抽象和客观知识成为客体化个人的事实依托。其二，它越来越成为人们不断追求而又难以企及的理想境界。克服人的本质二重化的努力，被归结为一种价值追求。"这时自然就意味着真正的人的存在，意味着人的真正的、摆脱了社会的错误的令人机械化的形式的本质：人作为自身完美的总体，他内在地克服了或正在克服着理论和实践、理性和感性、形式和内容的分裂。"④ 它越来越成为客体化个人的价值依托。然而唯其如此，客体化的个人决然摆脱不了人的异化，改变不了物化的社会结构。

直接性是彼此孤立的客体化个人的思维方式。在卢卡奇看来，对历史和现实的认识和把握说到底是个方法论问题。客体化的个人之所以没有历史，就在于他们背弃了总体性方法，而秉持一种可称之为直接性的方法。此种方法论的特点有二：其一，只考察现象，只关注个别的、孤立的事

---

① 卢卡奇. 历史与阶级意识. 北京：商务印书馆，1999：149.

② 马克思，恩格斯. 马克思恩格斯文集：第3卷. 北京：人民出版社，2009：70.

③ 同①211.

④ 同①219.

实。"坚持未被加工、未被把握的事实性，因为真正把握它们的、认识它们的真正意义的、认识它们在历史过程中的真正作用的每一个可能性，都由于在方法论上放弃了对总体的认识，而完全成为不可能的了。"① 其二，只考察数量关系，只关注统计学意义上的事实和态势。"数量化是一种蒙在客体的真正本质之上的物化着的和已物化了的外衣。它只有在主体与对象处于直观的或（看来是）实践的关系，并对对象的本质不感兴趣时，才能被认为是对象性的客观形式。"② 所以，不关心本质，不关注事物的质的区分和质变，是物化结构下人的狭隘性的表现。

那么，无产阶级也处在物化的社会结构中，它能否摆脱这种狭隘性呢？卢卡奇通过"阶级意识"这一概念对此做出了十分肯定的回答。在他看来，无产阶级摆脱物化的束缚、形成自觉的阶级意识可以说是历史的必然。他从阶级地位和思维方式两个方面论述了这种历史的必然。从阶级地位看，一方面，无产阶级虽然与资产阶级同处在物化的社会结构中，但与资产阶级不同，无产阶级在异化中处于被否定的方面，因而不存在资产阶级那种虚假的主客体相互作用的同一性，它的阶级利益决定了其必须超越物化的社会结构。另一方面，无产阶级认识现在也就认识了历史，因而具有社会和历史发展过程的同一性；无产阶级认识了自己也就认识了世界，因而具有主体和客体的同一性。这就决定了无产阶级具有超越物化的现实可能。从思维方式看，无产阶级在资本主义社会化生产中，不断地超越了客体化的个人而组织成为阶级，不断地涉及了从量到质的骤变而逐步了解社会的本质。这充分说明，"无产阶级地位的特殊性的基础是，对直接性的超越这时具有一种——不管从心理学上来说是自觉的，还是暂时是不自觉的——朝着社会总体前进的意向"③。无产阶级能够而且必然超越物化世界，开创人类新的历史，这就是卢卡奇的结论。

应该说，卢卡奇从历史必然性上阐明无产阶级阶级意识的形成和价值，有其独创性，但其对阶级意识形成的艰难曲折则估计不足。历史证

---

① 卢卡奇. 历史与阶级意识. 北京：商务印书馆，1999：239.
② 同①259.
③ 同①268.

明，工人群众并不能自发形成阶级意识与科学的世界观、方法论，而必须经过无产阶级思想家艰苦卓绝的理论探索，经过无产阶级政党坚持不懈的理论武装，工人阶级才能真正成为自为阶级。卢卡奇在这个问题上的疏忽，还是与其当时否定唯物论意义上的"物自体"有关，因此，他只讲历史必然性，而不讲客观必然性。他在批判恩格斯的有关观点时提出："客观必然性不管表现得多么合理和有规律，但由于其物质基础仍是先验的，始终保持在不可消除的偶然性中，本该以这种方式得到拯救的主体的自由，由于是空洞的自由，也不能不跌入宿命论的深渊。"① 这再一次警醒我们，如果以所谓"先验性"或"形而上学"而否定唯物论这一根本性前提，一切就都无从说起。

三、马克思主义发展史的昭示：马列正道非"西方马克思主义"

《历史与阶级意识》告诉我们，实践不是存在的本体，实践概念也不是最根本的哲学概念，它们都是以唯物论或唯心论为根本前提的。否则，尽管卢卡奇同今天打着"西方马克思主义"旗号的实践哲学家们不同，强调工人阶级的革命实践，可依然难逃落入唯心主义的厄运。晚年的卢卡奇在回顾这一点时指出：由于遗忘了马克思关于作为社会与自然之间物质变换的中介的劳动，"它意味着，马克思主义世界观的最重要的现实支柱不见了，从而，这种以最激进的方式推断马克思主义根本革命内涵的尝试失去了真正的经济基础。不言而喻，这意味着，作为这种物质变换基础的自然的本体论客观性必须消失"②。离开马克思主义哲学的这一根本性前提谈论马克思哲学的改造世界内涵，即实践，必然走上邪路。我们今天诸多关于马克思哲学变革的解读，最终的落脚点就是要消解卢卡奇所说的"自然的本体论客观性"。因此，这可以作为评判创新还是背离马克思哲学的一个尺度。应该说，《历史与阶级意识》时期的卢卡奇，在实践问题上尽管有失误，但毕竟还有在马克思主义基础上的创新努力，我们应进行具体分析，以区别于后来的"西方马克思主义"思潮。

---

① 卢卡奇. 历史与阶级意识. 北京：商务印书馆，1999：214-215.
② 同①11.

从马克思主义发展史上说，"修正的"马克思主义和"批判的"马克思主义是从同一个正确前提（即面对新情况创新理论）出发而形成的两个极端，前者导致了排斥辩证思维的庸俗实践观和向资本主义屈服的改良主义，后者导致了消解物质实践的理论中心论和浪漫的革命乌托邦主义。但是，由于后来的"西方马克思主义"的理论渊源是以卢卡奇、葛兰西等人为代表的"批判的"马克思主义，因此，我们有必要了解这一理论派别在实践观上的得失，以便更准确地辨识所谓的"西方马克思主义"。通过这一拓展，我们可以清楚地看到，今天的"西方马克思主义"和实践哲学，恰恰丢弃了《历史与阶级意识》中的精华，丢弃了理论和实践相统一的思想追求，走上了与马克思渐行渐远的非马克思主义化之路。

与伯恩施坦主义相反，"批判的"马克思主义视辩证法为最富创造力的理论原则，强调反对宿命论、突出人的主体性就必须弘扬辩证法。因此，他们对于理论和实践统一性的认识也就是以主客体同一的实践辩证法为基础的。其中值得注意的观点大致有以下三种：

第一，关于理论和实践相统一的历史条件和主体根据。在许多人（含伯恩施坦）看来，理论和实践的统一问题是个纯粹的认识论问题，是在任何历史时空中都会发生的问题。卢卡奇、葛兰西等人坚决反对这种观点。他们认为这一问题的提出是特定历史条件和新型历史主体的要求。卢卡奇提出："只有当出现一个阶级要维护自己的权利，就必须认识社会这样的历史局面时，只有当一个阶级认识其自身就意味着认识整个社会。结果这个阶级既是认识的主体又是认识的客体时，简而言之，只有当这些条件都被满足时，理论和实践才将能统一，理论的革命功能的前提才成为可能。"[①] 在他看来，这个阶级就是无产阶级。只有对它而言，先前关于认识者和行动者、真和善的固有分裂的基础才不复存在，理论和实践的真正统一才可能成为现实。简言之，理论和实践相统一只能作为无产阶级世界观的特性而存在。

葛兰西则从理论和实践相分离的特定社会背景方面去考察。在他看来，不仅理论和实践相统一是无产阶级的要求，而且两者的分离也只有放

---

① 卢卡奇. 历史和阶级意识. 重庆：重庆出版社，1989：78.

在无产阶级的发展过程中考察才有意义。他认为，当工人阶级的行动处在自发状态亦即世界观的非独立状态时，理论和实践的分离就在所难免。他写道："当着这个集团作为一个有机的总体去进行活动的时候，由于它在智力上从属和服从（另一个社会集团）的缘故，却采用了一种不是它自己的、而是从另一个集团那里借来的世界观，但它却在口头上肯定这种世界观并相信它自己在遵循着这种世界观，因为这是它在'常规时间'内遵循的世界观，也就是当他的行为不是独立自主的，而是从属和服从（另一个集团）的时候遵循的世界观。"① 因此，理论和实践相统一的关键是无产阶级在世界观上的独立，即摆脱自己在和平发展时期对资产阶级世界观的认同和依附。这就是说，问题不在于"客观地"认识世界（他认为事实上这是思想上仍依附于他人的一种表象），而在于形成独立的阶级意识。

他们的上述见解当然不乏偏颇之处，因为马克思主义所说的客观性并不是僵死的"现存"，而是处在革命变动中的客观必然性，因而否定客观性就成为致使其在理论上最终"失足"的根据之一。但是，他们把理论和实践相统一视为无产阶级世界观的特性，突出地从"无产阶级革命实践"上加以把握，并在理论上对此进行了较为深入的探讨。所有这些在今天看来仍富有启发性。

第二，理论和实践相统一是个历史过程，政治意识的形成是其必经阶段。在"西方马克思主义"的奠基者看来，理论和实践的统一，实际上就是无产阶级群众从自发的"经济—团体"状态"组织成为阶级"的过程。这个过程在卢卡奇看来即"阶级意识的产生"，在葛兰西看来即"新的历史集团的出现"。"在无产阶级的阶级意识中，理论和实践相统一，所以，它能自觉地以它的行动影响历史的天平，并且这点是决定因素。"②

他们认为，只要仍把理论当作实践的一个"补充"或一个"附加"，或者把理论和实践当作两个独立本原，理论和实践的统一就还没有实现。其所以会如此，原因在于理论还缺乏支撑点——知识分子。葛兰西写道："人民群众要是不在最广的意义上把自己组织起来，就不能同它本身'区

① 葛兰西. 实践哲学. 重庆：重庆出版社，1990：15-16.
② 卢卡奇. 历史和阶级意识. 重庆：重庆出版社，1989：78.

别开来'，就不能变成真正独立的；而要是没有知识分子，那就是说，没有组织者和领导者，也是没有组织的。换句话说，知识分子是由于存在着一个'专门'从概念上和哲学上研究思想的集团，而从理论实践的关系中具体地区分出来的理论方面。"因此，问题在于"造就知识分子"，而这是个"漫长的、困难的，充满着矛盾、前进和倒退、分散和重新集合的过程"①。

但是，这种"造就知识分子"的过程绝非少数"文化精英"的单纯文化运动，而是促使知识分子与群众有机地结合，从而形成"历史集团"。"那就是说，只有在知识分子成为那些群众的有机的知识分子，只有在知识分子把群众在其实践活动中提出的问题研究和整理成融贯的原则的时候，他们才和群众组成为一文化的和社会的集团。"② 只有在这个时候，群众才能摆脱意识的矛盾状态以及由此而产生的政治上与道德上的消极状态，投入创造历史的活动中；也只有在这个时候，理论和实践才能摆脱外在的对立或片面的"统一"，真正成为历史主体的思想方式和行动方式。

同伯恩施坦相反，他们认为阶级意识、政治意识不仅不是理论和实践相统一的障碍，而且是其必备条件。他们认为，只有突出工人阶级的领导权问题，才能使工人群众保持对于周围境况的批判，并使其实践汇入社会发展的未来。因此，"成为一个特定的持领导权的力量的组成部分的意识（那就是说，政治意识），是走向更进一步的自我意识的第一步，在这种自我意识中，理论和实践最终将合而为一"③。可见，他们强调理论和实践相统一的历史过程性，其着眼点是实际地创造一个根本不同于资本主义社会的新社会，是对资本主义的批判和"超越"。这种政治意识和未来指向使他们对"过程性"的理解侧重在飞跃、质变，而较为忽略了其渐进性的一面，由此也就引发了浪漫主义的冲动。但是，把理论和实践相统一看作在各种具体历史条件下工人阶级走向自觉的历史过程，以善于从政治上分析和解决问题作为这一个过程的必经阶段，以新型世界观和理论的创立作为这一个过程完成的根据等基本观点，应该说还是无可厚非的。

---

① 葛兰西. 实践哲学. 重庆：重庆出版社，1990：16.
②③ 同①11.

第三，反对"对事实的崇拜"，保持理论的革命批判本性，是理论和实践相统一的基础。毋庸讳言，人们习惯于把理论联系实际理解为对"事实"的确认，而把思想僵化教条理解为排斥"新情况""新事实"。但是，"要是人们没有一个预先就已存在的选择标准的话，怎么能够发生把一些事实挑选出来，引为证明人们自己假定的真实性的证据这样的事情呢？而这个选择标准，如果不是某种高于所探讨的每一单个事实的东西的话，又是什么呢"①？既然一定的理论坐标总是存在的，那么理论和实践相统一的实质就不存在于放弃一些理论原则、确认一些经验事实，而在于把握"事实"的总和及变化趋势。所以，必须"强调关系中的动态成分，反对对事实的崇拜以及由此带来的社会调和主义"②。这就是说，理论不能静观现实，停留在对事实的确认上，而必须在对现实的积极干预中保持自身活力。这种干预方式只能是"批判"，即通过揭示生活实践的革命本性而促进社会发展变动。

这样一来，判别理论是否僵化的标准就不在于对事实的确认，而在于通过相互冲突的事实揭示实践中的矛盾及其变动的必然性。正是通过"批判"，理论才能有机地"契合"在实践中，为实践所接纳和承认，才能保持其持久的活力。因此，在卢卡奇、葛兰西等人看来，教条僵化有两种表现：一是回避事实而陷入空想，二是崇拜事实而陷入麻木，两者都会造成理论的自我窒息。如果仅限于理论本身或理论与革命运动的关系，那么应当承认，他们的这些分析与马克思是接近的。但是，当他们把理论批判夸大为全部社会实践的主导力量，并且无视实践批判是理论批判的基础、从而也是两者统一的基础的时候，他们离马克思就已经很远了。

上述分析表明，卢卡奇等早期"批判的"马克思主义者立足于"无产阶级革命实践"去解决理论和实践相统一问题。这一理论方向本来并没有错，然而他们最终却完全脱离了各国无产阶级革命实践，蜕变为一种以"西方马克思主义"命名的"文化批判"思潮，甚至是纯粹的哲学思辨，最后回归西方主流文化，似乎令人不解。实际上，当我们进一步深入剖析

---

① 葛兰西. 实践哲学. 重庆：重庆出版社，1990：57.
② 霍克海默. 批判理论. 重庆：重庆出版社，1989：231.

他们的实践观时，其中的困惑就迎刃而解了。

　　他们在实践观上的失误之一，是将实践的普遍性与多样性、连续性与创新性加以割裂。他们所立足的"无产阶级革命实践"，确切地说，只是在西欧发达资本主义条件下的工人革命。本来，这只是人类社会实践诸多形式中的一种形式和漫长历程中的一个历史时期，然而却被他们作为唯一值得重视的实践并加以孤立地考察。这种使具体历史时空条件下的实践形式同人类总体实践相脱离的片面性，必然导致诸如革命实践与生产实践、西欧革命与西欧以外革命、历史继承与创新等联系的割裂，从而对实践本性的误解也就在所难免。概括地说，他们必定夸大实践的自觉性、变革性和独特性方面，而忽略其自发性、连续性、普遍性方面。正是从这种"实践观"出发，他们把实践的变动性片面地归结为质变和飞跃，把实践的多样性实际上归结为各自封闭的唯一性，把理论对于实践的指导作用夸大为主导作用，等等。

　　因此，当他们强调理论对于实践的依赖时，同样的误解也就会发生在对理论的解释中。他们必定要割裂坚持与创新、体系与方法的辩证关系，其突出表现就是否认马克思主义在思想观点上的连贯性，而仅把方法与创新视为其本质。针对教条主义者以马克思主义"正统"自居，卢卡奇提出了一个著名的论点："正统的马克思主义指的只是方法。"他由此而断言，只要坚持唯物辩证法，即便抛弃了马克思主义的全部命题，却仍不失为"正统的马克思主义"[1]。他们的共同信条是："没有原始的、'纯粹的'马克思主义，只有不断被创造的马克思主义。"[2] 这种片面地强调创新的观点，实际上抽掉了马克思主义作为具有自身确定性的思想体系的根基，其结果必定是经由世界观的"多元化"而取消马克思主义。

　　他们在实践观上的失误之二，是将实践的革命批判本性和直接现实性品格加以割裂。"西方马克思主义"从无产阶级革命首先在当时较为落后的俄国爆发，而没有在西方兴起这一历史新情况中，看到了经济决定论和庸俗社会进化论的破产。他们在对二者的思想根源——实证主义的清算

---

[1]　卢卡奇. 历史和阶级意识. 重庆：重庆出版社，1989：2-3.
[2]　转引自陈学明. 西方马克思主义论. 沈阳：辽宁教育出版社，1991：56.

中，有其正确的方面，如对"事实崇拜"的批判；但其最大的失误在于把个体经验的"客观性"视为资产阶级的思想原则，视为工人阶级消极的根本原因。在他们看来，马克思所讲的"客观性"就是总体性、普遍性，非个人经验所能直接把握的。由于排除了个人经验和客观性的直接联系，他们所讲的"阶级实践"就不含有直接现实性的品格，而具有浓重的黑格尔式思辨性。例如科尔什明确提出理论本身也是一种实践，卢卡奇、葛兰西等人则把革命实践归结为"阶级意识"的产物等。他们的后继者们更是由此出发，进一步把具有直接现实性的生产力、科技等客观力量都视为保守的、甚至反动的力量。这就不能不使他们的"革命实践"日益脱离现实的社会发展而陷入空想。

因此，尽管他们把主客体辩证法作为其理论的支点，然而这是一架向主体性倾斜的天平：由于根本否定客体（基础是自然界）具有不依赖于主体的独立性，因而主体始终居于支配地位，而客体则始终居于消极的、从属的地位。这样，主客体之间就不存在一种真正的物质性相互作用，实践的本性也就因此而被扭曲。无产阶级在改造客观世界的同时也改造着主观世界的正确命题，被代之以"主观性"决定着无产阶级实践命运；理论和实践相统一中的"主观和客观相符合"的内容被舍弃，取而代之的是主客观统一于阶级的自我意识。总之，客观性、直接现实性是实践最重要的品格，淡化了这一规定，就打开了经由"实践"而通向唯心主义的大门。

他们在实践观上的失误之三，是实践主体自身的割裂，具体说来，他们从马克思的以产业工人为基础的整体工人阶级观上倒退了。本来，在马克思进行新世界观探索时，"能思的人"和"受苦的人"的统一问题就一直困扰着他，因为仅仅作为"受苦的人"是不可能获得自我解放的。马克思后来从无产阶级身上找到了两者统一的根据，无产阶级作为大工业的产物，使得资产阶级不得不将"教育的因素"交予它，从而使其成为唯一可能具有阶级意识的被剥削阶级。所以，"无产阶级能够而且必须自己解放自己"[①]。但是，在"西方马克思主义"看来，工人阶级的经济地位恰恰是

---

① 马克思，恩格斯. 马克思恩格斯文集：第1卷. 北京：人民出版社，2009：262.

使其认同资本主义的原因,而其阶级意识的形成只能是超越其经济地位的结果。这样,工人群众和少数革命家(即所谓"知识分子")的关系就变成了"日常意识"与"自我意识"的关系。因此,尽管他们也强调知识分子和群众相结合而形成"有机的历史集团",然而其主导方面却无疑是"知识分子"。这种以具有批判眼光的知识分子为主体的"革命实践",必定日益脱离工人群众,脱离现实的无产阶级实践。由此可见,"西方马克思主义"最终蜕变成一种"文化批判"思潮,实在是顺理成章的。

历史证明,"批判的"马克思主义由于否定实践的客观物质本性(这一本性源自"自然的本体论")而必定走向理论的自我中心论。他们解决理论和实践相统一的方式,从根本上说是将实践纳入理论发展的轨道,是理论"吞噬"实践。而后来的所谓"西方马克思主义"则日益偏离了理论与实践相结合的方向,回归了资本主义的文化和学术传统。事实证明,今天的所谓"实践哲学",以个人主体取代了人民主体,以日常生活取代了革命的实践,以书斋学问取代了行动指南,重新回到了卢卡奇批判过的功利性客体活动和伦理性主体意志的二元分裂中,陷入理论和实践的巨大鸿沟。而没有理论和实践的真正结合,就不仅没有马克思主义的发展活力,而且没有活生生的马克思主义本身。由此可见,是物质(自然)本体论还是实践本体论,事关马克思主义的真理发展道路,而绝不是没有意义的名词之争。

第二节 必须批判、抵制"实践哲学"

对于"实践哲学"的批判抵制,在今天还是一件非常困难的事情,原因有二:其一,实践的决定性作用对于经过真理标准大讨论而进入改革开放新时期的中国来说,似乎已经成为"常识"。因此,把实践作为马克思主义哲学的本体论基础,把"改变世界"的马克思主义哲学视为"实践哲学",合乎"常识",理所当然。相反,要否定这一观点,似乎就是向"常识"宣战,个中的风险不言而喻。其二,"实践哲学"彰显人的主体性,拒斥外在于人的形而上学本体，似乎接地气、提人气。因此，宣传马克思主义哲学的"实践转向"，把马克思主义哲学推向"实践哲学"的范式，似乎成了改革开放以来我国马克思主义哲学研究的"重大创新"成果，而一大批因此而成名的学者则与"实践哲学"形成了利益共同体。批判抵制"实践哲学"，显然是动了他们的"奶酪"，各种有意无意、或明或暗的抵触在所难免。

但是，马克思主义理论工作者的使命担当又使得我们不能不向"实践哲学"开火。从战略高度看，马克思主义哲学是中国共产党全部理论的思想基础，是确保党的先进性和纯洁性的理论基石。坚持什么样的世界观、方法论，是关系思想建党、理论强党的重大政治原则问题。因此，中国共产党在坚持什么样的哲学世界观问题上从来不含糊，这就是毫不动摇地坚持辩证唯物主义世界观。毛泽东在 1959 年明确指出："世界观是辩证唯物主义，这是共产党的理论基础。无产阶级专政与阶级斗争的学说是革命的理论，即运用这个世界观来观察与解决革命问题的理论。"① 当代世界风云变幻、云谲波诡，而搅动人们正确判断历史大势的一根魔杖，就是近些年来势汹汹的反唯物论思潮，而这根魔杖的把手就是所谓的"实践哲学"。

即便在世界社会主义运动内部，借口批判普列汉诺夫和苏联教科书的教条主义而肆无忌惮地将辩证唯物主义妖魔化的风头也很强盛。面对这一新形势、新挑战，以习近平同志为核心的党中央旗帜鲜明地坚持辩证唯物主义世界观不转向，多次申明："辩证唯物主义是中国共产党人的世界观和方法论"。辩证唯物主义是中国共产党借以掌握客观规律、判断国内外形势、确定主要矛盾和中心任务以及自我革命要求的科学世界观与方法论。对于否定这一哲学世界观的严峻挑战，共产党员尤其是工作在意识形态领域的党员，当然不能泰然处之。更为重要的是，党中央要求我们旗帜鲜明地讲政治，不断提高政治辨别力、领悟力和执行力。政治辨别力之所以重要，是因为许多重大政治原则问题并非明摆着的，它们不仅包裹许多伪装，而且往往有一个由隐到显的过程，不易识别；还有的人不是没察

---

① 中共中央文献研究室. 毛泽东文集：第 8 卷. 北京：人民出版社，1999：5.

觉,而是不愿明说,缺乏理论勇气和革命精神。

此外,笔者对于马克思所完成的人类思想史上最伟大的革命变革比较熟悉,不需要太深的专业眼光就可以发现,"实践哲学"从两个方面与马克思哲学背道而驰:其一,它直言要超越唯物论和唯心论的对立,在根本哲学立场上"失足",而马克思哲学则毫不掩盖自己的唯物主义哲学立场,旗帜鲜明地坚持哲学的党性原则;其二,它明确否定自然辩证法,否定外在于人的客观自然界,把辩证法限制在"历史辩证法",而马克思哲学则始终承认"外部自然界的优先地位",把唯物辩证法贯穿到"历史的自然"和"自然的历史"中。马克思哲学变革的实质和意义是什么,在今天我们如何沿着马克思开辟的哲学方向前进,是繁荣马克思主义哲学研究不可回避的问题。

一、"学术创新"的光环失色:试图超越唯物论与唯心论的"实践范式转化",注定是从马克思哲学的大倒退

从历史起源看,反对马克思主义正统的僵化,克服第二国际以来的实证化趋势,是马克思主义内部出现"实践转向"的动因;就我国而言,打破"苏联教科书"模式和普列汉诺夫的教条解读,借解放思想、改革开放之势推进马克思主义哲学的"创新",是"实践哲学"最为响亮的广告词。因此,对马克思实现的哲学变革实质进行"再解读"是核心议题,而"学术创新"则是推动马克思主义实践哲学化的金字招牌。这样,"实践哲学"与马克思哲学的关系问题不仅成了"学术讨论",而且成为创新马克思主义哲学的生长点。

但是,否定恩格斯概括的"全部哲学,特别是近代哲学的重大的基本问题",从而否定马克思主义哲学本质上是唯物主义哲学这一基本立场,暴露了"实践哲学"叛离马克思主义的本性。"马克思生成和创造了一种全新的话语框架,这种全新的话语框架,是以'实践哲学'为本性、以关注现代社会人的现实生存状态及其自由解放为价值取向、以批判和改变与人的自由和全面发展不相容的'旧世界'并推动创造一个未来的新社会为旨趣的。它表明,马克思哲学所关注的基本问题与包括近代哲学在内的传

统哲学所关注的基本问题相比，呈现出重大的变化。"① 这武断地把唯物论哲学和改变世界的哲学、人的解放及自由全面发展加以割裂，表明"实践哲学"具有鲜明的党派立场。它的全部"学术创新"就是要借马克思之名，推倒唯物论与唯心论的哲学对立。

1. 马克思哲学变革的根基是"唯物论转向"，而不是实践观的植入

把实践观视为马克思哲学变革的最根本问题，视为马克思哲学创立后的世界观基础，是把马克思主义哲学视为"实践哲学"的重要学理依据。换言之，"科学实践观决定科学世界观"，"实践本体论奠立马克思主义哲学基础"，是以"实践哲学"重构马克思主义哲学的两块基石。

把实践观置于马克思哲学变革的核心位置又有两种观点，一种认为科学实践观是自在的，马克思仅仅是发现、引进、移植了它。例如，"马克思第一次把科学的实践观引入哲学，当作自己全部哲学理论的基础，既使得马克思主义哲学成为完整性的哲学，也使得马克思主义不仅成为一种'解释世界'的整体世界观，更成为一种'改变世界'的整体方法论，同时使得马克思主义世界观与方法论通过实践这一桥梁，在'解释世界'与'改变世界'的相互作用、无限循环中，实现联结互动、共同发展"。如果科学的实践观是马克思"引入自己哲学"的，那么它是由谁创立的？它的科学内涵和精神实质是什么？显然这是无稽之谈。马克思之前有实践观，但决不科学，主要的类型有二：一是以康德为代表的观点，即把实践视为"向善的意志性活动"，道德命令是实践理性的"绝对命令"；二是以费尔巴哈为代表的观点，即把实践视为狭隘的功利行为，"卑污的犹太人的赚钱活动"是其本质。这两种观点都把实践视为主观意志性活动，是唯心论实践观，没有任何科学性可言。

如果我们承认科学实践观是马克思独创的，那么就必须认真考察他是如何完成实践观的革命变革的。科学实践观的确立是马克思主义哲学形成的重要基础，是马克思制定自己的新哲学世界观的重要基石。但科学实践观创立的前提是马克思、恩格斯的"唯物论转向"，否则就没有科学实践观的创立，这个顺序不能颠倒。概言之，马克思哲学变革的前提是马克思

---

① 贺来. 重新反思"哲学基本问题". 北京大学学报（哲学社会科学版），2014，51（1）.

于 1843 年底实现的"两个转变",即完成了从唯心主义向唯物主义、从革命民主主义向共产主义的转变。而 1845 年春实现的、以《关于费尔巴哈的提纲》为标志的科学实践观就是在这个基础上形成的。正是马克思哲学变革的"两个转变",奠定了马克思科学实践观的唯物论前提。其实,马克思早在其《博士论文》时期就形成了辩证的实践观点,但当时仍处于黑格尔唯心主义哲学阶段,故算不上重大变革。因此,不是实践观决定了马克思哲学的根本性质,而是马克思的唯物论立场决定了科学实践观的形成及其新唯物主义属性。

必须指出,我们决不否定科学实践观的确立在马克思哲学变革中的重大意义,但并不认为这是所谓的"实践转向";我们之所以否定今天一些人鼓吹马克思主义哲学需要"实践转向",就因为"实践"本身不能区分根本的哲学立场。实践是个"中介",其哲学性质依其为什么充当中介而定。连接精神主体和思想客体的中介必定是唯心论的实践;而连接感性主体和自在之物的中介则必定是辩证唯物主义的实践。事实一再说明,没有任何哲学范畴能够超越唯物论与唯心论的对立,任何尝试超越这一对立的哲学努力,都是背离唯物论而向唯心论靠拢。

2. 实践的观点是辩证唯物主义认识论的首要观点,但不是整个马克思主义哲学的基础

列宁关于实践的观点是"辩证唯物主义认识论首要的、基本的观点"论断,是一个科学的判断。它不仅强调了实践对于认识论的决定作用,也强调了只能将实践作为认识论层面的范畴,而不能把实践的观点作为整个马克思主义哲学的最核心观点。尽管辩证唯物主义认识论是马克思主义哲学的重要组成部分,但毕竟只是部分,不是全部,因此不能把这一观点推广到整个马克思主义哲学。列宁指出:"理论观念(认识)**和实践**的统一——要注意这点——而且这个统一**正是认识论中的**,因为'绝对观念'(而观念 = '客观真理的东西')是在总和中得出来的。"① 为什么理论和实践的统一是在"认识论中的"? 因为这种统一是对客观规律的把握,是对客观世界的反映,并不是客观世界和客观规律本身。把实践作为辩证唯物

---

① 列宁. 列宁全集:第 55 卷. 2 版. 北京:人民出版社,1990:188.

论的认识论范畴，决定了实践只能是"中介"，而不能是"本体"；只能
"转化"自在之物，不能创造"自在之物"。这正如劳动是价值的唯一源
泉，却不是财富的唯一源泉一样。"政治经济学家说：劳动是一切财富的
源泉。其实，劳动和自然界在一起才是一切财富的源泉，自然界为劳动提
供材料，劳动把材料转变为财富。"① 这充分说明了实践和自在之物的区
别，也证明了"实践本体论"的谬误。

认识论只是马克思主义哲学的组成部分，而不是其全部，马克思主义
哲学其他部分的核心观点就不能表述为实践。比如，马克思主义哲学的辩
证法思想，其"核心和实质"就是列宁、毛泽东反复说过的"对立统一规
律"，即矛盾论；马克思主义哲学的历史唯物主义思想，其最核心的观点
则是马克思与恩格斯强调的"一切历史冲突都根源于生产力和交往形式之
间的矛盾"。把实践的观点夸大为整个马克思主义哲学的核心观点，实际
上就打开了滑向"实践本体论"的缺口。应该说，辩证唯物主义和历史唯
物主义不仅是对于马克思主义的科学概括，而且是对马克思主义哲学最本
质特征和内核的科学而准确的表述。马克思把自己创立的哲学称为"新唯
物主义"，列宁、毛泽东则明确把这种新唯物主义概括为"辩证唯物主
义"。

不能把实践从认识论剥离出来。实践之所以和认识论不可分割，原因
在于只有在认识论领域，唯物论和唯心论的划分才具有绝对的意义；离开
了认识论的实践就可能借口"实践多重要素的相互作用"（如美国丹尼
尔·贝尔就把实践归结为政治、经济和文化平行的"三轴心"），超越唯物
论和唯心论的对立，而最终滑入主观唯心论的主体性哲学。反过来，排除
了实践的旧唯物论认识论，也失去了论证认识对象的客观实在性的可能，
在唯心论面前必然束手无策。所以，从认识论看，唯物论和唯心论的对立
是基本问题，不容模糊，因为认识论首要的问题就是关于认识的来源问
题。正如列宁明确指出的，哲学上两条基本路线的对立，就是"从物到感
觉和思想呢，还是从思想和感觉到物？恩格斯坚持第一条路线，即唯物主

---

① 马克思，恩格斯. 马克思恩格斯文集：第 9 卷. 北京：人民出版社，2009：550.

义的路线"①。坚持唯物论的认识论就必须确认认识本质上是反映论,即认识主体对于客观实在的把握,而物即客观实在是认识的来源。唯心论的认识论尽管形态各异,但共同点就是否认反映论,即否认认识的客观对象是物。因此,列宁指出,"实践标准在马赫和马克思那里有着完全不同的意义"。唯心主义的实践哲学只承认现象学意义的人类实践,即实践只能证明人的需要和人的经验,不能证明自在之物和客观真理。这种实践观支撑着历史多元论、历史相对论和历史选择论,而不可能成为历史唯物主义的基础。只有唯物主义才承认"人类的实践不仅具有(休谟主义和康德主义所谓的)现象的意义而且还具有客观实在的意义"②,并证明"自在之物"不仅存在,而且可知。可见,把实践与认识论进行切割,本质上就是把实践与自在之物切割,使之从属于主体自身的需要和能力,从本体论上取消唯物论和唯心论的对立,从而否定物质本体论,也扼杀了实践的开放性。

3. 承认"外部自然界的优先地位"就是旧形而上学本体论吗?

物质本体、自然界本体通常被"实践哲学"扣上"旧形而上本体论"的帽子,似乎马克思的新唯物主义不承认外在于人的自在自然界。有人认为:"正是看到生产活动或生产劳动之于个人发展与社会发展的本体论意义,马克思才从根本上超越了旧唯物主义对'外部自然界的优先地位'的形而上学坚执,为新唯物主义和新历史观找到了一个可以作为逻辑起点、逻辑中介和逻辑终点的关键概念。"实际上,去除了"外部自然界的优先地位"的唯物论,就不可能是彻底的唯物论。假如以生产劳动为本体,其"物"就只有人"自身的自然"和"人化自然",并不能超越唯心论的"主体性哲学"。因此,有两种对立的生产劳动:一是作为主体自我确证的"外化活动",这是唯心主义哲学可以接受的"物",因为它内在于主体;二是人自身的自然和外部自然间的"物质变换活动",即"对象性活动",主体在改变了外部自然的同时也改变了自身,这种"物"是独立于主体的客观存在,因而被唯心论所拒斥。承认外部自然界的优先地位,是唯物论哲学的基本立场,不能有丝毫的动摇。只有如此,才能承认和追求客观真

① 列宁. 列宁选集:第2卷. 3版:北京:人民出版社,1995:37.
② 同①81.

理，坚持探寻世界的真实存在、历史的真实面貌，以及事实的客观真相；才能与自然科学和人类知识走向相一致，与社会生活和人类历史趋势相一致，与人的发展和人类文明进步相一致。

因此，不能用感性活动（实践）否定感性存在，感性存在是感性活动的载体。只有实践活动的不以人的主观意志为转移的受动性，才真真切切地告诉人们自然界的客观真实存在。可见，唯物论的实践观并不认为实践只具有能动性，它还具有受动性，而只有承认实践对象的感性存在，实践才具有受动性。这说明在人的历史活动中，客观制约性第一，主观能动性第二。只有唯物论的实践才能证明外部自然界的客观性和可知性，但实践却不是决定外部自然界客观真实存在的原因。因此，不是实践观决定了唯物论，而是唯物论决定了两种实践观的分野：唯物论实践观和唯心论实践观。这充分说明否定外部自然界优先地位的实践本体论是站不住脚的。

概括地说，唯物论对于科学实践观的形成具有以下决定性作用：

第一，唯物论决定了马克思的科学实践观是客观的、无限的、开放的实践观。承认客观独立的自然界，面向这一客观对象的实践活动就必然是客观的、无限开放的。唯心主义的实践观之所以是封闭的，根源在于其外部世界由主体设定。从"实践哲学"立场讲主客观关系必然导致以主客体关系取代主客观关系。因为在主客体的"实践"关系中，是主体设定客体，主体决定客体，客观就完全变成了没有独立空间而依附于主体的客体。黑格尔哲学体系之所以是封闭的，就因为他的客体由主体设定，客体最终要返回主体。它的外化是虚假的"对象化"，它的"物"是虚假的"实体"。这里还需要搞清楚，在唯心主义看来，物质是自我封闭的，只有精神才是自由开放的。这是典型的偏见，也说明唯心论根本不懂得物质的"自己运动"、普遍联系和变化发展。唯物论的实践观正是着眼于物质的开放运动本性，强调实践首先要从客观实际出发，主观不能代替客观。客观世界的无限性，决定了人类实践活动的开放性、无限性。

第二，唯物论决定了马克思的科学实践观是以反映论认识论为基础的实践观。既然实践活动是对不依赖人的主观意志而存在的客观世界的改造，那么实践就离不开科学认识，而认识活动的本质就是反映。认识从根本上说是对独立于人的主观之外的客观事物的反映，即对客观世界的认识，对未知事物的认识。因此，实践论和唯物主义认识论实际上是统一的。在辩证唯物主义哲学范围内，认识论与唯物论相统一。正如列宁所言："唯物主义的逻辑、辩证法和认识论〔不必要三个词它们是同一个东西〕都应用于一门科学。"① 从辩证唯物论的观点看，实践是自在之物转化为为我之物的过程。要克服自然界的独立自在，需通过物质实践活动，将自在之物转化为为我之物。这个转化永远不会完结，人类认识和改造世界的活动也永远不会完结，这就是不断地从必然王国向自由王国转变的、永无止境的人类历史。因此，辩证唯物主义的认识规律和实践规律是内在一致的。正如毛泽东指出的："实践、认识、再实践、再认识，这种形式，循环往复以至无穷，而实践和认识之每一循环的内容，都比较地进到了高一级的程度。这就是辩证唯物论的全部认识论，这就是辩证唯物论的知行统一观。"② 正是这种实践、认识活动的开放以至无穷过程，证明了外部自然界的自在性和可知性。

第三，唯物论决定了马克思的科学实践观是以人民群众为历史主体的实践观。唯物论的实践观着眼于客观的物质活动，实践的目的不是个人主观意志，而是客观目的，只有千百万人民群众的历史活动才具有这样的性质。因此，唯物论实践观的主体是人民群众，不是个人。能够使成千上万的人民行动起来，能够使整个阶级、整个民族行动起来的动机不是主观动机，而是客观动机。这个客观目的，是历史客观规律通过人的需要而内化为历史活动的目的。只有解放和发展生产力、推翻腐朽社会制度的革命动机才能成为全体人民行动的动机。解放、发展、保护生产力，改革一切阻碍生产力发展的社会痼疾构成了人们创造历史活动的基本轨迹，它决定和制约了丰富多样的历史活动及其目的。因此，唯物论的实践不是不研究历史活动的动机，而是把这种研究建立在科学的基础上。唯心主义把实践归结为个人的意志性活动，除了抽象的人性论崇拜，实际上拿不出任何有科学意义的成果。

第四，唯物论决定了马克思的科学实践观具有判断实践价值的是非善

---

① 列宁. 列宁全集：第55卷. 2版. 北京：人民出版社，1990：290.

② 毛泽东. 毛泽东选集：第1卷. 2版. 北京：人民出版社，1991：296-297.

恶的客观标准。判断实践价值的是非善恶的客观标准不是个人的一时成败，而是是否顺应历史潮流、符合客观规律。实践总是基于各种利益诉求之上的价值追求，但只有得到"历史承认"的利益才能在历史中展现生命力。成败得失的标准不在于一时得逞的特殊利益、主观利益、过时利益、狭隘利益，而是人民的根本利益。马克思的科学实践观所确立的人民普遍利益的客观标准，与生产力的标准是一致的。只有坚持唯物论的立场，才会有客观的普遍利益的标准，才能判断实践价值的是非善恶，实践也才能成为检验真理的标准。

4. 实践观的要害问题不是抽象的主体能动性问题，而是物质主体和物质能动性问题

把以自然界为本视为陈旧的形而上本体论，表现了当代西方唯心主义哲学的话语霸权和蓄意误导。这也从反面告诉了我们，马克思反复强调的"外部自然界的优先地位"，正是唯物主义哲学整体上高于唯心主义哲学的命脉所在，丝毫不能退让。首先，这一定位科学地规定了人类和自然界的关系。归根到底，人类是自然界的产物，人类社会是自然界物质性存在的一种类型；自然界不仅是人类的栖身之地和衣食之源，还是人类的生命之源和安身立命的依托。简言之，人与自然是生命共同体。其次，这一定位科学地规定了人类发展和自然界发展的关系。说到底，人类史是自然史的一部分，历史规律是自然界客观规律的特殊形态，人类发展的最高和最终追求是人和自然的和谐共生，不能以人类社会的特殊性否定其存在的自然基础。最后，这一定位科学地规定了人类精神能动性的性质和范围。简单地说，这种能动性来自对于客观世界和客观规律的科学认识，其基础是人类运用自身的自然和外部自然进行物质变换的能力及实际水平；因此，认识活动是人类最基本的精神活动，而认识论在本质上是反映论，即对不依赖于人而存在的外部世界的认识；客观真理是人类全部精神成果的基础，它决定并澄清了善恶美丑的界限及全部精神产品的价值。可见，取消唯物论和唯心论的划分，必然在世界观上陷入混乱。

"实践哲学"蓄意混淆唯物论和唯心论的界限，笼统地把主体能动性作为实践观的根本问题，把哲学批判的重点引向唯物论哲学。它故意把马

克思《关于费尔巴哈的提纲》这一推进彻底唯物论的探索，当作马克思哲学"立场"转变的"第一个文件"，妄图达到两个目的：一是把马克思哲学变革的主要否定对象误导至对费尔巴哈唯物论以及全部旧唯物论的批判上；二是把实践观的制定打扮成马克思哲学变革全部成果的基础。这两点归结起来，就是要否定马克思哲学变革诞生了"新唯物主义"这一实质。这是"实践哲学"最荒谬和不老实之处。事实上，我们已经一再强调指出，即便在《关于费尔巴哈的提纲》中，马克思也是在充分肯定费尔巴哈功绩的基础上指出其不足。"费尔巴哈想要研究跟思想客体确实不同的感性客体，但是他没有把人的活动本身理解为**对象性的**［gegenständliche］活动。"① 唯心主义哲学（包括黑格尔哲学）都把客体视为主体创立的"思想客体"，他们从来没有想过、自然也没有提出过不依赖于主体的"感性客体"的问题，在这点上他们难望费尔巴哈的项背。

因此，不能笼统地讲费尔巴哈不懂得人的能动性。实际上，存在着两种能动性：唯心论的能动性和唯物论的能动性。唯心论的能动性，就是把主体归结为抽象的精神，把能动性归结为精神能动性。而唯物论的能动性，则把主体归结为处于具体物质生产方式中的现实人类，把能动性归结为对客观世界和客观规律的认识、利用和改造，因而始终承认在人的历史活动中，客观制约性第一，主观能动性第二。对于唯心论的能动性，费尔巴哈懂得的不比黑格尔以后的任何唯心主义哲学家少，而对于唯物主义能动性，他虽然没弄懂，但毕竟提出了这个问题，并尝试着去解决。正因为如此，他的思想才当之无愧地成为从黑格尔哲学到马克思哲学的"中间环节"。

"实践哲学"用以否定唯物论的能动性的重要手法，就是试图用价值观淡化世界观，用价值真理取代客观真理。从我国学界的情况看，其基本方式是割裂认识世界和改变世界，贬低真理和美化价值。例如，所谓"理论哲学"和"实践哲学"、"认识论哲学"和"价值哲学"的划分。以下的观点应该具有一定的代表性："人对世界的掌握包含着观念地掌握和实践地掌握这两个基本的方面。人对世界的观念掌握是在不改变事物的现实存在状态的情况下使之成为人的思想观念的内容，以思想观念的方式掌握世

---

① 马克思，恩格斯. 马克思恩格斯文集：第1卷. 北京：人民出版社，2009：499.

界。这就产生了人对世界的认识和解释，形成了认识活动和真理性追求。人对世界的实践掌握就是通过对事物的改变来使之成为人的现实生活的组成部分，以实际的方式掌握世界，构成了人对世界的价值性追求。"① 这是非常典型的贬低认识活动即真理的价值，片面拉抬实践活动及其价值性追求的叙述。但是，上述判断经不起两个追问：一是"真理性认识"仅仅是"观念地掌握世界"吗？否，辩证唯物主义认识论告诉我们，没有实际地改变世界，不可能获得真理性的认识；二是任何"通过对事物的改变"而实际地掌握世界都能构成"人对世界的价值性追求"吗？同样为否，违背客观规律的改变世界不可能不受到自然界和历史的惩罚，这种甚至可能危及人类生存的"实际掌握世界"，必将被人类所唾弃，又如何能构成"人对世界的价值追求"呢！可见，"实践哲学"实际上隐含着对理论思维的蔑视、对自发实践的崇拜。

正因为如此，马克思主义不仅始终认为认识世界和改变世界不可割裂，而且由于只有遵循客观规律的实践活动，才能创造新世界，开创新纪元，因此两者统一于对客观规律的认识和利用过程，这就是辩证唯物论的知行合一。遵循客观规律自觉地改变世界，是人类历史活动的最高实践形式，马克思主义因而特别强调科学理论的指导作用和理想信念的决定作用，而从来不把科学理论、共产主义理想看成外在于实践的"观念"。实际上，把认识世界排斥在实践之外，不但否定了理论的作用，视理论为空谈，而且从根本上掏空了实践的"革命本性"，使之成为庸俗进化论。邓小平有个著名的论断，他指出："列宁之所以是一个真正的伟大的马克思主义者，就在于他不是从书本里，而是从实际、逻辑、哲学思想、共产主义理想上找到革命道路，在一个落后的国家干成了十月社会主义革命。"② 非常清楚，在邓小平看来，哲学思想、共产主义理想并不是"实际"以外的纯粹观念，而是理论联系实际的有机构成，是革命实践不可或缺的灵魂。由此可见，把认识世界和改变世界进行两极化的切分，在理论上是浅薄的，在实践上是有害的。这也再次提醒我们，必须坚持世界观高于价值

---

① 欧阳康. 国家治理现代化理论与实践研究. 武汉：华中科技大学出版社，2022：35.
② 邓小平. 邓小平文选：第3卷. 北京：人民出版社，1993：292.

观，客观真理高于价值真理，否则必然走上邪路。

顺便说一下，一些试图用"实践哲学"表征马克思主义哲学的人，为掩盖理论欠缺，往往使用折中主义的烟幕。他们提出了所谓"马克思主义哲学的双重旨趣：客观科学地认识世界与合理有效地改变世界"，"马克思主义哲学的双重追求：真理性追求和价值性追求"，以及"马克思主义哲学的双重原则：真理性原则和价值性原则"问题，似乎很全面且有创意。但是，不区分主次、决定与被决定的"双重性"或"多重性"，就是折中主义，就会必然颠倒主次、混淆是非。事情很清楚，"合理有效地改变世界"，前提是"客观科学地认识世界"。离开这一前提，合理还是不合理、有效还是无效，谁说得清楚？因此，马克思的社会主义只能是"科学社会主义"，而不能是"价值社会主义"，这里没有任何可以模糊、暧昧的学术空间。

二、政治辨别力的检测："实践哲学"与其将马克思主义人道主义化的政治实质

"实践哲学"除了"学术创新"光环外，另一顶光环就是所谓"创新马克思主义"的政治光环。在我国，一些人刻意消解唯物论哲学，大肆渲染马克思主义哲学研究的所谓"实践转向"，就是力图把"实践哲学"与1978年的真理标准大讨论、解放思想和纠正"文革"错误相联系，与破除普列汉诺夫和苏联教科书的解读模式、破除对于马克思主义哲学的教条主义解读相联系，与改革开放、进行中国特色社会主义道路创新相联系。同时，为了显示其"世界眼光"，他们也毫不掩饰这一"转向"与马克斯·韦伯的价值哲学、与"西方马克思主义"的"实践哲学"的理论渊源[①]。这显然是关系到坚持和发展马克思主义的重大政治原则问题，需要认真辨识和应对。

我们可以有把握地做出以下两个政治判断：一是"实践哲学"的实践与我国真理标准大讨论的实践不是一回事。"实践哲学"从根本上是否定辩证唯物主义的，而我国真理标准大讨论坚持的是"实事求是"的思想路线。邓小平明确地指出，"实事求是"的思想路线就是辩证唯物主义和历

---

① 李潇潇. 实践唯物主义的兴起与改革开放. 学术研究，2018（9）.

史唯物主义的思想路线："马克思、恩格斯创立了辩证唯物主义和历史唯物主义的思想路线，毛泽东同志用中国语言概括为'实事求是'四个大字。"① 用解放思想、实事求是否定辩证唯物主义，正是"实践哲学"崇拜者的惯性思维。二是马克思提到过的"实践的唯物主义"和"实践哲学"不是一回事。马克思的"实践的唯物主义"完全归属于辩证唯物主义一元论世界观，而不是力图排斥和取代辩证唯物主义的。在对马克思主义哲学的整体表述上，无论是马克思、恩格斯、列宁，还是毛泽东、邓小平等从来没有使用过"实践的唯物主义"的这一概括。

1. 透过"实践哲学"杂多的派别与杂乱的观点，不难发现其将马克思主义哲学人道主义化的明确指向

从思想根源上看，推动马克思主义哲学"实践转向"的思潮主要有两个：一个是以海德格尔、萨特等为代表的当代存在主义（生存论）哲学，另一个是以"西方马克思主义"为代表的"实践哲学"。尽管这两种思潮在对待资本主义的态度以及一些具体哲学观点上有许多差异，但都属于人本主义哲学（与费尔巴哈不同的个人主义），在坚持个人本体上高度一致，其共同的哲学根基是以个体生存为基础的"实践哲学"。葛兰西强调："我们对事物的认识无非是我们自己、我们的需要和我们的利益。"② 哈贝马斯说得更清楚，对马克思进行"实践哲学"的还原，就是要恢复个人的历史主体地位。萨特也讲得很清楚，马克思主义哲学患了缺少个人的所谓"贫血症"，要在马克思主义范围内产生一种真正的理解性认识，必须把对人的认识建立在人类生存的基础上，即进行实践的"个体实践还原"。他指出："全部历史辩证法寓于个体实践，因为它早已是辩证的。"之所以如此，在他看来，就因为个体实践与需要是直接合一的，而"需要是物质存在和人同他所从属的物质集合体之间最初的整体化关系"③。虽然马克思也把"需要"作为人类历史活动的重要方面加以考察，但绝不是直接从"需要"出发观察历史活动，而是把它纳入"生活的生产和再生产"系统，而

① 邓小平. 邓小平文选：第 2 卷. 2 版. 北京：人民出版社，1994：278.
② 葛兰西. 实践哲学. 重庆：重庆出版社，1990：54.
③ 萨特. 辩证理性批判：上. 合肥：安徽文艺出版社，1998：216.

这一分析系统的基础是"物质生产生活资料的生产和再生产"。否则,"需要"就会脱离历史唯物主义的轨道,落入以抽象的个人需要为出发点的"价值哲学"陷阱。可见,"实践本体论"转向,就是个人本体论转向。就此而言,这两种哲学思潮与西方自由主义意识形态没有本质区别,而与马克思主义则格格不入,因而也就可能成为我国改革开放后西方思想渗透的重要工具。

从手法上看,鼓吹"实践转向"的前提是混淆哲学认识论和本体论,打着反对传统形而上学的旗号,把认识论观点偷换成本体论观点。现代西方哲学否定认识论哲学的所谓"生存论"转向,其实就是彻底抛弃唯物主义哲学的主观唯心论转向。其特点就是把实践和认识论进行切割,打着消除"主客二分"的旗号,鼓吹实践本体论,通过折中主义、相对主义和现象学,消解唯物论和唯心论的界限,否定价值诉求的客观真理标准而诉诸片面的所谓"主体需要"。而我们一些人对此之所以容易认同,就在于无条件地谈论"实践第一"。殊不知,"实践第一"仅在认识论领域适用,而在本体论领域并不适用。

从现实效果看,西方生存论哲学和"西方马克思主义"通过把马克思主义人道主义化、从根本上阉割了马克思主义哲学的革命性质,而对资本主义以所谓"民主自由"否定社会主义"威权"体制谬误则从根本上加以认同。因此,其批判现实社会主义的力度远高于批判资本主义,对于改革开放之后的中国始终存在着极大的负面思想影响。我们对这两种哲学思潮必须始终保持批判分析的态度。但是,由于披着批判资本主义和"创新马克思主义"的外衣,同时具有"批判文革极左"的包装,它们便成为资产阶级自由化思潮向我国渗透的重要温床,甚至在相当长的时间里成为我国思想理论界前所未有的"显学"。在这一过程中,对其批判分析越来越少,盲目跟风和吹捧日甚一日。西方的生存论哲学被吹捧为"最新""最接地气"的现代哲学;"西方马克思主义"则因"西马亦马"转变为"非西马非马"而获得独尊地位。两者居然成为一个时期以来"引领"我国马克思主义哲学研究的"创新范式",实在令人不堪。肯定马克思主义哲学"实践转向"的观点,甚至在今天仍是我国某些高校哲学教学的主导观点。鼓吹"实践本体论"，把"实践"视为马克思主义哲学甚至全部马克思主义的基础和核心观点，而把辩证唯物主义和历史唯物主义，仅仅作为马克思主义哲学的"基本内容"，是现行一批马哲教科书的基本逻辑架构。如果照本宣科，马克思主义哲学就是"实践哲学"，马克思主义就是人道主义将难免谬种流传。

鼓吹马克思主义哲学"实践转向"还造成了价值观上的严重混乱。打着"知识分子独立性"和精神自由的旗号，个人主义在高校等领域大行其道。针对"今天大多数知识分子的依附性人格"，渲染所谓"启蒙精神"和"知识分子独立性"，成为今天屡见不鲜的现象。在拉抬"启蒙精神"的同时，恶意贬损"雷锋精神"，把"学雷锋"诬称为"反现代化、反文明运动"。一些高校教师把陈寅恪"独立之人格，自由之精神"观点绝对化，作为人生最高座右铭向学生灌输，与"全心全意为人民服务"相抗衡，甚至将其推向不问政治、不问政治立场的极端。我们必须面对价值观教育的这一严峻的挑战：一些人不遗余力倡导的这种所谓"独立人格"，和党所倡导的"全心全意为人民服务""横眉冷对千夫指，俯首甘为孺子牛""我将无我，不负人民"，究竟哪个更应该成为青年学生和知识分子的人生追求？不摆正个人和人民的位置，这种"独立的人格"能够真正为人民服务吗？必须明确，人格的独立不是"自我中心"，"精神自由"不是"为所欲为"。自我中心是幻想，每个人都必须生活在自然和社会中，不可能离群索居；"为所欲为"是任性，每个人的行为都要受到主客观多种条件的限制，不可能揪住自己的头发离开地球。因此，真正的人格独立，就是自主选择社会立场，自觉投身于服务人民的伟大事业；真正的精神自由，就是自主选择科学信仰，自觉改造世界观。马克思主义决不否认每个人的独特价值，更相信人的生命价值可以不朽。但个人只有和祖国、人民、社会主义紧密相连，才会有真正出彩的人生。人格健全的知识分子不仅需要"傲骨"，也需要"忠骨"。

2. 把马克思主义人道主义化后果严重，暴露了学界的某些思想上的"软肋"

首先，把马克思创立的哲学归结为"实践哲学"，力推马克思主义哲学人道主义化、"实践范式的转变",一度成为哲学界的热门,暴露了对西方学界的某种"跟风"心态。"跟风"说到底是由于一些人不自信,把西方当作学术高地而仰视之。其实,西方在今天的哲学社会科学领域虽然仍有一些优秀成果,但整体上已经不能成为我们的效法对象,这就是我们必须加快构建中国特色哲学社会科学体系的根本原因。尤其是在马克思主义理论研究领域,出于意识形态的偏见,西方学术界对于马克思主义是根本排斥的,对马克思主义的研究也就必然充斥了攻击和曲解。而非主流的左派学者由于脱离了世界社会主义实践运动,其成果一般都具有书斋式、碎片化的特征,可以借鉴,但绝不能跟随。正是马克思主义哲学研究的这一"跟风"偏向,使得去世界观、去唯物论,否定唯物论和唯心论的对立、否定哲学的党性原则、否定哲学的意识形态属性等错误观点愈演愈烈,构建中国特色哲学社会科学的学科体系、学术体系和话语体系的重任难以落实。

把学术与意识形态对立起来的倾向大肆侵入了对马克思主义的研究,"非意识形态化"的马克思主义研究不仅有所抬头,而且还自诩为"学术的""正宗的"马克思主义研究成果,力图主导高校马克思主义研究的方向。一系列重大的理论偏差由此而生:在片面强调存在和实践的"内在统一"的基础上,否定了客观自在的自然界和自然辩证法,抽空了历史辩证法的客观基础,否定了客观规律和历史必然性;在片面理解实践的多元多样和真理相对性的基础上,反对所谓"两极对立的思维",否定唯物论和唯心论的两军对垒,否定对立统一规律和革命辩证法;通过把"实践"作为马克思主义哲学的核心,否定辩证唯物主义的反映论,实际上否定了主观符合客观、实事求是、一切从实际出发的思想路线。马克思主义哲学去唯物论的"实践转向",也使我们丢弃了自己的核心话语,只能跟着"转向",邯郸学步,丧失了批判地吸收西方优秀学术成果、构建中国特色哲学社会科学的兴趣。

其次,一些人在"实践本体论"面前丧失判断力,暴露了在思想建党、理论强党上政治辨别力的缺失。社会历史领域妨碍人们获得真理性认识的主要原因不是无知,而是偏见。历史规律虽然也具有客观的检验标准和普遍的使用价值，却不可能为所有人所认同。西方自由民主主义决不相信资本主义的灭亡，因而拒斥一切预示资本主义灭亡的规律，并动用一切思想资源对支撑这一规律的思想加以剿灭。辩证唯物主义首当其冲。可见，坚持唯物论、反对唯心论需要政治敏锐性，需要鲜明的政治立场。我们要善于辨别学术观点背后的利益诉求、哲学主张所掩盖的政治意图，从政治性、学术性的统一上研究马克思主义哲学。

因此，学习马克思主义从来就不是一个单纯的知识接受问题，而是一个自我革命的过程。坚持唯物论、反对唯心论就是一个不断地把改造客观世界和改造主观世界努力统一起来的过程，在推动世界革命变革的同时，不断地进行自我革命。马克思主义的科学信仰把远大理想和现实利益统一起来，提出了马克思主义政党及其成员终身改造世界观的历史任务。始终以人民利益为利益导向，坚定不移地反对个人主义、利己主义和主观主义，这正是马克思主义政党对政治辨别力的要求。而在"实践本体论"面前丧失判断力，集中暴露了一些人在思想建党、理论强党上政治辨别力的缺失。

一是不善于把政治建党上升到思想理论高度去认识，因而对于政治原则的贯彻执行还不坚定、不自觉。我们之所以坚持马克思主义哲学是彻底的唯物论，就因为只有彻底的唯物论，才有马克思主义哲学的科学性、人民性、实践性、批判性。去唯物论，则没有遵循客观规律的科学实践观，没有人民主体论，没有革命的批判精神，也不能真正从理论上说清楚增强"四个意识"，坚定"四个自信"，做到"两个维护"。马克思主义科学世界观、方法论为我们的基本理论提供了厚实的理论支撑：第一，共产主义理想不再是空想，而是科学信仰，是人类历史发展的客观必然性，是激励我们自觉开创未来的行动指南；第二，无产阶级专政、共产党的领导是实现共产主义的根本保障，民主集中制是高于资产阶级民主制度的新型民主，从理论上彻底推翻了强加给我们的所谓"威权、专制、独裁"罪名；第三，揭示了人民群众的科学内涵，奠定了以人民为中心的历史观和政治立场，从思想上完全推翻了把人民只作为抽象的集合名词的个人历史本体论；第四，奠定了社会主义国家主流意识形态建设的正确方向，即坚持马克思主义在意识形态领域的指导地位，用一元论指导思想、引领多样化社会思潮，最大限度地凝聚共识，打牢全党全社会团结奋斗的思想基础。

二是在坚持和发展马克思主义这一根本问题上存在认识的误差，尤其在"理论创新"上存在偏差。我们党历来坚持对于马克思主义的发展、创新，本质上是"结合论"，即把马克思主义的普遍原理和我国具体实际相结合，或者说运用马克思主义的立场、观点、方法解决中国的实际问题。因此，这种创新必然是坚持和发展相统一，具体地说是我们的理论创新成果主要表现在对于马克思主义基本原理的运用和丰富，对具体原理的调整、充实和创造，形成指导具体实践的行动指南。这就是说，在体现基本原理的核心范畴上，不存在"范式转换"，不能用范畴创新衡量理论创新。今天党内（包括学界）存在的一种不良倾向，就是把马克思主义理论创新形式主义化，不在解决实际问题或思想内容上下功夫，而是热衷于"词语革命"，铺天盖地的新名词、新提法、新表述，实际上很多是从西方或古人处剽窃过来的，并没回答新问题、解决新矛盾、形成新思想。用"实践范式转换"鼓吹马克思主义哲学的"创新"，就是此种风气的突出表现。这种所谓"创新"，政治上极其有害，学风上极其不端，与马克思主义的理论创新格格不入。尤其在马克思主义哲学的研究上，需特别谨慎地使用"范式转换"，因为从该术语的首创者——库恩的本意看，范式就是总体思想框架，本身就具有世界观和价值共识的意义。如果不是试图根本改变马克思主义哲学的形态，就不能用"范式转换"。正如习近平同志强调指出的："辩证唯物主义是中国共产党人的世界观和方法论"，这一点决不能变。

三是对于政治原则问题和学术观点问题交织在一起的问题缺乏辨识和分析能力，表明反感甚至抵制政治辨别力的"非意识形态化"倾向突出。就马克思主义研究而言，政治原则问题和学术观点问题总是密不可分地交织在一起的，不能简单地将其视为政治原则问题或学术观点问题。但是，首先要善于从政治上分清理论是非，不搞"非意识形态化"的马克思主义研究。所以，尽管推动马克思主义哲学"实践转向"多数是认识问题，但这个转向本身是政治原则问题。如果把马克思主义哲学阐释为"个人本体的实践哲学"，将消解马克思主义作为党的一元化指导思想作用，抽掉共产主义理想信念的哲学依据，颠覆中国特色社会主义制度的理论基础，涣散全党全社会共同奋斗的思想基础。可见，这一"转向"的实质就是要复活西方的"启蒙精神"，用自由个人主义取代马克思主义，因而是新的历史条件下思想舆论战线的重大斗争对象。对于这一重大政治原则问题，我们没有任何妥协的空间，否则将犯"战略性、颠覆性错误"。主张马克思主义哲学"实践转向"者，尽管多数存在思想认识问题，然而也有其自身的特殊原因。他们往往对于坚持"四项基本原则"，反对资产阶级自由化不感兴趣；急于成名而又苦于功力不足，期盼走"创新的捷径"；思维方法较为片面偏执，悲观地看待中国社会主义道路的曲折发展，把西方在经济社会发展上的暂时优势等同于制度和文化优势，对西方文化和学术思想无批判甚至崇拜。也就是说，力推马克思主义哲学通过"实践转向"，从工人阶级世界观向个人主义哲学蜕变的人士，其本身个人主义就比较突出。他们如果不从主观上加以检讨，始终以"学术研讨"自我辩解，认识问题就可能转化为政治立场问题（尤其对共产党员而言）。

坚持唯物论、反对唯心论对于自我革命还具有的特殊作用，就在于能够从思想深处考察我们的政治品格，在一些看似非政治性、非原则性的表现上，找到行为的政治根源。要善于从世界观、方法论上判断"老实人"和"不老实人"、"聪明人"和"蠢人"。"什么人是老实人？马克思、恩格斯、列宁、斯大林是老实人，科学家是老实人。……一切狡猾的人，不照科学态度办事的人，自以为得计，自以为很聪明，其实都是最蠢的，都是没有好结果的。"[①] 这充分说明了思想品格和政治品格的联系，打通了改造世界观和政治建党的界限。

再次，要通过党史学习认真总结思想舆论斗争的历史经验，逐步解决某些悬而未决的历史遗留问题，对马克思主义人道主义化保持警觉，明确世界观上的重大争论本质上是政治原则问题。

以习近平同志为核心的党中央高度重视学校的思想政治教育，令相关情况有了根本的改观。但是，对资产阶级自由化的批判尚未真正深入到哲

---

① 毛泽东. 毛泽东选集：第3卷. 2版. 北京：人民出版社，1991：822.

学世界观，因而对于历史经验的总结还未真正到位，西方意识形态渗透的重大风险尚未有效清除，可能引发重大政治风险的哲学世界观现状仍令人担忧。所以，西方对我国进行"颜色革命"的思想土壤依然深厚，而且还在以"学术思潮"的面貌继续蚕食我们的阵地。

我国改革开放以来，伴随着资产阶级自由化的几次大泛滥而出现的重大思想斗争，实质上都是以个人主义世界观、价值观为表现形式的政治斗争。这些斗争的实质是坚持还是否定四项基本原则，因而是重大的政治斗争，我们从政治上把握斗争的性质是正确的。但要看到，由于个人主义的世界观、价值观披着哲学的学术外衣，其鲜明的政治性容易被淡化，而出于忌惮妨碍学术争鸣，以包容掩盖了问题的实质正是以往思想交锋留下的后遗症。

1983 年是马克思逝世一百周年。借着马克思《1844 年经济学哲学手稿》中文版的发行，我国理论界展开了关于"人道主义和异化"问题的大讨论。以胡乔木的《关于人道主义和异化问题》为代表，正确判断了这场大讨论的实质和核心是，"究竟应该用怎样的世界观和历史观，是马克思主义的历史唯物主义还是人道主义的历史唯心主义"作为思想武器去观察和处理重大理论问题；正确指出了资产阶级自由化的要害就是"要把马克思主义归结为或部分归结为人道主义"，从根本上否定社会主义；正确提出了对待人道主义的科学态度，就是严格区分"人道主义有两个方面的含义：一个是作为世界观和历史观，一个是作为伦理原则和道德规范。这两个方面有联系，又有区别。我们现在讨论人道主义问题，尤其需要注意两者的区别，以免造成意义上的混淆。……当前的争论，首先在于作为世界观和历史观的人道主义。因为已经发表的宣传人道主义的文章，大都没有区别人道主义的这两种含义，而且大都把人道主义作为解释历史、指导现实的世界观和历史观来理解和宣传"。这点很重要，可以理直气壮地讲人性、讲人道主义，但它的基础是马克思主义哲学世界观，而不能反过来将其作为我们的世界观、历史观，两者不能颠倒。但是，内外两方面的原因使得胡乔木在这篇文章中表达的观点没能真正成为理论界的共识，其中外部原因包括两方面：

一方面，主要是"文化大革命"时期"左"的失误使得在当时批判抵制所谓作为世界观、历史观的人道主义不那么有底气，甚至形成了一股必须突破马克思主义是人道主义"禁区"的所谓"思想解放"思潮。无可辩驳的事实是，马克思主义人道主义化恰恰是后来苏共丢失立党之本、亡党亡国的思想根源。苏联在20世纪50年代就发生了所谓马克思主义的"人性论转向"，大力鼓噪思想"解冻"，导致1988年苏共第十九次全国代表会议公开提出了"人道的民主的社会主义"。而1990年初取消宪法中马克思主义的指导地位和共产党的执政地位就是这一"转向"的颠覆性恶果。历史经验表明，没有对于人道主义的唯心史观的批判抵制，就没有马克思主义在意识形态领域的指导地位和坚持共产党领导的理论依据。

另一方面，由于把"马克思主义是否可以归结为人道主义"列为"可以讨论的学术问题"，于是，在包容多样、学术自由的口号下，公开并日益变本加厉地鼓吹"马克思主义人道主义化"就形成了气候。当时的思想理论界的一些党员领导干部率先提出要打破思想禁忌，把马克思主义和人道主义能够相容"作为科学研究和讨论的对象"，立刻得到了一批掌握了一定思想舆论权的人士的强烈呼应。随后，他们的调门也越来越高，把马克思主义与人道主义能否相容问题从"可以讨论"转向"必须肯定"，以致把马克思主义人道主义化作为衡量思想解放的标尺。直到当时以邓小平同志为核心的党中央明确提出，宣传"人是马克思主义的出发点"、"社会主义异化"论触碰了国家意识形态底线，思想战线不能搞"精神污染"，这股思潮才有所收敛。但是，打着学术研究的旗号，把马克思主义作抽象人性论解读之风从来没有停歇。在这种氛围下滋养出的一批学者，日益把论证"马克思主义就是人道主义"视为时尚而乐此不疲，并大量引进西方成果，声势越造越大，我国的哲学学术阵地开始不断遭受冲击。

就内部原因而言，囿于当时的环境和历史认知，胡乔木的文章并没有深入探讨人道主义的唯心史观如何对抗并消解马克思主义的政治立场，也不便明确指出把马克思主义人道主义化是根本性的政治颠覆。当时思想战线的主要任务是拨乱反正，肃清"文革"流毒，推动党的工作重心转移和改革开放。因此，对一些政治原则和学术观点边界不是很清晰的问题基本上给予包容或采取回避，没有从政治原则高度进行严格澄清。正因为如此，胡乔木的文章明确指出了马克思主义不能归结为人道主义，唯物史观和唯心史观不可调和，但基本上还是从哲学原理而不是从政治原则上加以剖析。于是一些人蓄意设计出了对唯物史观是"固守"还是"创新"的学术陷阱：坚持唯物史观似乎成了"见物不见人"的宿命论，成了僵化保守的教条主义；而坚持把马克思主义人道主义化的思潮不仅能够打着"创新唯物史观"的旗号，而且可以肆无忌惮地宣传"历史唯物主义应该是历史唯人主义""马克思主义就是人学"。随后，价值哲学、实践哲学和生存论哲学等人道主义哲学变种迅猛扩张，逐步占据了我国哲学教育的地盘，形成了与体现主流意识形态的所谓"（官方）讲坛哲学"分庭抗礼的"（民间）论坛哲学"，后者大有占据我国整个哲学教育领域之势。实际上，人道主义作为世界观、历史观的"抽象人性论"，就是资产阶级社会的"政治人"，成为资本主义制度的社会基础。因此，关于人的争论，必须归结到是"个人本体"还是"人民中心"，不能笼统地讲"人学"或"以人为本"。胡乔木的文章不涉及这个层面在当时可以理解，甚至完全必要，但思想隐患也就没能被真正清除。资产阶级自由化思潮很快就在 20 世纪 80 年代两度泛滥，世界观这一重大思想政治领域直至今天还在相当程度上是模糊不清的"灰色地带"。明确世界观问题上的重大争论本质上是政治原则问题而不是学术观点问题，这对于坚持马克思主义的指导地位十分必要。

20 世纪 80 年代，一些人借助国外某些学者的观点公然否定自然辩证法，把辩证法限制在人类历史和实践领域，把马克思主义哲学仅概括为"历史唯物主义"，这是实践本体论试图取代物质本体论的第一步。随后的 20 世纪 90 年代，一些人借助西方哲学的所谓"生存论"转向否定认识论哲学，从而抹杀唯物论和唯心论的对立，鼓吹马克思主义哲学的"实践的唯物主义转向"，这是实践本体论试图取代物质本体论的关键一步，是对辩证唯物主义的根本颠覆。与此相关，恩格斯的《自然辩证法》和列宁的《唯物主义和经验批判主义》在一些人那里似乎成了反面教材，只有在被批判的时候才会偶尔提及。由于这些根本颠覆马克思主义哲学的倾向没有受到有力的批判抵制，打着"反宏大叙事""反历史决定论"旗号去唯物论、否定历史客观规律的思潮就必然泛滥，必然造成理想信念混乱的恶果。在干部队伍中，"也有的对共产主义心存怀疑，认为那是虚无缥缈、难以企及的幻想；有的不信马列信鬼神，从封建迷信中寻找精神寄托，热衷于算命看相、烧香拜佛，遇事'问计于神'；有的是非观念淡薄、原则性不强、正义感退化，糊里糊涂当官，浑浑噩噩过日子；有的甚至向往西方社会制度和价值观念，对社会主义前途命运丧失信心；有的在涉及党的领导和中国特色社会主义道路等原则性问题的政治挑衅面前态度暧昧、消极躲避、不敢亮剑，甚至故意模糊立场、耍滑头，等等"。这些问题的根子就在习近平同志所指出的："我们一些同志之所以理想渺茫、信仰动摇，根本的就是历史唯物主义观点不牢固。"① 有鉴于此，今天借学习党史的东风，加强唯物论哲学教育，反对形形色色的唯心论哲学，恰逢其时。

需要指出，自由个人主义世界观，并非如一些人认定的，就是私心杂念多一点，不是什么政治原则问题。实际上，眼光狭隘，私心较重，只是自由个人主义世界观的部分自发表现，而不是它政治本质的反映。自由个人主义塑造的作为资本主义社会支撑的"抽象的个人"，之所以能够成为资本主义社会的"天然基础"，就因为这种个人的"天性"体现了资本私有制、个人权利本位和合理利己主义的天然追求，舍此则违背人的天性，违反自然法则。这就是自由个人主义的政治实质，也是它攻击社会主义是"人为设计"社会的依托。"抽象的个人"通过自发性维护资本主义社会的政治秩序，而"现实的人"则引领人类不断克服自发性，自觉创造自己的历史。因此，私心杂念等要具体分析，区别对待，也不能急于求成。但是，对于自由个人主义世界观，我们必须从政治高度加以批判抵制，一刻也不能放松。

三、旗帜鲜明讲政治：从立党立国的哲学世界观基础做起，把党的自我革命不断引向深入

哲学世界观的坚守，是加强党的政治建设的基础，坚守马克思主义的辩证唯物论实践观具有特殊的意义。这一前提决定了马克思主义科学实践

---

① 中共中央文献研究室. 十八大以来重要文献选编：上. 北京：中央文献出版社，2014：116.

观所讲的实践必定是以客观世界（即"自在之物"）为对象的实践，因而必定是客观的、开放的、无限的物质变换运动，必定是以反映论为基础的认识世界和改造世界的过程，必定是以人民为主体的历史活动和社会变革。这就决定了党的自我革命不是出自抽象的"道德命令"，而是出自改造客观世界的必然要求，其内在动力的强大和检验标准的严格无与伦比。时代是出卷人，人民是阅卷人，我们党是答卷人，"赶考"永远在路上。

相反，主张以实践为基础的"唯物论"（即"实践本体论"）所讲的实践，就必然成为主体设定客体、主体自我外化的主观性活动，就必定成为从个体需要和人性诉求出发的意志性活动，就必定成为排斥客观真理和科学认识的实用主义。事实证明，所谓的实践本体论归根到底就是个人本体论，就是个人主义哲学，而个人权利本位无疑是西方所谓自由民主制度的法理基础。正如马克思在《神圣家族》中指出的那样，市民社会的抽象个人（即作为"权利本位"的人）崇尚自我、多元、去中心，是资产阶级社会多党政治、投票民主的**"自然基础"**①。消解辩证唯物论的实践本体论，从哲学上割裂了党和人民的整体性关系，就必然从根本上动摇中国特色社会主义制度。

反共分子深谙此道。国际反华政客在肆无忌惮地攻击新中国和中国共产党时，除了重弹中共"正在塑造一种这个世界很长时间都没有见过的新威权主义"的老调外，还露骨地把矛头指向中国共产党领导的中国国家制度。针对西方反华势力企图割裂中国共产党和中国人民、新中国和传统中国的政治图谋，我们必须坚决捍卫我们立党立国的哲学世界观基础，在思想政治的制高点上揭露其狂妄无理的嘴脸。

第一，在全党开展辩证唯物主义世界观、方法论学习，把坚持科学世界观作为新的历史条件下思想建党、理论强党的重点，作为深化党的政治建设的动力。坚持思想建党、理论强党是实现马克思主义政党思想领导权的途径。对于社会主义国家的执政党而言，"掌握思想领导是掌握一切领导的第一位"②。由于现代无产阶级的解放事业不是仅解放自身，而是消灭

---

① 马克思，恩格斯. 马克思恩格斯文集：第1卷. 北京：人民出版社，2009：312.
② 中共中央文献研究室. 毛泽东文集：第2卷. 北京：人民出版社，1993：435.

阶级、解放全人类的高度自觉自为，又由于工人阶级领导的社会革命是在资本主义雇佣劳动制条件下发动的，工人阶级在物质生产资料的生产活动中毫无发言权，要获得革命的道义力量和坚定信念，就只能依靠马克思主义科学理论。工人阶级只有以马克思主义为指导，才能站在历史的制高点上摧毁资本主义社会的道德高地，"让思想冲破牢笼"，激发人民群众的历史创造性。因此，坚持思想建党、理论强党不仅是中国共产党的成功之道，也是马克思主义政党应当遵循的建党原则。

坚持唯物论、反对唯心论是中国共产党进行理论创新和理论武装的思想基础。理论创新必须遵循探索真理的正确方向，这就是"实事求是"，否则就会南辕北辙、徒劳无功。因此，无论是提高全党马克思主义理论水平、造就高水平的马克思主义理论队伍，还是在重大历史关头统一思想，辩证唯物主义世界观、方法论教育总是党的不二选择。今天，我们要推进"不忘初心、牢记使命"主题教育常态化，坚持思想建党、理论强党，把当代中国马克思主义理论学习和坚定理想信念落到实处，切实加强党的自我革命和党员的世界观改造，化解西方意识形态渗透风险，必须深入开展马克思主义科学世界观学习。

对马克思主义科学世界观的学习要真正打通党的政治建设、思想建设和理论建设的联系，使党的政治建设真正达到理论自觉和思想统一。要统一全党的认识，明确坚持什么样的哲学世界观是重大政治原则问题，明确辩证唯物主义和历史唯物主义与"实践哲学"的本质区别，明确辩证唯物论的实践观与"实践哲学"的实践观的本质区别，明确"以人民为中心"和"个人为本"的本质区别。必须看到，马克思主义哲学的创新，决不是哲学世界观上的"范式转换"，要坚持辩证唯物主义世界观、方法论不转向，把马克思主义哲学创新的重点转移到如何为中国特色社会主义的制度建设服务上，加强对西方哲学流派及其话语体系的分析批判。

第二，加强历史经验的总结，尤其是改革开放以来重大思想斗争历史的总结，把准今天西方对我国意识形态渗透的新特点，掌握具有新历史特点的思想舆论斗争的主动权。从反"和平演变"到反对资产阶级自由化，再到防止"颜色革命"和思想渗透，充分表明帝国主义"亡我之心不死"，意识形态领域的斗争一刻也不能放松。思想领域的斗争始终交织着重大政治原则、思想认识问题和学术研究观点，往往难以分辨，需要划出明确的边界，统筹旗帜鲜明讲政治和毫不动摇促"双百"（百花齐放、百家争鸣）。既要看到哲学世界观的政治内涵，又要看到其多重含义，善于把握作为人生观的个人主义和作为意识形态的自由个人主义的联系和区别，既不放松世界观改造，又不随意上纲上线。需要把毛泽东在《关于正确处理人民内部矛盾的问题》里制定的辨别"香花""毒草"的六条标准，结合新的历史条件进行新概括、新阐发，为更好地区分政治原则问题和思想认识问题提供依据。

历史经验表明，历史的大变局必然伴随着思想大动荡，在历史的转折关头保持战略定力最重要。坚持辩证唯物主义世界观、方法论不转向是我们保持战略定力的保障，表明党领导的伟大社会革命和党的自我革命具有内在一致性，表明在事关党的生存根基上不存在所谓的"转型"，我们不能随波逐流。离开根基的所谓"转型"是最大的政治风险。某个时期十分流行的从传统社会向"现代社会"转型，从"革命党"向"执政党"转型，从"革命意识形态"向"建设意识形态转型"就是典型的例证。尽管这一类劝告有的是出于好心，但马克思主义理论的彻底性让我们对此难以认同，因为随波逐流的"转型"是丢弃初心的根源。

第三，以坚持科学世界观为突破口，努力构建具有中国特色的哲学社会科学。坚决改变哲学社会科学对于西方话语体系、学术体系的依附，坚决破除哲学社会科学抽象人性论的价值预设。

抽象人道主义话语始终是西方进行思想渗透的工具，不能无批判地照搬。抽象人性论是以抽象个人为依据的价值诉求，为个人主义、利己主义价值观奠定基础。社会主义制度不靠抽象的人性支撑，但是绝对合乎人性；人的社会性是社会主义制度合乎人性的价值观基础。正如马克思指出的："既然人天生就是社会的，那他就只能在社会中发展自己的真正的天性；不应当根据单个个人的力量，而应当根据社会的力量来衡量人的天性的力量。"[①] 坚持社会主义道路是人的自由全面发展（包括人性的不断完

---

① 马克思，恩格斯. 马克思恩格斯文集：第 1 卷. 北京：人民出版社，2009：335.

善）的必由之路。

要在运用唯物辩证法和历史辩证法设置议题方面取得突破，坚决破除盲目跟随西方哲学社会科学设置议题的倾向；要面向我国的发展实际并且根据不断变化的实践需要，具有前瞻性地设置议题。议题的设置不能背离马克思主义关于资本主义必然灭亡、共产主义必然胜利的科学论断，要特别警惕在整体分析框架上颠覆马克思主义的话语。例如，用所谓"前现代、现代、后现代"一类西方学术议题模糊并取代马克思主义关于资本主义和社会主义两种现代化的分析框架。

哲学社会科学的各类概念、范畴，归根到底是社会运动和历史发展客观规律的反映，因而其本质上是变化发展的。必须打破封闭、僵死的学科概念体系，逐步建立微观层面和宏观层面及其相互转化的学科概念体系。不能把自由、平等、民主、人权等概念僵化、抽象化，必须把这些概念作为历史范畴融入哲学社会科学的学科体系中。不能盲目跟随西方学术思潮，必须加强分析鉴别，以我为主，从中国特色社会主义伟大实践中提炼学术议题，开展学术研究，形成学术队伍、学术流派和学术成果。

第三节　坚持辩证唯物主义世界观与改造世界观

哲学是一切思想理论的世界观基础，因而高度重视思想理论建设的中国共产党在坚持什么样的哲学世界观问题上从来不含糊，这就是毫不动摇地坚持辩证唯物主义世界观。毛泽东指出："世界观是辩证唯物主义，这是共产党的理论基础。无产阶级专政与阶级斗争的学说是革命的理论，即运用这个世界观来观察与解决革命问题的理论。"[1] 当代世界风云变幻、云谲波诡，而干扰人们正确判断历史大势的一根魔杖，就是近些年来势汹汹的反唯物论思潮，即使在世界社会主义运动内部，借口批判普列汉诺夫和苏联教科书的教条主义而肆无忌惮地妖魔化辩证唯物主义的风头也很盛。面对这一新形势、新挑战，以习近平同志为核心的党中央旗帜鲜明地坚持

---

① 中共中央文献研究室. 毛泽东文集：第 8 卷. 北京：人民出版社，1999：5.

辩证唯物主义世界观，多次申明辩证唯物主义是中国共产党人的世界观、方法论。辩证唯物主义是中国共产党借以掌握客观规律、判断国内外形势、确定社会主要矛盾和中心任务以及自我革命要求的科学世界观与方法论。因此，我们党对于辩证唯物主义世界观的坚持，从来不是依据所谓的普列汉诺夫和苏联教科书的解读模式，而是依据在自身的实践中逐步形成的对于这一世界观的科学理解。哲学社会科学工作者的一个重要使命，就是系统阐明中国共产党人对于辩证唯物主义世界观、方法论的坚持和运用，这要通过在改造客观世界的同时改造主观世界来实现。我们需要从历史和思想逻辑方面，弄清楚上述这股反唯物论的歪风是如何刮起来的，为什么坚持辩证唯物主义必须加强世界观的学习和改造。

一、哲学世界观的斗争与真假马克思主义

马克思主义在世界历史的大变动中诞生，也必然在新的历史大变动中经受考验。这种考验，在马克思主义成为世界社会主义运动的主流思想后，就集中在真假马克思主义之争上。历史证明，僵化教条和背弃基本原理是从"左"与右两个方面搞假马克思主义，而历史大变动中处于低潮的社会主义运动，则容易出现否定马克思主义基本原理的极右倾向。对于马克思主义和共产主义丧失信心，根子在怀疑历史发展的客观规律，怀疑马克思主义"两个必然"的科学结论，把社会主义的精神支点从科学理论转向伦理道德。因此，伴随着对于辩证唯物主义世界观、方法论的否定，这必然表现为哲学世界观上的斗争。

20世纪初的世界历史发生了三大变化：一是资本主义发展到了帝国主义阶段，除了其原有的阶级对抗，又形成了世界范围的资本主义宗主国和殖民地半殖民地人民的对抗性矛盾；二是在世纪交替相继完成的"物理学革命"，在推动新的工业革命发展的同时，也引发了人们关于世界存在的客观性和科学的客观真理属性的思想混乱；三是继19世纪末欧洲无产阶级革命陷入"沉默"至20世纪来临，民族解放运动也波澜不惊，革命前景不明。俄国作为当时世界历史大变化的聚焦点，深刻感受到了历史变动带来的思想冲击。俄国无产阶级政党内部率先爆发了争论，试图通过经验批判

主义"回到康德"开始成为一种时髦。列宁敏锐地认识到这是一场真假马克思主义之争，其要害在于是否坚持辩证唯物主义世界观，而哲学世界观上的动摇将为僧侣主义、信仰主义等打开大门，把社会主义变成一种宗教式的祈盼，从而根本颠覆共产党的指导思想，完全丧失进行革命实践的科学依据。

问题的复杂性在于当时一大批科学家倒向了唯心主义哲学。虽然列宁称他们为"绝大多数现代自然科学家自发地主张的唯物主义认识论的拥护者"，但仅靠这种"自然科学的唯物主义"倾向根本无法有效防范倒向唯心主义的危险。20世纪初的"物理学革命"打破了人们习惯地从"实体"方面认同物质的传统观念，致使一大批自然科学家从自发的唯物主义转向唯心主义，成为列宁所说的伟大的科学家、"渺小的哲学家"。自然科学家的这种转向不仅有碍科学的健康发展，更加剧了马克思主义政党在指导思想上的混乱。唯物主义哲学确立物质本体，就是把客观实在及其规律作为科学的对象，把客观真理作为最高的价值追求。因此，坚持马克思主义必须遵循这一根本的哲学立场。但是，自发的唯物论在理论上不彻底，在实践上摇摆出错，不能把唯物主义坚持到底。事实证明，坚持彻底的唯物主义，就必须自觉地用辩证唯物主义武装头脑，加强世界观的改造。

坚持辩证唯物主义世界观是需要勇气的。探索客观规律、追求客观真理首先难在摆脱狭隘利益眼界的束缚，真正敢于面对新陈代谢的历史趋势。列宁曾这样讲过："有一句著名的格言说：几何公理要是触犯了人们的利益，那也一定会遭到反驳的。"① 社会生活的重重迷雾，源自占统治地位的既得利益集团依托其强大经济统治力编织出的意识形态神话。要破除现存不合理的利益格局藩篱，为遭遇不公平命运的民众谋利益，不要说不能心存杂念，就是仅有同情心或善心也无济于事。革命的批判的精神是唯物辩证法的基本品格，它**要对现存的一切进行无情的批判，所谓无情，意义有二，即这种批判不怕自己所作的结论，临到触犯当权者时也不退缩**②。所以，坚持辩证唯物主义世界观，首先需要具备大无畏的革命

① 列宁. 列宁选集：第2卷. 3版. 北京：人民出版社，1995：1.
② 马克思，恩格斯. 马克思恩格斯全集：第1卷. 北京：人民出版社，1956：416.

精神。

坚持辩证唯物主义世界观是需要艰苦付出的。社会历史领域较之自然领域的最大区别，就在于这是一个充斥着人类的意志、欲望及其能动作用的领域。在这一领域探寻客观规律不仅艰难，而且其结果很容易以忽视人及其能动性为由遭到曲解。但是，正如马克思所指出的，唯心主义对于人的能动性"只是抽象地发展了，因为唯心主义当然是不知道现实的、感性的活动本身的"①。真正发掘人的主观能动性和创造力的是彻底的唯物论，即辩证唯物主义。要认识和把握不断变化的客观世界，做到一切从实际出发，不仅需要拨云见日，透过现象看本质，还需要与时俱进、永不懈怠。要认识和把握纷繁复杂社会现象中的历史大势，不仅需要批判的武器，还需要武器的批判，真正投身于人民群众的革命事业。可见，坚持辩证唯物主义世界观、方法论，就是一个不断地把改造客观世界与改造主观世界努力统一起来的过程，在推动世界革命变革的同时，不断地进行自我革命。

正因为如此，围绕是否坚持辩证唯物主义世界观、方法论的斗争，就必然是关系马克思主义政党先进性和纯洁性的重大斗争。"回到康德"，鼓吹伦理社会主义，本质上是屈从现实、放弃无产阶级政党领导人民开创历史未来责任的投降主义行为。马克思主义一再强调"现实"与"现存"的区别：马克思主义必须立足现实，但绝不屈从现存。所谓立足现实，是按照历史规律和人民的根本利益去推动社会变革、造福人民、促进人的自由全面发展；而伦理社会主义的所谓"回归生活"，则是认同占统治地位的资本主义价值观，在不触动现有利益格局下为自己捞取一口"羹"。因此，把马克思主义科学信仰一分为二——一面是遥远彼岸的伦理冲动，另一面是"贴近生活"的利益诉求——是马克思主义政党思想堕落、政治变质的表现。这实际上是资本主义社会宗教和世俗生活二重化在社会主义运动中的忠实反映，是对于资本主义现实的认同和臣服。可见，坚持辩证唯物主义世界观，无疑是马克思主义政党沿着正确的思想路线前进的保障。

20世纪末苏联解体、东欧剧变的后遗症就是在世界范围内掀起了怀

---

① 马克思，恩格斯. 马克思恩格斯文集：第1卷. 北京：人民出版社，2009：503.

疑、否定马克思主义关于资本主义必然灭亡、共产主义必然胜利这一科学判断的声浪。与此同时，新一轮科技革命正在深入发展，科学发现和创新层出不穷，但在哲学世界观上也似乎为否定世界的物质统一性提供了新依据。试图用最新科学证明存在着"灵魂"、"生命轮回"以及非物质的"幽灵空间"的僧侣哲学、信仰主义，不仅为西方一些科学家所青睐，也成为时尚的哲学。至于一些有违科学道德的所谓"科学实验"，更是屡屡发生。说到底，这不仅是人生观、价值观出了问题，更是世界观出了偏差，是这些年来一边倒地否定唯物主义哲学的苦果。科学的发现及其运用之所以需要道德制约，这不仅是眼前利益、个人利益与长远利益、人类利益的博弈，归根到底是以自然界为基础的客观世界对于人类的制约，是人类的历史活动必须要遵循的客观规律。现代西方哲学否定认识论哲学的所谓"生存论转向"，其实就是彻底抛弃唯物主义哲学的主观唯心论转向，其特点就是把实践与认识论切割，打着消除"主客二分"的旗号鼓吹实践本体论，通过折中主义、相对主义和现象学消解唯物论与唯心论的界限，否定价值诉求的客观真理性而实现唯心论哲学的一统天下。事实很清楚，如果人类历史发展没有客观规律和客观真理，那么当下居优势地位的社会势力，就可以通过所谓"民意"左右价值观而为所欲为。历史辩证法就是这么明白无误地告诉我们，客观规律和客观真理天然站在人民一边，而离开客观真理的价值诉求，天然有利于既得利益集团。因此，面对否定辩证唯物论的严峻挑战，我们必须向以习近平同志为核心的党中央看齐，不断提高坚持辩证唯物主义世界观、方法论的自觉性，努力改造世界观。

二、世界观的改造与我国知识分子的历史使命

面对西方否定唯物论哲学的所谓"生存论转向"，党中央没有"转向"，但学界主张马克思主义哲学"实践论转向"的呼声却很高，从中不难发现一些知识分子（其中许多是党员知识分子）在世界观方面的问题。在我国今天，关于知识分子的政治地位和社会价值，已经具有高度共识。对于党和国家，尊重知识、尊重人才是基本方针，国家栋梁、宝贵财富是对知识分子总体评价；对于广大知识分子，科学无国界而科学家有祖国，

知识无边界但知识分子有立场是价值共识。因此，报效祖国、担当民族复兴大任已成为知识分子群体日益自觉的行为，他们中的许多人已成为中国共产党员。但是，这并不等于说我国知识分子在价值取向方面已经没有问题了。且不说在历史的大浪淘沙中不时掀翻一些溺水者，吓退一些胆小者，淘汰一些观望者，就是在大体上顺应中国特色社会主义潮流的队伍中差异性也很大，这里不仅有先进后进之分、做事做人之别，更重要的是在同党和人民保持一致上的差异、在中国特色社会主义认同上的差异。由于知识分子的社会影响力，这一差异不仅造成了个人在爱国奉献上的差距，而且可能成为我们在新的历史条件下开展思想舆论方面斗争的聚焦点。

毛泽东在 60 多年前有一个判断：我国知识分子"绝大多数人都是爱国的，爱我们的中华人民共和国，愿意为人民服务，为社会主义的国家服务"①；同时又必须看到："世界观的转变是一个根本的转变，现在多数知识分子还不能说已经完成了这个转变。我们希望我国的知识分子继续前进，在自己的工作和学习的过程中，逐步地树立共产主义的世界观。"② 毛泽东的这个判断是科学的，既对政治立场与世界观转变做了区分，又指明了两者不可分割的联系。政治立场最接近社会经济基础，最容易随着经济基础的改变而改变；世界观则高悬于社会经济基础之上，可以在经济基础面前保持相对独立性。因此，一个自由个人主义者，在其世界观没有得到根本改变之前是可以为社会主义国家服务的，因为世界观问题而不信任甚至排斥这些知识分子是错误的。但是，世界观又不是无关紧要的纯粹私事，它不仅关系着个人政治立场是否自觉和坚定，还关系着国家的意识形态安全，必须高度重视。我们曾经说过，需要区分人生观和世界观两种意义上的个人主义，世界观意义上的个人主义，由于涉及去中心化、个人权利本体等个人与制度的关系问题，对于个人的政治立场有较为直接的影响。因此，改造世界观意义上的个人主义就是较为紧迫的任务。

目前有两个新情况要求我们更加重视知识分子的哲学世界观问题。其一，中国特色社会主义进入新时代，其制度日益定型完善，对于哲学基础

---

① 中共中央文献研究室. 毛泽东文集：第 7 卷. 北京：人民出版社，1999：268.
② 同①225.

的要求不断提高，政治认同与哲学世界观的联系也日趋紧密。如果说，过去我们反对个人主义及其衍生的拜金主义、享乐主义等，主要是人生观方面的斗争，那么今天反对个人主义已经越来越具有政治意义。因为在过去，个人主义主要是个人的价值追求，而在今天，随着知识分子越来越成为国家公务员队伍的主体，个人主义则越来越影响着个人的政治立场和制度认同。同时要看到，如今自由个人主义在我国尤其是知识界（包括部分党员知识分子中）还有相当的市场，存在着不少政治上拥护社会主义而哲学上信奉个人主义的学者。令人担忧的还在于，一些人并不感到这里有什么矛盾，认为共产主义可以与个人主义并行不悖，因而对于个人主义十分包容乃至放纵。实际上，这一状况已经成为增强"四个意识"、坚定"四个自信"、做到"两个维护"的重大思想障碍。说到底，在个人主义哲学世界观的基础上，不可能有坚定不移的中国特色社会主义的政治认同。因为坚持共产党的领导是中国特色社会主义制度的本质特征和最大优势，而个人主义哲学世界观却把"去中心"的个人中心视为人格独立、精神自由的根本，嘲弄愿做"革命螺丝钉"的雷锋精神，也就不可能有坚定的共产主义信仰、真正认同坚持共产党的领导。可见，坚持辩证唯物主义世界观、方法论，不但要在全党及全社会开展学习辩证唯物主义、批判唯心论和形而上学的教育，更要针对个人自由主义的唯心论，加强世界观的改造。

其二，意识形态与社会存在的交叉融合日益明显，其功能发挥的侧重点向日常生活方式、信息网络交往和学科学术发展偏斜，使得世界观、方法论的意识形态属性更为突出。本来，哲学社会科学都具有一定的意识形态属性，但西方真正的哲学社会科学学科体系、学术体系和话语体系的形成是在资产阶级古典理论逐步丧失优势地位以后，因而与马克思主义的哲学世界观、方法论相去甚远。资产阶级古典理论敢于探索社会历史的发展规律，体现了资产阶级在上升时期追求真理的勇气，因而在世界观、方法论上与辩证唯物主义有相通之处。马克思与恩格斯曾称黑格尔的客观唯心主义为"头足倒立的唯物主义"，列宁则做出过"聪明的唯心主义比愚蠢的唯物主义更接近于聪明的唯物主义"[①] 的判断。与此同时，他们也毫不

---

① 列宁. 列宁全集：第55卷. 2版. 北京：人民出版社，1990：235.

客气地指出，包括黑格尔在内的唯心主义哲学家因极其害怕"唯物论"这个词而有意加以回避，这暴露了他们不敢完全直面客观真理的局限性。

进入帝国主义时代以后，西方哲学的主流不仅更加武断地否定唯物论哲学，而且完全蜕变为黑格尔所说的"坏的唯心主义"即主观唯心主义，个人主义也迅速从张扬个性滑向以自我为中心。因此，在这一时期逐步建立并体系化的西方哲学社会科学，由于否定客观规律和客观真理，制造现象与本质的对立，从而表现出明显的科学与价值的二元论倾向。哲学社会科学各学科大体上都是从抽象的人性假设出发，同时以实证主义的方式建立起学科体系，即在经验、局部、孤立基础上的模型化、数据化和概念体系，而根本排斥本质、规律和整体性。正因为如此，发展中国特色社会主义哲学社会科学，就不能照搬西方的学科体系和学术话语，而必须超越抽象人性论和实证主义的眼界，在批判吸收其合理因素的基础上，通过自主创新，建设自己的学科、学术和话语体系。这正是以习近平同志为核心的党中央赋予我国哲学社会科学界的重任。

虽然学界对于这一使命热烈地回应，但真实的进展不容乐观。不客气地说，现在学界实际上存在着一种集体无意识，即把马克思主义世界观、方法论视为"意识形态"而在学术上加以拒斥，致使马克思主义在哲学社会科学领域的指导作用流于表面。这一集体无意识的背后，就是去唯物论后的个人主义哲学意识。改革开放以后，许多学科在恢复、重建的同时，大量引进了西方的学科体系和学术规范，进入这些具体学科的学者如果不自觉地学习辩证唯物主义和历史唯物主义，就会自发地倒向以抽象人性论为基础的个人主义。囿于这一哲学视野，"科学"似乎就是价值无涉，就是可以"证伪"，仅限于现象和经验范围，否则就是信仰，就只能以人性为最高尺度，因而价值前提就只能是人性预设。作为工人阶级的世界观、方法论和建立在对人类历史发展规律科学认识之上的马克思主义，自然会被当作"宏大叙事"而排斥在学科体系、学术话语之外，其指导作用当然就是隔靴搔痒、无济于事了。要破除实证主义科学观和抽象人性论的崇拜，必须把辩证唯物主义世界观、方法论的教育真正落实到国民教育中，而首要的是清除这些年来强加于唯物主义哲学的种种污名，开展世界观、方法论上的唯物论与唯心论的斗争。

三、把实践与认识论切割是"去唯物论"的哲学路径

不难看出，建设中国特色社会主义哲学社会科学的学科、学术和话语体系绝不是单个学科的孤立任务，必须首先把马克思主义的指导落到实处，把辩证唯物主义世界观、方法论运用到学科的建设中。正是在这个至关重要的问题上，我国知识界存在着明显的短板，原因在于对唯物主义哲学的嘲弄和摒弃。这股不正之风当然不只是哲学社会科学界的孤立现象，而是有着深厚的国际背景，体现了当代西方的总体哲学态势，是当今世界历史大变局对于坚持辩证唯物主义世界观提出的新挑战。探究其中的缘由，就哲学本身而言，把实践从认识论中分割出来并使之上升为本体论是关键一环，这样就可以一举排斥客观规律和客观真理。而且由于实践是马克思主义哲学的重要特征之一，通过这种分割将其夸大为马克思主义哲学整体的核心，虚化以至否定物质本体论，其可能造成的思想危害就不易被人察觉，甚至还可能被吹嘘为"哲学创新"。

实践之所以与认识论不可分割，原因在于离开了认识论的实践必然超越唯物论与唯心论的对立，最终滑入主观唯心论的主体性哲学；反过来，排除了实践的认识论，也就失去了论证认识对象客观实在性的可能，在唯心论面前必然束手无策。所以，列宁关于实践的观点是"辩证唯物主义认识论首要的、基本的观点"是一个科学的判断，它不仅强调了实践对于认识论的决定作用，也强调了实践只能作为认识论层面的范畴被加以定位。从认识论看，唯物论与唯心论的对立是基本问题，不容模糊，因为认识论首要的问题就是关于认识的来源问题。正如列宁明确指出的，哲学上两条基本路线的对立，就是"从物到感觉和思想呢，还是从思想和感觉到物？恩格斯坚持第一条路线，即唯物主义的路线"①。坚持唯物论的认识论就必须确认认识本质上是反映论，即认识主体对于客观实在的把握，而物即客观实在是认识的来源。唯心论的认识论尽管形态各异，但共同点就是否认反映论，即否认认识的客观对象是物。因此，列宁认为，实践标准在马赫

---

① 列宁. 列宁选集：第2卷. 3版. 北京：人民出版社，1995：37.

与马克思那里有着完全不同的意义。唯心主义的实践哲学只承认现象学意义上的人类实践，即实践只能证明人的需要和人的经验，不能证明自在之物和客观真理。这种实践观支撑着历史多元论、历史相对论和历史选择论，而不可能成为历史唯物主义的基础。只有唯物主义才承认"人类的实践不仅具有（休谟主义和康德主义所谓的）现象的意义而且还具有客观实在的意义"①，并证明"自在之物"不仅存在，而且可知。可见，把实践与认识论进行切割，本质上就是把实践与自在之物切割，使之从属于主体自身的需要和能力，从本体论上取消唯物论与唯心论的对立，从而否定物质本体论。

实践与认识论的这种内在关系证明了所谓"实践本体论"的荒谬。实践（认识论）是可以架设在自在之物和为我之物之间的桥梁，但实践并非"自在之物"本身。正如存在着唯物论与唯心论的认识论之别，也存在着唯物论与唯心论的实践论之别。实践天然具有功利性，但并不天然具有唯物性。以实践为基础的哲学，可以走向唯物论哲学，但更容易走向意志论的唯心论哲学。也就是说，从实践出发或以实践为基础，不能解决世界的物质统一性、人类社会的客观规律性和客观真理问题，不能区别马克思主义哲学与唯心主义的实践哲学。因此，不能用实践说明唯物论，而必须用唯物论去说明实践。"在唯物主义者看来，人类实践的'成功'证明着我们的表象同我们所感知的事物的客观本性相符合。在唯我论者看来，'成功'**是我在实践中**所需要的一切，而实践是可以同认识论分开来考察的。"② 注意，实践成功证明的是"我的主观需要"还是"主观和客观相一致"，这是唯物论和唯心论在实践上的分野。坚持认识论、逻辑和唯物辩证法的统一，才有辩证唯物主义世界观，这是马克思主义哲学的根基和核心。

从马克思哲学变革的基本历程看，马克思与恩格斯是在实现了唯物论的转向后，以此为基础才制定了科学的实践观，不能离开马克思的唯物论转向孤立地谈论科学实践观奠立了马克思哲学的基础。正因为如此，列宁反复强调，马克思是沿着费尔巴哈唯物主义的哲学路线继续前进，才创立

---

① 列宁. 列宁选集：第 2 卷. 3 版. 北京：人民出版社，1995：81.

② 同①100.

了辩证唯物主义世界观。马克思与费尔巴哈在认识论上的一致性，决定了他的实践观也必然与费尔巴哈有着共同的基础，这种一致主要表现在两方面：其一，马克思认同费尔巴哈关于客观自然界是人类活动（包括实践）的基础，而人的认识活动只是通过语言的翻译去了解客观事物的观点。费尔巴哈认为，这些词不是没有意义的，不是没有客观内容的；但是，我还是应当把原文与译文区别开来。这就是说，主宾不能颠倒，认识论、实践观的正确导向是唯物论。马克思同样提出了要区分认识活动中的"正本"与"副本"（即现实历史及对历史的解析）问题，批判唯心论颠倒了两者的关系。尽管马克思在《关于费尔巴哈的提纲》中主要谈论费尔巴哈的不足，但仍然充分肯定了他"想要研究跟思想客体确实不同的感性客体"，表明了与唯心主义实践观的对立。

其二，马克思认同费尔巴哈不是人为自然界立法，而是自然界确立人类理性的界限的观点。这就是说，自然界的秩序、必然性等不是从意识、理性、逻辑等引申出来的，而是客观世界自身的属性。由此可以得出结论：自然辩证法是历史辩证法的基础，客观辩证法是主观辩证法的依据；自然界不是人类理性的一部分，而人类理性只是自然界的一小部分；人的能动性不是根源于人的精神，而是根源于认识客观规律性。因此，实践不可能是世界的本体。在《唯物主义和经验批判主义》中，列宁充分肯定了费尔巴哈的哲学唯物论贡献，甚至做出了这样一些重大的评价："费尔巴哈的观点是彻底的唯物主义观点"，"费尔巴哈把人类实践的总和当作认识论的基础"①。列宁对于唯物论哲学的倾心，足以让那些蔑视唯物论哲学的人汗颜。

把实践与认识论剥离，通过去唯物论而鼓吹"实践本体论"，这股风气在我国哲学界一度来势凶猛。当今我国思想理论界的一个最大的落差，可以说就是以习近平同志为核心的党中央旗帜鲜明地坚持辩证唯物主义，而我们的校园、课堂却依然充斥着否定唯物论哲学的氛围。用实践哲学取代唯物论哲学被冠以"创新"而成为时尚，否定辩证唯物主义和历史唯物主义的唯物论哲学传统被自诩为"实践唯物主义的转向"，用"以实践为

---

① 列宁. 列宁选集：第2卷. 3版. 北京：人民出版社，1995：116，102.

基础的唯物主义"否定唯物论与唯心论的对立被誉为马克思主义哲学的"现代化",所有这些集中到一点,就是否定物质本体论,否定自然辩证法,否定客观真实的规律。实践本体论的要害就是否定自然辩证法。所以,坚持唯物论的实践观,关键是坚持自然辩证法。列宁突出强调恩格斯的下述思想:"在《路德维希·费尔巴哈》里,我们同样可以读到:'外部世界和人类思维的运动的一般规律在本质上是同一的,但是在表现上是不同的,这是因为人的头脑可以自觉地应用这些规律,而在自然界中这些规律是不自觉地、以外部必然性的形式、在无穷无尽的表面的偶然性中为自己开辟道路的,而且到现在为止在人类历史上多半也是如此。'"①

我们可以断定,20世纪80年代,一些人借助国外某些学者的观点公然否定自然辩证法,把辩证法限制在人类历史和实践领域,把马克思主义哲学仅概括为"历史唯物主义",是实践本体论试图取代物质本体论的第一步。随后的20世纪90年代,一些人借助西方哲学的所谓"生存论"转向否定认识论哲学,从而抹杀唯物论与唯心论的对立,鼓吹马克思主义哲学的"实践唯物主义的转向",是实践本体论试图取代物质本体论的关键一步,是对辩证唯物主义的根本颠覆。与此相关,恩格斯的《自然辩证法》和列宁的《唯物主义和经验批判主义》在一些人那里似乎成了反面教材,只有在被批判时才会偶尔提及。去唯物论、否定历史客观规律必然造成理想信念混乱的恶果,干部队伍中也"有的对共产主义心存怀疑,认为那是虚无缥缈、难以企及的幻想;有的不信马列信鬼神,从封建迷信中寻找精神寄托,热衷于算命看相、烧香拜佛,遇事'问计于神';有的是非观念淡薄、原则性不强、正义感退化,糊里糊涂当官,浑浑噩噩过日子;有的甚至向往西方社会制度和价值观念,对社会主义前途命运丧失信心;有的在涉及党的领导和中国特色社会主义道路等原则性问题的政治挑衅面前态度暧昧、消极躲避、不敢亮剑,甚至故意模糊立场、耍滑头,等等"②。有鉴于此,今天全党应该加强唯物论哲学教育,加强自然辩证法的

---

① 列宁. 列宁选集:第2卷. 3版. 北京:人民出版社,1995:118.
② 中共中央文献研究室. 十八大以来重要文献选编:上. 北京:中央文献出版社,2014:339.

学习和研究，反对形形色色的唯心论哲学。

四、世界观的转变是个根本的转变

毛泽东一贯强调知识分子的世界观转变，强调在知识分子中提倡并长期坚持学习马克思主义。不可否认，由于当时的历史条件，毛泽东把这种世界观的转变与知识分子的阶级属性、政治立场内在地联系起来，因而在今天需要与时俱进。但是，他的基本思想是正确的，在今天仍有指导意义。我们除坚持毛泽东关于世界观与政治立场之间相互联系的基本思想外，还要特别关注他的以下观点：

第一，对于思想阵地，包括个人的世界观，如果正确思想不去占领，错误思想就必然占领，不存在真空的所谓"思想自由"。现在有不少人借口"学术自由""人格独立"而宣扬"价值中立"，拒绝学习马克思主义，拒绝谈论世界观改造，甚至把马克思主义的指导视为学术创新、个人发展的障碍，这正是今天这些人包括一些党员领导干部在内缺乏理论兴趣的根源。毛泽东对此指出，其实这是某些人头脑里旧思想对新思想抵制而产生的消极情绪："听说有些文学家十分不喜欢马克思主义这个东西，说有了它，小说就不好写了。我看这也是'条件反射'。什么东西都是旧的习惯了新的就钻不进去，因为旧的把新的压住了。说学了马克思主义，小说不好写，大概是因为马克思主义跟他们的旧思想有抵触，所以写不出东西来。"① 习近平也强调："我说过，思想舆论领域大致有红色、黑色、灰色'三个地带'。红色地带是我们的主阵地，一定要守住；黑色地带主要是负面的东西，要敢于亮剑，大大压缩其地盘；灰色地带要大张旗鼓争取，使其转化为红色地带。"② 开展具有许多新的历史特点的伟大斗争，尤其是思想舆论领域的斗争，应当包括世界观方面的斗争；领导社会主义现代化进程中的共产党人的自我革命，理应包括知识分子党员的世界观改造。

第二，学习马克思主义、改造世界观必须营造气氛、形成风气。我们今天要形成学习马克思主义的风气，必须破除"非意识形态化"的思想氛

① 中共中央文献研究室.毛泽东文集：第7卷.北京：人民出版社，1999：260-261.
② 习近平.习近平谈治国理政：第2卷.北京：外文出版社，2017：328.

围。我们今天必须以经济建设为中心，以满足人民对美好生活的向往为追求，但这并不能成为非意识形态化的借口。大到国家经济建设、改革开放，小到个人修身齐家、做人做事，都有一个为了什么人的价值抉择，这是最大的政治，也是基本的意识形态，谁也回避不了。在今天，谁都可以打民意牌、民生牌、经济牌，但能否做到则由人民评判。问题在于无论人们做何种价值选择，都要落脚到这一选择的思想依据上，意识形态之所以不可回避的原因就在于此。判断价值的思想依据无非是：或感觉主义，诉诸"良知"、亲情一类；或理性主义，诉诸主义、学说一类。应该说，从凝聚力、影响力来说，主义是高于良知的意识形态。马克思主义的不可替代作用，就在于它是科学的意识形态，是通过科学认识世界及其规律而掌握群众，从而成为改变世界的强大力量，也成为个人修身立德的信仰力量。正如习近平指出的："在人类思想史上，就科学性、真理性、影响力、传播面而言，没有一种思想理论能达到马克思主义的高度，也没有一种学说能像马克思主义那样对世界产生了如此巨大的影响。这体现了马克思主义的巨大真理威力和强大生命力，表明马克思主义对人类认识世界、改造世界、推动社会进步仍然具有不可替代的作用。"[1] 不学习马克思主义，就不可能站在人类精神发展的制高点上，也不可能成为精神自由的人，这应成为我国社会的共识，更应成为我国知识分子的共识。

第三，学习马克思主义，改造世界观，必须投身党领导的伟大社会革命，与向人民群众学习紧密结合。改革开放前，我们要求知识分子与工农群众相结合，主要从阶级立场和阶级成分方面看，这点在今天已经不适用。但是，多数知识分子由于社会分工，与基层的社会生活还是有距离的，因而深入生活、深入群众仍是知识分子世界观转变的必由之路。事实已经证明，大自然是人的命脉所在，实体经济是虚拟经济的根基所在，生产生活是精神产品的源泉所在。无论社会如何发展，人才如何重要，最深厚最活跃的源泉仍然是生活的生产和再生产，最强大最真实的创造力仍然蕴藏在人民群众中。密切联系群众，虚心向人民学习，永远不会过时。这就是我们必须始终坚持的辩证唯物主义世界观。

---

[1] 习近平. 习近平谈治国理政：第2卷. 北京：外文出版社，2017：65.

第六章 世界观与马克思主义经典研读

近些年来，对马克思主义研究的最大危害，不是公然否定、摒弃马克思主义并将其边缘化的倾向，而是打着"还原马克思"的旗号，将作为革命家的马克思和作为学者、思想家的马克思加以割裂，将作为人类思想宝库的学术马克思主义和作为工人阶级意识形态的科学马克思主义加以撇清。本来，这种观点的荒谬不言而喻，列宁早就透彻地指出：马克思主义"这一理论对世界各国社会主义者所具有的不可遏止的吸引力，就在于它把严格的和高度的科学性（它是社会科学的最新成就）同革命性结合起来，并且不仅仅是因为学说的创始人兼有学者和革命家的品质而偶然地结合起来，而是把二者内在地和不可分割地结合在这个理论本身中"①。但是，在今天，这一公然撕裂马克思的偏向之所以得逞，就在于其努力攀附和平发展的时代潮流和经济全球化的历史大势，似乎很合时宜。

从宣传角度看，我们今天确实没有必要突出马克思主义的阶级性，但它已经内含在我们突出宣传的"人民性"中；没有必要突出马克思主义的批判性、斗争性，但它也已经内含在我们突出宣传的真理性、开放性中。我们始终毫不动摇地坚持马克思主义的基本原理和理论品格，这与我们在某一历史条件下，突出马克思主义基本原理和理论品格的某些方面并不矛

---

① 列宁. 列宁选集：第 1 卷. 3 版. 北京：人民出版社，1995：83.

盾。马克思的思想追求不是个人的自由批判，而是在追求真理中为工人阶级和人民群众提供科学的理论武装。阶级性和科学性的统一是其本性，这点永远不变。今天，我们在对于马克思主义的理论把握上突出世界观，这既是当今思想舆论斗争的焦点，也是我们完整准确学习马克思主义的有效途径。

第一节　世界观是研读马列经典的切入点

从根本上说，马克思主义是一种崭新的世界观。列宁在谈《共产党宣言》这部标志着马克思主义问世的著作时指出："这部著作以天才的透彻而鲜明的语言描述了新的世界观，即把社会生活领域也包括在内的彻底的唯物主义、作为最全面最深刻的发展学说的辩证法、以及关于阶级斗争和共产主义新社会创造者无产阶级肩负的世界历史性的革命使命的理论。"[①]在"去世界观"倾向严重的今天，突出世界观问题对于准确把握马列经典的精神实质十分必要。

以世界观为切入点学好马列经典意味着：

第一，必须正视世界的统一性，即一元本体论问题，不能回避哲学本体论的当代争论，读经典不能没有立场，不能"非意识形态化"。否定世界的统一性，否定一元论哲学世界观，并将其视为先验理性制造的"大一统"集体意识，是现代的宗教式幻觉，这是当代西方哲学提出的挑战，在国内也有广泛的市场，我们必须加以重视。打破"形而上学的迷误"，实现所谓的"后形而上学"转向，是当代西方哲学开出的"药方"，令不少人错误地将此作为哲学创新的方向。事关当代中国马克思主义哲学的根本立场，我们有责任对此做出科学的分析判断。

第二，必须把哲学世界观作为全部马克思主义的基础，忽视哲学世界观，不可能达到对于马克思主义的整体性理解。毛泽东正确地指出："马克思主义有几门学问：马克思主义的哲学，马克思主义的经济学，马克思

---

① 列宁. 列宁选集：第2卷. 3版. 北京：人民出版社，1995：416.

主义的社会主义——阶级斗争学说，但基础的东西是马克思主义哲学。这个东西没有学通，我们就没有共同的语言，没有共同的方法，扯了许多皮，还扯不清楚。有了辩证唯物论的思想，就省得许多事，也少犯许多错误。"① 今天恰恰存在着忽视唯物辩证法的严重偏向。受实证主义科学观的影响，一些人还试图撇开马克思主义哲学世界观，仅通过政治经济学或科学社会主义完成对于马克思主义的"整体性解读"。殊不知，马克思的政治经济学并不是实证经济学，而是"大写的逻辑"，即唯物辩证法的经济学形式，本质上是世界观。科学社会主义也是如此。正如恩格斯指出的，以往的社会主义学说与唯物主义并不相容，而科学社会主义则是唯物史观和剩余价值学说的产物②。因此，掌握马克思主义哲学世界观，是我们完整准确把握原著精神的基础，应成为研读马列经典的主线。

一、经典著作研读在马克思主义学习中的地位

研读经典著作首先要对其进行定位，即明确其在马克思主义学习中的位置。我们可以从以下两个方面着眼：

第一，必须毫不动摇学好经典著作，把它作为"看家本领"。

首先，经典著作是经典作家思想的基本载体，是学习马克思主义的基本教材，也是辨别真假马克思主义的重要依据。科学地对待马克思主义，前提是准确领悟经典著作的精神，不搞"我注六经"或"六经注我"。

其次，学习经典著作是成为马克思主义者的必由之路。马克思主义是科学信仰，不能自发产生，这也是我们常说的"没有天生的马克思主义者"，必须通过学习自觉造就。自发性就是直观性，只能看到有限的感性事物，看不到普遍联系和事物本质，摆脱不了以自我为中心。从世界观看，克服自发性就是超越个人狭隘眼界，站在现实人类的立场上观察世界，促进社会的革命变革，推动事物的发展进步。

再次，马列经典著作是人类宝贵的精神财富，必须传承弘扬。任何思

① 中共中央文献研究室. 毛泽东文集：第6卷. 北京：人民出版社，1999：396.
② 马克思，恩格斯. 马克思恩格斯选集：第3卷. 2版. 北京：人民出版社，1995：739-740.

想文化作品都有自己产生的特殊历史条件，因而都属于一定的时代；但真正的思想文化作品正因为表现了历史永不复返的独特阶段而具有永久的价值。马克思曾这样赞赏古希腊神话的价值："为什么历史上的人类童年时代，在它发展得最完美的地方，不该作为永不复返的阶段而显示出永久的魅力呢？"① 马列经典著作也不例外。尽管形成它的历史阶段还没有成为历史，但它的永恒的历史价值已经显现，人类文化的承传不能或缺。因此，"根据原著来研究这个理论，而不要根据第二手的材料来进行研究——这的确要容易得多"②，成为研读马列经典的基本要求。

第二，必须毫不动摇地反对本本主义，防止"生吞活剥"、"只言片语"或去意识形态化的"纯文本研究"。

首先，马克思主义大于马克思主义经典著作。这就是说，经典作家的思想不仅写在书本上，而且写在历史和生活中。其传播发展不仅通过经典著作，更通过工人阶级解放事业和世界社会主义运动。可以说，经典文本要转化为活思想必须超出文本，而人类解放事业才是真正的"活经典"。正如恩格斯在马克思墓前所说："他的英名和事业将永垂不朽！"

其次，科学性与革命性、阶级性的内在一致是马克思主义的理论品格。哲学社会科学不能和利益切割，因而其科学性不是"价值无涉"，而是与代表先进社会生产力和现实人类普遍利益的先进阶级要求相联系的。马克思主义是科学，同时也是工人阶级争取解放的理论武器，是工人阶级的自我意识和世界观。因此，它不仅具有不可抗拒的逻辑力量，而且具有激发人们历史主动性的信仰力量。无论革命时期还是建设时期，坚定信仰马克思主义，并因此而团结带领全体人民共同奋斗，是我们取得成功的根本原因。"如果我们不是马克思主义者，没有对马克思主义的充分信仰，或者不是把马克思主义同中国自己的实际相结合，走自己的道路，中国革命就搞不成功，中国现在还会是四分五裂，没有独立，也没有统一。对马克思主义的信仰，是中国革命胜利的一种精神动力。"③

① 马克思，恩格斯. 马克思恩格斯选集：第2卷. 2版. 北京：人民出版社，1995：29.
② 马克思，恩格斯. 马克思恩格斯选集：第4卷. 2版. 北京：人民出版社，1995：697.
③ 邓小平. 邓小平文选：第3卷. 北京：人民出版社，1993：63.

再次，原著之争从来都不在"文本"，而在于立场、观点、方法。应该承认，由于马克思主义在世界社会主义运动中的崇高地位，马克思主义经典著作的收集整理虽说还有完善的空间，但总体上看已经相当完备。从关于经典著作的重大历史争论看，问题的症结并不在于文本的有无、文本的真伪，而是在于文本的解读，以及对文本重要性的比较排序。同样的著作，做出不同的解读和评价，这就不是"文本"之争，而是价值偏好、思想方法的较量。打着"纯文本研究"的幌子篡改经典著作的精神实质，是当前意识形态斗争中的重要动向。

围绕经典著作的争论主要是以下方面：

一是马克思与恩格斯有没有一个从唯心论向唯物论、从自由民主主义向共产主义的转变？有没有一个以费尔巴哈为"中间环节"创立唯物史观的过程？由此决定了经典著作有无早期著作和成熟著作之分。这种区分决定了经典著作对于我们的理论学习的价值并不完全一致。虽然任何著作都不可能"字字是真理"，但马克思思想形成前的著作，存在着明显的旧哲学烙印，以及新思想认知和表述上的缺陷，与思想形成后的成熟著作有质的区别。所以，不能不加区分地引证马克思不同时期的著作，更不能据此制造所谓"两个马克思"的对立。

二是马克思与恩格斯是否始终是坚定的无产阶级革命领袖？"青年马克思和老年马克思（亦即所谓'人道主义的马克思'和'无产阶级革命家的马克思'）的对立"为什么是虚构的？"晚年马克思"向"人道主义回归"（否定暴力革命和无产阶级专政，认同甚至崇尚西方自由民主制）为什么是苍白无力的伪造？制造"马克思和恩格斯、列宁的对立"为什么是西方意识形态的神话？由此而决定了研读马列经典的基本理论立场。立场、观点、方法的确是读懂马克思的关键，所谓无立场的"纯文本""纯客观"研究必然偏离原著。

三是怎么确立"马克思主义的正统"？考茨基把马克思主义视为"自然科学般精确的科学体系"有什么片面性？卢卡奇把马克思主义的正统视为"只是方法"有什么问题？列宁倡导理论联系实际，坚持把马克思主义基本原理运用到新的实际中为什么被中国共产党人坚决赞同？列宁的观点可以概括为两条：其一是马克思主义基本原理不可丢，丢了就不是马克思主义者了。例如，"谁要是**仅仅**承认阶级斗争，那他还不是马克思主义者，他还可以不超出资产阶级思想和资产阶级政治的范围。把马克思主义局限于阶级斗争学说，就是阉割马克思主义，歪曲马克思主义，把马克思主义变为资产阶级可以接受的东西。只有承认阶级斗争、**同时也**承认**无产阶级专政**的人，才是马克思主义者"①。这说明马克思主义不能只是方法，也包含原理。其二是必须根据实际情况的变化具体运用马克思主义，说明坚持基本原理的出路在创新发展。实际上，不能制造原理和方法的对立，两者具有一致性。正如邓小平指出的："马克思列宁主义的普遍真理与本国的具体实际相结合，这句话本身就是普遍真理。它包含两个方面，一方面叫普遍真理，另一方面叫结合本国实际。"② 两个方面一个也不能丢，这是我们学习马克思主义的立足点。

二、经典著作研读的基本原则

世界上做任何事情都有规律可循，遵之事半功倍，违之一事无成。研读马列经典著作更是如此。马克思主义是科学，必须以学科学、求真理的态度和方式读经典，努力遵循以下原则：

1. 反对"只言片语"，要抓"精神实质"

读懂经典，首要的是完整准确把握经典著作的精神实质，防止玩弄词句。一本著作重要与否，不在于其部头大小；一个观点重要与否，不在于其出现的频次。这实际上表明，读懂经典的精神实质，不能停留于经验和实证层面，不能靠归纳和大数据，而必须进入理论思维，在把握普遍联系中确定其思想价值。具体地说，要确立一本著作、一个思想的历史地位，要看其对人类思想史的贡献，看其在马克思主义思想宝库中的位置，看其在实践中后续发展的生命力。无论从哪个方面看，新唯物主义世界观及其实际运用都是马克思主义经典文本的精髓。

考茨基以"无产阶级专政是偶尔提起的一个词"为由，否定其在马克

---

① 列宁. 列宁选集：第3卷. 3版. 北京：人民出版社，1995：139.
② 邓小平. 邓小平文选：第1卷. 2版. 北京：人民出版社，1994：258-259.

思思想体系中的价值之所以错误，就在于他没有透过这个"词"看到其精神实质。如果拘泥于这个词，马克思确实没有重复多少次。但是，工人阶级解放是人类解放的政治形式，只有解放全人类，无产阶级自己才能得到解放，必须坚持工人阶级（经过共产党）的领导权，这些都是从辩证唯物主义和历史唯物主义出发得出的，贯穿全部马克思思想和著作的基本观点，不容否定。

在历史活动主体上，新唯物主义确立了人民的历史主体地位，因此，离开这一基本观点的任何解读都背离了"精神实质"。有人孤立、片面地从字面上解读《共产党宣言》关于"每个人的自由发展是一切人的自由发展的条件"的观点，将其解读为"个人优先""个人本体"，否定人民至上、以人民为中心。这种解读之所以似是而非，就在于它不符合历史的真实和马克思主义世界观。从人类历史看，个人从来不是现实的历史主体。按马克思对于人类历史的划分，资本主义以前是"人的依赖关系"社会，个人还未独立，现实的历史主体都是集团（氏族、部族、家族等），谈何个人主体？资本主义社会是"物的依赖关系"社会，个人表面上独立，实际上是商品关系的体系，表现为作为"人格化资本"的资本家和作为"雇佣劳动者"的无产者，阶级才是现实的历史主体，又何谈个人主体？不能制造无产阶级专政和自由人联合体的对立。《共产党宣言》说得很清楚："代替那存在着阶级和阶级对立的资产阶级旧社会的，将是这样一个联合体，在那里，每个人的自由发展是一切人的自由发展的条件。""每个人的自由发展是一切人的自由发展的条件"，只有在消灭了阶级、国家消亡、个人之间对抗消失的共产主义联合体中才能实现。这正是无产阶级专政的历史使命，而绝不是个人优先的产物。况且，未来的自由人联合体并不是个人本体，而是社会本体，是人类真实的集体。

还有人借马克思批判黑格尔颠倒国家和市民社会的关系之手，把马克思扭曲为主张"个人权利本位"的个人主义者。实际上，马克思开始批判黑格尔颠倒国家和市民社会的关系，就没有沿用黑格尔法哲学的国家（普遍利益领域）和市民社会（私人利益体系）意义，而是从唯物主义世界观（受费尔巴哈启发）的角度，把作为社会经济生活的市民社会视为国家基础，认为"实际上家庭和市民社会是国家的前提，它们才是真正的活动者；而思辨的思维却把这一切头足倒置"①。这里显然是从物质经济生活决定政治法律生活的意义上谈"市民社会决定政治国家"的。这一观点却被一些人蓄意解读为"个人权利本位"，即个人权利是一切权力（包括国家公权力）的本源。这一解读必然把马克思主义国家理论导向西方的"契约论"误区，通过所谓"权利决定权力"确立西方民主制，从根本上否定坚持共产党领导的社会主义制度体系。必须看到，"个人权利本位"曾一度误导我们把政府和市场的关系陷入所谓的"小大"之争。实际上，"小政府、大社会"是个伪命题。市场和政府不在于谁大谁小，而在于如何发挥市场在资源配置中的决定作用和更好发挥政府作用。

2. 系统而非零碎、实际而非空洞

毛泽东在 1938 年有个著名的论断："如果我们党有一百个至二百个系统地而不是零碎地、实际地而不是空洞地学会了马克思列宁主义的同志，就会大大地提高我们党的战斗力量。"这里提出了学习马克思主义的两个基本原则：系统和实际，也就是完整准确和理论联系实际。提出时代之问，解答时代课题，阐明时代精神，引领时代潮流，是马克思主义的基本功。这里的关键，是辨别真假时代问题。所谓假问题，就是制造虚假的矛盾，误导事实真相的探讨。长期困扰我们的假问题很多，其中较为突出的有：

所谓"革命史观和现代化史观的对立"。这一假问题是历史虚无主义思潮的重要理论支柱。这一思潮之所以敢明目张胆地试图改写历史和历史教科书，就是借口以往编写历史教科书的指导思想，是以"革命史观"为特征的唯物史观，因而突出了阶级斗争和反抗运动，忽略了推动中国现代化进程的历史事实。我们之所以称其为假问题，就在于它存在着双重误判：一是从理论上说，唯物史观并不能片面归结为"革命史观"。马克思主义尽管高度重视革命的社会进步作用，但准确地将革命定位为历史进步的杠杆，而不是原动力。革命不是社会进步、历史发展的最终原因，马克

---

① 马克思，恩格斯. 马克思恩格斯全集：第 1 卷. 北京：人民出版社，1957：250-251.

思与恩格斯还因此批判"暴力论"。"按照我们的观点，一切历史冲突都根源于生产力和交往形式之间的矛盾。"①唯物史观由此揭示了人类社会尤其是资本主义社会的发展规律，不存在仅关注革命，而忽视世界历史现代化进程的偏向。

二是从中国实际看，自鸦片战争以来，中国正常发展的历史被中断，因而面临两大主题：民族独立、人民解放和国家富强、人民富裕。这决定了中国的现代化必须分两步走：首先通过革命，赢得民族独立；进而通过建设，实现人民幸福。没有一个民族能够在没有取得民族独立时就能开始现代化的建设进程，而中国的民族独立和现代化建设都是在中国共产党领导下进行的，这就决定了中国的现代化必然是社会主义的现代化。只有社会主义能够救中国，只有中国特色社会主义能够发展中国，这就是历史的结论，也是对把中国革命和现代化对立起来的假问题的最好反驳。

所谓"自由独立人格和全心全意为人民服务的对立"。这一假问题的前提性错误在于，它把"自由独立人格"幻想为可以摆脱一切社会关系、可以凌驾于一切社会利益集团之上的绝对独立，否则就是"依附性人格"。马克思、恩格斯已经充分证明，这种想法就像"要抓住自己的头发离开地球"一样可笑。因此，真正自由独立的人格，就是自觉站在先进阶级立场，在为人类进步事业服务中实现个人生命的无限价值。全心全意为人民服务的宗旨，就是最高的人生境界和人格状态。

这一假问题的要害，就是打着人格独立自由、反对依附性的旗号，用个人主义价值观否定社会主义、共产主义价值观。个人主义价值观是以自我为中心，以为天马行空、独往独来就是独立自由；社会主义、共产主义价值观是以人民为中心，在人民面前"我将无我，不负人民"，而在困难和危险面前则又"舍我其谁"。这就是以雷锋为代表的共产主义精神，是鲁迅"横眉冷对千夫指，俯首甘为孺子牛"的铁骨柔情。任何花样翻新为个人主义张目、诬蔑共产主义精神的假问题，必定幻灭。

所谓"理论哲学、认识论哲学与实践哲学的对立"。近年来追随西方哲学思潮误读马克思哲学的一个突出表现，就是把认识世界与改造世界对

---

① 马克思，恩格斯. 马克思恩格斯选集：第1卷. 2版. 北京：人民出版社，1995：115.

立起来，提出马克思所谓从"世界是如何可能的"转向"人类解放是如何实现的"等伪命题。马克思断言"哲学家们只是用不同的方式解释世界，问题在于**改变**世界"，并非指责哲学家仅在认识世界，而没有改变世界。从历史事实上看，马克思以前的大多数哲学家在主观上都是要改变世界的，从客观后果上说也或多或少地影响了历史发展。尤其是启蒙时期的哲学家们，都有改变世界的强烈愿望。德国古典哲学家们也有强烈的实践意识，其中费希特最为有名。他无愧于"向封建专制制度开火的勇猛斗士"之称号，其哲学本身就是一种革命性很强的"自我意识哲学"。他们绝对不是仅仅在认识世界，在光说不做。但是，无可否认的是，在马克思以前，哲学家们确实没有引领一个真正改造世界的运动，更没有创造一个新世界。从这个意义上说，他们确实没有真正改变世界。

马克思以前的哲学家们没有真正改变世界的原因有二：其一，他们并没有科学地认识世界，甚至不知道真实的世界本身是什么。因为他们都把世界看成是思想观念的产物，所以改变世界在他们那里就被看成是改变人们的意识。"这种改变意识的要求，就是要求用另一种方式来解释存在的东西，也就是说，借助于另外的解释来承认它。"① 事实很清楚，如果改变世界归结为改变观念，无疑就变成了纯粹的名词之争，变得毫无实际意义。进一步看，马克思以前的哲学家没有真正提出改变世界的历史任务，就在于他们都没有认识到历史的基础在于社会的经济生活过程，在于生活的生产和再生产。"这些哲学家没有一个想到要提出关于德国哲学和德国现实之间的联系问题，关于他们所作的批判和他们自身的物质环境之间的联系问题。"② 所以，他们改变世界的斗争就局限于思想批判及其结果，即现有的政治法律条文的解释。这种博弈看起来似乎很热闹，但却丝毫没有触动现存世界的基本结构。

其二，他们没有找到改变世界的现实力量。改变世界对于他们而言，不是现实的社会运动，而只是哲学批判。诉诸哲学批判、诉诸先知先觉，是马克思以前的哲学家改变世界的唯一方式。但是，正如马克思指出的：

---

① 马克思，恩格斯. 马克思恩格斯选集：第 1 卷. 2 版. 北京：人民出版社，1995：66.
② 同①66.

"批判的武器当然不能代替武器的批判,物质力量只能用物质力量来摧毁;但是理论一经掌握群众,也会变成物质力量。"① 武器的批判就是现实改造社会的力量,就是先进阶级引领的广大人民群众。哲学如果不和先进的社会力量相结合,就什么也改变不了。马克思以前的哲学家们因而就只能在哲学批判上打转,做词语革命的"巨人"。

3. 始终坚持为"自己弄清问题"而学

研读马列经典的实际成效,取决于学习态度,关键在为什么而学。马克思主义创始人始终坚持"为自己弄清问题"而研究。学习研究上的"无哗众取宠之心,有实事求是之意",就表现在扎扎实实追求真理,不作秀,不摆花架子,要说服别人先说服自己,首先解决自己苦恼的问题和内心的困惑。《德意志意识形态》是马克思主义新世界观形成的标志性著作,但它在马克思、恩格斯生前并没有公开出版。他们做了这样一个说明:"我们决定共同阐明我们的见解与德国哲学的意识形态的见解的对立,实际上是把我们从前的哲学信仰清算一下。这个心愿是以批判黑格尔以后的哲学的形式来实现的。两厚册八开本的原稿早已送到威斯特伐利亚的出版所,后来我们才接到通知说,由于情况改变,不能付印。既然我们已经达到了我们的主要目的——自己弄清问题,我们就情愿让原稿留给老鼠的牙齿去批判了。"② 坚持"自己弄清问题",是纯粹的科学态度,体现了追求真理的无所畏惧和直面问题的彻底批判精神,展示了崇高的理想信念。

4. 提升读书境界,把学习经典养成生活方式

习近平曾借用王国维关于读书境界的三句诗词,阐释马克思主义经典著作学习的思想意境:一是"昨夜西风凋碧树,独上高楼,望断天涯路",意谓读经典要立意高远,意念坚定,甘于清苦,耐得住寂寞;二是"衣带渐宽终不悔,为伊消得人憔悴",意谓读经典要经得住磨炼,态度虔诚,不畏艰辛,勇于付出;三是"众里寻他千百度,蓦然回首,那人却在,灯火阑珊处",意谓读经典要反复学习,不断思考,学用结合,学有所获,思有所悟,用有所成,达到学思用贯通、知信行一致的理论自觉。真正进

---

① 马克思,恩格斯. 马克思恩格斯选集:第1卷. 2版. 北京:人民出版社,1995:9.
② 马克思,恩格斯. 马克思恩格斯选集:第2卷. 2版. 北京:人民出版社,1995:34.

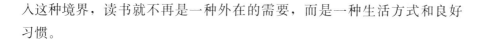

入这种境界，读书就不再是一种外在的需要，而是一种生活方式和良好习惯。

三、经典著作研读的方法论原则

对马克思著作要进行历史唯物主义的解读，主要应处理好四大关系：其一，文本和历史的关系。如果说，黑格尔以逻辑内化历史是泛逻辑主义、并最终被逻辑之外有历史所击破的话，那么以文本取代历史也必将被文本之外有历史所击破。区分"历史"（现实）和文本（理解）正是马克思主义文本研究的基本原则。马克思认为，历史是"正本"，是原型、原本、根本，而文本则只是"副本"，是对历史的阐发和反映。因此，研究文本必须研究文本产生所处的时代，通过对马克思主义创始人的理论活动和思想历程的原生态再现，才能克服和解决马克思文本解读中的问题与争论，并进行创造性地阐发。正如恩格斯所言："必须重新研究全部历史，必须详细研究各种社会形态存在的条件，然后设法从这些条件中找出相应的政治、私法、美学、哲学、宗教等等的观点。……这个领域无限广阔，谁肯认真地工作，谁就能做出许多成绩，就能超群出众。"[1] 解读马克思文本要求把马克思文本放在特定的时代背景和历史环境中，在揭示时代精神中把握马克思文本，马克思思想就有了立体感。如果离开了历史语境，哪怕是边际最大化地多维透视文本，其实也还是在一个十分狭小的空间进行解读，不仅不能保证解读的可靠性，也无法真正将文本从僵化凝固的状态激活。毫无疑问，文本解释要注重文化背景，尤其是特定的语境，但不能以此取代历史条件和时代环境。它不仅包括意指文化环境和语言环境的语境，更重要的是包括由生产方式所决定的历史趋势、由经济基础所决定的社会利益格局，以及由社会交往所决定的生存方式等在内的大环境。"在历史上出现的一切社会关系和国家关系，一切宗教制度和法律制度，一切理论观点，只有理解了每一个与之相应的时代的物质生活条件，并且从这些物质条件中被引申出来的时候，才能理解。"[2] 从历史大环境回到语言小

---

① 马克思，恩格斯. 马克思恩格斯选集：第 4 卷. 2 版. 北京：人民出版社，1995：692.
② 马克思，恩格斯. 马克思恩格斯选集：第 2 卷. 2 版. 北京：人民出版社，1995：38.

环境，这不是文本解读的真实进展，而实际上是一种倒退。尤其当人们有意为之时，情况就更严重，只能离真理越来越远。

其二，矛盾和范畴的关系。在经典文本研读中要注意处理文本范畴同其所揭示的历史现实矛盾的关系。唯物辩证法的范畴是对客观事物之间最普遍矛盾关系的概括和反映。它的内容是现实的，外在形式是主观的。现实矛盾是思想范畴的源泉，文本范畴是对于矛盾的观念把握，其鲜活的本性来自现实的矛盾性。毫无疑义，文本范畴不是僵死的单一性，而是"差别的内在发生"（对立统一），处于不断的对立、转化、生成中。正如黑格尔所言："在对立中，有差别之物并不是一般的他物而是与他正相反对的他物"，"每一方都是它自己的对方的对方"。因此"每一方只有在它与另一方的联系中才能获得它自己的［本质］规定，此一方只有反映另一方，才能反映自己。另一方也是如此"①。但是，范畴只是对事物的矛盾与统一关系的能动反映，是观念地再现现实，是对事物内在关系的思想表达。正如恩格斯指出的，要思维就必须有逻辑范畴。又如列宁所说，范畴是区分过程中的一些小阶段，即认识世界的过程中的一些小阶段，是帮助我们认识和掌握自然现象之网的网上纽结。

在范畴和矛盾的关系上，我们要反对两种偏向：一是直观唯物主义所表达的，把范畴视为消极反映现实矛盾的僵死物，一种完全外在的纯工具倾向。事实上，没有活生生的范畴，就不能把握活生生的现实。因此，范畴必须有自我生成的能力，才能再现不断生成中的生活。"辩证法是**活生生的**、多方面的（方面的数目永远增加着的）认识，其中包含着无数的各式各样观察现实、接近现实的成分（包含着从每个成分发展成整体的哲学体系），——这就是它比起'形而上学的'唯物主义来所具有的无比丰富的内容，而形而上学的唯物主义的根本**缺陷**就是不能把辩证法应用于反映论，应用于认识的过程和发展。"② 僵死的范畴只能游离于现实生活之外，没有认识论价值。二是唯心主义哲学表达的，视范畴为可以独立自在、完全自我运动、自我生成的主体，因而以文本范畴取代现实矛盾的倾向。必

---

① 黑格尔. 小逻辑. 北京：商务印书馆，1982：254，155.
② 列宁. 列宁选集：第2卷. 3版. 北京：人民出版社，1995：559—560.

须指出，以观念以至幻象代替现实，是当代西方哲学意识形态的主流，因此是我们必须更为注重批判的偏向。与黑格尔不同，当代西方的哲学幻象不仅是主客颠倒，还是抽空客体后的幻象混战，是纯"语言游戏"。接受此种误导，我们将不仅只能生活在幻觉中，而且只能脱离实际而沉溺在文本范畴的"文字游戏"中，而丧失了认识客观世界的可能性。

其三，主题和话语的关系。主题是特定时代和具体历史阶段提出的主要任务、展现的主要矛盾和面临的主要挑战，因而其决定了天下大势、人心向背。主题是任何国家、政党和个人都无法逃避、必须面对的时代问题。对时代主题回应与否和回应的程度决定了一个国家、政党和个人在历史上的地位，也决定了其所拥有的话语权。一个国家若回避时代主题，其社会发展就会落后乃至停滞，就会在日益激烈的国际较量中被边缘化；一个政党如果回避（无论是有意还是无意）时代主题，其社会基础和感召力就会不断弱化；一个人（尤其是思想家）如果回避时代主题，就会被历史大潮抛弃，丧失思想影响力。马克思主义之所以拥有话语权不在于它的本本有多厚、理论有多么深奥，而在于它敏锐把握了社会脉搏，紧紧抓住了时代主题。马克思深入研究资本主义社会，厘清资本主义的主要症结和矛盾，指明无产阶级革命的方向，从而获得了时代的话语权。我们完全可以说，能否把握时代主题决定了话语权的掌控与否。离开特定的时代主题去谈论话语权，就会把话语权神秘化、抽象化，使其成为一个无法说清楚、无法把握掌控的玄学问题。主题决定话语权，一方面表明话语权的实质是根源于物质生产控制的思想统治权问题，经济实力强大的阶级照例拥有强大的话语权；另一方面也表明话语权不是简单由经济实力决定的，没有经济主导权的民族和阶级，在意识形态话语权上仍然可以拥有一席之地，甚至充当"第一提琴手"。

进一步说，话语作为对于时代主题的一种理论回应，是一种积极的而不是消极的力量。话语是思想统治权实现的具体形式，从这个意义上讲，话语权是思想统治权、思想支配权。这种思想统治权靠两方面维系：一是创新性，一是坚定性。话语与其所依托的硬实力并不直接等同，它的力量主要不是通过强制性实现，而是通过具有引领力、渗透力的新鲜语言发生作用。因此，与其他相对僵硬的统治力量相比，话语是一种十分灵活、无形的力量，关键在创新。这就为相对弱小的群体留下了话语空间。只要我们善于根据时代主题的要求不断创新话语，社会主义意识形态在西方的强势话语霸权下也是可以有所作为的。话语转换与创新话语说到底是一种理论创新权，是理论创新的根本要求。坚持马克思主义在意识形态领域的指导地位是我们的制度优势。

话语的另一作用机制就在于它有十分坚硬的内核，即核心理念和一整套话语体系，并借此支配人们的思维甚至是情感，从而使人产生认同感。换言之，只要我们采用了一定的话语方式，就会不知不觉地接受这种话语方式所内含的价值取向和思维习惯。话语的稳定性正是由于它通过基本语汇和固有表达方式传递了一以贯之的理想、信念、精神。构成一定话语方式的基本语汇、基本结构必须是稳定的，是任何话语转换或语言创新不可逾越的底线。否则，就是"思想颠覆"，后果就是亡党亡国。由此可见，我们讲的话语转换或创新，是在原有的话语体系中增添新话语，改进作用方式，而不是推倒重建。正如邓小平所讲的："老祖宗不能丢啊！问题是要把什么叫社会主义搞清楚，把怎么样建设和发展社会主义搞清楚。"[①] 通过颠覆话语体系来颠覆现存的社会制度，是当前西方意识形态对我国进行"西化""分化"的重要方式，而文本解读则是一个重要交锋点。哈耶克曾用"中毒的语言"试图颠覆马克思语汇中如"社会""人民"一类关键词，阿隆则试图根本取消"资本主义""帝国主义""社会主义"等概念[②]。我们一方面要紧扣时代主题进行思想理论的创新和话语更新，保持马克思主义话语体系的新鲜活力；另一方面必须看到，着力对马克思主义话语体系的基本词汇、基本表达、基本精神结合新的历史和时代特征进行深度阐发，是最为重大的理论创新，切不可舍本求末，盲目地追捧新词、丢弃老话。具体到马克思主义经典文本解读，则要努力实现以话语破解主题和以主题创新话语的双向互动。

其四，词句和精神实质的关系。精神实质体现了基本原理、基本思想

---

① 邓小平. 邓小平文选：第 3 卷. 北京：人民出版社，1993：369.
② 阿隆. 知识分子的鸦片. 南京：译林出版社，2005：108.

和基本精神，因而是连贯、完整揭示本质的内容。精神实质总要通过词句来表达，虽然任何词句都无法完整地表达精神实质，但是只有透过词句才能抓住精神实质。而如果只停留在词句，甚至否认超越词句的精神实质的存在，那就必然会肢解马克思文本，当然不会产生真正有价值的成果。阿尔都塞认为，阅读马克思的文本，不能停留在表面的词句上，而应通过文字的阅读，深入下去，挖掘出它的内在结构来。据此，他批评"青年黑格尔主义的马克思主义"只满足于对马克思著作字面上的理解，而没有抓住精神实质，因而提出了"对症解读法"（亦译为"症候阅读法"），找寻马克思文本的深层结构①。我们并不赞同阿尔都塞把精神实质做结构主义的理解，但赞赏他关于文本解读必须通过"总问题"进入其深层结构的观点。词句是精神实质的载体和表达，但并非完整的表达。词句可以表达不同的甚至是相互矛盾的观点，可以释放互不相干的或相互干扰的信息。停留在词句上，必然发生误读、误判、误导。问题是如何透过词句把握精神实质。

可以尝试运用典型归类、具体分析的方法。在对马克思的著作解读中，我们通常会遇到几类典型情况：

一是一词多义。这种情况我们在马克思文本尤其是早期文本里经常遇到。诸如"劳动""分工""私有制""市民社会"等等，都曾被马克思在完全不同的意义上使用。马克思的"劳动"一语可以指主体得到自我确证的对象化（生产力意义上）劳动，可以是体现人的"类本质"的自由自觉的活动（人本学意义上），也可以指现实的资本主义雇佣劳动（生产关系意义上），即异化劳动。这才有马克思在《评李斯特》一文中那种"废除私有财产只有被理解为废除'**劳动**'（当然，这种废除只有通过劳动本身才有可能……）"②令人费解的表述。而"分工"一语，既有"合作"意义上的分工（包括基于自然差别的分工、基于技术需要的分工以及基于社会化需要的分工），又特指使人的"社会活动固定化"，因而剥夺了其自由全面发展空间的社会鸿沟（其实质是阶级的划分下的无个性、屈从市场摆

---

① 阿尔都塞. 保卫马克思. 重庆：重庆出版社，1992：32.
② 马克思，恩格斯. 马克思恩格斯全集：第42卷. 北京：人民出版社，1979：255.

布下的无选择、自由平等形式下的依附性等等），因而对于马克思提出的"消灭分工"以及"非职业化"（如常被人们引用的马克思关于未来社会的设想：上午打猎，下午捕鱼……）① 必须进行具体分析，显然不能因此而得出马克思否定社会化大生产下的分工和纪律甚至要消灭人的自然禀赋上的差别的结论。

同样，"私有制"既泛指原始公有制解体以来的阶级社会的所有制形式，又特指资本主义所有制。而"市民社会"则在市场交换领域（即黑格尔所云"私人利益领域"）、资产阶级社会、"在过去一切历史阶段上受生产力制约同时又制约生产力的交往形式"（即生产关系）、抽象化个人（即《关于费尔巴哈的提纲》里"旧唯物主义的立脚点是市民社会"所指）诸多意义上被使用。我们只有在具体分析其各种意义的基础上，才能把握其精神实质。

二是多词一义。如果说一词多义表现了马克思思想探索中的思想形成的发散过程，主要反映了马克思对于他人成果从借鉴、移植到超越的经历，而多词一义则表现了马克思思想探索中思想形成的集聚过程，主要反映了马克思新的思想火花从萌芽、生长到成熟的经历，因而主要集中在一些核心概念的形成上。比如先后用"实物关系"（《神圣家族》）、"交往关系"（《德意志意识形态》）、"生产关系"（《哲学的贫困》）指认历史过程中的基础性社会关系；先后用"对象性活动"（《1844年经济学哲学手稿》）、"感性活动"（《关于费尔巴哈的提纲》）指认作为其世界观基础性概念的实践。多词一义实际上为我们提供了一个捕捉马克思思想热点的指南。当我们在一个时期，通过对不同的文本和不同的语词的解读，都能发现某种特定的思想时，毫无疑问，我们就能确定马克思在这一时期的基本理论方向和基本思想，找到其文本的精神实质。

三是词不尽意。这是指没有确切的语词能够表达的基本思想，因而最

---

① 马克思的原话是："在共产主义社会里，任何人都没有特殊的活动范围，而是都可以在任何部门内发展，社会调节着整个生产，因而使我有可能随自己的兴趣今天干这事，明天干那事，上午打猎，下午捕鱼，傍晚从事畜牧，晚饭后从事批判，这样就不会使我老是一个猎人、渔夫、牧人或批判者。"（马克思，恩格斯. 马克思恩格斯选集：第1卷. 2版. 北京：人民出版社，1995：85.）

为复杂。最为典型的莫过于马克思是否认同"辩证唯物主义"哲学、历史唯物主义有无"异化"范畴的位置、马克思有无中性的"意识形态"概念。历史唯物主义是一元历史观，强调不以人的意志为转移的客观规律性，而"异化"则是主体性价值哲学，具有主体性、歧义性和多元性。因而要么用"异化"改造、阉割或颠覆历史唯物主义，要么用历史唯物主义彻底清除"异化"。如果仅限于马克思文本中关于"异化"一词的使用，确实很容易得出一个简单的结论：马克思早期使用"异化"，是在人本学意义上的表达，晚期（例如在《资本论》及其相关手稿中）使用这一语词，是在"商品拜物教"这一经验描述意义上的表达，都与历史唯物主义没有什么关系。

但是我们也不能不注意的是，马克思在其哲学世界观形成的标志性著作《德意志意识形态》中，是如何理解人的存在与本质的矛盾的？当费尔巴哈以实证主义的方式消解存在和本质的对立，提出"存在是本质的肯定。**我的本质是怎样的，我的存在也就是怎样的**"时，马克思十分尖锐地指出：这是"对现存事物的绝妙的赞扬"，"这也还是费尔巴哈和我们的对手的共同之点"①。实际上，从马克思这一著作的全貌上，我们不难发现，以存在和本质的分裂和对立为基础的"异化"，不仅可以进行人本主义唯心史观的理解，也可以进行历史唯物主义的理解。历史规律不是自发起作用的，生产力和生产关系的冲突总是要通过人的反映才成为现实矛盾的。存在和本质的矛盾，因而可以成为历史唯物主义的重要范畴。按照马克思的解释，存在即人的具体生存条件、活动方式等，而本质则是人的现实需要及其自觉意识，是个性的展现。因此，存在和本质的矛盾实质上就是生产力和生产关系矛盾在历史主体中的反映，是历史变革的动机和社会革命的信号。马克思与恩格斯因此得出结论：消灭资本主义社会异化的前提是使它成为普遍的"不堪忍受的"力量②。这就是不以"异化"说明历史，而用历史说明"异化"。

关于"意识形态"亦然。按其在马克思文本中的具体使用，众多解读

---

① 马克思，恩格斯. 马克思恩格斯选集：第1卷. 2版. 北京：人民出版社，1995：97.
② 同①86.

者几乎异口同声断言这是个否定性的贬义概念，并进而断言列宁把意识形态中性化不符合马克思的本意，似乎有篡改之嫌。然而我们如果从马克思思想整体上加以解读，就会发现事情并非如此。从辩证唯物主义世界观看，任何历史现象（包括阶级、国家、民族、家庭、政党、主义等）都有一个产生和消亡的过程，其在不同的历史阶段具有不同的性质，绝不存在一种从一开始就不具有历史合理性的事物，正所谓"凡是存在的就是合理的"。意识形态能够例外吗？况且，《德意志意识形态》中，马克思就有革命意识、统治意识和虚假意识的不同提法，怎能就用一个"虚假意识"表述意识形态？再者，马克思与恩格斯在《共产党宣言》中明确指出："工人革命的第一步就是使无产阶级上升为统治阶级，争得民主。"① 任何统治阶级都必须同时掌握物质生产和精神生产的支配权，缺一不可。无产阶级要成为统治阶级，就不能没有体现本阶级意志的社会统治思想，建立强大的主流意识形态就理所当然。另外，按照马克思的思想（即批判的武器不能代替武器的批判，反之亦然），无产阶级和社会主义国家如果丢弃意识形态这一手段，能够抗拒敌对意识形态的打击吗？所以，透过词句来看马克思精神实质之所以非常复杂，就在于它不仅要完整准确地解读文本，还要超出文本本身，结合具体实践加以阐发。虽然这很难，但要以马克思主义的精神解读文本，就必须这样去做。

关于辩证唯物主义。有人以马克思从未提出和使用为由断然否定辩证唯物主义哲学世界观："对马克思主义哲学史的深入考察却使我们得知，马克思主义哲学创始人马克思一生都未提出和使用辩证唯物主义这一术语；恩格斯提出了唯物主义辩证法这一术语，但从未提出和使用过辩证唯物主义这一术语。实际上，首先提出并使用辩证唯物主义这一术语的是狄慈根。"但是，这偏离了马克思哲学的精神实质。第一，马克思与恩格斯在《德意志意识形态》中批评费尔巴哈不懂得"历史的自然"（即变化发展、自我运动的客观自然界）和"自然的历史"（即以物质生产方式为基础的社会矛盾运动），这不就是辩证唯物主义和历史唯物主义吗？第二，恩格斯在《自然辩证法》中指出"自然辩证法"是一个完整的世界观，包

---

① 马克思，恩格斯. 马克思恩格斯选集：第 1 卷. 2 版. 北京：人民出版社，1995：293.

括了自然界和人类社会的全部矛盾运动。其中最为著名的是"劳动在从猿到人的转变中的作用"，把人类历史作为自然界矛盾运动的新阶段和新形式，自然辩证法不就是辩证唯物主义吗？第三，列宁在批判俄国一些假马克思主义者否定辩证唯物主义时，曾向他们尖锐提问："是否承认马克思主义哲学是**辩证唯物主义**？"并称恩格斯关于马克思主义哲学是辩证唯物主义有无数言论①。对于列宁的这个判断，否定马克思哲学是辩证唯物主义的人作何回答呢！他们能推翻列宁的这个论断吗？

第二节　纯客观的学术研究无法真正读懂马克思
——以海尔布隆纳的《马克思主义：赞成与反对》为例

海尔布隆纳（1919—2005）是美国研究"马克思学"的著名代表。西方"马克思学"（Marxologie/Marxology）是在当今中国仍具有一定影响力的学术思潮，由于主张对马克思的思想与著作进行超越政治的重新研究和解读，其倡导的客观、纯学术、反权威态度迎合了当下一些人厌恶政治、崇尚学术和猎奇的心态，因而拥有一定的市场。正因为它是一种对待马克思及其著作的态度及方法，而不是有着严格思想界定的流派，因而不同的"马克思学"学者在对待马克思主义的理解和评价上差异极大。海尔布隆纳是其中较为真诚、客观对待马克思（包括马克思主义）的学者，力图把主观评价置于尽可能对马克思的思想成就的深入理解和发掘中。他的著作《马克思主义：赞成与反对》，以尽可能朴实、简洁的方式表达了他对于马克思思想的认知和态度。这本只算得上是小册子的书，对于快速进入关于马克思主义的重大争论及可能展开的思想空间，却具有重要的启发和警示作用，是值得一读的马克思主义入门书。但是，即便如此，海尔布隆纳最终还是通过"赞成与反对"的方式，将马克思主义机械地加以拆分（实际上也是肢解），而没有真正读懂马克思。

---

① 列宁. 列宁选集：第 2 卷. 3 版. 北京：人民出版社，1995：10.

一、准确解读马克思，需要尽可能贴近他的立场、观点、方法

海尔布隆纳所著的《马克思主义：赞成与反对》之所以较为成功，不是源自作者主观上的纯客观、纯学术立场，而是来自他在深入研究马克思著作的过程中，自觉或不自觉地接受和模仿了辩证唯物主义和历史唯物主义的一些重要分析原则：

第一，着眼于马克思及其学说对人类思想探索史的开创性进行评价，不以具体观点的成立与否作为整体判断的依据。从历史唯物主义的观点看，评价历史人物没有统一的标准答案，而是要将其置于具体历史条件下，看其较之前人开创了什么。海尔布隆纳秉持的正是这一原则，他不从"马克思主义是什么"切入，而是从"我们今天为什么仍然要求助于马克思"的提问开始，探讨在今天仍然"无法回避"马克思的原因。在他看来，马克思之所以绕不开，是因为他所提出的问题和解决问题的方法我们必须面对，"必须认同或反驳、扩展或抛弃、说明或辩解马克思遗留下来的思想"[①]。更为重要的是，马克思发现了"透过现象看本质"的历史分析方法。海尔布隆纳认为马克思的伟大贡献，就在于发现了隐藏在历史表象下的深层次现实，发现了看似公平正义的资本主义社会所蕴含的自我否定的生存机理。在他看来，只要我们试图突破社会生活的表象而深入探讨其真实的存在，马克思就不可回避。

马克思首创的这一批判性研究方法，海尔布隆纳称之为"社会分析方法"，它超越了长期主宰社会学领域的实证主义视域，力图透过经验事实的现象寻找其本质存在。换言之，马克思的不可替代的思想成就，就在于他开辟了人类认识的新的思想领域，即透过现象发现本质的社会客观规律领域，如同柏拉图开辟了纯哲学、弗洛伊德开辟了潜意识领域一样。因此，尽管长期以来马克思的某些具体观点被不断质疑和否定，却丝毫不能消除马克思主义的思想影响力。难能可贵的是，海尔布隆纳提出的这一见解，当时正值"反本质主义"猖獗之时，确有振聋发聩之功效。

第二，着眼于马克思学说的思想完整性，确立客观评价标准，反对主

观任意解读马克思。20 世纪 60 年代以来，对于马克思学说的多元化解释愈演愈烈，以致人们似乎只能放弃"存在着一种被称为马克思主义的一致的学说"的努力。但是，海尔布隆纳坚信，"马克思主义思想一定存在可识别的同一性"①。尽管人们心中的马克思不尽相同，甚至一百个人就有一百个马克思，但这只是表象。实际上，不管人们主观上是否意识到，但确实存在着马克思主义所有文献和研究成果都具有的共同前提，正是这些共同前提成为我们界定马克思主义思想的客观依据。这些共同前提就是马克思提出问题和解决问题的独特视角和方法。在海尔布隆纳看来，要实现马克思透过纷繁复杂的社会历史现象去寻找其本质的追求，必须从下述前提出发：一是辩证法的世界眼界，即从变动发展中把握事物。"辩证法的这一精髓主要体现在这样一种观念中：考虑事物时，将事物最核心的本质视为动态的、相互冲突的，而不是惰性和静态的。"② 二是历史唯物主义观点，即把生产性活动及其基础上的阶级斗争视为历史发展的动因。"显然，这种历史矛盾观与辩证法哲学的矛盾观有类似之处。"三是批判性考察资本主义，即把资本主义视为在历史中产生并变动的研究对象。"直到现在，这一见解仍被公认是对辩证历史观的运用。"四是坚持社会主义信念，即克服资本主义弊病而自觉开创未来。"坚持社会主义信念仍然是将所有马克思主义者的观点统一起来的一个不可或缺的要素。"③

这一归类标准不仅区分了马克思主义和非马克思主义的基本思想，也为理解马克思主义提供了一个简明的思路。"这一认识体系始于一种基本的哲学观，继而将这一哲学观应用于对历史的解释，然后研究了现存社会秩序中所显现的历史发展动力，在对未来发展方向的分析中臻于完善，从而延续了认识活动完整的逻辑分析轨迹。"④ 这种以唯物辩证法为世界观，以唯物史观为历史分析框架，以资本主义为现实对象，以超越资本主义为历史未来的大思路，确实较为全面地把握了马克思思想体系的要义。

第三，着眼于马克思主义理论与现实政治之间的复杂关系，反对以某

---

① 海尔布隆纳. 马克思主义：赞成与反对. 北京：东方出版社，2016：5.
② 同①6.
③ 同①7.
④ 同①8.

种政治实践的失误简单否定马克思主义。马克思主义的力量在于，它成为现实历史革命性变革的主要推动力，许多社会主义者都在马克思主义的名义下开展政治实践，社会主义者取得政权的国家都按马克思主义理论建立起国家制度。无论成败，都是马克思的后来者按自己对于马克思主义的理解进行的实践，但这提出了"马克思主义必须为以它的名义从事的行为承担何种责任"这一根本问题。

海尔布隆纳认为"我们不仅要以批判和质疑的态度，而且要以肯定和认同的态度来探讨马克思主义的主题，这一点是很重要的"。这一态度决定了他对于试图超越资本主义的理论和实践做出较为客观的具体分析。他认为，理论和实践产生偏差的原因之一，是把马克思主义教条化。尽管这一理论"为我们生活的历史和社会难题提供了至关重要的见解，这并不意味着，马克思主义为我们的难题提供了全能的解释"①。把这一解释作为标准答案在实践中套用，难免出错，但责任并不在马克思主义理论本身。更何况迄今实践马克思主义的国家，都有着极为特殊的历史条件和国际环境，运用马克思主义很不容易，产生偏差要尽量不遗漏积极方面的理解。

第四，着眼于从知识性和革命性相统一方面把握马克思主义的性质，反对把马克思主义纯知识化。海尔布隆纳正确地看到，马克思主义不是单纯的知识体系，而是有着明确政治目标的革命思想；他还明确指出，"知识性内容可能很重要，但是马克思主义令人不安的存在、其导致的相互冲突的想象，根源并不在于此"。离开革命性思想去谈论马克思，可以很专业、很绅士地开展争论，更可以保持住在马克思面前的统一，但却无法真正达到和马克思对话。"马克思主义是革命性变革的一大力量，可以振奋世界上受压迫的人，这些内生的马克思主义目标使接触它的所有人都两极分化了——要么赞成它，要么反对它。"② 研究马克思主义不可能没有政治立场，不可能走非意识形态化的纯学术道路，这是海尔布隆纳研究马克思主义的深刻之处，也是他给我们的重要警示。可惜的是，他没能将这一态度坚持到底。当他试图超越赞成与反对的两极分化立场，将其内化为自身

---

① 海尔布隆纳. 马克思主义：赞成与反对. 北京：东方出版社，2016：9.
② 同①11.

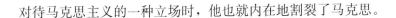

对待马克思主义的一种立场时，他也就内在地割裂了马克思。

二、出色阐明马克思，需要尽可能发掘其思想精髓

要成功地推介马克思主义，不仅需要正确的立场和科学的方法，还需要真正理解马克思的理论成就，抓住其思想精髓。不为流行观念所左右，不被各种偏见所主宰，更不为个人的好恶所把持，紧紧把握住马克思的一贯思想，是海尔布隆纳能够在这方面出彩的原因。

第一，把唯物辩证法视为马克思的哲学世界观，并与形式逻辑和实证科学相区别，是海尔布隆纳思想极为卓越的地方。作为出生和生活在实证主义、经验主义盛行的美国的学者，他能够努力排除这一思想环境对于辩证法的偏见，用一种类似启蒙的方式，努力展示马克思这一哲学世界观的深刻内涵和可贵之处，实属不易。

尽管海尔布隆纳对于唯物辩证法也有若干模糊之处，但他从存在的本质、对立统一、质变过程、自然辩证法同社会辩证法的联系和区别、辩证概念的形成及其运动等方面去解释马克思的唯物辩证法，确实抓住了主要的问题。难能可贵的是，他坚持把"矛盾"作为唯物辩证法的核心思想加以解释，用它来表明事物"就其最本质的存在而言，它是由互不相容的力量暂时共存和不断解决形成的"[1]。他认清了人们否定矛盾的思想原因，就是用"静止的形式逻辑"观点看待矛盾，将其视为同时肯定或否定静态事物的存在，视为对同一静止事物两个相反命题的同时肯定或否定。"这很容易将辩证法的运用贬低为违反常识和意义的混乱，但是那不是矛盾作为一种联系的世界观具有的意义。"[2] 海尔布隆纳明确指出，矛盾不是形式逻辑意义上的"对立"，而是现实关系意义上的对立。例如，"主人"逻辑意义上的对立是"非主人"，而社会关系上的对立则是"奴仆"，但正是这些现实联系构成了动态的世界历史，形成了事物的本质存在和意义。

海尔布隆纳指出，人们否定辩证法的原因是用实证科学的标准去衡量

---

① 海尔布隆纳. 马克思主义：赞成与反对. 北京：东方出版社，2016：17.

② 同①22.

辩证法，"这类社会科学家并不关注本质，确实，他们也不了解这个词"①。实证科学所说的规律，不过是统计学意义上的概率和趋势，而不是包含了必然性的本质意义上的规律。"相反，辩证的观察者试图通过深入考察社会带给我们的系统性扭曲，找到真正的本质（不只是规律性），如矛盾关系。"因此，他在该书极其有限的篇幅中还多次专门纠正了以"反本质主义"而著称的卡尔·波普尔否定辩证法的一些观点，指明不仅不能用形式逻辑，也不能用实证科学的眼光去解释辩证法。对于唯物辩证法的这种肯定，彰显的不仅是他的睿智，也是他的胆识，确实值得浅薄地否定唯物辩证法的人们警醒。

第二，用历史唯物主义取代辩证唯物主义，就无法区分马克思主义历史观和经济史观、生产史观的界限，这是海尔布隆纳对于马克思主义研究者最为重要的警示。毫无疑义，历史唯物主义是马克思的伟大发现，但海尔布隆纳敏锐地发现，对于这一崭新历史观的理解，不能脱离辩证唯物主义这一哲学世界观。否则，用实证主义、经验主义理解历史唯物主义，最终必然走向经济史观和生产史观。

当马克思把人们的历史创造活动奠立在物质资料的生产和再生产这一基础之上时，确实产生了是否会把历史简化为经济决定论的问题。海尔布隆纳特别强调不要从实体性的单一概念上理解生产方式、生产力和生产关系，而要从关系、联系、系统和过程的方面去理解。"生产力和生产关系都不是狭义的经济概念。""马克思称之为生产力，指的是物质生产的方式，包括人口、技能、艺术、技术和人工制品等。另一个构成部分是生产关系，它在持续的生产活动中同样重要。它指的是指导生产力并分配产品的社会安排。"② 既然生产力表现了人和自然的全面关系，那么显然，理解历史唯物主义就不能没有辩证唯物主义的观点。

从直观的唯物主义观点看，亚当·斯密关于历史四个"阶段"理论，即狩猎阶段、游牧阶段、定居农耕阶段和商业社会阶段，就是对历史唯物主义观点的运用，而实际上，这种划分只是对历史表象的一种描述，根本

---

① 海尔布隆纳. 马克思主义：赞成与反对. 北京：东方出版社，2016：29.
② 同①42.

说明不了历史的真实过程。要把握历史过程的物质生产活动这一基础和历史发展推动力量之间的内在联系，必须要运用辩证唯物主义。"这就是为什么尽管马克思本人从来没有用过'辩证唯物主义'这样的说法，但马克思主义的史学研究仍被冠以此名的原因。"① 今天确实有人借口马克思没有使用过辩证唯物主义而对此加以否定，但实际上，通过否定辩证唯物主义，孤立地宣传历史唯物主义，就可以把唯物史观引导到实践史观，从而引向唯心史观，这才是时下一些人的真正用心。

第三，把阶级斗争和异化作为阶级社会矛盾对立统一的两种表现，使二者共同构成推动历史发展的两大主题，体现了海尔布隆纳试图综合各种对立观点的研究特色。异化与唯物史观是马克思主义重大理论争论之一，大多数争论的参与者将两者对立起来，形成了阶级斗争和人道主义两个不同的理论立场。海尔布隆纳却独树一帜，力图将两者统一起来。需要指出的是，他并非随意将两者捏合在一起，而是依据了他对于马克思主义的理解去加以整合。

他认为两者的统一是以马克思的唯物辩证法观察历史的必然结论。"阶级斗争的思想与辩证观是联系在一起的，因为它解释了所有生产方式中存在的一大矛盾。""阶级斗争这种内在性质是辩证法赋予历史的主要理论见解，它能使我们看到，阶级斗争植根于生产方式的结构性特征中，而且，无论是隐藏的，还是公开的，辩证法关注的似乎是所有生产方式中这样或那样的阶级权益。"② 异化也是历史发展辩证主题的一种表现，"这是另一个充满矛盾的过程，与阶级斗争有关，但独立于阶级斗争，我们能够从马克思所称的'异化'的人类特殊状态中发现它的身影"③。异化是一种社会心理和人性的畸变状态，它不仅没有随着人类物质进步而得到改善，反而在资本主义制度中得到了最完整的体现。因此，"异化主题和阶级斗争主题有许多明显的相似之处和交叉联系。两者都是辩证的过程，阶级斗争是由生产模式的运作所造成的矛盾，异化是由物质进步过程所造成的矛

---

① 海尔布隆纳. 马克思主义：赞成与反对. 北京：东方出版社，2016：45.
② 同①46.
③ 同①47.

盾。但是，最引人瞩目的还是两者的一大相似点：它们都展现了卓越的推动力"①。

海尔布隆纳上述的解释在多大程度上符合马克思的本意，读者可以在阅读中自己进行判断。但可以肯定的是，把阶级斗争和异化作为历史的主题加以统一是可取的，把消灭阶级斗争和消除异化作为马克思主义令人向往的历史期待也是卓越的。这相较于今天那些铺天盖地、连篇累牍地鼓吹只有资本主义制度才"符合人的天性"，资本主义制度是人类不可逾越的制度构架、是"历史的终结"的喧嚣，是多么明亮、持久、具有穿透力和不可抗拒的理性之光。当然，把异化归因于物质进步则缺乏说服力，对于马克思而言，研究异化问题的前提是区分"对象化"和"异化"。对象化体现了生产力的水平，其进步和提高也意味着人的自主能力的提升，因而决不是异化的根源；而异化则是资本主义生产的社会化过程，个人在资本、货币和商品所编织的物化关系中，由于丧失自我而产生的社会心态和情绪，因而是资本主义生产关系的特殊存在方式。毫无疑问，资本的统治是异化的原因，但人类社会化大生产的第一个社会关系类型为什么只能是资本主义却值得探讨。说到底，社会化生产力发展尚不充分是根本原因。脱离资本主义的社会关系把异化归结为物质进步肯定不会有什么结果。

三、真正读懂马克思，需要走出"赞成与反对"的困境

海尔布隆纳解读马克思主义的立场很明确，就是想要在对待马克思主义的两极分化中走出第三条道路，"我至少要向读者们提出这一建议：除了全盘接受和全盘否定之外，我们还可以对马克思主义持另一种态度"②。我们通过上面的介绍可以看出，他对待马克思主义的这第三种态度，就是尽可能地理解和肯定马克思主义的思想成果，同时保留了对于马克思主义的某些根本性的批判。这是在坚持所谓"纯客观"立场的前提下可能达到的对于马克思主义的最大包容和理解，就此而言，他的这一态度是值得包容的。但是，毋庸讳言，海尔布隆纳对马克思主义既赞成又反对的态度，

---

① 海尔布隆纳. 马克思主义：赞成与反对. 北京：东方出版社，2016：49.
② 同①11.

不仅不能从根本上解释马克思主义能够长盛不衰的原因，也把自己置身于一种思想困境，说到底是不成功的。显然，无论是赞成还是反对，都有一个根本性或非根本性的界限。如果是非根本性的问题，无论反对或赞成，它都会随着历史条件的变化而改变；如果是根本性问题，一旦被否定，马克思主义就不再是马克思主义了。

赞成和反对的态度，也在一定程度上表现了海尔布隆纳思想上的犹豫、困惑以至矛盾。比如，马克思主义的基本概念都具有道义性和科学性相统一的特点，但缺乏辩证综合思维能力的西方学者都将两者加以割裂。不彻底纠正实证主义的科学观，马克思主义就永远得不到科学性的认同。海尔布隆纳也力图摆脱实证主义科学观，但始终没有解决"本质"规律的科学判断问题，因而在对马克思主义的核心概念——剩余价值理论的判断上，还是摆脱不了实证主义的影响。他认为："如在马克思时代一样，剩余价值的存在，现在仍是一个不可证明的命题。它是一个启发性而非操作性的概念。它的重要性在于，在生产和合理化剩余的过程中，它确认了阶级斗争和商品拜物教这两大基本要素。剩余由一个阶级生产出来，但被另一个阶级占有了。"① 在这个前提下，他无论怎么"赞成"马克思主义，也只能将其作为一种价值预设，这就和马克思主义的基本精神格格不入了。

非马克思主义的学术"惯性"和理解、认可马克思主义的善良愿望间的冲突，导致海尔布隆纳游走在两难的思想困境中。一方面，他承认马克思主义的深刻地方，就在于革命辩证法所揭示的社会生活本质和历史变革趋势，但是另一方面，他又崇尚剔除了所谓哲学想象的纯实证分析，因而得出了马克思主义的体系矛盾，就是所谓的"社会分析"和历史"大预言"模式的对立这一错误判断。实际上，海尔布隆纳提出的这一对立并不是马克思主义理论的矛盾，而是他自己的学术立场本身的混乱。因此，他对马克思主义的"赞成"和"反对"常常是前后矛盾的：时而指责马克思缺乏纯经济的分析，把不合理的哲学推论引进经济学；时而指责马克思夸大了经济的决定作用，忽视了非经济因素在社会变革中的作用。

出于对于马克思主义革命、批判的思想认同，他正确地看到："只要

---

① 海尔布隆纳. 马克思主义：赞成与反对. 北京：东方出版社，2016：81.

资本主义存在，我认为我们就不能宣称他对这一制度内在性质的认定是错误的。"① 但是，他所承认的为马克思所揭示的资本主义的内在矛盾，到底是马克思所分析的生产力和资本主义占有方式的矛盾，以及无产阶级和资产阶级的矛盾，还是在经济合理化过程中私有制活力被逐渐削弱并因而产生的社会不协调，是各种社会因素尤其是政治因素发挥作用的结果，海尔布隆纳的回答往往又是含混的。

坦率地说，对待马克思主义的正确态度确如海尔布隆纳认为的那样，既不全盘肯定，也不全盘否定，但这第三种态度并不是他所采取的那种笼统的"赞成与反对"，而是如中国共产党人那样，既不离经叛道，也不僵化教条，走继承与发展、坚持与创新相统一之路。这条路就是理论和实际相结合的路，就是坚持把马克思主义基本理论运用到不断变化的时代状况、具体国情和历史条件中。海尔布隆纳的失误可能就在于他对于理论和实践相一致有偏见，从而将对待马克思主义的正确态度的思考停留于抽象的理论层面。

对马克思主义关于理论与实践相统一的原则提出的质疑来自海尔布隆纳理解上的片面性。他认为理论和实践的"统一"有两种情况：一是理论作为行动的"指导思想"，其前提是假定理论能正确地预见历史规律，这样掌握了理论的人就能具有左右实践的权力。"就如同一名医生基于这样一种假设：他是唯一能治疗疾病的人，无情地进行令人痛苦的治疗一样。"二是理论作为行动的"辩解手段"，其前提是理论承认它无法推断出正确的战略，这样行动就靠自身去证明其是否合理。毫无疑问，马克思主义所强调的是第一种"统一"。虽然可以肯定，"不只是马克思主义领导人以一些指导思想的名义强加他们的意志，或者通过改写他们的原则来证明自己决策的合理性。但是，只有在马克思主义者看来，从哲学上致力于理论和实践相'统一'才能将这一问题升华为道德和智力层面上都非常重要的问题"②。对于马克思主义理论和实践相一致的这种理解的片面性显而易见。历史证明，践行理论和实践相统一恰恰是防止主观意志操纵的有效方式。

① 海尔布隆纳. 马克思主义：赞成与反对. 北京：东方出版社，2016：65.
② 同①63.

在实践中运用、检验和发展理论，在改造客观世界的同时改造主观世界，是理论和实践相一致的成功之道，而任何主观主义的统一都是此路不通。

海尔布隆纳的误判主要依据了一些社会主义国家的失误。他虽然从历史传统、国际环境和实践经验等方面对社会主义的实践尽量给予理解甚至是辩解，但从根本上还是不相信不走资本主义发展道路且不发达的国家和地区能够走出一条超越资本主义的道路来。因而这些国家的社会主义理论和实践必然是扭曲的，它们认同的理论和实践相一致也必然是扭曲的。海尔布隆纳认为：马克思的社会主义观念起源于西欧的文化传统，"按其传统属于贵族的人道主义和自由主义的遗产"；只是随着俄国共产主义转变为专制政治的官方意识形态，马克思主义才真正被曲解了，脱离了它的西欧起源。而列宁的社会主义构想则是一种"在凡勃伦对技术官僚社会的构想中，生产由工程师'管理'，'不再需要'价格体系；社会被设想为（用列宁的话）'武装工人'保卫下的政府指导下的'办公室和工厂'"[1]。这一构想的现实依据则是"从德国的国家资本主义战时经济，特别是由国家管理生产与产品分配的体系中得到深刻的印象"[2]。因此，社会主义在实践中必然侵犯个人自由，而马克思主义的指导则会成为其公开的口号。但是，人们不禁会问，把人的自由全面发展视为"西欧贵族的传统"，这是真实的马克思思想吗？

这样，他对于社会主义的理解必然是肤浅的，即便为它辩护也是苍白的。他根本无法正确把握马克思主义理论和现实社会主义实践之间的以下几个重大界限：第一，理论的发展和理论的叛离。马克思学说根本区别于其他学说的标志之一，是接受实践的检验，并随着实践的发展而发展。因此，马克思对于未来社会主义蓝图极少进行具体描绘，而把它留给历史去解决。既然如此，当资本主义进入帝国主义时代，其极不平衡的发展状况必然为历史的跳跃式发展创造条件。在不发达地区的革命危机到来时，马克思主义者为什么不可以根据人民和民族解放的需要，适时发动革命，由此开创历史新纪元并推进马克思主义学说的应用范围呢？难道墨守成规、

---

①　海尔布隆纳. 马克思主义：赞成与反对. 北京：东方出版社，2016：113.
②　希克. 共产主义政权体系. 南京：江苏人民出版社，1982：8.

甘愿令本国长期充当发达资本主义国家的附庸，延续人民的苦难，才是马克思主义者吗？那些用马克思学说的某些观点束缚后人手脚的做法，肯定是和马克思的一贯思想格格不入的。把列宁发展马克思学说的革命实践说成是对马克思思想的叛离的人，很难说他了解马克思主义的理论宗旨。

第二，前进中的失误和倒退中的祸害。马克思主义判断进步和倒退的根本标志是生产力的发展。一切变革、一切政党的政策和措施，如果归根结底有利于解放和发展生产力，那么其中的失误就只能是前进中的失误。海尔布隆纳既然也承认社会主义国家也为其国民带来了巨大的物质和文化改善，那么就不能够仅凭其民主法治方面的一些问题或曲折而根本否定社会主义制度，更不能因此而武断地认为该制度已经没有自我改革、自我完善的可能。必须指出，书中所列的列宁关于社会主义的一些构想，是列宁在极其艰难的条件下为确保社会主义生存而进行的探索，并不能完整地体现列宁的社会主义建设思想。

第三，可以或正在克服的弊端和不治之症。马克思主义判断一种弊端可否由制度自身加以克服的根本标准，取决于生产关系性质基础上的国家性质。资本主义私有制之所以不能为社会化大生产提供广阔的发展余地，之所以不具有无限的自我调整能力，就在于剥削阶级的特殊利益设置了其不可逾越的禁区。社会主义制度之所以较资本主义制度更为优越，就在于它没有这样的禁区。社会主义是否会出现一个既得利益集团或"新权贵阶级"？应该说，这种坏的可能性虽然是存在的，但也是违背社会主义国家本质的，因为领导国家的现代无产阶级及其政党，只有防止新的阶级分化才能完成自己的历史使命。因此，一旦出现这种情况，社会主义也就变了质，就不再是社会主义制度了。其实，在社会主义制度下出现"新权贵阶级"，既非逻辑的必然，又远非所有社会主义国家的现实。把特权和腐败说成是社会主义的不治之症，的确是资产阶级意识形态的偏见和想象。不能超越这种偏见，就不能真正读懂马克思。

正是因为割裂了马克思主义与现实社会主义实践的内在联系，海尔布隆纳不可避免地落入了他曾极力规避的陷阱，即割裂马克思主义的革命性和知识性，用非意识形态化的方式为马克思主义"把脉"。西方"马克思学"学者在谈论马克思学说在社会主义国家中的"蜕变",即由革命的批判武器变成了维护某种特殊制度的辩护理论时,都主张马克思主义的非意识形态化。海尔布隆纳也不能"免俗"。他提出,马克思主义的生命力有多强,"答案取决于马克思主义最终应是意识形态还是批判哲学。作为意识形态,它的有用性将随着它的目标的到达而耗尽。它也许可能被确定为新制度的官方信条,用辩证的词汇宣布人类已经从资本主义时代下解放出来,在马克思主义指引下进入了社会主义时代。在那种情况下,马克思主义的继续存在只能成为人类发展的新枷锁,即宣布进入社会主义是完成人的历史任务的枷锁"。

值得注意的是,他认为,"马克思主义的继续存在"成为人类发展新枷锁的可能性不仅在于现实中某些人的需要,而且在于马克思主义本身就潜藏着这种可能。"由于马克思主义与一般意义上的教会在赋予人类存在的意义和目的方面具有诸多相似之处,因此,如许多教会一样,马克思主义的哲学完全有可能终结为意识形态和神学。"[1] 他认为,如果作为一种批判哲学,马克思主义"对现实的辩证观,扩展了我们对事物的看法,让我们认清了事物的对立和矛盾。而从其他哲学视角是看不到这些的,这应当有助于我们认识世界"[2]。不难看出,这种思想上的清理,就是要切割马克思主义和阶级意识、国家制度以及社会实践的内在联系,使之成为自由知识分子个人的自由思想。在海尔布隆纳看来,他这是在拯救马克思,而我们则在感叹他其实不懂马克思的心的同时,也在对这位主观上力图客观公正地评价马克思主义的学者最终还是失足于此感到惋惜。

四、马克思主义的永恒价值:阶级性和人类性的历史统一

尽管把马克思主义非意识形态化的主张在今天的学术圈仍有市场,尽管一些人并没有海尔布隆纳的那种真诚和良知,却凭借着"纯学术"来彰显个人的清高,我们还是要说,马克思不是自由知识分子,而是世界无产阶级的导师;马克思的思想自由不是个人的自由批判,而是为工人阶级和

---

[1] 海尔布隆纳. 马克思主义:赞成与反对. 北京:东方出版社,2016:127-128.
[2] 同[1]128.

人民群众提供理论武装。非意识形态化是马克思主义研究中的"癌细胞"，在无情地蚕食着马克思主义理论联系实际这棵"常青树"，我们决不能听任它猖狂肆虐，而必须认真彻底地根除它。

在今天，超阶级、全人类是个噱头，"纯学术"也是时尚，正因为如此，像人类性高于阶级性这类的观点就很流行。用在马克思主义的身上，那就是区分其阶级性内容和人类性思想，指认其阶级性内容是短暂的、会过时的，而其人类性内容则是永恒的。但是，无论这样做的主观动机如何，可能其中还有一些为马克思辩护的想法，其客观结果却只能使得人们越来越热衷于从非意识形态化的方面关注马克思主义，从而偏离了马克思确立的理论发展方向。

从马克思主义观点看，在存在阶级划分的世界，没有抽象的人类性，而现实的人类性就是先进阶级的阶级性；工人阶级以前的先进阶级都是剥削阶级，其先进性的暂时性决定了与人类性的现实统一也是暂时的；工人阶级的特殊性就在于它是"非市民社会阶级的市民社会阶级"，没有本阶级的私利，是阶级社会解体的标志，也是人类社会从阶级社会进入无阶级社会的领导力量。因此，工人阶级的阶级性就是当今世界现实的人类性，工人阶级的阶级要求就是当代人类文明的根本出路，立足于"人类社会或社会的人类"的马克思主义新唯物主义，本质上就是工人阶级世界观。离开工人阶级的阶级性谈论人类性，对于有的人而言是幻想，而对于另一些人来说则是有意的欺骗。

在马克思主义看来，阶级社会是由统治阶级主导的一种利益对抗格局。在工人阶级成为统治阶级之前，所有的统治阶级都极力维护自身的既得利益，它们并没有消灭阶级、共同富裕的要求。只有现代无产阶级才具有"消灭阶级"的阶级意识，且这一阶级意识并不是出于经验的工人群体的自发愿望，而是工人阶级的客观历史地位的要求。因为"如果不同时使整个社会一劳永逸地摆脱一切剥削、压迫以及阶级差别和阶级斗争，就不能使自己从进行剥削和统治的那个阶级（资产阶级）的奴役下解放出来"①。这就是说，无阶级社会不是自发到来的，阶级斗争不是自行熄灭

---

① 马克思，恩格斯. 马克思恩格斯文集：第2卷. 北京：人民出版社，2009：14.

的，而是工人阶级自觉争取自身解放的结果，必须经历无产阶级专政的历史时期。

还要指出，在马克思看来，不仅消灭阶级是工人阶级的阶级要求，而且"个性的自由全面发展"也是工人阶级的阶级要求。从人的解放角度看，其他阶级的解放要求都是人的部分解放，而只有工人阶级的解放才是人的整体解放，才是个人的自由全面发展。因为在资本主义条件下，现代无产阶级的生存只能靠出卖劳动力，他们已经沦落为物化的商品。"它表明人的**完全丧失**，并因而只有通过**人的完全回复**才能回复自己本身。社会解体的这个结果，就是**无产阶级**这个特殊等级。"① 因此，个人的自由全面发展并不是资本主义条件下利己市民的要求，而是工人阶级的阶级要求，是超越资本主义社会的共产主义要求。

工人阶级的解放事业表现为共产主义运动，因此，马克思主义和以马克思主义武装的工人阶级政党都以共产主义而不是社会主义或其他什么主义来命名。"在 1847 年，社会主义是资产阶级的运动，而共产主义则是工人阶级的运动。当时，社会主义，至少在大陆上，是'上流社会的'，而共产主义却恰恰相反。既然我们自始就认定'工人的解放应当是工人阶级自己的事情'，那么，在这两个名称中间我们应当选择哪一个，就是毫无疑义的了。而且后来我们也从没有想到要把这个名称抛弃。"② 马克思主义的理论彻底性就在于，它从来不用一些抽象、空洞的词句模糊或掩盖自己的立场，而是抓住事物的根本揭示真相。资产阶级意识形态的虚假性就在于用抽象的"人类性"掩盖其阶级私利，而马克思主义则从工人阶级的解放要求上，找到了实现人类根本利益的道路。虽然二者看似都讲人类性、普遍性，但马克思主义是从阶级性上升到人类性，而资产阶级意识形态则是否认阶级的存在而空谈人类性，这正是马克思主义和"普世价值"的根本区别。因此，我们应该站在工人阶级的立场上理直气壮地讲人类性。

---

① 马克思，恩格斯. 马克思恩格斯文集：第 1 卷. 北京：人民出版社，2009：17.
② 马克思，恩格斯. 马克思恩格斯文集：第 2 卷. 北京：人民出版社，2009：14.

第三节 《共产党宣言》与新世界观

整个共产主义世界观和理论体系是由马克思、恩格斯奠基的,《共产党宣言》(以下简称《宣言》)就是体现这一奠基作用的标志性著作。该著作问世 170 多年来,至今已被译成 200 多种语言出版,版本达几千个,可见其影响之大。但是读《宣言》,读什么? 怎么读? 至今仍见仁见智。列宁的下述观点可以为我们提供指导:我们应该像马克思、恩格斯那样称自己为共产党。"我们应该重复说,我们是马克思主义者,我们是以《共产党宣言》为依据的。"① 以共产主义世界观为真谛,以《宣言》的基本思想为依据,是我们把握马克思主义基本原理的可靠路径。

一、确立马克思主义基本原理的文本依据

《宣言》有七个序言,其中 1883 年恩格斯单独写的德文版序言,完整地概述了《宣言》的基本思想。《宣言》给我们提供了确认马克思主义基本原理的依据,那就是:"贯穿《宣言》的基本思想:每一历史时代的经济生产以及必然由此产生的社会结构,是该时代政治的和精神的历史的基础;因此(从原始土地公有制解体以来)全部历史都是阶级斗争的历史,即社会发展各个阶段上被剥削阶级和剥削阶级之间、被统治阶级和统治阶级之间斗争的历史;而这个斗争现在已经达到这样一个阶段,即被剥削被压迫的阶级(无产阶级),如果不同时使整个社会永远摆脱剥削、压迫和阶级斗争,就不再能使自己从剥削它压迫它的那个阶级(资产阶级)下解放出来。"② 同时马克思、恩格斯一贯强调,这些原理的实际运用,正如《宣言》中所说的,随时随地都要以当时的历史条件为转移。这一基本思想的概括,指明了马克思主义唯物史观的精髓,即经济生产方式的历史基础地位、阶级斗争的历史主线地位和无产阶级专政的历史方向地位,从而

① 列宁. 列宁全集:第 29 卷. 2 版. 北京:人民出版社,1985:178.
② 马克思,恩格斯. 马克思恩格斯选集:第 1 卷. 2 版. 北京:人民出版社,1995:252.

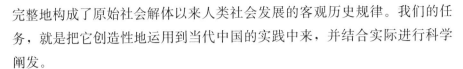

完整地构成了原始社会解体以来人类社会发展的客观历史规律。我们的任务，就是把它创造性地运用到当代中国的实践中来，并结合实际进行科学阐发。

1.《共产党宣言》基本思想的精神实质

首先需要准确领会《宣言》基本思想的精神实质：第一，关于"每一历史时代的经济生产以及必然由此产生的社会结构，是该时代政治的和精神的历史的基础"。必须指出，这一概括既反映了马克思主义的社会结构理论，也反映了马克思主义的社会过程理论。关于前者，因为它反映了经济基础和上层建筑的关系。经济生产所形成的社会结构就是经济基础，它所决定的该时代的政治的、精神的历史，就是上层建筑，这就是基本的社会结构。关于后者，因为有"历史"两字，政治、精神的上层建筑不是静止的，而是历史变化的过程，社会结构也是在相互作用中变化的过程。所以这一思想既是结构性的又是过程性的，不能把它仅仅理解为建筑学意义上的静态"房屋"说。正因为如此，这一概括才表达了马克思主义关于历史基础的思想。

第二，"因此，（从原始土地公有制解体以来）全部历史都是阶级斗争的历史"。这一概括从原著的叙述上看是关于上一思想原理的逻辑演绎，但把社会结构、社会动力和阶级斗争有机地联系在一起，对于今天的人们来说却并不是顺理成章的事。这样，我们首先就要弄清为什么在马克思、恩格斯看来这是不言而喻、合乎逻辑的。概括起来，他们认为：一是原始社会解体以来的任何社会形态都是由特定的阶级来统治、代表的，所以我们就可以把这些社会形态依次命名为奴隶社会、封建社会、资本主义社会、社会主义社会，其特定阶级代表则依次是奴隶主阶级、地主阶级、资产阶级和现代无产阶级。二是任何社会形态的更替都要通过阶级斗争，都要经过社会革命来实现。封建地主阶级取代奴隶主阶级是一场革命，资产阶级取代封建地主阶级也是一场革命，社会主义取代资本主义更是一场革命。每个社会的革命阶级都代表了新的生产关系，体现了新的生产力的发展要求，如果没有这样的革命阶级及其进行的阶级斗争，社会形态是不可能变更的。三是任何社会形态的内部调整和变革都和阶级斗争状况密切相关。邓小平把生产关系对生产力的作用概括成两种：一种叫作解放生产力，一种叫作保护和发展生产力。解放生产力就是推动生产关系的更替，保护和发展生产力就是生产关系内部的自我调整。生产关系无论是新旧更替还是自我调整，在阶级社会里都直接地和社会的阶级组成、各阶级状况、各阶级力量之间的对比紧密联系在一起。

以资本主义社会工人的工资为例。马克思之所以批判拉萨尔的观点，是因为拉萨尔认为工人的工资是由人口数量自然决定的，是由劳动力的供求关系、市场关系决定的。拉萨尔的观点是站不住脚的：一方面，资本主义社会始终保持着失业大军，不存在劳动力绝对缺乏的局面；另一方面，等到市场上找不到劳动力的时候再去鼓励生育，还来得及吗？因此，"拉萨尔并**不懂得**什么是工资，而是跟着资产阶级经济学家把事物的外表当做事物的本质"[①]。在马克思看来，"雇佣劳动制度就是奴隶制度"，它决定了工人被残酷剥削的命运，但直接决定工人报酬波动的则是劳资关系现状、无产阶级的组织程度及其可能对于资产阶级施加的压力。这说明在阶级社会里面，阶级力量对比和阶级斗争对生产关系的调整具有直接的作用。因此，这一概括表达了马克思主义关于阶级社会发展的历史主线思想。

第三，"这个斗争现在已经达到这样一个阶段，即被剥削被压迫的阶级（无产阶级），如果不同时使整个社会永远摆脱剥削、压迫和阶级斗争，就不再能使自己从剥削它压迫它的那个阶级（资产阶级）下解放出来"。这就清楚地表明，无产阶级如果不能消灭一切阶级和剥削，自己就不能得到最后的解放。必须指出，这一"最后斗争"的表述虽然从客观需要的角度加以论断，但其也蕴涵着主观可能的前提，即无产阶级不仅客观上需要，而且事实上可能自己解放自己。所以，无产阶级的阶级意识就是消灭阶级，它是无产阶级对自己历史地位和历史使命的自觉表达。共产主义革命的基本任务就是通过无产阶级专政创造出消灭阶级、进入无阶级社会的历史前提。因此，无产阶级专政是引领实现共产主义的政治形式，体现了当代人类文明的趋势和方向。无疑，这一概括表达了马克思主义关于历史方向的思想。

---

① 马克思，恩格斯. 马克思恩格斯文集：第3卷. 北京：人民出版社，2009：441.

从今天的情况看，除了经济生产方式的历史基础地位表面上争议不大，其他两条则存在着公开的分歧。由于社会主义国家在其实践中发生过阶级斗争扩大化的错误，因而阶级斗争的历史主线地位就必然是首先遭受否定和攻击的基本理论。一些人从阶级斗争已经不是今天我国的主要矛盾，错误地推广到阶级斗争从来就不是人类社会发展的主要矛盾，而偏离这一主线去"重写历史"则已经成为一种时髦，也成为甚嚣尘上的历史虚无主义的理论支撑。科学地阐明马克思主义阶级斗争学说的当代价值，已经刻不容缓。

2. 马克思主义阶级斗争学说的当代价值

从今天的情况看，对于马克思主义阶级斗争理论的价值，可以做以下三点阐发：第一，从历史叙述看，它是我们分析有文字记载以来的历史的基本方法和根本性话语。历史领域历来充斥着无数相互冲突的意志、杂乱无章的事实、堆积如山的史料，只有寻找到其变化绵延的客观依据，历史才能成为科学。如果说唯物史观开辟了历史科学的航道，那么其阶级斗争理论就是这一航道上的航标灯。正如列宁指出的："某一社会中一些成员的意向同另一些成员的意向相抵触；社会生活充满着矛盾；我们在历史上看到各民族之间，各社会之间，以及各民族、各社会内部的斗争，还看到革命和反动、和平和战争、停滞和迅速发展或衰落等不同时期的更迭，——这些都是人所共知的事实。马克思主义提供了一条指导性的线索，使我们能在这种看来扑朔迷离、一团混乱的状态中发现规律性。这条线索就是阶级斗争的理论。"[①] 由于我们今天远远没有超越阶级社会的历史，因此，历史的叙述必须以社会经济形态为依据，以阶级斗争为主线展开，而不能用某些局部的、例外的情况来模糊以致根本否定这一叙事方式。

第二，从当今现实看，运用马克思主义的阶级斗争理论必须内外有别。就我国大陆今天的社会现实而言，阶级斗争已经不是主要矛盾，但阶级斗争在一定范围内还将长期存在，如果处理不当，还有重新激化的可能性；就当代世界的整体格局而言，所谓"文明的冲突"或"全球性问题"

---

① 列宁. 列宁选集：第2卷. 3版. 北京：人民出版社，1995：426.

都是表象，决定着当代人类的命运和出路、"世界向何处去"的根本选择，还是社会主义和资本主义两条道路、两种社会制度的斗争，因而它依然是当代世界的主要矛盾。现在已经可以肯定，西方资本主义国家的经济还将长期低迷，系统性的制度危机日益突出。这表明当代资本主义的寄生性、腐朽性在增加，蕴含着其冒险性和侵略性也在积累和上升。马克思主义关于帝国主义本性的判断依然是我们观察当今世界变动的锐利思想武器。

第三，从我国实际的运用上，必须着眼于坚持和发展中国特色社会主义理论体系。作为马克思主义中国化第二次历史性飞跃的理论成果，中国特色社会主义理论体系运用马克思主义的基本原理，创造性地回答了中国这样一个十几亿人口的发展中大国如何摆脱贫困、加快实现现代化、巩固和发展社会主义的一系列重大问题，是指导党和人民沿着中国特色社会主义道路不断前进，不断巩固、改革和完善中国特色社会主义基本制度的正确理论。马克思主义的阶级斗争理论在这一理论体系中的实际运用，至少表现在以下方面：一是从剥削阶级作为一个阶级在我国已不复存在的国情出发，在慎提慎用"剥削阶级"以及"剥削""压迫"一类提法的同时，工人阶级的领导地位及其阶级意识不仅不能被削弱，而且要加以强化。在不断扩大中国共产党的群众基础的同时，不断强化其作为中国工人阶级先锋队的阶级基础。二是从阶级斗争已经不是我国主要矛盾的实际出发，在强调具体矛盾具体分析，着眼于化解人民内部矛盾，慎将社会矛盾上纲为"阶级斗争"的同时，在重大社会矛盾（例如防腐倡廉建设）的观察分析上，不放弃马克思主义的阶级分析方法。三是从坚持和推进中国特色社会主义的大局出发，牢牢把握社会主义现代化的政治方向，在不断推进改革开放、允许一部分人先富起来、不轻言贫富差距过大或存在分配不公现象为"两极分化""阶级分化"的同时，坚定不移地防止两极分化、贯彻共同富裕方针，使其在历史过程的每一步都有实质性的进展，不断实践社会主义的本质，体现社会主义制度的优越性。

二、提升马克思主义理论自觉的生动范本

我们之所以信仰共产主义，首先是因为它是科学的。读《宣言》之所

以能够帮助我们坚定共产主义理想，就在于这一经典著作通过三大科学成果有力地支撑起共产主义思想体系：一是对于资本主义的科学批判；二是对于现代无产阶级的科学分析；三是对于共产党的科学定位。西方意识形态对于马克思主义的攻击和消解，主要就集中在这三个问题上，最典型的就是所谓马克思对资本主义批判的"浪漫"论、对现代无产阶级分析的"神化"论和对共产党定位的"威权"论。对此，我们必须坚决予以回应。

1. 驳斥马克思对于资本主义批判的所谓"浪漫"论观点，自觉树立共产主义的信念

《经济增长的阶段：非共产党宣言》的作者罗斯托认为，马克思、恩格斯在写《宣言》的时候，只有英国一国完成了工业革命，处于经济起飞阶段，而其他国家还都处在经济起飞的准备阶段。马克思在这个时候就得出了否定资本主义的结论，显然依据的不是事实、不是科学，而是一种道德浪漫情绪。在罗斯托看来，马克思没有考虑到，任何经济起飞都要付出社会和经济成本，任何国家的经济起飞都会出现社会贫富分化，就像一个马鞍形，分化到一定程度就会回落。马克思没有看到这点，所以错了。在我们看来，马克思主义的科学性和真理性，首先表现在他对资本主义的批判方式并不是简单依据当时的一些贫富分化事实，更不是道德愤慨的情绪宣泄，而是立足于揭示资本主义的客观本性。

第一，从人类历史发展的客观规律出发批判分析资本主义。与空想社会主义不同，马克思不是从"邪恶""人类理性的迷误"，而是从"革命作用"上分析资本主义，从而把批判建立在对资本主义取代封建主义这一历史规律的准确把握上。这就是说，马克思把对于资本主义的否定，建立在历史的客观必然性而不是人类理性的所谓"迷误"上。资本主义通过对生产工具以及相应的生产关系的革命变革，促进了生产力的迅猛发展；通过开拓世界市场，促进了社会交往的世界化；通过城市化聚集，扩大了财富的生产。"资产阶级在它的不到一百年的阶级统治中所创造的生产力，比过去一切世代创造的全部生产力还要多，还要大。"这是资本主义能够取代封建主义的最根本的原因。资本主义对于封建主义不可遏止的胜利，证明了生产关系一定要适应生产力的历史发展规律。而资本主义的被否定，

不过是封建主义被否定的这一历史规律的再表现。"资产阶级的生产关系和交换关系，资产阶级的所有制关系，这个曾经仿佛用法术创造了如此庞大的生产资料和交换手段的现代资产阶级社会，现在像一个魔法师一样不能再支配自己用法术呼唤出来的魔鬼了。几十年来的工业和商业的历史，只不过是现代生产力反抗现代生产关系、反抗作为资产阶级及其统治的存在条件的所有制关系的历史。只要指出在周期性的重复中越来越危及整个资产阶级社会生存的商业危机就够了。""资产阶级用来推翻封建制度的武器，现在却对准资产阶级自己了。"①

马克思批判资本主义所依据的人类社会发展的客观规律表明，任何生产关系都只具有历史的合理性，而不具有永恒的合理性，因而随着生产力的发展，新的生产关系取代原来的生产关系就具有历史的必然性。资本主义的辩护者把资本主义生产关系看成是自然的、永恒的社会秩序，而马克思则把其视为人类历史发展的一个必然要被超越的阶段。这是马克思批判资本主义的根本科学依据。

第二，资本主义设定了自身的发展极限，表现为自我否定的过程。马克思批判资本主义的又一个原则，是内在否定原则，即自我否定。内在矛盾是事物变化的根据，资本主义的最终否定力量来自资本本身。《宣言》中有这样一个判断："资产阶级除非对生产工具，从而对生产关系，从而对全部社会关系不断地进行革命，否则就不能生存下去。"② 马克思后来在《资本论》中进一步发挥了这一观点，指出资本的本性和生命力就在于通过追逐超额利润而获取最大的剩余价值，因而需要永不止步的自我扩张，而使其止步的不可逾越的界限却恰恰是资本自身。

一是资本设定了有限的市场容量。本来，资本的无限扩张需要无限的市场，借此才能保持活力。正如《宣言》所描述的那样，由于扩大产品销路的需要，"驱使资产阶级奔走于全球各地。它必须到处落户，到处开发，到处建立联系"③。资本促使世界市场形成，需要其具有无限拓展的空间。

---

① 马克思，恩格斯. 马克思恩格斯选集：第1卷. 2版. 北京：人民出版社，1995：277-278，278.

② 同①275.

③ 同①276.

它需要无限的市场容量、不断扩大财源、不断开拓创新的源泉，以便获取最大限度的剩余价值。但在追求以上目标的同时，资本却为自己设定了有限的市场容量。这个市场的容量之所以有限，就是因为资产阶级在剥夺无产阶级、剥夺广大人民过程中造成了市场萎缩，致使大众不能形成有效需求，又何谈无限的市场容量？大众不是没有需求，而是没有满足这个需求的购买力，所以就不是有效需求，不是市场容量。今天西方有很多市场不正常现象，例如圣诞节期间，商店打折，一开始营业，人们就都跑去抢购便宜的商品。这说明什么？人们有需求，没有购买力。这是资本主义永远解决不了的一个问题，是自己给自己设定了有限的市场容量，在不可能无限地扩大市场的同时也窒息了生产的发展空间。"资本的发展程度越高，它就越是成为生产的界限，从而也越是成为消费的界限，至于使资本成为生产和交往的棘手的界限的其他矛盾就不用谈了。"① 我们还需要补充的是，资本主义的这种釜底抽薪的获利本性，今天集中表现在逆经济全球化潮流而动，大搞单边主义，零和博弈，结果是封上了别人的门，也堵上了自己的路。

二是资本设定了有限的创新主体。资本无限发展的另一可能就是通过不断的创新获取超额利润。马克思揭示出利润是资本的活力，但资本是不满足于获得平均利润的，而是谋求通过各种手段来获得超额利润。但利润有平均化的规律和趋势，而一旦达到平均利润的时候，资本就没有活力了。"资产阶级除非对生产工具，从而对生产关系，从而对全部社会关系不断地进行革命，否则就不能生存下去。"② 有趣的是，经济学家熊彼特以另一种方式表达了类似的意思。他认为，资本主义是一种建立在毁灭性创新基础上的经济，要不断地通过生产要素的重新组合以及技术创新才能得以发展，而当创新"均衡化"后，资本主义将走向毁灭。资本主义要创新，就需要能够创新的人。而真正具有无限创新能力的人，应该是全面发展的人。资本主义面临的又一个危机就是人的片面化对资本主义发展造成的限制。矛盾在于，资本主义从表面看，十分"以人为本"，不但以顾客

---

①　马克思，恩格斯. 马克思恩格斯文集：第 8 卷. 北京：人民出版社，2009：97.

②　马克思，恩格斯. 马克思恩格斯选集：第 1 卷. 2 版. 北京：人民出版社，1995：275.

为"上帝",而且千方百计了解人,开发人性化的产品;但其实,资本主义从本质上是操纵人,践踏人,把人塑造成物化、单面、无个性的人。从这一点来说,资本主义是不能长久引领创新的,因为它从整体上无力培养造就具有无限创造力和健康需求的人。

三是资本设定了有限的发展空间。资本的无限扩张的趋势需要人与自然的真正和谐,以此才能提供不断扩展的发展空间和发展领域。但是,资本由于其任性逐利的本性,导致对自然和其他空间的开发带有掠夺和占有的性质,在造成生态危机的同时,也扼杀了自身的发展空间。马克思在《宣言》中通过"消灭城乡差别",在《1844年经济学哲学手稿》中通过"自然和人相异化"指出,资本对自然界的基本态度是掠夺和占有,是纯功利地对待自然界,这注定了它不可能真正地开拓人类发展所必需的自然空间,导致了自然和人道的对立,造成了自然的破坏和人自身的贫乏。马克思从资本自己给自己设定的发展历史界限出发,得出了资本自我否定的结论。资本不可能突破这个历史界限,因而必然要被取代。"资本不可遏止地追求的普遍性,在资本本身的性质上遇到了限制,这些限制在资本发展到一定阶段时,会使人们认识到资本本身就是这种趋势的最大限制,因而驱使人们利用资本本身来消灭资本。"①

第三,马克思依据当时资本主义暴露的典型事实,揭示了资本主义发展的基本规律和基本矛盾。首先是经济危机这一典型事实。自1825年英国爆发了资本主义第一次经济危机之后,每经过七八年,经济危机就爆发一次。马克思通过研究这一周期性的经济危机现象,揭示出资本主义所固有的社会化生产和私人占有之间的基本矛盾。第二个典型事实是当时发生在英、法、德三国的三大工人运动。马克思从中不仅看到了工人阶级和资产阶级的对抗,而且发现了工人阶级逐渐联合及其阶级斗争日趋自觉的发展趋势,从而揭示了资本主义"首先生产的是它自身的掘墓人"即工人阶级这一历史规律。第三个典型事实是"雇佣劳动"。资本主义是一种以雇佣劳动为基础的社会制度,是一种在"自由买卖、自由交易"形式下的现代奴隶制,它使得"资本具有独立性和个性,而活动着的个人却没有独立性

---

① 马克思,恩格斯. 马克思恩格斯文集:第8卷. 北京:人民出版社,2009:91.

和个性"。因此，"共产主义并不剥夺任何人占有社会产品的权力，它只剥夺利用这种占有去奴役他人劳动的权力"①。马克思对雇佣劳动的深入分析，揭示了超越资本主义的历史必然性，指明了共产主义的光明前景："代替那存在着阶级和阶级对立的资产阶级旧社会的，将是这样一个联合体，在那里，每个人的自由发展是一切人的自由发展的条件。"② 资本为自己设置的历史界限，就是社会主义实现的历史必然。

现在我们党面临的一个重大的危险是"后共产主义"现象。什么叫"后共产主义"? 用这一用语的发明者布热津斯基的话就是："那些声称共产主义理论是他们的政权（……）之本的共产党人，那些口头上说实践共产主义理论而实际上却在背离其实质的共产党人，那些毫无顾忌地公开否定共产主义理论的共产党人，所有这些自称'共产党人'的人，都不再认真地将共产主义的理论作为指导社会政策的方针。这些就是后共产主义体系中的现象。"③ 这里包括两种人，一种是表面上讲共产主义，实际上不信的共产党人；另一种是公开否定共产主义，但可能还自称马克思主义者的共产党人。后共产主义现象使得我们不能不指出，在今天如果仅仅承认马克思主义、社会主义而不承认共产主义，或者仅仅口头上承认共产主义，那还不是真正的马克思主义，真正的共产党人必须真诚信仰共产主义。后共产主义从理论上割裂马克思主义和共产主义的内在统一，从学风上倡导言行不一的两面人格，其危害性极大。我们现在的主要危险不是教条主义，而是对马克思主义、共产党不忠诚的后共产主义心态。

要在马克思主义理论的信仰和学习上做到口心一致、言行一致，首先要从理论上弄清，什么是马克思主义、什么是共产主义。邓小平关于共产主义有个很简单的解释，即"马克思主义，另一个名词叫共产主义"④。这个解释虽然简单但非常准确，抓住了马克思主义的实质。所以，共产主义信仰就是马克思主义的信仰，信仰共产主义就是信仰马克思主义。而信仰

---

① 马克思，恩格斯. 马克思恩格斯选集：第1卷. 2版. 北京：人民出版社，1995：287，288.

② 同①294.

③ 布热津斯基. 大失败. 北京：军事科学出版社，1989：298.

④ 邓小平. 邓小平文选：第3卷. 北京：人民出版社，1993：173.

马克思主义，首先要信仰马克思主义思想体系，信仰马克思主义这个真理体系，信仰马克思主义的基本原理是真理。马克思主义是唯一科学地批判和超越资本主义思想体系与制度的思想体系。

2. 驳斥马克思对于现代无产阶级分析的所谓"神化"论观点，自觉站稳工人阶级立场

人们对"无产阶级"这一概念有很多误解：一是把"一无所有"视为其根本特征，因而以"有恒产者有恒心"为由指认现代无产阶级只具破坏性，不可能担负"建设新世界"的使命，以致人们在使用"无产阶级"这一术语时往往有所顾忌。实际上，在马克思那里，无产阶级和工人阶级是通用的，现代无产阶级本身是一个科学的概念，有着充分的历史和学理依据，有着明晰的理论界定。二是局限于目前某些工人群体的状况断言无产阶级不先进，或正在消失，从而否定工人阶级的历史使命。实际上，马克思关于现代无产阶级分析的基本方法论，就是要突破主观性评价，即不仅不以其他阶级、阶层和个人的评价为依据，甚至也不以无产者当下的自我感受为依据，而是从人类历史发展的客观过程中来定位现代无产阶级，从资本主义社会的矛盾体系中来客观地确定无产阶级的历史地位。马克思在《神圣家族》中回答对于现代无产阶级的质疑时说："问题不在于某个无产者或者甚至整个无产阶级暂时**提出**什么样的目标，问题在于**无产阶级究竟是什么，无产阶级由于其身为无产阶级**而不得不在历史上有什么作为。"① 因此，马克思关于现代无产阶级的分析不是实证社会学的社会职业分层，而是一个世界观、方法论的科学判断。西方的"神化无产阶级"论也因此而起。

最为极端和普遍的攻击是将马克思的分析归结为"上帝的选民"以及"犹太幻想"："马克思的历史的必然性作为全能的上帝来代替耶和华，以近代西方世界内部的无产阶级来代替犹太人。无产阶级的专政就是弥赛亚的王国。"② 然而这些判断似乎忘记了，宗教是不需要论证的，而马克思主义注重的恰恰是科学论证。马克思精辟地指认资本主义的劳动方式为"雇佣劳动"，受制于这种劳动的工人不能不成为作为资本人格化的机器及产

① 马克思，恩格斯. 马克思恩格斯文集：第1卷. 北京：人民出版社，2009：262.
② 转引自波普尔. 开放社会及其敌人. 台北：桂冠图书股份有限公司，1986：1010.

品的附属物，不能不成为资本增殖的工具。"这些雇佣工人不得不把自己的劳动力转化为日益增长的资本的日益增大的增殖力，并且由此把他们对自己所生产的、但已人格化为资本家的产品的从属关系永久化。"① 更为重要的是，这种"现代奴隶制"披着"自由、公平"的外衣，让实际上处于奴隶状态的人们浑然不觉。"在雇佣劳动下，甚至剩余劳动或无酬劳动也表现为有酬劳动。在奴隶劳动下，所有权关系掩盖了奴隶为自己的劳动，而在雇佣劳动下，货币关系掩盖了雇佣工人的无偿劳动。"② 把一种历史地产生的剥削关系转化为"永恒的自然关系"，使得资本主义生产关系对于社会化大生产的破坏必然以强积压的方式猛烈地爆发，造成空前深重的灾难，同时也决定了工人阶级的觉悟必定建立在对于历史规律的高度自觉上。

马克思学说的科学性还在于科学地论证了工人阶级阶级意识的形成。在西方意识形态看来，这是一个真正的两难推理：如果坚持唯物主义反映论，处在"物化"状态中的无产阶级就不可能产生"当家作主"的统治意识和实践；如果坚持无产阶级能够产生自觉的阶级意识就必须承认这其中的思辨性和神秘性。但是，问题在于，资本主义社会的两极化趋势及其造成的阶级对立究竟是马克思的主观臆造还是资本在自身的增殖、积累和集中过程中必然形成的？马克思一再强调的工人阶级不同于其他劳动阶级之处的两个重要方面（即从资产阶级那里获得了教育和文化手段，并与先进的社会化大生产相联系）究竟是不是事实？无产阶级与资产阶级的最大区别在于，资产者由于垄断生产资料而形成了狭隘的既得利益，而无产者由于完全丧失了与生产资料的直接联系而在根本利益上与社会化大生产保持一致，这又是不是事实？如果这些都是事实，那么起码就要承认工人阶级具有认识历史发展规律的客观条件，加上形成以先进理论武装的政党这一条件，它就能够从自在阶级成为具有自觉阶级意识的自为阶级。

3. 驳斥马克思对于共产党定位的所谓"威权"论观点，自觉坚持共产党的领导地位

《宣言》为我们提供了坚持共产党领导的充分理论依据，这是其遭受

---

①　马克思，恩格斯. 马克思恩格斯文集：第5卷. 北京：人民出版社，2009：710.

②　马克思，恩格斯. 马克思恩格斯选集：第2卷. 2版. 北京：人民出版社，1995：224.

对手诟病的重要原因，因而也是我们需重点加以研读的问题。该著作对于共产党的论述突出地强调了三点：

第一，共产党的阶级性及其道义性。共产党没有自己特殊的利益诉求，不是独立的利益主体，原因就在于"共产党人不是同其他工人政党相对立的特殊政党。他们没有任何同整个无产阶级的利益不同的利益"。共产党是以工人阶级的历史追求为追求，以工人阶级所代表的绝大多数人的利益为自己奋斗的目标。而工人阶级的阶级利益之所以代表绝大多数人的利益，就在于存在阶级剥削和压迫的社会，总是大多数人受奴役的社会，因而"消灭阶级"这一工人阶级的要求就表达了大多数人的根本利益。由此可以断言："过去的一切运动都是少数人的或者为少数人谋利益的运动。无产阶级的运动是绝大多数人的、为绝大多数人谋利益的独立的运动。"在新的历史条件下，强调共产党没有自己的利益，强调共产党的阶级性和人民性的一致十分重要。如果共产党有了其自身的利益，就不但不能够代表绝大多数人，而且必然脱离广大人民群众并与之对立；如果工人阶级利益和广大人民利益不一致，那么向全社会开放的执政党就必须放弃自己的阶级基础。在这两种情况下，共产党都要改旗易帜，搞多党制就是不以人的意志为转移的必然选择。可见，共产党的道义性来自其阶级性，从根本上说，越是工人阶级的就越是人民大众的。坚持党的工人阶级性质不能动摇。

第二，共产党的理论优势及其先进性。阶级社会不仅存在着严重的阶级利益对抗，而且其中的被压迫阶级本身的利益也是分化的。马克思发现，共产党的力量就在于能够始终代表广大劳动者的利益。值得注意的是，共产党之所以能够在实践中代表最广大人民的利益，始终站在无产阶级解放运动的前列，推动运动前进，就因为它"了解无产阶级运动的条件、进程和一般结果"。就是说，实践中的先进性来源于思想理论上的科学性、先进性。这也就构成了后来中国共产党的建党第一原则，即坚持思想建党、理论强党，始终把思想理论建设摆在党的建设的首位。

从现实针对性来看，党在今天所面临的四大危险，根子都在于思想理论方面。一些人精神懈怠，理想信念不坚定，对中国特色社会主义没有信心，根子在于理论掌握得不彻底、思想不成熟；在实践中能力不足、办法不多、不思进取，甚至高高在上、养尊处优、脱离人民，原因在于思想的僵化、腐化；在行动上不顾大局、各行其是，甚至阳奉阴违、另搞一套，根源于思想上的离心离德。无数事实表明，"没有革命的理论，就没有革命的运动"，只有用先进理论武装的党，才能成为进步事业的领导者和组织者。从这个意义上说，思想领导权是实现党的领导作用的根本保证。

第三，共产党的阶级基础及其统一性。共产党只能有一个，不能有多个，根本原因是只有一个无产阶级。不仅某个国家的无产阶级只有一个，而且全世界的无产阶级都是统一的。无产阶级不仅代表了民族的统一，还代表了走向未来的全人类的统一，这就是消灭阶级、消灭私有制，最终实现共产主义。这就是工人阶级作为世界历史性存在，担负着世界历史使命的根据。《宣言》关于"工人没有祖国""全世界无产者联合起来"的思想只能从这一角度解读，而不能视为工人阶级不能同时是民族的。归根到底，共产党只能有一个，不能搞多个，不能分裂工人阶级，也不能分裂共产党。从今天的情况看，工人阶级的民族性虽然还是明显的，但其阶级性和人民性、民族性还是可以统一的。从历史发展的长远趋势看，工人阶级的国际性、世界性会日益显现，共产主义这一"国际的理想"一定会实现。中国共产党的显著特点和力量源泉就在于从其诞生的那天起，就始终肩负着双重使命：一是中华民族伟大复兴的使命，二是人类解放、实现共产主义的使命。作为中国工人阶级先锋队的阶级性，不仅没有妨碍而且支撑着中国共产党成为民族复兴的领导核心；反过来，领导中华民族的伟大复兴，不仅没有阻碍而且有力地促进了人类文明向共产主义方向坚实地迈进。

三、培育马克思主义理论自信的红色经典

《宣言》中的关于两个"必然"（即"资产阶级的灭亡和无产阶级的胜利是同样不可避免的"）、两个"彻底决裂"（即"共产主义革命就是同传统的所有制关系实行最彻底的决裂；毫不奇怪，它在自己的发展进程中要同传统的观念实行最彻底的决裂"）的论述，是我们理解该著作基本精神

的一个非常重要的着眼点。再加上 1859 年马克思在《〈政治经济学批判〉序言》里面讲的两个"决不会"，即"无论哪一个社会形态，在它们所能容纳的全部生产力发挥出来以前，是决不会灭亡的；而新的更高的生产关系，在它存在的物质条件在旧社会的胎胞里成熟以前，是决不会出现的"，共同构成了马克思主义关于历史未来的完整判断，成为我们坚定共产主义理想信念的理论支点。

今天，往往有人用两个"决不会"去否定两个"必然"和两个"彻底决裂"，并借以否定十月革命及其开创的社会主义道路，鼓吹资本主义不可超越，否定共产主义的光明前景，因此，我们必须要对两个"必然"、两个"决不会"和两个"彻底决裂"三者间的关系有一个透彻的理论把握。我认为，两个"必然"是马克思主义的战略思想，也就是说，从战略上、从历史的发展规律和当今历史的总趋势上，资本主义的灭亡和社会主义的胜利的确是同样不可避免的。这是一个战略分析，表明了历史不可逆转的大潮流、大趋势。两个"决不会"是一个战术思想，就具体的国家或地区以及具体的历史发展阶段而言，资本主义不仅还有自我调整的空间，而且在科技和经济上的优势地位也不会立即丧失。社会主义取代资本主义需要经历一个较漫长的历史过程，不能指望速战速决，要有应对困难的充分准备，这是必须遵循的战术原则。

但是，需要指出，战略管全局、大势、本质和结局，因而是我们信念的依据；而战术管局部、现状、细节和过程，因而是我们行动的依据。战略和战术的关系从一定意义上看也是务虚和务实的关系。务虚不是空谈，而是看清大形势、理清大思路、把握大方向、奠定大依据，达到提高信心的目的，因而是实事求是、求真务实的重要组成部分。我们党在重大的战略转折关口，总要进行理论务虚，充分证明了务虚的重要性。与之相对的务实，并非求真务实的大务实，而是具体组织实施的行动方案，因而必须充分依据当下的主客观条件，充分认识当前的艰难险阻，善于处理发展和收缩、坚持和妥协、优势和劣势的关系，以达到不断有所改善、有所突破、有所进展的目的，争取现有条件下的最好结果。

战略与战术两者不能错位。如同毛泽东所讲，在战略上要藐视敌人，在战术上要重视敌人。我们在战略上一定要有共产主义的必然胜利和资本主义的必然灭亡的信心，借以确立我们的战略目标和理想信念。但是在具体的实践中，我们必须重视对手，要看到资本主义在今天还有较大的调整空间，在今天和今后的一个时期还具有优势地位，战胜资本主义是一个很长的历史过程。如果把战略变成战术，就可能犯超越历史阶段的错误；而如果将战术变成战略，则可能犯迷失方向、悲观失望的错误。用两个"决不会"去否定两个"必然"，就是犯了用战术思想取代战略思想的错误。

关于两个"彻底决裂"的思想，我认为这是无产阶级政党掌握和实现自己的领导权的理论依据，因而是关于领导权的思想。任何阶级要成为统治阶级，必须具备两个条件：一是掌握国家经济命脉，二是掌握社会的精神生产，即思想领导权。这有以下两个根据：根据一，从马克思主义的观点看，国家政权属于上层建筑，它依托于一定的经济基础，同时也通过保护和发展相应的经济基础发挥自身的服务功能，没有巩固的经济基础的政治权力是脆弱的；根据二，精神生产服从服务于物质生产，因此，物质生产和再生产在生产物质资料的同时，也不断生产和再生产着人们的社会关系和思想观念。"思想的历史除了证明精神生产随着物质生产的改造而改造，还证明了什么呢？任何一个时代的统治思想始终都不过是统治阶级的思想。"①

这样，一般说来，要推翻一个政权，建立新的阶级统治，除了必须瓦解旧经济基础、建立新经济基础，还必须破除旧观念、形成新思想。特殊地说，共产主义革命由于其社会变革的空前深刻，在所有制和思想观念上实行两个"彻底决裂"就是必然的。领导这一变革的工人阶级及其政党，只有在两个"彻底决裂"的过程中才能发挥自己的领导作用。就今天而言，我们要不断推进中国特色社会主义建设，确保工人阶级领导的以工农联盟为基础的人民民主专政的社会主义国家性质，就必须坚持和发展以公有制为主体、多种所有制经济共同发展的基本经济制度，坚持和发展以马克思主义为指导、以共产党为领导核心的人民代表大会制度这一根本政治制度。毛泽东在新中国成立初期就讲过，领导我们事业的核心力量是中国

---

① 马克思，恩格斯. 马克思恩格斯选集：第 1 卷. 2 版. 北京：人民出版社，1995：292.

共产党，指导我们思想的理论基础是马克思列宁主义。这就是体现两个"彻底决裂"的领导权原则。需要指出，必须彻底与之决裂的"传统观念"专指维护资本统治的意识形态观念，不能泛化为整个传统文化。因此，今天贯彻两个"彻底决裂"的思想，就是要从世界观上清理危及中国共产党领导地位的错误观念，尤其是否定辩证唯物主义的哲学观念。

总之，两个"必然"侧重于战略，两个"决不会"侧重于战术，上述两条都是着眼于党所领导的事业，而两个"彻底决裂"侧重于党的作用，着眼于党自身的建设。在推进党所领导的事业的过程中同时推进党自身的伟大建设工程，就是中国共产党对于以上三大论断所做出的具有创造性的当代解读。

第七章　不断开辟马克思主义哲学新境界

　　坚持和发展马克思主义，理应包括马克思主义哲学。我们虽然在哲学世界观问题上反对所谓"范式转换"一类的创新，但在坚持这一世界观、方法论不动摇的过程中，必然不断地推进了马克思主义哲学的新境界。中国特色社会主义进入新时代，世界百年未有之大变局和中华民族伟大复兴的战略大局"同步交织、相互激荡"，中国与世界深度交融。在这一大背景下，中国特色社会主义越来越具有世界历史意义，当代中国马克思主义的理论创新越来越具有世界观意义，这就是历史的大趋势、推进21世纪马克思主义发展的大趋势。

第一节　习近平新时代中国特色社会主义思想的哲学意蕴

　　马克思主义世界观、方法论是党的思想理论的哲学根据。自觉运用辩证唯物主义和历史唯物主义观察世界、处理问题，不但是党进行思想理论创新的基本方式，也是党不断丰富发展哲学基础的现实途径。善于发掘习近平新时代中国特色社会主义思想的哲学意蕴，不但可以从更高的理论境界领悟这一思想体系，而且可以打通从学懂、弄通到做实的关节。我们拟先着眼于习近平新时代中国特色社会主义思想的一些基本理念和思维特点，通过阐发其哲学意蕴，逐步进入其哲学思维的深处，以有助于更为深入准确地掌握这一思想。

一、不忘初心、保持战略定力的世界观意义

不忘初心是对党的宗旨使命及精神风貌的高度概括，堪称21世纪中国马克思主义的具有世界观意义的表述，是我们党在今天具有强大凝聚力、战斗力和战略定力的重要思想基础。只有认真领悟这一理念，才能把一系列重大理论问题提升到世界观的高度来加以理解。

1. 不忘初心是对党的宗旨使命的深刻发掘

全心全意为人民服务是中国共产党的一贯宗旨。从不忘初心的高度回顾党的宗旨使命，可以认清两大问题：一是民族解放同社会主义、共产主义的不可分割性，二是伟大理想和现实出路的内在关联。在风雨如磐的旧中国，也曾涌现许多立志救国救民的志士仁人，但都因找不到现实的出路而饮恨而终。中国共产党之所以选择了马克思主义，是因为它把中国的民族复兴和人类的共产主义事业联系在一起，为解决中国问题指明了现实的出路。从世界观上看，不忘初心使我们能够打破传统的民族主义和世界主义的两极对立，把民族的出路和世界的进步内在地统一起来。这不仅为中国道路的开辟指明了方向，也为今天正确处理中国与世界的关系提供了世界观根据。

中国共产党在今天的宗旨使命，不仅是为中国人民谋幸福，为中华民族谋复兴，而且要为世界人民谋和平发展。"不仅致力于中国自身发展，也强调对世界的责任和贡献；不仅造福中国人民，而且造福世界人民。"[①]这种不仅把中华民族的伟大复兴和共产主义的光明前景紧密相连，而且把中国的发展和世界的发展紧密相连的追求，充分表明具有坚定共产主义理想信念的中国共产党人，从"初心"上就杜绝了宗派情绪和狭隘的民族主义，注定要沿着人类文明大道不断开拓前行。中国共产党不仅没有一党之私，也没有一国之私，是真正立足中国、胸怀世界的伟大政党。这一崇高

---

① 习近平. 习近平谈治国理政. 北京：外文出版社，2014：57.

的宗旨使命，不仅是我们能够奋斗不息的力量源泉，而且是我们坚信自己事业正义性的战略定力的坚强依托。

当代世界呈现出深刻复杂变化的态势，充满着不确定性，使人们对未来既寄予期待又感到困惑。人类社会面临的共同挑战和应对挑战的人类共识不成比例，发展的机遇隐藏在层出不穷的挑战中，人类的共同利益被局部利益的凸显和冲突所分割，历史潮流没有充分显现出来。在这样的环境下，战略定力至关重要。"大道至简，实干为要。"不忘初心，就能不断排除干扰，认准方向，坚定信心，把握机遇，继续前进。

2. 不忘初心是对历史规律和时代潮流的自觉遵循

不忘初心要求经常回顾走过的路、比较别人的路、远望前行的路，弄清我们从哪儿来、往哪儿去，才能认准问题，看清前途。从世界观上看，这是一种过去、现在和未来的有效贯通，是认识和把握历史规律的根本方法。正如马克思指出的：工人阶级的革命事业要"经常自己批判自己，往往在前进中停下脚步，返回到仿佛已经完成的事情上去，以便重新开始把这些事情再做一遍"①。认识和实践都在这种经常的重新开始中得到深化。

历史是曲折发展的，认识历史规律也是反复比较、不断纠偏的过程，不忘初心深刻地揭示出这一认识本质。关于认识的曲折性和反复性，马克思主义经典作家都有深刻的阐述。毛泽东精辟地指出："客观现实世界的变化运动永远没有完结，人们在实践中对于真理的认识也就永远没有完结。马克思列宁主义并没有结束真理，而是在实践中不断地开辟认识真理的道路。"② 列宁甚至形象地揭示出，这种认识的反复在于通过一连串上升的螺旋不断地回到"原点"。"人的认识不是直线（也就是说，不是沿着直线进行的），而是无限地近似于一串圆圈、近似于螺旋的曲线。"③

不忘初心就是每每站在新的历史起点时，都要回望出发点，理清走过的路，辨明脚下的地，认准前行的道。不忘初心揭示了历史规律形成的特点。它不是黑格尔式客观自在的精神逻辑的展示，而是在回答现实重大问

① 马克思，恩格斯. 马克思恩格斯选集：第1卷. 2版. 北京：人民出版社，1995：588.
② 毛泽东. 毛泽东选集：第1卷. 2版. 北京：人民出版社，1991：296.
③ 列宁. 列宁全集：第55卷. 2版. 北京：人民出版社，1990：311.

题中通过实践开创的，因而是具体地、历史地生成的；但它也不是毫无联系的历史碎片，而是透过现实的道路展示出的历史逻辑。道路是规律的载体，把握规律的检验标准就是走出一条属于自己的路。不忘初心就是要直面问题，通过道路的辨别，把握历史规律，坚定前进信心。规律就存在于走过的路中，存在于前行的方向中。它既不是抽象的，也不是表象的，而是可以感受到的、辨认出的历史潮流，是我们坚定道路自信、理论自信、制度自信、文化自信的客观根据。

3. 不忘初心是对待马克思主义的科学态度

不忘初心就要坚持马克思主义的指导地位。中国共产党人为共产主义奋斗的初心，是由马克思主义铸造的。但是，中国共产党之所以信仰马克思主义，是因为"中国先进分子从马克思列宁主义的科学真理中看到了解决中国问题的出路"①。因此，不忘初心内在地包含了中国共产党对待马克思主义的科学态度，这就是坚持用马克思主义解决中国问题，坚持把马克思主义基本原理同当代中国实际和时代特点紧密结合起来，不断把马克思主义中国化向前推进。

不忘初心就是不要忘记马克思主义是我们的立党立国之本。中国特色社会主义制度的最本质特征和最大优势，就是坚持中国共产党的领导，而中国共产党人的本，就是对马克思主义的信仰、对中国特色社会主义和共产主义的信念、对党和人民的忠诚。"我们要固的本，就是坚定这份信仰、坚定这份信念、坚定这份忠诚。世界社会主义实践的曲折历程告诉我们，马克思主义政党一旦放弃马克思主义信仰、社会主义和共产主义信念，就会土崩瓦解。共产党人如果没有信仰、没有理想，或信仰、理想不坚定，精神上就会'缺钙'，就会得'软骨病'，就必然导致政治上变质、经济上贪婪、道德上堕落、生活上腐化。"② 不忘初心从根本上奠定了科学信仰和科学理论内在统一的基础，把坚定理想信念建立在科学理论的武装上，把牢记使命奠立在完成使命的现实出路之上。从世界观上看，不忘初心就是

---

①　习近平. 决胜全面建成小康社会　夺取新时代中国特色社会主义伟大胜利：在中国共产党第十九次全国代表大会上的报告. 北京：人民出版社，2017：13.

②　习近平. 习近平谈治国理政：第 2 卷. 北京：外文出版社，2017：326.

解决信仰和科学的统一、价值和真理的统一。我们事业的正义性来自科学性，它不仅是对美好未来的憧憬，还是对历史客观规律的掌握；我们的顶层设计不仅要有历史和现实的依据，还要有科学理论的支撑；全面加强党的领导不仅有历史经验和现实需要，还有马克思主义辩证唯物主义和历史唯物主义一元论世界观的支撑。

不忘初心就是把创新发展视为坚持马克思主义指导地位的人间正道。创新的前提是正确认识理论和实践的关系。创新不是理论自身发展的结果，而是对实践中的重大问题做出回答的成果。因此，创新的关键不是理论逻辑自身的完善，而是真正面对新的实践课题。着眼于理论自身的完善还是着眼于实践中的问题，这是不同的理论思维的起点。"理论思维的起点决定着理论创新的结果。理论创新只能从问题开始。从某种意义上说，理论创新的过程就是发现问题、筛选问题、研究问题、解决问题的过程。"① 从实践中来，形成理论，又通过理论的指导作用回到实践中去，这就是马克思主义能够不断创新发展的不竭源泉。当代中国马克思主义理论创新的重要特点，是理论创新、实践创新和制度创新的联动推进。马克思与恩格斯早在《共产党宣言》中就提出，共产党区别于其他政党之处，就在于其所推进的人类解放事业"所经历的各个发展阶段上，共产党人始终代表整个运动的利益"② 。当代中国马克思主义在理论和实践上都大大创新了马克思主义的这一思想。我们把关键在党和全面从严治党有机统一起来，在大力推进党领导的中国特色社会主义伟大事业的同时，大力推进党的建设伟大工程，并把这些成果落实到国家制度的建设中；在把全面加强党的领导落实到国家各项基本制度和社会主义民主政治、法治国家建设中的同时，也把全面从严治党落实到国家制度的建设中。理论创新引领实践创新、制度创新，而实践创新、制度创新的需要和问题，又成为理论创新的不竭动力。如此反复，不断发展。

4. 不忘初心是对共产党人革命精神的自觉磨炼

实现理想、完成使命，必须具备坚强的意志品质，因此必须自觉塑造

---

① 习近平. 习近平谈治国理政：第2卷. 北京：外文出版社，2017：342.
② 马克思，恩格斯. 马克思恩格斯文集：第2卷. 北京：人民出版社，2009：44.

革命精神。这种革命精神，集中表现为胜不骄、败不馁，永不自满，永不懈怠，也就是毛泽东一贯倡导的两个"务必"的精神（即谦虚、谨慎、不骄、不躁和艰苦奋斗）。要实现党和国家兴旺发达、长治久安，必须保持革命精神、革命斗志，勇于把我们党领导人民长期进行的伟大社会革命继续推进下去，决不能因为胜利而骄傲，决不能因为成就而懈怠，决不能因为困难而退缩，努力使中国特色社会主义展现更加强大、更有说服力的真理力量。

不忘初心之所以造就了中国共产党人的革命精神，是因为它把衡量成败得失的尺度交给了创造历史的人民。要求全党时刻不要忘记时代是出卷人，我们是答卷人，人民是阅卷人。我们干得怎么样，是否称职，不是自己说了算，而是由人民评判、由历史宣告。这种评判不仅是严厉的，而且是持续更新的。当我们自以为还干得不错的时候，其实和人民的期待已经有了距离；而当我们对已取得的成绩津津乐道时，距人民不断提高的要求就必然渐行渐远。因此，只有清醒认识到，昨天的成功并不代表着今后能够永远成功，过去的辉煌并不意味着未来可以永远辉煌，只有不忘初心，才能永远保持革命的精神。

二、习近平新时代中国特色社会主义思想的方法论意义

马克思主义哲学是世界观和方法论的统一，强调科学认识世界的成果必须转化为指导实践的科学方法。习近平新时代中国特色社会主义思想充分体现了马克思主义哲学的这一本质特点，在回答新时代坚持和发展什么样的中国特色社会主义、怎样坚持和发展中国特色社会主义这个重大时代课题的过程中，形成了战略思维、历史思维、辩证思维、创新思维、底线思维的方法论特色。

1. 战略问题是一个政党、一个国家的根本性问题

只有在战略上判断得准确、谋划得科学并赢得主动，党和人民事业才大有希望。战略思维就是高瞻远瞩、统揽全局，善于把握事物发展的总体趋势和方向，善于从全局上思考问题，并在关键时刻进行战略决断。提高战略思维，就要视野开阔、胸襟博大，站在时代前沿和战略全局的高度观

察、思考和处理问题，从政治上认识和判断形势，透过纷繁复杂的表面现象把握事物的本质和发展的内在规律。同时善于以小见大、见微知著，要做到既抓住重点又统筹兼顾，既立足当前又放眼长远，既熟悉国情又把握世情，在解决突出问题中实现战略突破，在把握战略全局中推进各项工作。习近平战略思维的最大特点，就是着眼于事物的内在联系和整体趋势做出战略判断，共同体思维就是明证。他用"生命共同体"定位人与自然以及自然系统的基本关系，从中做出生态保护和生态建设的战略决策。他指出："我们要认识到，山水林田湖是一个生命共同体，人的命脉在田，田的命脉在水，水的命脉在山，山的命脉在土，土的命脉在树。"① 因此，只有对山水林田湖草进行统一保护、统一修复，才能保住人的生存和发展的命脉。他用"利益共同体"定位当今的国际关系和国际治理体系，从中做出扩大各国利益交汇点，"推动构建以合作共赢为核心的新型国际关系"的战略判断。他用"人类命运共同体"定位世界的未来，从中做出建设美好世界的战略构想。他指出："只要我们牢固树立人类命运共同体意识，携手努力、共同担当，同舟共济、共渡难关，就一定能够让世界更美好、让人民更幸福。"② 学习习近平的共同体思维，是今天加强战略思维训练的重要内容。

2. 历史是最好的教科书，中国革命历史是最好的营养剂

历史思维，就是以史为鉴、知古鉴今，善于从历史经验中发现历史规律、把握前进方向、指导现实工作。面对纷繁复杂的国内外形势，要站稳立场、明确方向。习近平多次强调要培养历史思维，他指出："历史是一面镜子，从历史中，我们能够更好看清世界、参透生活、认识自己；历史也是一位智者，同历史对话，我们能够更好认识过去、把握当下、面向未来。"③ 正是遵循这一思想原则，我们深入开展了以党史学习教育为主的"四史（党史、新中国史、改革开放史、社会主义发展史）"学习教育活动，成效显著。

---

① 习近平. 习近平谈治国理政. 北京：外文出版社，2014：85.
② 习近平. 习近平谈治国理政：第2卷. 北京：外文出版社，2017：482.
③ 同②351.

运用历史思维，才能以深厚的历史底蕴增强中国特色社会主义自信，以深邃的历史眼光认识发展规律、把握前进方向，在学习历史中提高本领，增强开拓前进的勇气和力量。提高历史思维能力，就要加强对中国历史、"四史"和世界历史的学习。在坚定中国特色社会主义的道路自信、理论自信、制度自信、文化自信中突出文化自信，将这种自信建立在中国五千年的文化精髓、世界社会主义五百年的历史承传、中国共产党领导人民百年的奋斗历史上，的确具有无比深厚的历史底蕴。

3. 处理复杂问题需要辩证思维

建设社会主义现代化强国，需要面对和处理各种错综复杂的重大关系，只有增强辩证思维才能应对。习近平指出："我们的事业越是向纵深发展，就越要不断增强辩证思维能力。当前，我国社会各种利益关系十分复杂，这就要求我们善于处理局部和全局、当前和长远、重点和非重点的关系，在权衡利弊中趋利避害、作出最为有利的战略抉择。"① 可见，辩证思维决定了战略抉择的正确与否，关系重大。

辩证思维就是承认矛盾、分析矛盾、解决矛盾，善于抓住关键、找准重点、洞察事物发展规律。提高辩证思维能力，就是要提高在矛盾对立统一过程中把握事物发展规律的能力，坚持发展地而不是静止地、全面地而不是片面地、系统地而不是零碎地、普遍联系地而不是单一孤立地观察事物，准确把握客观实际，真正做到一切从实际出发，妥善处理各种重大关系。

习近平辩证思维的重要特色，就是善于以更高水平的辩证综合把握事物的本质，从而超越某些似乎定型的二元对立思维。例如，在一些定型的二元论思维看来，倡导和谐与矛盾论不可协调，必须否定所谓的"斗争哲学"，即否定矛盾的普遍性和斗争的绝对性；突出实践与唯物论不可协调，必须否定"物质本体论"，即世界的统一性在于其物质性，人类社会是自然界的一部分；重视价值观与客观真理不可协调，必须否定不以人的需要为转移的客观真理；等等。

---

① 中共中央文献研究室. 习近平关于协调推进"四个全面"战略布局论述摘编. 北京：中央文献出版社，2015：87.

习近平站在辩证思维的高度，成功地破解了上述迷思，站到了理论的制高点上。在坚持"社会是在矛盾运动中前进的，有矛盾就会有斗争"的前提下，把"进行具有许多新的历史特点的伟大斗争"和建设富强、民主、文明、和谐、美丽的社会主义强国有机统一起来。在坚持人类是自然界的一部分的前提下，解决人与自然的和谐相处。"人类可以利用自然、改造自然，但归根结底是自然的一部分，必须呵护自然，不能凌驾于自然之上。我们要解决好工业文明带来的矛盾，以人与自然和谐相处为目标，实现世界的可持续发展和人的全面发展。"① 在坚持社会主义核心价值体系的前提下，把坚持马克思主义科学理论的指导地位与培育、践行社会主义核心价值观有机统一起来。

4. 依据新变化，才能面向新实际，这就需要具备创新思维

开创历史必须从实际出发，但实际本质上是变动发展的，尤其在当代，新变化层出不穷是基本态势。习近平指出："生活从不眷顾因循守旧、满足现状者，从不等待不思进取、坐享其成者，而是将更多机遇留给善于和勇于创新的人们。"② 创新思维贯彻了实事求是、解放思想的方法论原则，不迷信本本，不迷恋经验，不固守教条，善于因时制宜，惯于知难而进，勇于开拓创新。从习近平对创新思维的强调可以看到，我国今天要努力提高创新思维，主要是三大难题的倒逼：一是决胜全面建成小康社会的严峻挑战，包括我国经济发展的转型、全面深化改革的攻坚、实施国家创新驱动发展战略等，都需要提升创新性思维；二是抓住新一轮科技革命的机遇要有紧迫感，坚定敢为天下先的志向，在独创独有上下功夫，才能掌握新一轮全球科技竞争的战略主动；三是引导经济全球化健康发展，需要加强协调、完善治理，推动建设一个开放、包容、普惠、平衡、共赢的经济全球化，需要不断创新发展理念和全球治理理念。创新思维是我们有效应对各种挑战的思想武器。

5. 底线思维是习近平最具原创性的哲学方法论之一

一般地说，不论是中国特色社会主义事业的全局，还是某个具体领域

---

① 习近平. 习近平谈治国理政：第 2 卷. 北京：外文出版社，2017：525.

② 习近平. 习近平谈治国理政. 北京：外文出版社，2014：51.

的局部，都存在着各种不可意料的风险，都具有不可预测的可能性。特殊地说，新的历史起点的特点之一，就是前所未有的百年大变局蕴藏着大风险。底线思维就是在对于各种风险的有效应对中保持应有定力。

底线思维的特点之一，是从最坏的可能性设想形势的变化和事情的发展，以做好最充分的应对准备。这是忧患意识和前瞻意识的方法论凝练。宁可把形势想得更复杂一点，把挑战看得更严峻一些，做好应付最坏局面的思想准备；把工作预案准备得更充分、更周详，失利的可能性估计更充分，才能做到心中有数、处变不惊。

底线思维的特点之二，是抓住事物的根本，守住事业的根基。这是马克思主义发展观的方法论凝练。要推进我们的事业，必须守住底线。发展马克思主义必须坚持马克思主义基本原理这一底线，发展中国特色社会主义必须坚持"四项基本原则"这一底线。习近平在多个场合说过，实现全面建成小康社会的宏伟目标，要守住科学发展的底线、改革开放的底线、维权维稳的底线、民生保障的底线、脱贫攻坚的底线、食品安全的底线、生态环境的底线等。没有对于底线的坚守，就没有真正的发展。

底线思维的特点之三，是从主客观的统一上设置底线和坚守底线。底线的设置和坚守，都不是主观想象的产物，而是对客观形势科学分析的结果。既要透过现象看本质，又要具体问题具体分析；既要有原则的坚定性，又要有策略的灵活性。底线设置过严，许多机会和力量就会流失；而底线设置过宽，则有可能自乱阵脚，甚至一溃千里。底线思维充分体现了马克思主义哲学方法论的精髓，真正掌握了会受益无穷。

三、青年兴则国兴、青年强则国强的历史观意义

在革命、建设、改革各个时期，中国共产党始终高度重视青年、关怀青年、信任青年，对青年一代寄予殷切期望，把青少年看作祖国的未来、民族的希望。中国特色社会主义进入新时代，我们党对于青年问题，给予了更大的关注，做出了"青年兴则国兴，青年强则国强"的重大判断。把青年问题放在历史舞台更为广阔的时空范围观察，必须将其上升到历史观层面去认识。

1. 中国之担当与时代之担当

在中国发展全面融入世界发展的新的历史条件下，我国青年的使命担当已经超出了一国的范围，他们必须从中国和世界的全面关系上、从时代潮流和时代要求上确立自己的历史使命。虽然青年的历史使命历来和世界潮流、时代背景紧密联系，但以前这只是一种间接曲折的反映。只有在今天，中国和世界如此全面地相互融合、不可分割，才需要我国青年直接地从中国和世界的关系上定位自己的历史使命。

正是基于这一判断，习近平要求高校的思想政治教育要让学生"正确认识中国特色和国际比较，全面客观认识当代中国、看待外部世界；正确认识时代责任和历史使命，用中国梦激扬青春梦，为学生点亮理想的灯、照亮前行的路，激励学生自觉把个人的理想追求融入国家和民族的事业中，勇做走在时代前列的奋进者、开拓者"①。历史使命和时代责任的统一，需要我国青年有更开阔的眼界和胸怀。要树立"中国好、世界好，世界好、中国更好"的共同体意识；确立全心全意为中国人民服务、同时也为世界各国人民服务的远大志向；形成自己事业的根基在中国，但事业的发展在全球的创业精神。

2. 青春之中国与青春之青年

青春之于国家、民族和事业，在于拥有青年。拥有生生不息、朝气蓬勃的青年的国家、民族必然青春勃发；一代又一代青年为之献身的事业必定永葆青春。青春之于个人，不是简单的自然年龄，而是生命的活力和创造力的激情绽放，是生命价值的最大释放。因此，年轻不一定拥有青春，年长也不一定告别了青春，关键在于是否充满活力。这就必须打破狭隘之小我，塑造以祖国之青春延续青年之青春的大我，正所谓"革命人永远是年轻"。因此，青春之中国与青春之青年不可分割。

要成就青春之中国，就要为青年的健康成长创造良好的社会环境。在确保青年人成长、成才和升迁的广阔空间前提下，学校要把立德树人作为根本任务，为青年成为青春之青年创造良好的学习环境。要紧紧抓住世界观、人生观、价值观的磨炼这一关键，帮助青年扣好人生的第一粒扣子，

---

① 习近平. 习近平谈治国理政：第2卷. 北京：外文出版社，2017：378.

迈好人生的第一个台阶。"如果在学生阶段没有学会正确的世界观、方法论，没有打下扎实的知识基础，将来就难以担当重任。高校哲学社会科学有重要的育人功能，要面向全体学生，帮助学生形成正确的世界观、人生观、价值观，提高道德修养和精神境界，养成科学思维习惯，促进身心和人格健康发展。"① 生生不息的有理想、有本领、有担当的青年涌现，是青春之中国的保障。

要成就青春之青年，就必须促使青年把个人的命运与国家、民族、人民的命运紧密联系在一起，在投身建设祖国的伟大事业中谱写出彩的人生。青春的力量，就在于超越生命的短暂和有限，而只有把个人的发展与社会的进步统一起来，把个人的价值与国家的发展统一起来才能实现这一超越。一个人，对人类社会发展趋势把握得越准确，对时代根本特征认识得越深刻，对历史演进规律体会得越深入，与人民的共同理想越契合，那么，个人的青春就越灿烂、生命的价值就越绚丽。个人的理想追求与时代发展大潮合拍之时，便是个人真正成为时代弄潮儿之日。习近平曾经指出："一个人可以有很多志向，但人生最重要的志向应该同祖国和人民联系在一起，这是人们各种具体志向的底盘，也是人生的脊梁。"② 只有把人生理想融入国家和民族的事业中，勇做走在时代前列的奋进者、开拓者、奉献者，才能真正成为活力四射的青年，才能真正拥有青春和永葆青春。

3. 人格之美与本领之真

立人之本在立德，立德之要在修身。塑造完美之人格是青春之青年的第一必修课。习近平指出："道德之于个人、之于社会，都具有基础性意义，做人做事第一位的是崇德修身。这就是我们的用人标准为什么是德才兼备、以德为先，因为德是首要、是方向，一个人只有明大德、守公德、严私德，其才方能用得其所。"③ 大德是政治方向、理想信念，是立德修身的最高境界；公德是基本素质、规范性道德，是立德修身的基本要求；私德是最本真的无形道德，是立德修身的难点和重点。三德兼修，相互映

---

① 习近平. 习近平谈治国理政：第2卷. 北京：外文出版社，2017：345.
② 习近平. 美好的生活属于你们 美丽的中国梦属于你们. 人民日报，2015-06-02.
③ 习近平. 习近平谈治国理政. 北京：外文出版社，2014：173.

衬，才能不断塑造完美之人格。对于承载着时代责任的历史使命，青年们仅有完美的人格还不足以担当，还必须练就过硬的本领。学习是青年成就本领的必经之路，社会实践是成就本领的现实途径。习近平指出："青年人正处于学习的黄金时期，应该把学习作为首要任务，作为一种责任、一种精神追求、一种生活方式，树立梦想从学习开始、事业靠本领成就的观念，让勤奋学习成为青春远航的动力，让增长本领成为青春搏击的能量。"① 真本领要在实践中练就。只有积极投身中国特色社会主义的伟大实践，在改革开放的大熔炉中，在社会的大学校里，坚持学以致用，才能掌握真本领。

人格之美，在于拒腐防变。练就金刚不破之身，才能永葆青春。本领之真，在于攻坚克难。练就无坚不摧的本领，不仅开创事业，而且超越自我。"美""真"的结合，造就真美青年。

4. 理想之远大与实干之近切

"理想因其远大而为理想，信念因其执着而为信念。"② 理想之远，非好高骛远，乃登高望远，非舍近求远，乃跬步致远。实干之近，非盲目实践，盲人摸象，乃脚踏实地，抓铁有痕，踏石留印，非捡了芝麻丢了西瓜，胡子眉毛一把抓，乃从小事做起，从自己做起，从现在做起。没有理想之远，就没有目光远大、胸怀宽广、头脑清醒、意志坚定；没有实干之近，就没有砌高楼的底砖、汇江海的溪流、创事业的第一个台阶。理想之远和实干之近的辩证统一，构成了"远近高低各不同"的多彩人生。

理想之远和实干之近统一于艰苦奋斗的精神。艰苦奋斗所体现的坚忍不拔、砥砺前行，表现为志存高远的鸿鹄之志，也表现为埋头苦干的黄牛精神。艰苦奋斗是共产党人的政治本色和精神源泉，正如毛泽东所指出的，艰苦奋斗是我们的政治本色，人是要有一点精神的，无产阶级的革命精神就是由这里出来的。人类的美好理想，都离不开艰苦奋斗精神的发扬。近代以来，我们的国家和民族从积贫积弱一步一步走到今天的繁荣富强，靠的就是一代又一代人的顽强拼搏，靠的就是中华民族自强不息的奋

---

①　习近平. 习近平谈治国理政. 北京：外文出版社，2014：51.

②　习近平. 习近平谈治国理政：第2卷. 北京：外文出版社，2017：35.

斗精神。

今天，我们进入了中国特色社会主义新时代，积极应对面临的新挑战，有效解决遭遇的新矛盾，更要依靠艰苦奋斗的精神。习近平告诫我国青年：“要牢记‘空谈误国、实干兴邦’，立足本职、埋头苦干，从自身做起，从点滴做起，用勤劳的双手、一流的业绩成就属于自己的人生精彩。”① 历史的辩证法是无情的，任何违背时代潮流的力量最终将被历史淘汰；只有通过艰苦奋斗努力跟上时代步伐的人，才能拥有未来。“历史总是要前进的，历史从不等待一切犹豫者、观望者、懈怠者、软弱者。只有与历史同步伐、与时代共命运的人，才能赢得光明的未来。”② 青年拥有未来，历史青睐未来，与未来同在，谱写青春的历史，就是党对于历史的信心。

第二节　习近平新时代中国特色社会主义思想对马克思主义哲学的创新与发展

哲学是时代精神的精华，马克思主义哲学是中国共产党全部理论的思想基础，是确保党的先进性和纯洁性的理论基石。习近平新时代中国特色社会主义思想在运用辩证唯物主义世界观解决当代中国的实际问题的过程中，形成了许多原创性成果，尤其在坚持共产党的领导方面的理论创新，不仅丰富了马克思主义的理论宝库，也对马克思主义哲学的发展做出了重大贡献。

一、坚持辩证唯物主义世界观、方法论不转向

马克思主义哲学就是辩证唯物主义，“马克思和恩格斯几十次地把自己的哲学观点叫作辩证唯物主义”③。但是，20 世纪 80 年代后，世界范围内掀起了否定辩证唯物主义的浪潮，一时间辩证唯物主义就成了“僵化”

① 习近平. 习近平谈治国理政. 北京：外文出版社，2014：52.
② 习近平. 习近平谈治国理政：第 2 卷. 北京：外文出版社，2017：32.
③ 列宁. 列宁选集：第 2 卷. 3 版. 北京：人民出版社，1995：12.

"陈旧""玄学"的代名词。在对其污名化的同时，西方哲学界（包括许多左翼思潮）发动了基于资本主义抽象个人的所谓"生存论转向"，其实就是彻底抛弃唯物主义哲学的主观唯心论转向。围剿辩证唯物主义被西方意识形态视为清算马克思主义精神遗产的"致命一击"。习近平新时代中国特色社会主义思想坚决顶住了这股逆流，在坚持马克思主义这个立党立国之本上旗帜鲜明、毫不含糊，习近平反复强调："辩证唯物主义是中国共产党人的世界观、方法论"，必须坚持辩证唯物主义不转向。

习近平新时代中国特色社会主义充分阐明辩证唯物主义是科学的世界观、方法论，是中国共产党的智慧和力量的精神源泉。辩证唯物主义在确立世界物质统一性的基础上，揭示了包括人类社会在内的世界发展，都是有着自身规律的客观过程，而对于客观世界认识的最高追求则是认识客观规律，获得客观真理，从必然走向自由。因此，一切从实际出发，就是要从不断变化发展的客观条件和客观形势出发，不断研究新情况，回答新问题，应对新挑战；就要克服一切骄傲自满、故步自封情绪，克服一切脱离实际、夸夸其谈的做派；就要不断把实践经验上升到规律性认识，不断创新理论。因此，辩证唯物主义绝不是僵化教条的世界观，而是中国共产党实事求是思想路线的世界观基础。

辩证唯物主义揭示了"新陈代谢是宇宙间普遍的永远不可抵抗的规律"，只有面向未来，站在历史的制高点上，努力促进革命变革和创新发展才会具有远大的前途。共产主义事业是当今人类最伟大的事业，为共产主义而奋斗是共产党人最强大的精神力量。共产主义理想是马克思主义和辩证唯物主义世界观的精髓。因此，一个马克思主义政党，一旦丧失共产主义理想信念，就会立刻土崩瓦解。而理想信念动摇，根子在于辩证唯物主义、历史唯物主义的基本观点不牢。苏联解体、东欧剧变从根本上说，就是丧失了共产主义理想信念，丢弃了辩证唯物主义世界观、方法论。可见，辩证唯物主义绝不是陈旧空洞的哲学信条，而是中国共产党坚定共产主义理想信念的世界观依据。

辩证唯物主义是高度自觉的世界观，不能自发产生，必须经过艰难的学习、实践和探索过程。探索客观规律、追求客观真理首先难在摆脱狭隘利益眼界的束缚，敢于真正面对新陈代谢的历史趋势。社会生活的重重迷雾，源自占统治地位的既得利益集团依托其强大经济统治力编织出的意识形态神话。要破除现存不合理的利益格局藩篱，为遭遇不公平命运的民众谋利益，不要说不能心存杂念，就是仅有同情心或善心也无济于事。革命的批判的精神是唯物辩证法的基本品格。要认识和把握不断变化的客观世界，做到一切从实际出发，不仅需要拨云见日，透过现象看本质，还需要与时俱进、永不懈怠；要认识和把握纷繁复杂社会现象中的历史大势，不仅需要批判的武器，还需要武器的批判，真正投身人民群众的革命事业；坚持辩证唯物主义世界观、方法论，就是一个不断地把改造客观世界和改造主观世界努力统一起来的过程，在推动世界革命变革的同时，不断地进行自我革命。因此，坚持辩证唯物主义世界观是中国共产党人不忘初心、牢记使命的精神源头。

二、牢牢把握时代潮流、顺应历史大势不动摇

马克思主义哲学的科学性集中表现在对于客观规律和时代潮流的正确把握。从时代特征上看，我们今天正在经历类似马克思生活时期的历史场景，这就是"百年未有之大变局"。当代世界呈现出深刻复杂变化的态势，充满着不确定性，使得人们对未来既寄予期待又感到困惑。人类社会面临的共同挑战和应对挑战的人类共识不成比例，发展的机遇隐藏在层出不穷的挑战中，人类的共同利益被局部利益的凸显和冲突所分割，历史潮流在诸多逆流和漩涡的干扰下时隐时现，可谓是潮流浩荡而又云谲波诡。开放还是封闭，前进还是后退，人类面临着新的重大抉择。回答这些时代之问，必须不畏浮云遮望眼，善于拨云见日，认清世界大势。习近平新时代中国特色社会主义思想坚持了马克思主义哲学关于判断时代潮流必须依据客观历史规律的观点、关于对历史潮流和它借以实现的现实形式进行科学区分的观点、关于依托新的社会力量推进历史潮流的观点等，并在新的历史条件下创造性运用这些观点，为我们判断时代、认清时代潮流、保持战略定力奠定了基础。

赋予马克思主义哲学以新的时代内涵　习近平新时代中国特色社会主

义思想运用马克思主义哲学世界观和辩证思维、战略思维，解决了世界社会主义运动一直未能解决的重大难题，即国家制度的定型完善以及国家治理体系的现代化，从而赋予马克思主义哲学"改变世界"以新的时代内涵。世界社会主义运动中长期存在的问题是，各国共产主义政党的理论、道路、运动往往和制度建设是脱钩的，国家治理现代化问题没有解决好。尽管在马克思主义的指导下，十月革命取得了成功，然而怎样建设社会主义、怎样治理社会主义国家的问题并没有解决。"实际上，怎样治理社会主义社会这样全新的社会，在以往的世界社会主义中没有解决得很好。马克思、恩格斯没有遇到全面治理一个社会主义国家的实践，他们关于未来社会的原理很多是预测性的；列宁在俄国十月革命后不久就过世了，没来得及深入探索这个问题；苏联在这个问题上进行了探索，取得了一些实践经验，但也犯下了严重错误，没有解决这个问题。"① 这个问题不解决，坚持共产党的领导就始终无法落到实处，社会主义取代资本主义就始终还是理论上的，而不是真正现实的。

中国特色社会主义在国家治理体系和治理能力上取得的突破性进展，在人类历史上第一次形成了能够与西方资本主义国家分庭抗礼的现代国家制度和治理体系，开始显示社会主义在制度上的优越性，具有划时代的意义。社会主义不再只是理想或运动，而是道路、思想、制度和文化有机统一的社会形态。进入新时代的中国特色社会主义在世界上的真正影响力，是建立在非西方化的国家和社会制度基础上的国家治理体系和治理模式，它有力地推动了科学社会主义在当代焕发生机活力。制度创新基础上的综合创新，显示出中国特色社会主义的强大生命力。这一制度创新的灵魂，就是把坚持共产党的领导全面融入现代国家制度和国家治理体系建设之中，构建与西方多党制截然不同的国家治理模式。正如习近平所说，坚持中国共产党的领导，是中国特色社会主义最本质的特征，是中国特色社会主义的最大的制度优势。把坚持党的领导落实到社会主义市场经济体制建设、社会主义民主政治建设、社会主义法治国家建设、社会主义先进文化及主流意识形态建设，以及统筹推进"五位一体"总体布局、协调推进

---

① 习近平. 习近平谈治国理政. 北京：外文出版社，2014：91.

"四个全面"战略布局等方面，不断巩固和完善社会主义制度，这是我们的重大创新。

从顺应到引领经济全球化的潮流　"经济全球化是我们谋划发展所要面对的时代潮流。"① 处在十字路口的当代世界的重要聚焦点，就是如何看待经济全球化。习近平新时代中国特色社会主义思想透过现象看本质，指明经济全球化所表现出来的"双刃剑"效应，其实并非经济全球化本身的问题，而是放任资本逐利的后果。致使富者愈富、穷者愈穷的经济增长不仅难以持续，而且必然引发各种社会冲突。缺乏道德的市场，难以撑起世界繁荣发展的大厦。必须控制资本的逐利本性，用好"看不见的手"和"看得见的手"，打造兼顾效率和公平的规范格局，才能促进经济全球化健康发展。

在当今世界的发展问题上，资本的逐利本性表现为固守冷战思维、零和博弈和赢者通吃，而中国则展现出另一种发展思维，这就是和平发展、合作共赢、互利互惠。这一发展思维的特点就是将他国的发展视为本国的机遇，将本国的发展转化为他国的机遇，在互利合作中实现共赢。落实这一发展思维，关键在不称霸、不以自我为中心、不偏执于一己之私。"一带一路"的合作倡议，构建人类命运共同体的战略思想，破解了当代世界发展的诸多难题。正因为如此，中国在自身不断发展壮大的同时，在世界上的影响力、感召力也在不断增强，在当今的经济全球化中逐步从跟跑者转变为领跑者。"20 年前甚至 15 年前，经济全球化的主要推手是美国等西方国家，今天反而是我们被认为是世界上推动贸易和投资自由化便利化的最大旗手，积极主动同西方国家形形色色的保护主义作斗争。这说明，只要主动顺应世界发展潮流，不但能发展壮大自己，而且可以引领世界发展潮流。"②

成功开辟社会主义的现代化道路　现代化是不可抗拒的历史潮流，中华民族的伟大复兴汇入社会主义现代化的潮流是历史的必然。长期以来，西方敌对意识形态制造的"神话"，就是把西方国家的发展模式打扮成

① 习近平. 习近平谈治国理政：第 2 卷. 北京：外文出版社，2017：210.
② 同①212.

"普世价值"，鼓吹现代化即西方化。实际上，资本主义现代化是不公平、不可持续的现代化，也是片面的、丢弃人的全面发展这一根本的现代化。因此，中国的现代化，必须走根本区别于资本主义现代化的社会主义现代化道路。"一个国家实行什么样的主义，关键要看这个主义能否解决这个国家面临的历史性课题。历史和现实都告诉我们，只有社会主义才能救中国，只有中国特色社会主义才能发展中国，这是历史的结论、人民的选择。"①

中国选择社会主义现代化的历史必然性就在于资本主义现代化行不通。进入帝国主义时代以后，后发展国家，尤其如中国这样的后发展大国，由于一些初始条件的丧失，作为一个统一的国家自发地走向现代化已无可能。因此，中国的现代化必定是自觉的现代化，即在中国共产党的领导下，先取得政治独立和民族解放，继而取得经济独立和国家发展，再借此参与国际竞争，全面走向世界，实现现代化目标。中国现代化道路的开拓，打破了后发展国家必然沦为西方附庸的怪圈，给世界上那些既希望加快发展又希望保持自身独立性的国家和民族提供了全新选择，为解决人类问题贡献了中国方案。

社会主义现代化之路是全面创新之路。走社会主义现代化之路，要站在理论制高点和道义制高点上高瞻远瞩，以资本主义现代化模式为鉴，以历史潮流为据，以造福于本国和世界人民为旨归去不断开创。从以资本逐利为中心到以人民为中心，从以两极分化为动力到以共同发展为激励，从以牺牲生态为代价到实现人与自然的和谐相处，等等。所有这些都表明，对于发展中国家，要走出适合本国发展的现代化道路，本质上是走出一条有别于西方现代化的创新道路。

三、引领新时代中国特色社会主义不走样

运用马克思主义哲学世界观提出时代之问并加以回答，是理论联系实际的前提，是马克思主义哲学的力量所在。习近平新时代中国特色社会主义思想凝练出"坚持和发展什么样的中国特色社会主义，怎样坚持和发展

---

① 习近平. 习近平谈治国理政. 北京：外文出版社，2014：22.

中国特色社会主义"这一时代问题，把准了当代中国发展的脉搏。它表明，一方面，我们必须毫不动摇地坚持和发展中国特色社会主义，这是党和人民历尽千辛万苦、付出巨大代价取得的根本成就；另一方面，我们又必须真正面对中国特色社会主义在新的历史条件下所面临的新形式和新挑战，从思想观念、理论认知、方针政策到基本方略上进行重大调整，否则坚持和发展中国特色社会主义就将成为空话。

提出"坚持和发展什么样的中国特色社会主义，怎样坚持和发展中国特色社会主义"问题，从根本上说是告诫全党防止思想上的僵化，防止躺在已经取得的成就上骄傲自满、故步自封，要不断地增强创新意识，始终保持忧患意识。习近平同志经常用"始终在路上"表达中国共产党人的这种精神状态和思想意识。尽管经过40年的艰难探索和实践，中国特色社会主义取得了长足的发展，使得我们有充分的理由确立中国特色社会主义的道路自信、理论自信、制度自信和文化自信，但是，实践没有止境，理论创新也没有止境。世界每时每刻都在发生变化，中国也每时每刻都在发生变化，我们必须在理论上跟上时代，不断认识规律，不断推进理论创新、实践创新、制度创新、文化创新以及其他各方面创新。

中国特色社会主义的准确历史定位　坚持和发展中国特色社会主义首先要有正确的历史定位，解决"从何处来"的问题。努力认识和掌握历史发展的客观规律性并加以自觉利用，形成中国共产党这一领导中华民族伟大复兴事业的政治核心力量，是中国特色社会主义形成的历史和理论前提。习近平新时代中国特色社会主义思想对长期争论不休的两大问题进行了创新性阐发：其一，就中国特色社会主义和科学社会主义的关系，明确提出了"中国特色社会主义，是科学社会主义理论逻辑和中国社会发展历史逻辑的辩证统一，是根植于中国大地、反映中国人民意愿、适应中国和时代发展进步要求的科学社会主义"①。这是从历史发展脉络上对两者关系所进行的最为深刻的理论阐发。其二，就中国特色社会主义和新民主主义革命、社会主义革命和社会主义建设的关系，明确提出中国共产党领导的革命（包括新民主主义和社会主义革命）、建设和改革开放是一以贯之的，

---

① 习近平. 习近平谈治国理政. 北京：外文出版社，2014：21.

不能进行拆分和加以割裂；明确提出改革开放前后的新中国历史是统一的、连续的过程，不能相互否定和割断历史。这是对历史虚无主义思潮最为釜底抽薪的思想批判。

中国特色社会主义的准确现实定位　坚持和发展中国特色社会主义还要进行准确的现实定位，解决"向何处去"的问题，中国特色社会主义进入新时代就是对此做出的科学判断。中国特色社会主义所确立的历史方位，表明我们坚定不移地把和平与发展视为当今时代的时代主题和时代特征，我们仍然处在可以大有作为的战略机遇期；表明我们把坚持和发展中国特色社会主义作为当代中国的全部理论和全部实践的主题，坚定不移地加以推进；表明我们把坚持和平发展、合作共赢，推动构建人类命运共同体作为建立当代中国与世界关系的基石。所有这些，都建立在对于共产党执政规律、社会主义建设规律、人类社会发展规律认识的不断深化之上。

我们必须紧紧抓住坚持和发展中国特色社会主义这个改革开放以来党的全部理论和全部实践的主题展开理论创新；紧紧围绕着实现党的两个百年目标这个总任务进行战略布局、展开总体谋划；紧紧依托社会主义初级阶段这个最大的国情，坚持党的"一个中心、两个基本点"的基本路线和方针政策不动摇，坚持把发展作为解决我国一切问题的关键和基础；紧紧瞄准中国特色社会主义制度的巩固和完善，在坚持人民的主体地位、坚持党的领导和坚持社会主义民主、法治建设上深入探讨；等等。习近平新时代中国特色社会主义思想在做出进入新时代的判断基础上，在理论上实现了整体性的创新、发展。

坚持以人民为中心的历史观和宗旨　"人民群众创造历史"这一唯物史观的根本观点，在社会主义现代化建设新时期遇到的新挑战，就是坚持人民主体与调动个人积极性、党性和人民性如何统一的问题。以人民为中心是习近平新时代中国特色社会主义思想对此做出的创造性回应。全面贯彻以人民为中心的历史观和发展观，既夯实了坚持共产党领导的群众基础，也是对马克思主义哲学进行创新性运用所取得的突出成就。以人民为中心，是习近平新时代中国特色社会主义思想能够具有强大凝聚力的实践基础。把人民放在最高位置的执政理念，以人民为中心的发展理念，坚持人民主体地位的制度设计，把人民对美好生活的向往作为奋斗目标等，有力保证了全体人民同心同德、团结奋斗，努力实现中华民族伟大复兴。

更为重要的是，以人民为中心不仅是当代中国的发展理念，而且是党必须始终坚持的辩证唯物主义和历史唯物主义立场。习近平反复强调，"人民是历史的创造者，群众是真正的英雄"这一历史唯物主义的基本观点不能丢；党性和人民性从来都是一致的、统一的，核心就是坚持正确政治方向，站稳政治立场，坚定共产主义理想信念。这就把工人阶级性、党性和人民性有机统一起来，澄清了一些人把"以人为本"解读为"以个人为本"的错误倾向。

中国的成功展现了人民利益至上、以人民为中心的发展思想。中国形成的新发展理念，核心就是以人民为中心。创新发展从根本上说，就是在人民中寻找发展动力、依靠人民推动发展、使发展造福人民。协调发展就是要不断增强发展整体性，注重发展的整体效能，以人民为中心是衡量整体性的尺度。开放发展要解决发展的内外联动问题，实现各国共同发展，核心是以中国人民、世界人民的利益为重。"共享理念实质就是坚持以人民为中心的发展思想，体现的是逐步实现共同富裕的要求。共同富裕，是马克思主义的一个基本目标，也是自古以来我国人民的一个基本理想。"[1]生态发展，说到底是要把以人民为中心扩展到子孙后代。"持之以恒推进生态文明建设，一代接着一代干，驰而不息，久久为功，努力形成人与自然和谐发展新格局，把我们伟大的祖国建设得更加美丽，为子孙后代留下天更蓝、山更绿、水更清的优美环境。"[2]

以人民为中心的发展思想深刻揭示了历史客观规律是在回答现实重大问题的过程中通过实践显现的，因而是具体的、历史的；但它也不是毫无联系的历史碎片，而是透过具体实践方式展示出的历史逻辑。我们要通过道路的辨别，排除各种干扰，不懈奋斗，不断满足人民对美好生活的向往。规律就存在于走过的道路中，存在于前行的方向中，存在于我们不断

---

①　习近平. 习近平谈治国理政：第2卷. 北京：外文出版社，2017：214.
②　同①397.

凝聚起的民意民心中。它既不是抽象的，也不是表象的，而是可以感受到、辨认出的历史潮流，是我们坚定道路自信、理论自信、制度自信、文化自信的客观根据。这些都充分体现出这一思想对于马克思主义哲学精髓的坚持和创新。

四、以党的自我革命引领党领导的社会革命不松懈

勇于自我批评、自我革命是马克思主义哲学的内在品格。马克思在创立自己的思想之初就提出，要体现彻底的批判精神，"就是说，这种批判既不怕自己所作的结论，也不怕同现有各种势力发生冲突"①。这正是大公无私、无所顾忌的科学态度的集中表现。马克思主义的理论品格和工人阶级的世界历史使命紧密联系。关于无产阶级革命为什么是无产阶级完成自己历史使命的必由之路，在马克思看来，"革命之所以必需，不仅是因为没有任何其他的办法能够推翻**统治**阶级，而且还因为**推翻**统治阶级的那个阶级，只有在革命中才能抛掉自己身上的一切陈旧的肮脏东西，才能担任重建社会的工作"②。在改造客观世界的同时改造主观世界，因此成为工人阶级及其政党的基本遵循。这是马克思主义政党保持纯洁性、先进性的理论源泉，确保了它们在风云变幻、道路曲折的革命实践中永立时代的潮头。

中国共产党自我革命的创新性在于，把领导人民进行的伟大社会革命和勇于自我革命的党的建设伟大工程有机统一起来，坚持以党的自我革命来推动党领导人民进行的伟大社会革命。我们党之所以具有其他任何政党、历史集团和圣贤精英都不可比拟的强大自我革命的动力，就因为这种动力不是来自抽象的道德律令或道德人格，而是来自进行伟大的社会革命必须战胜种种艰难困苦的客观需要，来自领导人民实现伟大社会革命的党必须具备相关品格的内在需要。站在人类社会发展的历史制高点，我们就不会因眼前的成功而陶醉，也不会因各种风险挑战而转向。

以党的自我革命引领党领导的一以贯之的伟大社会革命，体现了习近

---

①　马克思，恩格斯. 马克思恩格斯文集：第 10 卷. 北京：人民出版社，2009：7.
②　马克思，恩格斯. 马克思恩格斯文集：第 1 卷. 北京：人民出版社，2009：543.

平新时代中国特色社会主义思想对于辩证唯物主义世界观的创造性运用。这一大思路使遵循历史发展的客观规律和最大限度地发挥历史主动性相结合达到了新的历史高度。顺应历史潮流、把握历史大势才能开创未来、掌握历史活动的主动权，这就需要不断地克服一己之私、一党之私，需要真正的自我革命。我们所要通过的考试，是由时代做出卷人、人民为阅卷人的历史赶考，只有坚持全面从严治党才有可能交出令人满意的答卷。把党的自身建设和自我革命放在首位，是党对历史规律自觉运用的表达。

中国特色社会主义进入新时代，一系列新情况、新态势的出现，把中国共产党自身的建设摆到了更加突出的位置上。其一，我国正经历着从跟上时代潮流到引领时代潮流的历史性转变。面对逆全球化的单边主义、贸易保护主义、"冷战思维"和霸权行径，作为负责任的大国，我国必须勇于担负起应尽的责任，和世界各国人民一道，推动历史发展。这就要求我们党更具有战略定力、世界历史眼界和人类命运共同体意识，把自身建设好，确保党始终走在时代前列。其二，和世界各国一样，我国正面临着新一轮科技革命的机遇和挑战。只有抓住这一机遇，经受住这一考验，社会主义的现代化和中华民族的伟大复兴才能顺利实现。这就要求我们党具有抢占科技制高点的眼光和气魄，有实施创新驱动发展战略、加快建设创新型国家的领导能力，确保党在应对国内外各种风险和考验的历史进程中，始终成为全国人民的主心骨，把自身建设好。其三，我国的改革开放正经历着从渐进式改革向全面深化改革的历史性转变。这一转变的背景，是改革进入深水区、愈进愈难而又必须迎难而上的关键期；这一转变的实质，就是在突出抓好重要领域和关键环节的同时，必须加强改革的顶层设计和总体谋划。这就要求我们党具有敢于走前人没有走过的路的坚强意志和坚定信念，确保在坚持和发展中国特色社会主义的历史进程中始终成为坚强领导核心。

中国共产党自我革命的最大特色是以"不忘初心、牢记使命"为永恒课题，具有"刀刃向内"的自觉和勇气。初心是最纯粹、最本真的状态。我们党之所以能够从无到有，由弱变强，愈挫愈勇，战无不胜，就是因为"是用马克思主义武装起来的政党，始终把为中国人民谋幸福、为中华民族谋复兴作为自己的初心和使命，并一以贯之体现到党的全部奋斗之中"。不负人民、努力奋斗，就是党的原初、本真状态，始终保持这一本质、本领和本色，我们党就能立于不败之地。

第一，"不忘初心、牢记使命"确立了分辨真假马克思主义、真假共产党和真假共产党人的标杆，使我们永远不偏离建党的正确方向。理论和实际相结合、坚持和创新相统一的马克思主义是真马克思主义，反之，就是假马克思主义；用马克思主义武装，除了人民利益没有任何私利，为共产主义和民族大义不懈奋斗的是真共产党，反之，就是假共产党；对马克思主义学思用贯通，知信行统一，全心全意服务人民，生命不息，奋斗不止的是真共产党人，反之，就是假共产党人。这一标杆的确立，使我们能够在前进的道路上不断辨识，哪些该变，哪些一定不能变；哪些改变是进步，哪些改变是变质；哪些是必要的妥协，哪些是根本的背叛。

第二，"不忘初心、牢记使命"确立了分辨真假问题、真假差距和真假落实的尺度，使我们能够不偏离问题意识的正确导向。我们党在领导中国的社会主义现代化建设的过程中，必然不断遇到新问题、新挑战。提出真问题，找到真差距，做到真整改，前提是找准问题。把现代化和革命对立起来，坚持党的领导和民主法治对立起来，发展个性和服务人民对立起来，都是曾经长期困扰我们的假问题。不忘初心、牢记使命使我们能够从党的生存基点上直面问题，提出问题。

第三，"不忘初心、牢记使命"构建了党不断前行的坚实基础和历史轨迹，使我们具备了自我纠错、克服困难再出发的底气。任何政党不可能不犯错误，但可能避免犯颠覆性错误，可能自我纠错。"不忘初心、牢记使命"为我们构建了辨别方向、道路是否正确的"基点"。不断地回到这个基点，就能确保在举什么旗、走什么路这样的大方向上不出问题。正如马克思指出的：工人阶级的革命事业要"经常自己批判自己，往往在前进中停下脚步，返回到仿佛已经完成的事情上去，以便重新开始把这些事情再做一遍"①。认识和实践都在这经常性的重新开始中不断深化。

"不忘初心、牢记使命"构筑了中国共产党强大的历史支撑，成为激

---

① 马克思，恩格斯. 马克思恩格斯选集：第1卷. 2版. 北京：人民出版社，1995：588.

发全党不断自我革命、自我净化的内在动力。正如毛泽东指出的："无数革命先烈为了人民的利益牺牲了他们的生命，使我们每个活着的人想起他们就心里难过，难道我们还有什么个人利益不能牺牲，还有什么错误不能抛弃吗？"①

"不忘初心、牢记使命"从政治方向、现实应对和历史根基等方面为党的自我革命提供了保障，的确是党的建设的永恒主题，是中国共产党自我革命的重大特色。

第三节　发展当代中国马克思主义、21世纪马克思主义

坚持思想建党、理论强党是中国共产党长盛不衰的秘诀，而根据实践、时代发展的需要，不断地以新论断把党的理论创新和理论武装推向新的高度，则是坚持思想建党的关键。今天，百年未有之大变局在加速演变，我们正处在十分重大的历史交汇点上，学习贯彻党的理论创新成果需要有明确的方向。习近平关于发展"当代中国马克思主义、21世纪马克思主义"的论断，要求我们从世界历史的高度推进马克思主义中国化的理论创新，要求我们从世界观的高度观察、把握和引领当代中国与世界融合发展的战略方向。

需要指出，21世纪马克思主义不是纪事的编年史范畴，而是揭示时代本质和历史规律的科学理论范畴，是引领中国共产党人守正创新、开辟当代中国马克思主义发展创新方向的科学论断。因此，发展21世纪马克思主义能否成立，不在乎该世纪过去了多少年，而在于对其所处的时代特征是否已经能够做出准确的观察和科学的解读，是否具有划时代的意义。20世纪刚过去十几年，列宁就做出了"帝国主义和无产阶级革命时代"的论断，引领了整个20世纪的世界社会主义运动，就是明证。需要深入研究的是，把发展当代中国马克思主义与21世纪马克思主义相联系的条件是什么，有何深刻的含义。

---

① 毛泽东. 毛泽东选集：第3卷. 2版. 北京：人民出版社，1991：1097.

一、发展当代中国马克思主义、21 世纪马克思主义平列的条件性

民族化的马克思主义成为具有世纪意义的马克思主义是有条件的。首先是具备特定的历史条件，即可以充分显现新的时代特征的历史大变动趋势。在马克思主义看来，历史并非如庸俗进化论者所认为的那样，只是一个缓慢均匀的渐进过程，而是其中既有渐进的"龟行发展"，又有"渐进的中断"、伟大的历史飞跃时期。人们在和平的渐进时期容易懈怠，而在革命的飞跃时期则又容易惊恐。列宁认为，无产阶级政党要把这两个不同的历史时段统一起来，关键在不断建立当前历史条件和社会主义运动"最终目的"的联系，以超前的革命意识引领历史潮流。因此，"在每个发展阶段，在每一时刻，无产阶级的策略都要考虑到人类历史的这一客观必然的辩证法，一方面要利用政治消沉时代或龟行发展即所谓'和平'龟行发展的时代来发展先进阶级的意识、力量和战斗力，另一方面要把这种利用工作全部引向这个阶级的运动的'最终目的'，并使这个阶级在'一天等于二十年'的伟大日子到来时有能力实际完成各项伟大的任务"①。这一重要的论断，揭示了马克思主义的理论创新与历史发展阶段的辩证关系。理论的划时代创新，必定处于历史的两个发展时期的交汇点上，必定是对历史辩证法的深刻把握。

百年未有之大变局对理论创新的客观需要　"时代是思想之母，实践是理论之源。"② 历史在快速变动时期，对进行理论创新的迫切需要程度，远远超出缓慢演进时期，表现出对于预判历史变动和把控历史前进方向的渴求。正如恩格斯指出的："社会一旦有技术上的需要，这种需要就会比十所大学更能把科学推向前进。"③ 20 世纪后半叶，美国利用其在金融、科技和市场的优势地位巩固了在世界上的霸权，由此带动资本主义进入了又一个平稳的"黄金"期。尤其是 90 年代初发生了苏联解体、东欧剧变，世界社会主义运动跌入了谷底，世界看似一下子成了资本主义的一统天

---

① 列宁. 列宁全集：第 26 卷. 2 版. 北京：人民出版社，1990：78.
② 习近平. 习近平谈治国理政：第 2 卷. 北京：外文出版社，2017：34.
③ 马克思，恩格斯. 马克思恩格斯文集：第 10 卷. 北京：人民出版社，2009：668.

下。其后几十年，历史一直沿着资本主义轨道缓慢演进，历史似乎真的"终结"了。甚至 2007 年美国突然爆发的"次贷危机"，及其后引发的世界金融危机，造成全球经济长期低迷，仍未能从根本上撼动资本主义的地位。但是，历史发展的客观规律并不以人们的意志为转移，资本主义固有的基本矛盾注定了企图"千秋万代"不过是它的一枕黄粱。实际上，随着中国特色社会主义的发展壮大，世界力量的对比已经逐渐发生了根本的变化。2017 年以来，习近平反复强调指出，"当今世界正经历百年未有之大变局"，就是对这一历史发展态势的敏锐把握。这一论断实质上揭示了美国百年霸权、资本主义数百年的优势地位已经开始发生不可逆转的历史性衰落。而力图阻挡这一历史趋势的拼死挣扎，最多是催生逆流险滩使流向变得曲折，导致变局加速演变而已。逆流走不远，潮流挡不住。

但是，在动荡的世界，历史呈现出风云变幻的多面性，容易令人产生"向何处去"的困惑，迫切要求我们从大历史观、世界观上进行理论创新。我们只有树立大历史观，才能从历史长河、时代大潮、全球风云中分析演变机理、探究历史规律、提出因应的战略策略。而能够帮助我们做到这点的，只有被毛泽东称之为"望远镜""显微镜"的马克思主义。"要端起历史规律的望远镜"，就必须对我们今天所处的历史方位和历史特点有新的认识，凝练出"时代之问"。进入 21 世纪，世界各国各地区相互联系、相互依存的程度空前加深，人类生活在"地球村"，越来越成为"你中有我、我中有你"的命运共同体。与此同时，各种逆流也汹涌而来，尤其是近年来单边主义、保护主义、霸权主义日渐猖獗，人类的前景云谲波诡，出路扑朔迷离。"人类又一次站在了十字路口。合作还是对抗？开放还是封闭？互利共赢还是零和博弈？如何回答这些问题，关乎各国利益，关乎人类前途命运。"① 这就是今天的"时代之问"。以马克思主义为指导，解答这一时代之问，就是发展 21 世纪的马克思主义。

成为世纪马克思主义的客观可能　中国化的马克思主义成为 21 世纪的马克思主义的客观可能性，在于世界百年未有之大变局与中华民族伟大复兴的战略大局的历史性交汇。"当前，我国处于近代以来最好的发展时期，

---

① 习近平. 习近平谈治国理政：第 3 卷. 北京：外文出版社，2020：455.

世界处于百年未有之大变局，两者同步交织、相互激荡。"① 两个大局在同一时空下"同步交织"，形成历史性交汇，相互作用、相互激荡，成为最鲜明的时代特征、最独特的历史景观。一方面，中华民族伟大复兴的事业已经越来越超出一个国家的界限，日益成为影响和改变世界格局使其向好的力量；另一方面，世界的百年变局也越来越成为中国必须面对的客观现实，成为中华民族实现伟大复兴绕不过的机遇与挑战。

两个大局的"同步交织"，从客观可能性上奠定了当代中国马克思主义成为21世纪马克思主义的根据。按照马克思主义的观点，只有自身作为世界历史性存在的事物，才能具有世界历史意义。马克思对现代无产阶级世界历史使命的论证，从一开始就确立了这样的原则：只要认识了自己，就认识了世界；只要实现了自身，就实现了改造世界。他指出："无产阶级宣告**迄今为止的世界制度的解体**，只不过是揭示**自己本身的存在的秘密**，因为它就**是**这个世界制度的**实际解体**。无产阶级要求**否定私有财产**，只不过是把社会已经提升为**无产阶级**的原则的东西，把未经无产阶级的协助就已作为社会的否定结果而体现在**它身上**的东西提升为**社会的原则**。"② 这个原则之所以重要，就因为它不仅是对资本主义自我否定的具体阐发、对资本主义灭亡规律的深刻揭示，而且是把握具体事物上升为普遍性事物的历史根据和客观前提。

两个大局的"同步交织"表明了当代中国与世界的深度融合。如果说，坚持中国特色社会主义是我们改革开放以来的全部理论和全部实践的主题的话，那么这一主题和和平与发展的时代主题完全一致；如果说，中国的改革发展在以往还有许多属于自身的特殊性问题的话，那么今天，我们改革发展需要解决的重大问题都是全球性问题，需要在开放中通过世界各国的合作才能得到解决。可见，我们今天正处在这样一个历史节点："只有民族的才是世界的，只有引领时代才能走向世界。"③ 这就是说，在今天，把中国的历史经验总结好，概括出其中的规律性认识，就能真正搞

---

① 习近平. 习近平谈治国理政：第3卷. 北京：外文出版社，2020：428.
② 马克思，恩格斯. 马克思恩格斯文集：第1卷. 北京：人民出版社，2009：17.
③ 习近平. 习近平谈治国理政：第2卷. 北京：外文出版社，2017：66.

懂我们面临的时代课题，深刻把握世界历史的脉络和走向；把中国的事情办好，坚持和发展中国特色社会主义，就能破解当代人类"向何处去"的难题，引领时代潮流。这就决定了，中国特色社会主义已经成为世界历史性的事业，因此当代中国马克思主义的理论创新，必定是原创性的理论贡献，必定具有世界历史的意义。

成为 21 世纪马克思主义的主观可能　实际上，党的十八大以来，随着中国特色社会主义进入新时代，我们在实践上破解了三大世界性难题，创造了经济快速发展和社会长期稳定两大奇迹，创造了中国式现代化新道路和人类文明新形态，在理论上也取得了许多原创性成果。首先，解决消除贫困这一世界性难题，形成了中国特色反贫困理论。贫困问题一直困扰着世界，尽管今天绝对贫困人口主要在不发达国家，但发达国家也绝非与贫困无缘。统计数据显示，美国的贫困率和贫困人口多年来并无显著降低，2013 年美国贫困率为 14.5%，2014 年这一数字为 14.8%，贫困人口总数为 4 670 万人；日本贫困人口数量在 2010 年就已经达到 16%，此后贫困问题一直困扰着日本经济；作为欧元区经济核心动力的德国，2014 年的贫困人口比例已高达 15.4%，贫困问题也不容乐观。事实充分证明，贫困是资本主义世界的社会结构性存在。而中国共产党领导的中国则制定了到 2020 年实现农村贫困人口全部脱贫、在建党百年全面建成小康社会的奋斗目标，并经过不懈努力如期完成。今天，现行标准下 9 899 万农村贫困人口全部实现脱贫，占同期全球减贫人口 70% 以上。困扰中国千百年的绝对贫困问题历史性地画上句号，也印证了中国特色反贫困理论的科学创新性。"改革开放以来，按照现行贫困标准计算，我国 7.7 亿农村贫困人口摆脱贫困；按照世界银行国际贫困标准，我国减贫人口占同期全球减贫人口 70% 以上。特别是在全球贫困状况依然严峻、一些国家贫富分化加剧的背景下，我国提前 10 年实现《联合国 2030 年可持续发展议程》减贫目标，赢得国际社会广泛赞誉。我们积极开展国际减贫合作，履行减贫国际责任，为发展中国家提供力所能及的帮助，做世界减贫事业的有力推动者。纵览古今、环顾全球，没有哪一个国家能在这么短的时间内实现几亿人脱贫，这个成绩属于中国，也属于世界，为推动构建人类命运共同体贡献了中国力量！"①

其次，解决国家治理这一世界社会主义的难题，形成了在完善国家制度中推进国家治理现代化的理论。世界社会主义运动中长期存在的问题是，各国共产主义政党的理论、道路、运动和国家制度建设之间，国家制度和国家治理之间往往是脱钩的，国家治理现代化问题没有解决好。尽管在马克思主义的指导下，十月革命取得了成功，但在炮火中诞生的社会主义国家长期遭受帝国主义的封锁和战争威胁，国家制度和国家治理具有显著战时体制的特点，怎样建设社会主义、怎样治理社会主义国家的问题并没有成功解决。"实际上，怎样治理社会主义社会这样全新的社会，在以往的世界社会主义中没有解决得很好。马克思、恩格斯没有遇到全面治理一个社会主义国家的实践，他们关于未来社会的原理很多是预测性的；列宁在俄国十月革命后不久就过世了，没来得及深入探索这个问题；苏联在这个问题上进行了探索，取得了一些实践经验，但也犯下了严重错误，没有解决这个问题。"② 这个问题不解决，社会主义取代资本主义就始终还是理论上的，而不是真正现实的。党的十八大以来，以习近平同志为核心的党中央围绕国家制度的建设，在制度本质、制度建构、制度效应上，形成了以坚持和完善党的领导为核心的中国特色社会主义制度体系，并在实践中不断巩固和完善，在解决国家治理中日益展现了我国在时代大潮中应对挑战、抓住机遇的制度优势，把制度优势转化为治理优势。

最后，解决保持执政党永不腐败的世界性执政难题，形成了有效的拒腐倡廉理论。按照马克思主义的观点，国家本质上是一种凌驾于社会之上的特殊公共权力，执政者会自发地将公权力变成私有特权。由此引发了阿克顿的名言："权力导致腐败，绝对的权力导致绝对的腐败。"也由此而形成了政权兴衰的"周期率"："其兴也勃焉，其亡也忽焉。"西方炫耀其所谓的自由民主制度可以有效制衡国家权力，但已被历史证明是徒有其表，根本无法遏止腐败。中国共产党确立了以不敢腐、不能腐、不想腐为目标的反腐总要求，不仅坚持反腐败无禁区、全覆盖、零容忍，以日益完善的

① 习近平. 在全国脱贫攻坚总结表彰大会上的讲话. 人民日报，2021-02-26.
② 习近平. 习近平谈治国理政. 北京：外文出版社，2014：91.

制度建设"把权力关进制度的笼子",更是发挥社会主义的优势,在"不想腐"上下功夫。以坚定共产主义理想信念为核心,以"不忘初心、牢记使命"为永恒课题,以"赶考"的精神自觉接受人民的有效监督,以思想上的自我净化推进党的自我净化、自我完善、自我革新、自我提高,以党的自我革命引领党领导的伟大社会革命。可以说,我们已经找到了始终保持党的先进性、纯洁性的道路,经受住了长期执政的考验,基本解决了执政党拒腐倡廉的世界性难题。

二、当代中国马克思主义、21 世纪马克思主义的科学内涵

应该说,20 世纪是在动乱与不安中结束的,留给人们的是"向何处去"的迷惘。英国历史学家霍布斯鲍姆因而对人类未来的第三个千年的前景深表忧虑:"我们并不知道自己正往何处去",我们正处于一个与过去完全不同的社会。"在这样一个世界里,我们不知道,我们的旅程将把我们带向何方;我们甚至不知道,我们的旅程应该把我们带往何处去。"① 而 21 世纪之初,美国突然爆发次贷危机进而引发了全球金融危机,带来了世界经济发展的长期低迷和各种难以预测的冲突,这似乎印证了人们的担忧。与此同时,加紧对于我国的"西化"和"分化",则是 21 世纪以来西方意识形态的重要动向,也是其植根于国家核心利益所做的战略选择,不会因党派或总统的更迭而发生改变,这也加剧了世界的动荡。因此,21 世纪的马克思主义必须明确回应"人类向何处去"的"时代之问"。

做出"世界正在经历百年未有之大变局"的战略判断,揭示时代潮流,回应时代之问,是发展当代中国马克思主义、21 世纪马克思主义的客观依据。实际上,进入 21 世纪以来,中国特色社会主义的稳步前进,已经使世界格局悄然发生着改变。党的十八大以来,进入新时代的中国在取得许多历史性突破的同时,更为深刻地推动着世界的改变。2017 年底,习近平明确做出了世界百年变局的战略论断,"放眼世界,我们面对的是百年未有之大变局"②。这是在以和平与发展为时代主题的历史条件下,资本主

---

① 霍布斯鲍姆. 极端的年代:上. 南京:江苏人民出版社,1999:25.

② 习近平. 习近平谈治国理政:第 3 卷. 北京:外文出版社,2020:421.

义开始全面走向衰亡的深刻变动。世界百年未有之大变局，是现在时，更是未来时；世界百年未有之大变局中最为显著和深刻的变化，是中国与世界关系的变化，是中国日益走近世界舞台中央。其后，习近平进一步提出了"两个大局"的"同步交织"问题，明确指出这表明历史进入了"世界的转型过渡期"，是处于两个一百年奋斗目标的历史交汇期的我国必须把握的时代本质。"我们要深入分析世界转型过渡期国际形势的演变规律，准确把握历史交汇期我国外部环境的基本特征，统筹谋划和推进对外工作。"① 揭示当代世界正处于时代潮流不可抗拒的"转型过渡期"，破解了世界百年未有之大变局的实质，是当代中国马克思主义的重大理论贡献。

首先，世界的转型过渡是引领经济全球化力量的转变。"经济全球化是我们谋划发展所要面对的时代潮流。"② 处在十字路口的当代世界的重要聚焦点，就是如何看待当前经济全球化所表现出来的"双刃剑"效应。"双刃剑"效应证明了长期以来放任资本逐利所推动的经济全球化已经无可挽回地衰落。富者愈富、穷者愈穷的经济增长不仅难以持续，而且必然引发各种社会冲突；固守冷战思维、零和博弈和赢者通吃的资本逻辑已经漏洞百出。需要新的引领力量，需要新的发展理念，是今天经济全球化健康发展的客观要求。我国顺应和平发展、合作共赢的时代潮流，将他国的发展视为本国的机遇，将本国的发展转化为他国的机遇，在互利合作中实现共赢，破解了当代世界发展的诸多难题。正因为如此，中国在自身不断发展壮大中，在世界上的影响力、感召力也不断增强，在当今的经济全球化中逐步从跟跑者变为领跑者，成为全球经济增长的主要贡献者。以"人类命运共同体"的合作共赢、命运与共，取代资本任性逐利的一己之私、零和博弈，是经济全球化在今天发生的最为根本性的变化。

其次，世界的转型过渡是现代化新道路的开拓。现代化是不可抗拒的历史潮流，中华民族的伟大复兴汇入世界现代化的潮流是历史的必然。但长期以来，西方敌对意识形态制造的"神话"，就是把西方国家的发展模式打扮成"普世模式"，鼓吹现代化即西方化。实际上，资本主义现代化

① 习近平. 习近平谈治国理政：第3卷. 北京：外文出版社，2020：428.
② 习近平. 习近平谈治国理政：第2卷. 北京：外文出版社，2017：210.

是不公平、不可持续的现代化，也是片面的、丢弃人的全面发展这一根本的现代化。中国特色社会主义的成功表明，资本主义现代化已是绝路，发展中国家在今天必须走符合自身实际的现代化新道路。中国式的现代化之路是全面创新之路。它站在理论制高点和道义制高点上高瞻远瞩，以资本主义现代化模式为鉴，以历史潮流为据，以造福于本国和世界人民为旨归去不断开创。从以资本逐利为中心到以人民为中心，从以两极分化为动力到以共同发展为激励，从以牺牲生态为代价到实现人与自然的和谐相处，等等。所有这些都表明，发展中国家要走出适合本国发展的现代化道路，本质上是走出一条有别于西方现代化的创新道路。

最后，世界的转型过渡是人类文明新形态的创造。人类文明大道折射出历史活动的轨迹，其趋势为时代潮流和时代精神所把握。当今时代潮流所显现的"世界转型过渡"，其重要动向就是人类文明新形态的开创。20世纪晚期出现的"历史终结论"，所折射出的就是在人类历史相当长的一个时期占据统治地位的"西方文明优越"论。它把西方的制度设计视为人类制度文明的顶峰，不相信离开了西方的民主自由，还能有什么更好的制度；它肆无忌惮地把西方价值观称为"普世价值"，毫不掩饰对于其他价值观的蔑视和拒斥。然而在当今世界，不同文明的彼此尊重和交流互鉴已经成为不可抗拒的时代潮流。这一趋势表达出了三大诉求：一是文明多样性是人类进步的不竭动力，不存在某种高高在上、君临天下的文明中心；二是不同文明的共处之道是相互尊重、交流互鉴，不能以此搞对抗、冲突；三是文明多样性具体要求尊重各国人民自主选择道路和制度的权利、国际关系的民主化以及不同文化间的正常交流交融交锋。"尽管文明冲突、文明优越等论调不时沉渣泛起，但文明多样性是人类进步的不竭动力，不同文明交流互鉴是各国人民共同愿望。"①

在马克思主义的指导下，用马克思主义中国化的最新成果观察时代、把握时代、引领时代，是发展当代中国马克思主义、21世纪马克思主义的精神实质。世界的"转型过渡期"决定了我们今天正处在两种可能性的十字路口，不同的选择会带来不同的历史轨迹。今天，虽然时代潮流浩浩荡

---

① 习近平. 习近平谈治国理政：第3卷. 北京：外文出版社，2020：440-441.

荡，但惊涛骇浪仍可遮天蔽日，前景并不那么明朗。发展当代中国马克思主义、21世纪马克思主义，有助于我们和各国人民一道做出明智的选择。

马克思主义仍然是我们今天辨识时代潮流的锐利思想武器。我们之所以做出和平与发展的时代主题没变、世界多极化的趋势没变、经济全球化的方向没变、文明交流互鉴的大势没变的判断，最根本的依据还是马克思主义关于现代社会的变革发展必须适应社会化生产力的要求这一根本原理。资本主义时代形成的社会化生产力，在今天已经达到了全球化的程度。这意味着世界经济的一体化已经深度融合，无法退回到彼此"脱钩"的状态。无可否认，国际经济联通和交往始终是当今世界经济发展的客观要求，对外开放已经成为各国经济发展的重要动力。正是这一根本趋势，决定了经济全球化不可逆转，也因此决定了：第一，和平与发展的时代主题不可抗拒。尽管战争的阴影还在威胁人类，但在经济全球化的背景下，人类的共同利益压倒了特殊利益集团的私利，和平的力量在不断壮大，压倒了制造动乱的力量。"和平、发展、进步的阳光足以穿透战争、贫穷、落后的阴霾"，已是不争的事实。人民希望过上美好生活的意愿和动力比任何时候都更为强大，任何为一己之私试图把人类拖入战争泥潭的阴谋者都将遭到历史的唾弃。"尽管各种传统和非传统安全威胁不断涌现，但捍卫和平的力量终将战胜破坏和平的势力，安全稳定是人心所向。"①

第二，新兴市场经济国家和发展中国家的群体性崛起不可阻挡。经济全球化是社会生产力发展的客观要求和必然结果，有利于生产要素在全球范围的优化配置，有利于加强国际经济技术合作，为世界各国发展特别是发展中国家发挥后发优势、加快发展提供了难得的历史机遇。当代世界经济格局深度调整，新兴市场国家和发展中国家群体性崛起，世界格局"重心东移""西方衰落"的趋势更加明显。打破西方现代化的单一模式和"西方文明优越"论，也是历史的趋势。

第三，国际秩序的合理变革势在必然。世界格局的深刻变化，必然要求改变当下某些不合理的国际政治经济秩序。西方大国搞核心技术垄断、金融垄断和某些规则制定权的垄断，越来越不得人心。推动国际秩序向更

---

①　习近平. 习近平谈治国理政：第3卷. 北京：外文出版社，2020：440.

加公平合理的方向变革，已是大势所趋。合作共赢，共商共建共享，世界的事世界人民商量着办，大家的事大家商量着办，理所当然。我国作为国际秩序的维护者，坚定不移地维护以联合国为核心的国际体系，及各国公认的国际法，这与推动国际关系民主化、构建更加公平合理的国际秩序不矛盾。

第四，中国与世界的关系成为当今世界变局的一个根本点。世界大变局中最为显著和深刻的变化，是中国与世界的关系的变化，是中国日益走近世界舞台中央。我们既要认识中华民族伟大复兴的战略全局是在世界百年未有之大变局下形成和展开的，也要认识中华民族伟大复兴本身也是世界百年未有之大变局的重要组成部分和深刻动因。既要抓住世界百年未有之大变局的战略机遇推进中华民族伟大复兴，又要通过中华民族的伟大复兴推动世界百年未有之大变局正向发展。中国发展离不开世界、世界发展也离不开中国，是中国和世界的关系的基本面。

推进马克思主义中国化的深入创新，和发展 21 世纪马克思主义的有机统一，是发展当代中国马克思主义、21 世纪马克思主义的科学内涵。一方面，从 21 世纪马克思主义的方向推进理论创新和理论武装，指明了当今马克思主义中国化、时代化、大众化的使命，确保了马克思主义不断开辟新境界。另一方面，新时代中国特色社会主义的理论创新成果，其实质是在马克思主义指导下，"用鲜活丰富的当代中国实践来推动马克思主义发展，用宽广视野吸收人类创造的一切优秀文明成果，坚持在改革中守正出新、不断超越自己，在开放中博采众长、不断完善自己"①。两者相互融通、浑然一体。

让中国主题融入时代主题，使两者有机统一，是当代中国马克思主义、21 世纪马克思主义的科学内涵的核心意蕴。马克思主义创新发展的重要一步，是从变化发展了的实际中提炼出反映历史本质和规律、事关发展全局的根本问题，即"时代课题"。中国特色社会主义是我国改革开放以来党的全部理论和实践的主题，习近平新时代中国特色社会主义思想提出了"坚持和发展什么样的中国特色社会主义、怎样坚持和发展中国特色社

---

① 习近平. 习近平谈治国理政：第 3 卷. 北京：外文出版社，2020：76.

会主义"这个重大的时代问题，针对的是"发展以后"所出现的新问题。解答这一时代之问，我们对内进行了关于我国主要矛盾转变的探索，对外则进行了如何在开放中实现中国和世界的和平发展探索。两个大局"同步交织"论断的提出，把解决我国国内主要矛盾的出路与引领时代潮流的发展统一起来。和平发展、合作共赢不仅是时代的主题，也是坚持和发展中国特色社会主义的内在要求。贯彻创新、协调、绿色、开放、共享的新发展理念，不仅是解决国内主要矛盾的出路，也是引领时代潮流的战略举措。我们从中国主题和时代主题的融合上更坚定地走中国特色社会主义道路，争取对人类做出更大贡献；从理论创新的方向融合上推进当代中国马克思主义、21世纪马克思主义的发展，争取对世界社会主义运动有较大的促进；从中国发展和世界发展的一致性上构建人类命运共同体，争取对当代人类文明发展做出实质性贡献。

把中国发展融入世界发展，让两者良性互动，是当代中国马克思主义、21世纪马克思主义科学内涵的基础意蕴。在推动中国走向世界的实践方面，当代中国马克思主义形成了两个基本判断：其一，"只有民族的才是世界的，只有引领时代才能走向世界"①。就是说，只有把时代课题落实到中华民族的伟大复兴，把民族发展融入引领时代潮流，中国才能真正走向世界。其二，"世界能够进入中国，中国也才能走向世界"②。就是说，要让各国大门向中国打开，中国首先要向世界各国打开自己的大门。上述判断充分说明了中国发展和世界发展的一致性。要构建开放合作、协调平衡的世界发展新格局，必须把立足自身的发展与不断扩大开放、创造出更多的共同发展的历史机遇有机地统一起来。

让中国精神融入时代精神，使为民族谋复兴和为世界谋大同有机统一，是当代中国马克思主义、21世纪马克思主义科学内涵的开放意蕴。时代精神是对时代和历史深入考察、对人类社会发展规律深入把握的思想成果和精神力量。马克思主义自诞生起，就一直是时代的最强音。中国共产党在不断推进马克思主义中国化的过程中，始终牢牢把握时代的脉搏，走

---

①　习近平. 习近平谈治国理政：第2卷. 北京：外文出版社，2017：66.

②　同①486.

在时代前面，形成了气势磅礴的中国精神。建立在理论自觉上的坚定理想和无畏献身是中国精神的内核，而善于学习是其灵魂。"我们党依靠学习创造了历史，更要依靠学习走向未来。"① 今天，中国精神能够全面融入时代精神，一是因为我们认定的时代精神是"改革创新"，而今天的世界正处在"动荡变革期"；二是因为我们坚持的时代精神，始终是开放发展的，而开放是当代世界无法阻挡的趋势。中国的改革开放和世界的动荡变革交织，决定了开辟马克思主义中国化新境界的无限前景。

三、当代中国马克思主义、21 世纪马克思主义的历史定位

马克思主义是随着时代的进步而进步、随着实践的发展而发展的。进入 21 世纪，人类面临着一系列重大时代挑战，社会发展也呈现出一系列新趋势。马克思主义对这些时代挑战的有效应对、对历史趋势的深刻把握，是 21 世纪马克思主义产生的深层次根源和基本特征。然而，马克思主义的基本立场、观点、方法仍然是根和源，仍然具有跨时代的普遍指导意义；新时代中国特色社会主义的原创性成果，本质上依然是在马克思主义指导下把握和引领时代的产物，是马克思主义与中国实际相结合的新进展。只有科学把握马克思主义和当代中国马克思主义的关系，才能正确定位当代中国马克思主义、21 世纪马克思主义。

马克思主义诞生的国际性和时代性 马克思所处的时代是研究马克思主义理论形成的客观根据。为什么那个时代产生了马克思主义？马克思主义就在于回答了时代之问，阐发了时代精神，引领了时代潮流，此为马克思思想影响力之所在。马克思所处时代的特点是什么？如果简要地加以概括，那就是"两大革命交替、两大思潮交融"。

两大革命交替是指，一方面，资产阶级革命还在延续，1848 年《共产党宣言》问世不久，席卷全欧洲的资产阶级民主革命最后一次爆发；但是另一方面，以消灭私有制为目的的无产阶级革命也开始登上历史舞台。两大革命交替，呈现了波澜壮阔的历史变革场景。两大思潮交融是指，表达

---

① 中共中央党史和文献研究院，中央"不忘初心、牢记使命"主题教育领导小组办公室. 习近平关于"不忘初心、牢记使命"论述摘编. 北京：人民出版社，2019：226.

上升时期资产阶级思想成就的古典思潮，包括英国古典经济学、法国古典政治学和历史学、德国古典哲学等，与表达早期不成熟状态的工人利益诉求的空想社会主义思潮交汇融通。两大思潮的交融汇集在探讨共同的时代之问上，即围绕人的解放这一时代课题，叩响了探索历史发展客观规律的大门。资产阶级启蒙思想打出的旗号就是人的解放和人的自由，要把人从对人的压迫奴役状态中解放出来。它用科学主义反对宗教迷信，用人道主义反对封建专制。空想社会主义则把人的解放进一步同消除社会不平等联系起来。但是，这两种社会思潮都未能真正解答资本主义发展所出现的严重悖论，比如："财富的积累和贫困的积累同步"，"人在获得自由的同时又不断地被套上枷锁"。消除人的异化、实现人的自由全面发展和消灭私有制、实现共同富裕如何实现，成为真正的时代之问和时代课题。

马克思主义需要回答的时代之问决定了这一理论必然涵盖从资本主义向共产主义转变的整整一个大时代。它的主要创立者是德国人，但决不仅是德国的产物，而是国际的产物。"科学社会主义的产生，一方面必须有德国的辩证法，同样也必须有英国和法国的发达的经济关系和政治关系。……只有在英国和法国所产生的经济和政治状况受到德国辩证法的批判以后，才能产生真正的结果。因而，从这方面看来，科学社会主义并不完全是德国的产物，而同样是国际的产物。"[1] 马克思主义的国际背景决定了它不属于哪个国家，而属于国际社会。它诞生于19世纪中叶，但其理论生命力远远超越19世纪。其理论来源是资本主义产生几百年来的人类优秀思想成果，尤其是英国古典政治经济学、德国古典哲学和法国空想社会主义的思想精粹；其对时代之问的科学解答，将引领现代无产阶级及其政党为超越资本主义进行世代赓续的伟大斗争，至今仍无可替代。历史充分证明："马克思的思想理论源于那个时代又超越了那个时代，既是那个时代精神的精华又是整个人类精神的精华。"[2]

马克思主义通过创立辩证唯物主义和历史唯物主义世界观，奠定了认

---

①　马克思，恩格斯. 马克思恩格斯选集：第3卷. 2版. 北京：人民出版社，1995：691注1.
②　习近平. 在纪念马克思诞辰200周年大会上的讲话. 北京：人民出版社，2018：7.

识和把握世界及其客观规律的科学基础；通过生产力和生产关系、经济基础和上层建筑矛盾运动规律的揭示，剖析了社会历史冲突的根源、客观趋势和人民群众的历史主体地位，在此基础上论证了现代无产阶级的解放条件及其历史使命；通过剩余价值规律的揭示，阐明了资本主义产生、发展和必然灭亡的历史逻辑，揭示了资本主义自我否定的内在根据；通过原始社会解体和私有制起源研究，以及国际工人运动的经验总结，揭示了通过无产阶级专政达到消灭阶级、进入无阶级社会的现实道路。这些基本原理，是我们今天还必须努力坚持的科学真理。

资本主义的"世界历史性"演进与马克思主义的一源多流　资本主义开创了人类社会发展的"世界历史"。它第一次创造了社会化生产力这种巨大的经济力量，"随着这种发展，人们的**世界历史性的**而不是地域性的存在同时已经是经验的存在了"①。统一的世界市场的开拓，打破了地域和民族的隔阂，人们开始了以商品贸易为纽带的世界范围的普遍交往。"世界历史性"成了一切与资本主义具有内在联系的事物的根本特性："无产阶级只有**在世界历史意义上**才能存在，就像共产主义——它的事业——只有作为'世界历史性的'存在才有可能实现一样。"②　就是说，工人阶级解放事业及其革命都要在世界范围内进行，才有成功的可能。自由资本主义是资本主义的"纯粹"形态，这种"世界历史性"存在是对资本主义的一种科学抽象，使得马克思主义把握了资本主义的本质。

但是，资本主义在其走向衰亡的历史进程中必然突破其"纯粹"形态，通过若干由量变积累达到部分质变的过程向其"复杂"形态演变，在20世纪初发展为垄断资本主义就是其转向"复杂"形态的标志之一。如果说此前的资本主义是依靠世界市场维系"世界历史"的话，那么在垄断资本主义阶段则依托"瓜分世界"的殖民化续写"世界历史"。所谓的"瓜分世界"，就是帝国主义时代的殖民地已经不仅作为商品倾销地，而是作为宗主国的附庸和被统治对象被全面纳入资本主义体系。这样，资本主义所固有的资产阶级和无产阶级的矛盾，直接衍生出殖民地人民和帝国主义

---

① 马克思，恩格斯. 马克思恩格斯文集：第1卷. 北京：人民出版社，2009：538.
② 同①539.

宗主国的矛盾，成为制约资本主义发展的又一主要矛盾。主要矛盾的新变化，致使"世界历史"发展出现了阶段性特征的同时，也形成了新的时代特征。

在被列宁称为"帝国主义和无产阶级革命时代"的垄断资本主义时代，最根本的变化在于由相对均衡的一体化，转向了极不平衡的多元化。在自由资本主义时代，资本主义世界是由发达国家组成的相对平衡统一体系，而在帝国主义时代，资本主义世界是由差异极大的世界各国组成的分裂和多元体系。列宁关于社会主义革命可以在一国首先爆发并获得成功的论断，就是建立在帝国主义时代资本主义发展的极端不平衡上。资本主义列强通过"瓜分世界"，把整个世界强行纳入资本主义体系，使得反对资本主义的社会主义革命成为国情差异极大的不同国家的共同任务。因此，这一共同的主题和任务已经不可能以同样的方式同时完成，而可能在一国首先胜利。如何从具体国情出发提出任务就具有了决定性的意义。

这一历史条件的重大变化，是马克思主义基本理论和各国实际相结合这一命题形成的客观根据。虽然马克思、恩格斯早在《共产党宣言》就特别强调，对于共产主义原理的实际运用，"随时随地都要以当时的历史条件为转移"①，但在当时，这种历史条件的差别大体上属于同一历史阶段的量的差别，是具体行动上的运用；而帝国主义时代的各国国情的差异，则是不同历史发展阶段的质的差异，需要理论创新的"结合"式运用。这一客观态势决定了马克思主义此后发展的两个基本轨迹：其一，一源多流，即各国马克思主义思想均源自以马克思名字命名的主义，都以马克思主义作为指导思想的理论基础。我们无论取得了多大的进步，开辟了多高的思想境界，都不能忘记这个本源，更不能丢弃这个根本。正如习近平所指出的："马克思主义就是我们党和人民事业不断发展的参天大树之根本，就是我们党和人民不断奋进的万里长河之泉源。"② 由此，中国共产党形成了一个信念，我们在全力推进马克思主义中国化的时候，无论取得了多大的成绩，都不要把中国同志和马克思、恩格斯相平列，更不要试图取代他

---

① 马克思，恩格斯. 马克思恩格斯文集：第2卷. 北京：人民出版社，2009：15.
② 习近平. 习近平谈治国理政：第2卷. 北京：外文出版社，2017：66.

们。毛泽东在党的七届二中全会号召全党做到两个"务必"的同时，特别解释了不要和马克思、恩格斯平列的原因："为什么不应当将中国共产党人和马、恩、列、斯并列呢？我们要普遍宣传马克思主义，同时不反对也不应当反对宣传中国的东西。但我们比较缺乏的是马、恩、列、斯的理论，我们党的理论水平低，虽然也翻译了很多书，可是实际上没有对马、恩、列、斯著作做很好的宣传。所以现在应当在全中国全世界很好地宣传马、恩、列、斯关于唯物主义、关于党和国家的学说，宣传他们的政治经济学等等，而不要把毛与马、恩、列、斯并列起来。"① 这是理论创新上的谦虚谨慎，不骄不躁，必须永远严格遵循。

其二，理论联系实际是坚持和发展马克思主义的正道。由于要把马克思主义运用到资本主义极不发达的国家，源自对于典型资本主义进行解剖的马克思主义理论，必须要通过创造性转化才能奏效。在这一过程中必须既反对照搬照套的教条主义，又要反对离经叛道的机会主义，把坚持和发展、继承和创新统一起来。理论和实践相结合的创新性集中表现在指导思想上的创新：一方面，要把本国历史发展的实际需要，提升到超越资本主义的历史高度，必须寻找两者的历史汇合点，从世界历史的新角度重新思考民族生存和发展问题，形成可以与世界社会主义运动接轨的理论眼界；另一方面，要把马克思主义基本原理，创造性转换为符合本国历史发展阶段需要的理论指导，必须在阶段性目标、革命方式、行动纲领、战略策略等方面有大突破，形成具体指导实践的行动指南。由此可见，马克思主义与各国实际相结合是今天马克思主义创新发展的唯一方式，体现了这一科学理论的开放性、实践性。就此而言，不把中国化的马克思主义与马克思、恩格斯相平列，丝毫没有贬低其理论原创性及其世界历史意义的意味。

深入推进马克思主义中国化就是发展 21 世纪马克思主义 发展当代中国马克思主义、21 世纪马克思主义的落脚点是深入推进马克思主义的中国化。事实证明，在今天，越是不断开辟马克思主义中国化的新境界，就越是能够显示这一成果的时代价值，就越能不断表明，马克思主义中国化的

---

① 中共中央文献研究室. 毛泽东文集：第 5 卷. 北京：人民出版社，1996：260.

鲜活成果不仅属于中国，也属于世界。

　　发展当代中国马克思主义、21 世纪马克思主义，指明了当代中国深入推进马克思主义中国化的三大着力点。首先，面向世界和平发展推进马克思主义中国化的发展。需要强调，作为世界历史性的存在，马克思主义是开放的，马克思主义中国化也是开放的。为中华民族谋复兴的中国共产党绝不是民族主义政党，而是共产主义政党。因此，我们从来不是孤立地解决中国自身的问题，而是始终把这个问题的解决与世界社会主义运动、与全人类的命运相联系。在今天，更不可能孤立地迈向中华民族的伟大复兴，而只能在与各国合作解决诸多全球性问题的过程中推进，而这首先需要思想理论上的创新。发展 21 世纪马克思主义，指明了马克思主义中国化的世界历史使命。"发展 21 世纪马克思主义、当代中国马克思主义，是当代中国共产党人责无旁贷的历史责任。"[①] 这项艰巨的任务是对党的重大考验。

　　其次，面向引领时代推进马克思主义中国化的发展。引领时代不能靠感觉，而要靠科学理论；引领当今时代不能止步于现有理论，而要深入推进马克思主义中国化的理论创新。引领时代的理论创新之难，难在自知。我们都知道求真难，因为真就是客观真理、客观规律，没有人可以轻易成功。不断深化对共产党执政规律、社会主义建设规律、人类社会发展规律的认识，难在必须不断突破现有的认识水平，甚至要否定某些现有的认识成果。因此，"坚持用马克思主义观察时代、解读时代、引领时代"[②]，发展 21 世纪马克思主义是一个坚持在改革中守正出新、不断超越自己，在开放中博采众长、不断完善自己的艰难自我革命过程。

　　再次，面向理论创新和理论武装的结合推进马克思主义中国化的发展。坚持不懈地用先进理论武装全党、教育人民，是我们的事业能够不断取得成功的保证。理论武装要不断跟进理论创新，这是马克思主义中国化的根本要求。在这一过程中，我们既要读懂弄通马克思主义基本原理，更要促进马克思主义中国化的最新成果大众化。从根本上说，共产党领导的

　　① 习近平. 习近平谈治国理政：第 3 卷. 北京：外文出版社，2020：183.
　　② 同①76.

伟大社会革命，不仅依靠人民，而且为了人民。为了人民就是让人民在伟大的革命中不断自我提高，成为建设新社会的时代新人。从这个意义上说，中华民族的伟大复兴不仅是国力强盛、人民幸福，更是人的自由全面发展的实现。从 21 世纪马克思主义的方向推进理论武装，指明了当今马克思主义大众化的使命。这是马克思主义中国化、时代化和大众化的有机结合。

参考文献

马克思，恩格斯. 马克思恩格斯全集：第 1 卷. 北京：人民出版社，1956.

马克思，恩格斯. 马克思恩格斯全集：第 2 卷. 北京：人民出版社，1957.

马克思，恩格斯. 马克思恩格斯全集：第 3 卷. 北京：人民出版社，1960.

马克思，恩格斯. 马克思恩格斯全集：第 20 卷. 北京：人民出版社，1971.

马克思，恩格斯. 马克思恩格斯全集：第 23 卷. 北京：人民出版社，1972.

马克思，恩格斯. 马克思恩格斯全集：第 25 卷. 北京：人民出版社，1974.

马克思，恩格斯. 马克思恩格斯全集：第 40 卷. 北京：人民出版社，1982.

马克思，恩格斯. 马克思恩格斯全集：第 42 卷. 北京：人民出版社，1979.

马克思，恩格斯. 马克思恩格斯全集：第 46 卷：上册. 北京：人民出版社，1979.

马克思，恩格斯. 马克思恩格斯选集：第 1 卷. 2 版. 北京：人民出版社，1995.

马克思，恩格斯. 马克思恩格斯选集：第 2 卷. 2 版. 北京：人民出版社，1995.

马克思，恩格斯. 马克思恩格斯选集：第 3 卷. 2 版. 北京：人民出版社，1995.

马克思，恩格斯. 马克思恩格斯选集：第 4 卷. 2 版. 北京：人民出版社，1995.

马克思，恩格斯. 马克思恩格斯文集：第 1 卷. 北京：人民出版社，2009.

马克思，恩格斯. 马克思恩格斯文集：第 2 卷. 北京：人民出版社，2009.

马克思，恩格斯. 马克思恩格斯文集：第 3 卷. 北京：人民出版社，2009.

马克思，恩格斯. 马克思恩格斯文集：第 4 卷. 北京：人民出版社，2009.

马克思，恩格斯. 马克思恩格斯文集：第 5 卷. 北京：人民出版社，2009.

马克思，恩格斯. 马克思恩格斯文集：第 8 卷. 北京：人民出版社，2009.

马克思，恩格斯. 马克思恩格斯文集：第 9 卷. 北京：人民出版社，2009.

马克思，恩格斯. 马克思恩格斯文集：第 10 卷. 北京：人民出版社，2009.

列宁. 列宁全集：第 18 卷. 2 版. 北京：人民出版社，1988.

列宁. 列宁全集：第 26 卷. 2 版. 北京：人民出版社，1990.

列宁. 列宁全集：第 28 卷. 2 版. 北京：人民出版社，1990.

列宁. 列宁全集：第 29 卷. 2 版. 北京：人民出版社，1985.

列宁. 列宁全集：第 55 卷. 2 版. 北京：人民出版社，1990.

列宁. 列宁选集：第 1 卷. 3 版. 北京：人民出版社，1995.

列宁. 列宁选集：第 2 卷. 3 版. 北京：人民出版社，1995.

列宁. 列宁选集：第 3 卷. 3 版. 北京：人民出版社，1995.

列宁. 列宁选集：第 4 卷. 3 版. 北京：人民出版社，1995.

列宁. 列宁专题文集：论马克思主义. 北京：人民出版社，2009.

列宁. 列宁专题文集：论辩证唯物主义和历史唯物主义. 北京：人民出版社，2009.

列宁. 列宁专题文集：论无产阶级政党. 北京：人民出版社，2009.

中国中央文献研究室. 毛泽东文集：第 2 卷. 北京：人民出版社，1993.

中国中央文献研究室. 毛泽东文集：第 5 卷. 北京：人民出版社，1996.

中国中央文献研究室. 毛泽东文集：第 6 卷. 北京：人民出版社，1999.

中国中央文献研究室. 毛泽东文集：第 7 卷. 北京：人民出版社，1999.

中国中央文献研究室. 毛泽东文集：第 8 卷. 北京：人民出版社，1999.

毛泽东. 毛泽东选集：第 1 卷. 2 版. 北京：人民出版社，1991.

毛泽东. 毛泽东选集：第 2 卷. 2 版. 北京：人民出版社，1991.

毛泽东. 毛泽东选集：第 3 卷. 2 版. 北京：人民出版社，1991.

毛泽东. 毛泽东选集：第 4 卷. 2 版. 北京：人民出版社，1991.

邓小平. 邓小平文选：第 1 卷. 2 版. 北京：人民出版社，1994.

邓小平. 邓小平文选：第 2 卷. 2 版. 北京：人民出版社，1994.

邓小平. 邓小平文选：第 3 卷. 北京：人民出版社，1993.

习近平. 习近平谈治国理政. 北京：外文出版社，2014.

习近平. 习近平谈治国理政：第 1 卷. 北京：外文出版社，2018.

习近平. 习近平谈治国理政：第 2 卷. 北京：外文出版社，2017.

习近平. 习近平谈治国理政：第 3 卷. 北京：外文出版社，2020.

中共中央文献研究室. 习近平关于协调推进"四个全面"战略布局论述摘编. 北京：中央文献出版社，2015.

习近平. 决胜全面建成小康社会夺取新时代中国特色社会主义伟大胜利. 北京：人民出版社，2017.

习近平. 在纪念马克思诞辰 200 周年大会上的讲话. 北京：人民出版社，2018.

习近平. 在纪念毛泽东同志诞辰 120 周年座谈会上的讲话. 北京：人民出版社，2013.

习近平. 在首都各界纪念现行宪法公布施行 30 周年大会上的讲话. 北京：人民出版社，2012.

中共中央文献研究室. 三中全会以来重要文献选编：下. 北京：人民出版社，1982.

中共中央文献研究室. 十八大以来重要文献选编：上. 北京：中央文献出版社，2014.

罗素. 西方哲学史：上卷. 北京：商务印书馆，1963.

卢梭. 社会契约论. 北京：商务印书馆，1980.

孔狄亚克. 人类知识起源论. 北京：商务印书馆，1989.

康德. 未来形而上学导论. 北京：商务印书馆，1982.

黑格尔. 精神现象学. 北京：人民出版社，2015.

黑格尔. 历史哲学. 北京：商务印书馆，1963.

黑格尔. 法哲学原理. 北京：商务印书馆，1961.

黑格尔. 小逻辑. 北京：商务印书馆，1982.

波普尔. 开放社会及其敌人. 台北：台北桂冠图书股份有限公司，1986.

波普尔. 历史决定论的贫困. 北京：华夏出版社，1987.

哈耶克. 通向奴役的道路. 北京：商务印书馆，1962.

费尔巴哈. 费尔巴哈哲学著作选集：上、下. 北京：商务印书馆，1984.

纳尔斯基. 十九世纪的马克思主义哲学：下. 北京：中国社会科学出版社，1984.

布赖奥维奇. 卡尔·考茨基及其观点的演变. 北京：东方出版社，1986.

普列汉诺夫. 普列汉诺夫哲学著作选集：第 2 卷. 北京：生活·读书·新知三联书店，1961.

伯恩施坦. 伯恩施坦言论. 北京：生活·读书·新知三联书店，1966.

韦伯. 经济与社会. 北京：商务印书馆，1997.

韦伯. 社会科学方法论. 北京：中央编译出版社，2002.

卢卡奇. 历史和阶级意识. 重庆：重庆出版社，1989.

贝尔. 资本主义文化矛盾. 北京：生活·读书·新知三联书店，1989.

齐泽克. 幻想的瘟疫. 南京：江苏人民出版社，2006.

葛兰西. 实践哲学. 重庆：重庆出版社，1990.

霍克海默. 批判理论. 重庆：重庆出版社，1989.

萨特. 辩证理性批判：上. 合肥：安徽文艺出版社，1998.

阿尔都塞. 保卫马克思. 重庆：重庆出版社，1992.

梅林. 保卫马克思主义. 北京：人民出版社，1982.

霍布斯鲍姆. 极端的年代：上. 南京：江苏人民出版社，1999.

阿隆. 想象的马克思主义：从一个神圣家族到另一个神圣家族. 上海：上海世纪出版集团，2007.

阿隆. 知识分子的鸦片. 南京：译林出版社，2005.

布热津斯基. 大失败. 北京：军事科学出版社，1989.

罗斯托. 经济增长的阶段. 北京：中国社会科学出版社，2001.

达仁道夫. 现代社会冲突自由政治随感. 北京：中国社会科学出版社，2000.

罗森. 布鲁诺·鲍威尔和卡尔·马克思. 北京：中国人民大学出版社，1984.

麦克莱伦. 青年黑格尔派与马克思. 北京：商务印书馆，1982.

海尔布隆纳. 马克思主义：赞成与反对. 北京：东方出版社，2016.

马特洛克. 苏联解体亲历记：上. 北京：世界知识出版社，1996.

希克. 共产主义政权体系. 南京：江苏人民出版社，1982.

李达.《实践论》《矛盾论》解说. 北京：人民出版社，2019.

黄楠森，庄福龄，林利，等. 马克思主义哲学史：第 1 卷. 北京：北京出版社，1991.

陈先达. 历史唯物主义与中国道路. 北京：北京师范大学出版社，2019.

孙伯鍨. 探索者道路的探索. 南京：南京大学出版社，2002.

侯惠勤. 侯惠勤自选集. 北京：学习出版社，2012.

陈学明. 西方马克思主义论. 沈阳：辽宁教育出版社，1991.

后　记

　　我于1981年硕士研究生毕业，是我国第一批哲学硕士学位获得者。我的专业是马克思主义哲学，方向是马克思主义哲学史。我十分重视从科学思想体系上把握作为"一整块钢"的马克思主义哲学，但也觉得可能需要打破一个固化观念，即这种科学思想体系的表述方式只能通过哲学原理的著作实现，梳理出一个体系化的逻辑结构，在逐次展开中进行理论阐发，犹如黑格尔的《逻辑学》。这是必要的，但难度很大，因此我很尊重辛勤编著哲学原理专著和教科书的学者。同时我也觉得马克思主义哲学思想科学体系的表达应该不限于哲学原理论著的方式，还应该包括经典著作的系统研读，以及马克思主义哲学史论著。马克思虽然没有留下哲学原理方面的专著，但留下了大量珍贵的哲学著作，以及包括《资本论》在内蕴含深刻哲学逻辑的经典。对这些经典著作进行系统研读和整理，可能为我们提供一个"原版"的马克思主义哲学原理。马克思主义哲学是开放的学问，因而马克思主义哲学史似乎更能够反映这一学问的特色，为我们提供一个"动态"的马克思主义哲学原理。

　　基于这一考虑，我的研究重点主要着眼于经典著作和马克思主义哲学史，并形成了相关的代表作；我的研究主题始终是作为工人阶级阶级意识的马克思主义哲学，即马克思的意识形态理论，并形成了较为完整的系列著作。而对马克思主义哲学原理研究的心得，均以专题或观点的形式散见于意识形态研究的系列著作中。但是，这些年来，我越来越深刻地感受到，非意识形态化的根子在哲学上的"去世界观"、在否定唯物论和唯心论的对立、在否定辩证唯物主义世界观与方法论，要害在把马克思主义哲学进行"实践范式"的转换。尤其是近年来我重返本科教学一线，望着一张张略显稚嫩而充满朝气和期待的脸庞，不能不认真思考如何让我们的青年学子在步入大学殿堂之始，就能把学术道路上的"第一粒扣子"扣好这一大问题。于是，我尝试着把自己于四十多年学术积累中体悟到的马克思主义哲学的精髓，以深入浅出的方式传授给学生，同时也萌发了写一本马克思主义哲学原理方面专著的想法。我最想告诉读者的是，可以给马克思主义哲学下种种定义，但它首先是世界观，即工人阶级世界观、共产主义世界观，也是辩证唯物主义和历史唯物主义，这是不可省略的。偏离这一根本的任何解读，借用列宁的话来说，"除了混乱和谬误之外，我们什么也得不到"。这就是本书的初心。

最后，感谢长期以来一直关注和鼓励我学术研究的读者、同行、学生和家人，让你们满意是我学术创作的不竭动力；感谢南京大学姜迎春教授为本书的完善做出的贡献，他的默默付出令人感动；感谢本书责任编辑，他们的奉献在字里行间闪亮；感谢我教授的中国社会科学院大学那群可爱的本科生，他们带着进行学术探索的兴奋和紧张帮我整理了许多资料。他们是：李梦辰、辛姝彤、王沃若、王佳慧、刘炳辰、徐思宇、岳浩天、张子涵、房姝君。